给孩子一部有温度的梦想之书

手绘名人故事

影响世界的他们

大科学家

亚亚/文 夏阳/绘

北京理工大学出版社
BEIJING INSTITUTE OF TECHNOLOGY PRESS

给孩子梦想起飞的翅膀

　　世界上每一只小鸟都要翱翔于蓝天，世界上每一个孩子都有属于自己的梦想。

　　每一个孩子都是与众不同的，每个孩子都是梦想家。在他们成长的过程中，梦想可能会折翼、会被误导，所以孩子们萌发的梦想更需要被细心呵护，需要被温柔地鼓励和引导。因此，一套好的成长之书，在孩子们的成长道路上扮演着重要的角色，发挥着潜移默化的作用。《影响世界的他们——手绘名人故事》丛书正是这样一套送给孩子的梦想之书。

　　这是一套给孩子带来正能量的、守候孩子梦想的书。在这里，孩子们会看到古今中外各个领域的名人故事，他们身上的坚强、勇敢、奋进的意志品格，是孩子们得以学习的榜样力量；他们身上的由于时代带来的局限，也是孩子们得以

不断深入思考的问题。

　　这是一套给孩子的有温度的、引人思考的梦想之书。理想不是冷冰冰的灌输和说教，在这里，孩子们能看到的不仅仅是名人们各种令人羡慕的成就，更有他们在成就的道路上遇到的挫折、打击以及他们做出的努力、他们得到的和失去的……

　　这是一套给孩子的轻松的、风趣的"朋友"之书。在这里，没有板起脸来的长篇大论，在这个名人们的"展览馆"里，他们如同一些经历丰富的"大朋友"，用他们的故事陪伴和启发着孩子们在追寻梦想的道路上前进。

　　心怀梦想的孩子更强大。守候孩子的梦想，就是守候我们的未来。愿这套书带给孩子们梦想起飞的翅膀，陪伴他们不断翱翔、快乐成长、实现梦想……

著名诗人、儿童文学作家　徐鲁

目录

8 伟大的力学之父 阿基米德

阿基米德（公元前287—前212），出生于西西里岛的叙拉古，在科学领域有着卓越的贡献，是古希腊一位伟大的数学家、力学家，享有"力学之父"的美称。

22 博学多才的大科学家 沈括

沈括（1031—1095），字存中，号梦溪丈人，浙江杭州钱塘县人，北宋政治家、科学家。代表作《梦溪笔谈》集前代科学成就之大成，被称为"中国科学史上的里程碑"。

34 现代科学之父 伽利略

伽利略·伽利雷（1564.2.15—1642.1.8），出生于意大利比萨城，是数学家、物理学家、天文学家，科学革命的先驱，被誉为"近代力学之父""现代科学之父"。

50 百科全书式的全才 牛顿

艾萨克·牛顿（1643.1.4—1727.3.31）爵士，英国皇家学会会长，英国著名的物理学家，提出万有引力定律、力学三大定律，三百年来，物理学观点基本上都是以此为基础。

66 电学之父 **法拉第**

迈克尔·法拉第（1791.9.22—1867.8.25），英国物理学家、化学家，著名的自学成才的平民科学家，他在电磁学方面作出的伟大贡献使得他被称为"电学之父""交流电之父"。

82 伟大的进化论奠基人 **达尔文**

查尔斯·罗伯特·达尔文（1809.2.12—1882年4月19日），英国生物学家、博物学家，进化论的奠基人。他的理论对人类学、心理学、哲学的发展都有不容忽视的影响。

96 放射化学的奠基人 **居里夫人**

玛丽·居里（1867.11.7—1934.7.4），波兰裔法国物理学家、化学家。她开创了放射性理论，发现了两种新元素——钋和镭，是世界上第一个两次获得诺贝尔奖的人。

112 世纪伟人 **爱因斯坦**

阿尔伯特·爱因斯坦（1879.3.14—1955.4.18），美籍德裔犹太人，现代物理学的开创者、奠基人，相对论—质能关系的提出者。由于发现光电效应的规律获得1921年诺贝尔物理学奖。

128 群星闪耀 **更多大科学家**

你，准备好了吗？

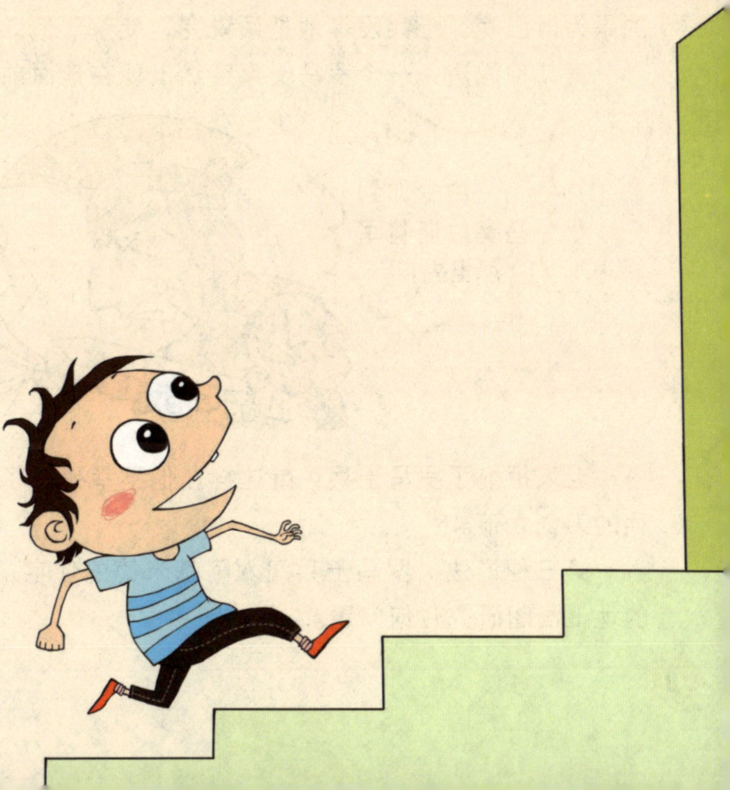

影响世界的他们——大科学家

伟大的力学之父 阿基米德

今天我们的主角是一位很伟大很厉害的大人物，瞧，关于他的死，就有这么多种说法，让我们一起来看看吧。

公元前212年，罗马军队攻入了阿基米德的故乡叙拉古。

第一种说法：

> 这个几何图形还没画好啊……
>
> 你们等一等再杀我，我不能给世人留下不完整的公式！
>
> 房内有人，闯进去看看。
>
> 不怕死吗？

这位老人很认真，直到士兵拿刀子在他眼前晃了晃，他才反应过来。可惜的是为时已晚，士兵没等他把话说完，就杀了他。他带着遗憾死去了。

第二种说法：一个罗马士兵突然出现在他面前……

> 命令你到马塞拉斯将军那里去！
>
> no！

老人拒绝了罗马士兵，就这样，他不幸死在了这个士兵的刀剑之下。

第三种说法：罗马士兵闯入阿基米德的住宅，看见这位老人正在自家宅前的地上画图研究几何问题。

伟大的力学之父 **阿基米德**

罗马士兵恼羞成怒，拔出刀来，朝他身上刺下去，于是一代伟人就这样去世了。

对阿基米德的死感到最为惋惜的是那位罗马军队的统帅马塞拉斯，马塞拉斯处死了杀死阿基米德的士兵，还为阿基米德举行了隆重的葬礼。

现在，让我们来好好介绍一下这位热爱科学的老人吧。他名叫阿基米德（公元前287—前212），古希腊哲学家、数学家、物理学家。出生于西西里岛的叙拉古，一生勤奋好学，在科学领域有着卓越的贡献。阿基米德到过亚历山大城，据说他住在亚历山大城时发明了阿基米德螺旋提水器。后来阿基米德成为兼数学家与力学家的伟大学者，并且享有"力学之父"的美称。

关于阿基米德的生平

- 出生在一个贵族家庭。

　　他的母亲是一位聪明善良的家庭主妇，父亲是天文学家和数学家，受家庭影响，他从小就十分喜爱数学和天文学。

- 大概在他11岁时，父亲送他到埃及的亚历山大城念书。亚历山大城是当时世界的知识、文化中心，学者云集，文学、数学、天文学、医学的研究都很发达。阿基米德在这里跟随许多著名的数学家学习，包括有名的几何学大师欧几里得，在此的经历奠定了他日后从事科学研究的基础。

- 喜欢读书，读过很多的书。尤其是欧几里得的《几何原本》。
- 给国王当顾问。

- 因为阿基米德的聪明才智，朋友们会称呼他为阿尔法，也就是希腊字母中的第一个字母α，意思就是一级数学家。

伟大的力学之父 阿基米德

- 阿基米德先用六边形，以后逐次加倍边数，到了九十六边形，求出 π 的估计值介于 3.14163 和 3.14286 之间。
- 制造了许多新式武器，让罗马人倒了大霉，这点等会儿再来细说。
- 确定了各种复杂几何体表面积的计算方法。
- 发明了水力推动的星球仪，用它来模拟太阳、行星和月亮的运行及日食、月食现象。
- 被罗马士兵杀死后，罗马将领马塞拉斯为阿基米德修了一座陵墓，在墓碑上根据阿基米德生前的遗愿，刻上了"圆柱容球"这一几何图形。

阿基米德墓碑

阿基米德的科学练习本

阿基米德在亚历山大城求学时就萌发了极大的对于机械的研究兴趣。

当时的欧洲，在工程和日常生活中，经常使用一些简单机械，如螺丝、滑车、杠杆、齿轮等，阿基米德花了许多时间去研究这些小东西的原理，发现了"杠杆原理"和"力矩"。杠杆原理也叫"杠杆平衡条件"，简单来说，就是要使一个杠杆平衡，作用在杠杆上的两个力矩大小必须相等。力矩是什么呢？是指力与力臂的乘积，如果一头大象和小朋友们来玩跷跷板的话，那么就有两条力臂，一条是支点到大象的部分，另一条是支点到小朋友们的部分。

我们也可以用一个简单的式子把这个原理表示出来：$F_1 \times L_1 = F_2 \times L_2$，这里面，$F_1$ 和 F_2 表示力，L_1 和 L_2 表示力臂。

想让跷跷板平衡，我们这边的坐板就要变得非常非常非常长！

支点

影响世界的他们
——大科学家

有了公式，对经常使用工具制作机械的阿基米德而言，在实际生活中做出更好用、更精确的机械来就是轻而易举的事了。

给我一个支点，我就能撬动整个地球。

撬地球之前还是想想怎么撬石头吧！

阿基米德曾经发明了一种提水器，直到两千年后的现代，埃及还有人使用这种工具。这种提水器靠转动的螺旋把水带进外面的圆筒中，由于螺旋和圆筒内壁形成了一个相对密封的空腔，水也就被从河里运送上来了。这个工具也是后来螺旋推进器的先祖。

阿基米德螺旋提水器

伟大的力学之父 **阿基米德**

阿基米德在数学上也有光辉灿烂的成就，特别是在几何学方面。阿基米德的几何著作是希腊数学的顶峰。

他的数学思想中蕴含着微积分的思想，虽然他缺乏极限的概念，但其思想实质却伸展到 17 世纪趋于成熟的无穷小分析领域，预告了微积分的诞生。他把欧几里得严格的推理方法与柏拉图的丰富想象和谐地结合在一起，达到了至善至美的境界，从而使得往后由开普勒、卡瓦列利、费马、牛顿、莱布尼茨等人继续发展起来的微积分日趋完美。

> 任何一张开列有史以来三个最伟大的数学家的名单之中，必定会包括阿基米德，而另外两位通常是牛顿和高斯。
> ——美国 E·T·贝尔《数学人物》

（阿基米德 牛顿 高斯）

以下几位也有话说。

- 百科全书式的全才 牛顿：阿基米德给过我灵感。
- 文艺复兴的伟大巨人 达·芬奇：他的智慧让我深有感触。
- 科学革命的先驱 伽利略：我是他的铁杆"粉丝"。
- 世纪伟人 爱因斯坦：他是我的榜样啊。

阿基米德的科学课堂

1. 投入和专注是成功的条件之一

说到投入和专注，就不得不提我的老婆最喜欢笑话我的一件事。

这件事是这样的：有一次，我正在浴室里洗澡，刚洗到一半，就跑出来了。

不穿衣服跑出来，我还是第一次，因为那个时候，我满脑子里想的都是一顶王冠的事情。那是叙拉古的赫农王交给我的任务。

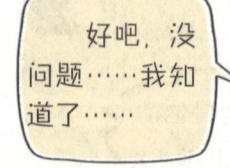

伟大的力学之父 阿基米德

我虽然答应了国王，但是我知道这并不容易，因为王冠是不能毁坏的。回家以后，我左思右想，依然没有想出好办法，这让我心急如焚。只好先去泡个澡，放松一下，当我进入浴盆时，洗澡水溢了出来，突然之间，我想到了办法！我太高兴了。

来到王宫，我在两个一样的盆里放进一样多的水，然后拿出和王冠同等重量的黄金放进去，结果溢出的水不一样多。

> 在两个一样的盆里放进一样多的水。

> ？？？这是什么意思？

> 如果王冠是纯金的，那么它的体积应该跟同等重量的黄金一样大，溢出的水也一样多。

> 我觉得我没懂。

> 我亲爱的国王陛下，意思就是你的王冠掺假了。

终于帮国王解决了这个问题，同时，我还得出一个结论。

阿基米德定律：
浸在液体中的物体受到向上的浮力，浮力的大小等于物体排开的液体所受的重力。

虽然在这个过程中，我因为太投入而发生了裸奔事件，出了点洋相，但是，正是因为全身心地投入和专注，我才取得了成功，我认为这是值得的。

2. 发明创造都要用于实际

大家知道，我做过国王的顾问，我接下来要讲的，就是我和国王赫农王之间的另一个故事。

当时，赫农王遇到了一个棘手的问题，他替埃及托勒密王造了一艘船，因为太大太重，船无法放进海里，于是，国王找到了我。

你连地球都举得起来，把一艘船放进海里应该没问题吧？

当然没问题！

答应了国王之后，我便马上开始忙碌地组合各种机械，最后造出了一架机器。接着我将牵引机器的绳子交到了国王手上。

让我们来见证奇迹！

靠绳子拉船？

国王轻轻一拉，大船果然移动下水，这让国王又惊又喜。

这对我来说真是小菜一碟。

哇，好棒哦，大船真的下海了。阿基米德，你太棒了！

3. 在战斗中也能发挥想象力

在我年老的时候，叙拉古和罗马之间发生了战争。罗马军队包围了我所居住的城市，还占领了海港。

我讨厌战争，但我必须尽自己的责任保卫祖国。于是，我制造了一种叫作石弩的抛石机，把大石块投向罗马军队的战舰，或者使用发射机把矛和石块射向罗马士兵。这些武器让罗马军队惊慌失措、人人害怕。

我还发明了其他武器，来阻挡罗马军队的前进。有利用杠杆原理制造出来的投石机，凡是靠近城墙的敌人，都难逃投出的飞石或标枪。还有大型起重机，把罗马的战舰高高地吊起，随后呼的一声将其摔入大海，船破人亡。

最后罗马士兵都不敢靠近城墙，甚至只有一根绳子在城墙上出现，他们都会被吓跑，因为他们相信那个可怕的阿基米德一定在用什么新奇的怪物，让他们一命呜呼。

影响世界的他们——大科学家

> 阿基米德是怪物,会要我们的命的!

> 唉,我不过随手扔下一根稻草,他们就跑了。

即使罗马军队遭到了打击,但是他们还是不停地攻击。直到城里只剩下了老人、妇女和孩子,在这万分危急的时刻,我们也不想放弃。

> 救命啊,老天爷,怎么办。

> 祖国需要我,人们需要我啊!

城里已经没有什么能够抵抗的武器了,怎么办,就这么放弃吗?我想到太阳的光和热使地球上的万物生长,它蕴藏着无穷无尽的能量。那么,阳光的能量能够加以利用吗?

> 太阳的能量绝对可以利用!

我让妇女和孩子们每人拿着一面镜子一起来到海岸边,让镜子对准强烈的阳光,集中照射到敌舰的主帆上,千百面镜子的反光聚集在船帆的一点上,船帆燃烧起来了,火势趁着风力越烧越旺,罗马人以为我又发明了新式武器,再一次败退了。

伟大的力学之父 **阿基米德**

为什么船帆会着火？一定是神在惩罚我们。

是我用太阳光在惩罚你们。

这是太阳能的老祖宗啊！

因为我发明的武器和大家坚强的意志，罗马人攻打了好几年才攻破我们的城市。而那时，我正在全神贯注地研究问题，结果你们都知道了……

世界，再见！我会和科学一起活在你们心里的。

叙拉古保卫战

罗马军队进攻叙拉古时，阿基米德制造出了巨大的机械，一度让罗马军队的船只损失惨重。后来罗马军队采取了围困的办法，在叙拉古粮食耗尽的情况下，攻占了这座城市。

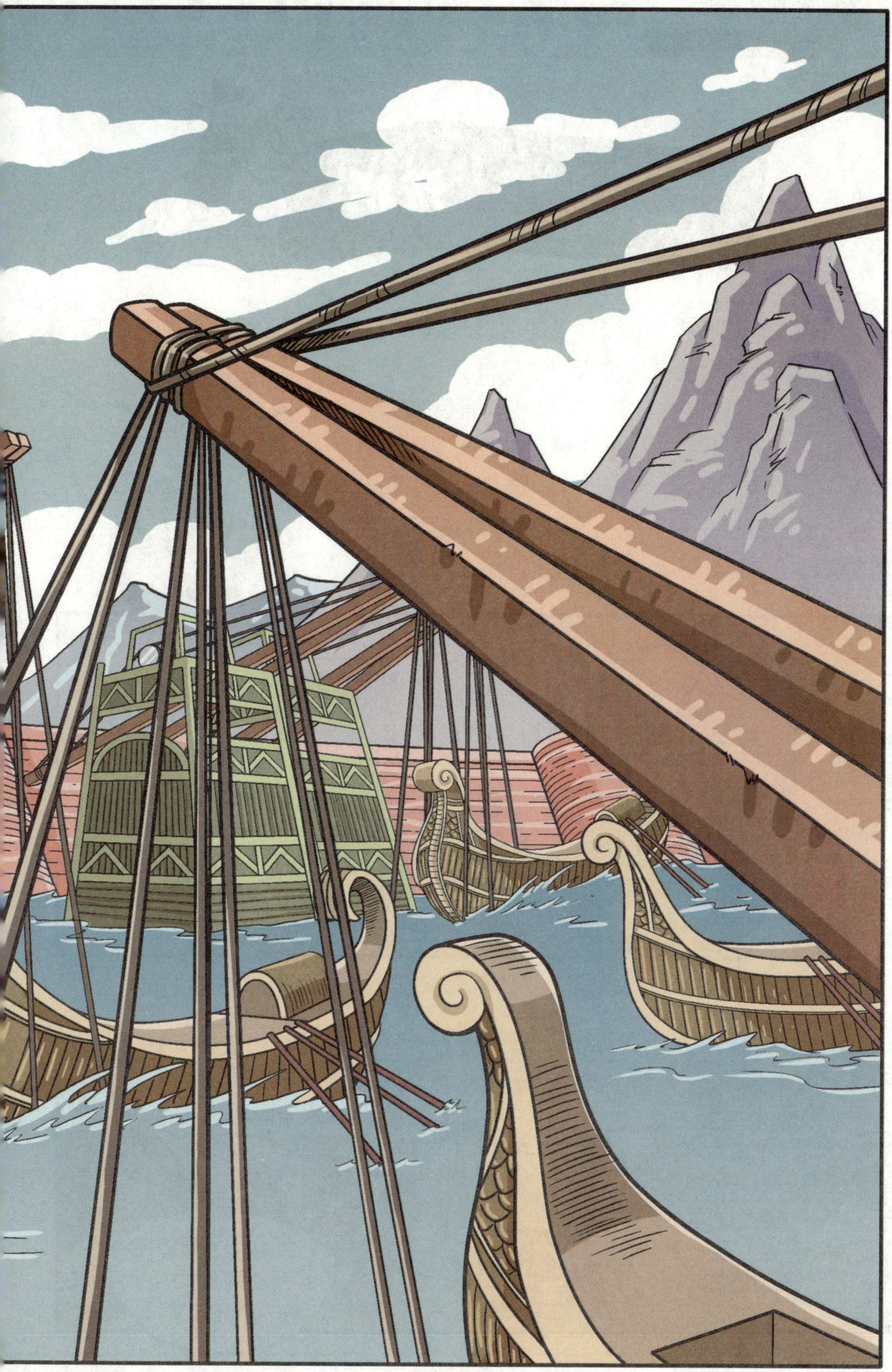

影响世界的他们——大科学家

博学多才的大科学家 沈括

在我国北宋时期,有一位博学多才、成就显著的科学家。没错,我们说的就是这位大科学家沈括。

沈括(1031—1095年),字存中,号梦溪丈人。他生活在北宋时期,出生在杭州钱塘,精通天文学、数学、物理学、化学、地质学、气象学、地理学、农学和医学。晚年时,他以平生研究,结合前代的科学成就,在镇江梦溪园撰写了笔记体巨著《梦溪笔谈》。

是在说我吗?

沈括是我国最全面的、百科全书式的大科学家。

哇,他一个人懂这么多东西?

关于沈括,看看下面的情景,我们就能进一步了解他有多能干了。

洪水把什么都毁了,这日子怎么过,呜呜……

别担心,我来帮你们让灾区变良田!

我找到证据让辽国不能多要土地了!我去谈。

辽国又在边境谈判的时候讨价还价,愁死我了。

博学多才的大科学家 沈括

> 我想要造出更好的兵器啊……

> 科学顾问在此，我图纸都画好了！来，我给你讲一下￥%#……%

> 我把浑天仪改进了一下，能让它精确度更高！

> 你在干什么？

他不仅能治理国家，更能发明创造。瞧，沈括就是一位名副其实的全能科学家。

关于这位全能科学家

- 在充满书香气息的富裕环境中度过了童年和少年时代。
- 小的时候身体不好，经常生病，由于经常吃药，他渐渐开始对医药学产生了兴趣。
- 他不论是官场得意时，还是受到打击时，都从未放弃过科学研究。凭着超凡的意志、敏锐的观察力和过人的精力，他不停地攀登，终于达到了光辉的顶点。
- 热爱旅游。沈括跟着做官的父亲去过不少地方，他长大担任官职之后，每到一个属地也会仔细勘察当地的情况，并进行记录。
- 非常爱读书。

> 家里所有的书我都看完了！

> 咱现在是馆阁校勘了，皇家图书馆可以随意进出。这些书够我看一辈子了！

- 沈括从县令主簿，也就是县令助理，一直做到了翰林学士，在这段时间中，他还参与了兴修水利、制作地图、修订历法等当时朝廷中几乎所有与科学有关

23

的事。

- 沈括不仅在科学研究上取得了辉煌的成绩，他为保卫北宋的疆土也做出了重要贡献。
- 沈括花了十二年，绘制出当时最精确的全国地图——《天下郡国图》。
- 沈括是历史上第一个发明"隙积术"的人，一会儿他会亲自和你说。
- 为了学术问题不耻下问，绝不轻视比自己小的人。沈括经常向比自己小十多岁的女数学家胡淑修请教问题。

她一个女人懂什么？

她懂的比很多男人都多得多。

那她太年轻了，有什么必要和她讨论？

学术研究还分什么男人女人，年轻年老？

- 沈括有一位非常凶悍的妻子，经常对沈括拳脚相加。
- 1979年7月1日，为了纪念沈括，中国科学院紫金山天文台将该台在1964年发现的小行星2027号命名为沈括星。

沈括是"中国科学史上的坐标"。

沈括这样的人物在全世界数学史上都找不到，只有中国出了这么一个。

英国科学技术史家 李约瑟

日本数学史家 三上义夫

我也是有星星的人啊！

沈括的科学大百科

沈括的科学成就是多方面的。

· 在天文学方面，他发现旧的历法虽然用的时间长，但是有不少缺点，他就提出了一种新的历法，与今天我们使用的公历类似。不过，在那个时候，大家并不怎么接受。

· 在物理学方面，他记录了指南针原理及多种制作法。《梦溪笔谈》中，他在记述用天然磁石摩擦钢针可以指南的时候还提出："然常微偏东，不全南也。"也就是说，指南针的指示一般会稍微偏向东边，并不是完全的南方。这是世界上关于地磁偏角的最早发现记录。而这一记录比欧洲的哥伦布于1492年的发现早了四百多年。

· 在数学方面，他从实际需要出发，创立了会圆术和隙积术。会圆术解决的是由弦求弧的问题。隙积术则可以求得中间有空隙的堆积物的数量。

· 在医学方面，他发现了很多新的药方，编撰有医书《良方》。

· 他对当时科学发展和生产技术的情况，如毕昇发明的活字印刷术、金属冶炼的方法等，也都做了详细记录。

· 在地理方面，他为了绘制出当时最精确的地图，跑遍了宋朝的每一个角落。与此同时，沈括还根据每个地方的地形地貌等进行考察和分析。

沈括对各行各业均有涉猎，并且都卓有建树，一下子也说不完。现在，我们就来说一说他最有名的那本书——《梦溪笔谈》。

《梦溪笔谈》一共分30卷，其中《笔谈》26卷、《补笔谈》3卷、《续笔谈》1卷。这本书的内容非常丰富，包括了天文、历法、数学、物理、化学、生物、地理、地质、军事、医学、文学、史学、考古、音乐、艺术等各个方面。这本书不仅是我国的学术宝库，在世界文化史上也占有非常重要的地位。

影响世界的他们——大科学家

大科学家的人生课堂

1. 勤学好问，保持独立的思考能力

我小时候因为身体不好，大部分时间都花在了父亲的藏书房里。少年时代，我的父亲是个地方官，他因为工作原因经常出差，于是我也跟着他走南闯北。我去过泉州、润州、汴京……这些地方不一样的风貌和环境增长了我的见识，让我不止能从书本上得到知识，更有了亲身体验。

我对大自然有着强烈的兴趣，一切事物在我的眼里都那么新鲜。

> 因为他们的祖辈发现了鱼群游动的规律。
>
> 渔民怎么知道鱼会在什么时候出现呢？
>
> 那第一个人是怎么发现这个规律的呢？
>
> 这大概只能去问渔民了……

还有一件事不得不说，那是和唐朝诗人白居易有关的故事。

> 我需要向白居易先生道歉，也要从科学角度向他表达敬意。
>
> 啊？发生了什么事情？

一天，我在书房看书，注意到白居易的《大林寺桃花》一诗中有一句话是：人间四月芳菲尽，山寺桃花始盛开……

> 四月已经芳菲尽了，那为什么山上寺庙里的桃花却刚刚开放呢？白居易为了写诗不顾常识，真是太没有科学精神了！

我感叹了一番之后，就接着去看书了，这件事被我忘在了脑后。过了一段时间，我和几个同伴一起去山上游玩，我们边说边聊走上了山顶，发现了一片盛开的桃花！要知道，这会儿山下的桃花早就凋谢了！这时，一阵冷风吹来，我突然想起了白居易的那首诗！

回到家后，我立即把这个结论和发现的过程记录了下来。这件事让我对气象也产生了浓厚的兴趣，开始阅读有关气象的书籍，注意气象的变化。

正是因为我常思考、勤思考，不囿于已有的结论，积极地进行独立思考，才让我成为一名真正的科学家。

2. 看问题仔细，才能得出正确的见解

有一次，我和一群朋友到开封相国寺游览，相国寺里有一幅壁画，画着一个管弦乐队在演奏。有一个人认为画家画错了，他觉得弹琵琶的手指不该停留在下弦的位置，应该停在上弦。可是我却有不同的意见。

我的解释是，弦乐跟管乐不同，演奏管乐时，手指头按住孔洞的同时发音，演奏琵琶时，只有当手指拨弦之后，才会发音，动作早于声音。只有这样才能保证乐曲的和谐。所以我觉得这个画家很厉害，不但绘画高明，还有很高的音乐造诣。

3. 科学是严肃的，来不得半点虚假

有一段时间，我被提拔到司天台做了司天监，这是一个负责观测天象的官职。我干得非常认真。

> 刚开始任职，我干的第一件事就是打假。

> 啊？天象也有假的吗？

> 天象没有假的，但是人的报告就不好说了。

司天监的职责是每天按时观测天象，然后与皇宫内的天文院观测结果进行对照。我上任之后发现，原来有很多工作人员不懂观测，于是他们就按照历法的情况算一算，然后把结果上报，朝廷内外有很多人都是知道这个情况的！

> 你们六个不用来了！

> 这么多年也没出问题，凭什么辞退我们？

> 要是大家都这么做，那我们的天文就毁了！

除了清除只拿钱不做事的人，我还申请改进仪器，修订新的历法。就这样，司天台在我的整顿下风气越来越好。我始终认为，研究科学需要耐心，更来不得半点虚假，不然就不会成功。

4. 投入和专注，认真研究总会有收获的

刚过"而立之年"的我，在一位转运使手下当官。在频繁的接触中，转运使认为我才华出众，工作认真，还很有礼貌。

> 大人,你还是别急着下结论,沈括常出入酒店,回来就闭门不出,我们都猜他是个隐藏的酒鬼呢。

转运使为了弄清楚真相,便来到我的住处。他发现我屋子里的确有不少酒具,但是我可不是拿它们来喝酒,而是"搭积木"。原来,如果把近似圆形的酒坛堆起来,为了稳固,每一层的数量会越来越少,看上去四个侧面都是斜的,中间会形成空隙,这在数学上称为"隙积"。而能够计算出这些中间有空隙的堆积物的数量的方法就叫作"隙积术"。我天天去酒馆是为了实地检验我的隙积术是否正确。

> 隙积术就是计算出这些中间有空隙的堆积物的数量的方法。毕竟堆得多了光靠肉眼太难数了。

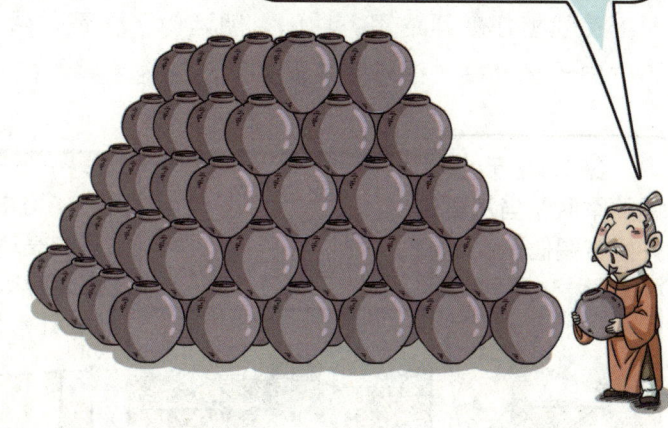

转运使听了我的解释之后,拍着我的肩膀说:"我真没看错人!你果然是个很有想法的年轻人。我决定把女儿嫁给你了!"我对转运使的垂青又惊又喜,一口答应了下来:"能得到您的欣赏,我真是太荣幸了!"

很快,我就娶到了我这辈子最大的冤家,也就是之前提到过的那位"悍妻"。

接下来要说的就是关于石油的事儿。要知道,"石油"这个词就是我发明的。当我在前线抵抗西夏军队时,发现那里经常从地下涌出一种清亮的油脂,居民们用野鸡毛把这些油蘸起来收集在罐子里,用它烧火做饭、点灯和取暖,而这

影响世界的他们——大科学家

> 我大概是历史上第一个给石油命名的人。要是我活着,得收多少版权费啊!

些油脂燃烧后形成的油烟可以用来制墨。为了简单易懂,我给这种油取了个名字,叫作"石油"。

我不仅发现了石油,并且预言石油以后一定大有用处。有了现代科技的帮助,石油已经成为你们现代人生活中不可缺少的一部分了。

我上面所讲的一切,都和投入、专注、认真分不开,只有这么做,才会有收获。

5. 解决问题,可以换一个角度和方式

军队的将领听说有人做了逃兵总会非常愤怒,进而对士兵进行惩罚。我倒是觉得必须具体问题具体分析。

在我担任鄜延路军务期间,朝廷为了保证前线的安全,派来了很多禁军。不过由于皇上每次都只给禁军奖赏,当地士兵的抱怨越来越多。

> 禁军是我直属的军队,当然要好好赏赐他们。

> 皇上,为什么只赏赐禁军,不给地方军队赏赐呢?

> 可打仗更多靠的是地方军队。您这样歧视地方军队,让大家不满啊。

> 那怎么办?

博学多才的大科学家 沈括

你想得真周到！以后还有这种我考虑不到的地方，你酌情处理吧！

不用担心，我已经替您赏赐过他们了。

谢谢皇上的信任！

得到了皇帝的允许，我做事也更加大胆了。

1081年的冬天，天降大雪。军队打仗讲究人马未动粮草先行，这大雪给粮食的运输带来了极大困难。没有食物，天气又冷，大校刘归仁实在忍受不住，竟然领着三万士兵当了逃兵，向我驻守的延州逃了过来。这么多人向城池冲过来，百姓们都恐慌极了，各种谣言开始在城里流传。

得到了确切消息之后，我看着屋外的大雪想道：国家正是用人的时候，为什么要去和那么多久经沙场的士兵自相残杀呢……于是我做出了一个令所有人惊讶的决定，我让百姓们准备好食物和保暖的用具在城里等候，而我自己则带着人去迎接那些士兵！见到他们时，这些人看起来都非常紧张。

你们是奉命来领粮食的吧？谁是领队？

不抓我们吗？

刘归仁明白了我以取粮食为由接纳士兵们入城的想法，所以很快带着士兵们入了城。不过朝廷已经认定士兵们是叛乱了，我必须给朝廷一个交代，最后，领头的刘归仁被当众处决。可以说，这件事能够以这么平静的方式解决，完全是因为我能够不走寻常路。

这也就是我说的，当遇上事情无法解决的时候，只要换个角度，就能找到更好的解决方式了。

梦溪丈人和他的梦溪园

　　沈括晚年闲居的地方叫梦溪园。
　　"梦溪"这两个字还有一段小故事。据说沈括三十岁时，常梦见自己在一片风景秀美的地方游玩，那里山明水秀，有小山、花木……几年后沈括路过镇江时见到了一块地方和梦中简直一模一样。他又惊又喜，于是举家移居到这里。他在这里建起了庭院，还将门前小溪命名为"梦溪"。而这座庭院就是"梦溪园"，他自己则自称"梦溪丈人"了。

33

影响世界的他们——大科学家

现代科学之父 伽利略

在人们连地球和太阳到底是谁绕着谁旋转都还不确定的时代,有一个人,他通过实际的观测以及严谨的实验,改变了人们长久以来对世界的认知。

伽利略·伽利雷(1564年2月15日—1642年1月8日),意大利数学家、物理学家、天文学家,科学革命的先驱。他首先在科学实验的基础上融汇了数学、物理学和天文学三门知识,扩大、加深并改变了人类对物质运动和宇宙的认识。

他发明了摆针和温度计,制作出了初级的天文望远镜,观测到了一系列天文现象。同时,他从实验中总结出自由落体定律、惯性定律和伽利略相对性原理等,奠定了经典力学的基础,反驳了地球是宇宙中心的理论,有力地支持了哥白尼的日心学说。

他不仅是近代实验科学的奠基人之一,还开创了以实验事实为根据并具有严密逻辑体系的近代科学,因此被誉为"近代力学之父""现代科学之父"。

> 我——伽利略·伽利雷,为了防止你们混淆,还是直接叫我的名字吧。

> 后生可畏!你们也很厉害!

> 我的理论也是在您的基础上发展来的!

> 伽利略的发现,以及他所用的科学推理方法,是人类思想史上最伟大的成就之一,而且标志着物理学真正的开端!

现代科学之父 **伽利略**

伽利略的生平

- 出生在意大利的比萨，大约十岁的时候，全家人一起迁到了佛罗伦萨。
- 家里一共有七个孩子，伽利略是最大的那个。他的父亲芬琴齐奥·伽利雷是一位音乐家，他精通音乐理论和声学，著有《音乐对话》一书。
- 伽利略十七岁时，进入了比萨大学。这个时候他还在按照父亲的愿望学医。不过他真正感兴趣的是数学、物理和仪器制造。

- 喜欢思考各种自然哲学问题，并且善于提问、勇于提问。
- 1583 年，伽利略发现，单摆不管摆动的幅度多大，所用的时间都是一样的，而这个时间的长短，也只和摆线的长度有关。

- 曾经退学过一段时间，不是因为学习成绩不好，而是因为没钱交学费了。他只好去当家教赚钱攒学费。

- 一边做家教，一边自学的伽利略发明了流体静力天平，这种天平可以很快测出合金的成分。

- 1586年写出论文《天平》，这篇文章里面列举了很多他在浮力、杠杆方面的研究，并且加入了他发明的流体静力天平的内容。这篇论文很快引起了学术界的注意，人们对这个年轻人大为赞赏，甚至称他为"当代的阿基米德"。

- 很快他又写出了论文《论重力》，第一次揭示了重力和重心的实质，并给出准确的数学表达式，这篇能帮助人们计算固体重心的论文再一次受到了学术界的关注。而1589年，年仅二十五岁的伽利略成为比萨大学的数学教授，讲授几何学和天文学。

- 1592年，伽利略结束了在比萨大学的教学生活，来到帕多瓦大学任教。在这里，他有更高的薪水来帮助自己的弟妹们，也有了更加自由的空间来进行各种科学研究。

在这所学校里，他不仅和同事们进行讨论，还结交了各行各业的朋友，通过解决他们工作上的问题，伽利略更加了解各个领域的新知识，开阔了自己的视野，也得到了很多启发。

现代科学之父 **伽利略**

- 1593 年，伽利略研制出了温度计。虽然这支温度计的准确度并不是很高，还会受到天气的影响，但它是世界上第一支温度计！
- 1597 年，他看到了开普勒写的《宇宙的神秘》，正是这本书，让伽利略对日心说有了比较深入的了解，并且变成了日心说的绝对支持者，承认地球有公转和自转两种运动。

使用时把玻璃泡插入水中。随着温度的变化，玻璃管中的水面就会上下移动。

37

• 和著名的德国天文学家开普勒成为好朋友，他们还经常和丹麦天文学家第谷用信件的方式进行交流。

• 1609年，正在威尼斯进行学术交流的伽利略听说有一个荷兰人发明了一种"幻镜"，通过它，人们可以清楚地看到远处的房屋，非常有趣。这个发明在伽利略心里掀起了滔天巨浪，他在朋友的帮助下，知道了"幻镜"的结构。经过一系列的研究、改进之后，他发明了第一台真正意义上的天文望远镜，用它观测到了一系列前所未见的天文现象——银河中全是星星、月亮表面并不光滑、木星有卫星、土星有一圈美丽的光环……

现代科学之父　伽利略

- 他对宇宙的观测结果为哥白尼的日心学说提供了有力的证据。1633年，他编写的《关于托勒密和哥白尼两大世界体系对话》出版了，在这本书中，他还提到了惯性原理。伽利略认为惯性是物体运动的客观规律，这个理论推翻了一千多年来崇尚亚里士多德的学者们对物体运动的认知——精灵或者别的东西的运动带来的影响。

- 因为长期在没有保护的情况下观测天体，伽利略的眼睛受到了严重的伤害。加上一系列来自教会和个人生活的打击，从1637年开始，他的双眼再也无法看到这个世界和宇宙中的奇观了。

- 1642年1月8日，伽利略在儿子家里去世，直到临终之前，他还在和自己的学生以及朋友们讨论科学问题。

> 天文爱好者们，绝对不要长时间盯着太阳！

伽利略的发现小屋

我的一生有过非常多的发明和发现，对我来说，每一个发现都很重要，不过，摆动的问题大概算是其中最有代表性的。

> 哎！那个灯的摆动……

这个随处可见的现象引起了我的注意。于是我趁大家不注意的时候，一边摸着自己的脉搏，一边默默测量起了吊灯每次摆动的时间，出乎意料的是，吊灯从最开始幅度很大的摆动，到后来几乎停止，每次摆动的时间几乎是一样的！

影响世界的他们——大科学家

我回家之后找来了各式各样的东西，石头、木球、小铁块等，分别系上绳子挂起来。然后发现，不管绳子下面是什么材质的东西，只要绳子的长度不变，那么摆动一次的时间几乎是完全一样的！

> 摆长越长，周期也越长，摆动得就越慢。

> 啊，不好意思，忘了这个周期最长的了……

> 啊！

这次对于摆线以及摆动时间的研究，体现了我对科学的态度。经过仔细的测量，甚至亲手制作了一些实验用具之后，我了解了另一个事实，那就是：一个摆线的长度是旋转圆直径的4倍，面积则是3倍。

> 这就是摆线。

> 可惜我数学不够好，没办法用公式把这个结果表示出来……

物理学家 惠更斯

> 我会帮你完成这个工作的！

有了测量和实验结果的证明，我对一千多年以来人们对宇宙天体的认知发起了冲锋。

很长时间里，人们只能用肉眼来观察星星，这个情况在天文望远镜出现后有了极大变化。这就和我有很大关系了。首先声明，我发明的不是世界上第一架望远镜，而是第一架"天文"望远镜。这个差别在于放大倍数不同。我的望远镜放大倍数从 20 倍升到 30 倍，再升到 40 倍，能够看见的星球越来越多，也越来越清晰。这些星球的影像不仅给我带来了极大的震撼，也给整个学术界带来一场风暴。

这些星球表面的情况，以及它们之间的运动关系给我们呈现出一个完全不同于以往认知的世界。我小时候接受的知识是地球是宇宙的中心，所有的天体都按照圆形的轨道绕着地球旋转，天体表面也都是光滑得像水晶珠一般的完美球体。现在，我们可以亲眼看到这些天体的表面和地球一样有高有低，并不是都围绕地球旋转，它们不仅会围绕另一个天体转动，自己也会旋转。我的这些发现证明了地心说的不正确，宇宙的结构在我们的眼中有了重大的变化。

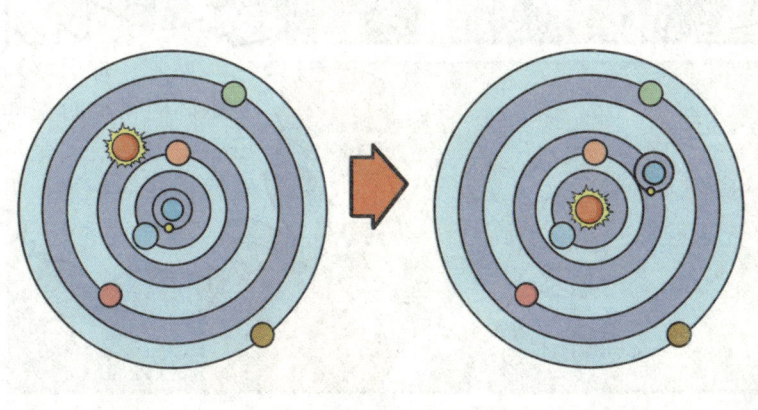

太阳并不是完美无缺的，它上面有黑子！

那是你的玻璃镜片里面有杂质！

月亮也不是一个光滑的球体，它上面有山有谷，坑坑洼洼。

那是你的镜片沾了脏东西！

虽然星球的轨道并不是正圆形，不过科学发展需要时间，我毕竟走出了迈向正确的第一步。

我根据我的各种发现，写出了一本可以说造成了我晚年生活所有悲剧的书——《关于托勒密和哥白尼两大世界体系对话》（简称《对话》），在书中，我还提出了"惯性"这个概念。

其实在写《对话》这本书之前，我由于支持日心说，和当时支持地心说的人产生了很大的矛盾。他们想尽办法诋毁我，甚至还想让教会直接把我关起来！虽然我想尽了办法，可是我还是得到了"1616年禁令"。

不准说，不准写，提也不准提，更不要说教别人学这种东西！

从此以后，你不准再发表任何和日心说有关的歪理邪说了！

我并没有因此放弃，我不停地跑去找教皇，希望他们能取消对我的禁令。

他怎么又来了！

伽利略求见！

教皇大人，我请求撤销对我的禁令！

好吧，你可以写一本同时讲地心说和日心说的书，但是不准偏袒任何一边，听到没有！

行，没问题！

在我的多次争取之下，《对话》终于在1630年取得了"出版许可证"。两年之后，这本书出版了。不过，我在已经明确知道地心说是错误的前提下，怎么可能做到"不偏不倚"呢？于是《对话》这本书变成了我的"日心说辩护书"。

现代科学之父 伽利略

我使用诙谐的语言，让太阳才是中心的理论变得更加深入人心的同时，还在书中好好讽刺了反对日心说的人。这下子可闯了大祸，这本书才出版了半年，就被勒令禁止销售，连我也被抓了起来。1633年，我被判处终身监禁，所有《对话》都被烧掉，并且不得再重印。后来我通过朋友在国外还出版过一次书籍，不过最终还是被教皇发现，加紧了对我的监视。在我剩下的时光里，我的双目失明，照顾我的女儿也去世了。我在巨大的悲痛中住进了儿子的家里，然后和朋友、学生们继续研究科学问题，直到生命的最后一刻。

> 我们可以用摆设计时钟。

伽利略的心得日记

1. 大胆假设，小心求证

我在使用望远镜观察到了宇宙中的神奇景象之后，也发现了一个特别的问题，那就是很多星星都在自转，那么地球只要不是特例，也就会和这些星星一样，自身在转动。这会引发无穷无尽的问题，你射出的箭能够正中靶心、树上的果子会掉到正下方等情况，都会因为"地面在运动"而变得无法解释。毕竟，待在一个时刻运动的地面上，大家还怎么正常生活？在各种问题的困扰之下，我提出了一个大胆的假设。

> 也许，世界上有一种"惯性"存在。

> 那是什么？

> 就是……地球在转的时候大家也一起在转！

影响世界的他们——大科学家

这个想法是非常大胆的，因为在除了坚持地球自转之外，还给世界上所有的物体都加上了新的状态。要想知道为什么，那还是得讲一讲那个时代人们更能接受的想法。

> 世界是由四种元素形成的。土、水、气、火四种元素两两组合构成了世界，轻的上升成了天空，重的下降成了大地。

说得好！

> 一个东西要动起来，那就必须有东西——精灵或者风去推动。不然就不能维持运动！

说得对！

> 这就是亚里士多德的说法。

在这样的观念影响下，我的每一种说法不仅是对旧认知的冲击和挑战，也是对我本人认知的挑战。不过我既然提出了这种大胆的假设，就会想尽办法去进行求证。很多人并不相信我的说法，我就进行一系列实验，让大家来亲眼见证我的正确性，而不是光靠语言分析来赢得认同。

那些实验经过一次次的调整，最终的结果证明亚里士多德的说法是错误的。不过可惜的是，我还是没有完全摆脱这位大师的影响。我始终认为不受外力时，惯性运动的轨迹会是一个完美的圆形。可你们现在都知道，这个轨迹其实这是一条直线。总而言之，我为后来的物理学家们提供了一种全新的方法来思考。

> 1. 大胆地假设。
> 2. 仔细地实验！实验！再实验！
> 3. 最后再进行推论。

在我之前，人们想要了解自然界，基本上就是靠想，然后根据流传下来的经典加上自己的理解整理出一个逻辑来。从我开始，人们自己理解了，也一定要用实验数据来验证正确性后才能下结论。有了这个方法，科学才真正和哲学思考分开了。这一套方法被称为"思想实验"，这种方法可以得出很多在现有条件下无法进行的实验结果，这正

> 依靠实验得来的数据，再展开想象，去掉现实的干扰，就可以得出最理想情况下的结果！

> 第二步非常重要！绝对不能跳过！

44

是物理学的开端。

2. 做事要有目标有计划

不管做什么事情，都要有目标、有计划。我在进行惯性实验时，用的正是这种方法。

这球走得太慢了……

又太快了……

我需要最光滑的材料！光滑！光滑到极致！

为了能够证明物体可能因为惯性而一直运动下去，我尝试用各种各样的材料来制作轨道和小球。同样一个实验，我做了上百次，直至找到了最合适的材料才制作出了实验工具，然后进行了演示。

物体只要不受到外力的作用，就会保持静止状态或匀速状态。

不管什么时候，小球都会接近另一头和它的出发点在同一条直线上的那个点，所以经过合理的推断，也就是说当这条轨道完全变成直线时，小球就会朝着那个"终点"一直跑下去！

正是经过仔细的比对，以及明确的目标，我才最终找到了正确的实验用具，做出了让人满意的实验。

3. 多读书，但是不要盲从书中的内容和思想

我一生都在不停地挑战权威。我看过非常多的书籍，也对这些书籍中的理论进行了深入的了解和探索，对书中正确的部分我给予肯定和继承，对传统的错误观念绝不盲从。

> 伽利略："我会精心研究亚里士多德的著作，我只责备那些使自己完全沦为他的奴隶的人，变得不管他讲什么都盲目地赞成，并把他的话一律当作不能违抗的圣旨一样，而不深究其他任何依据。"

有一个地方不对吧……

对！对！全部正确！

你敢说有不对的地方？

情况就是这样。

我对很多错误的理论进行过反驳，其中最著名的是斜塔实验。我的学生是这么记载这个故事的……

亚里士多德说重的速度快所以会先落地，轻的速度慢所以后落地。

对啊。

如果这样扔，那么谁先落地？

呃……这……这……

现代科学之父　**伽利略**

这个明显自相矛盾的事实让我无法释怀，要怎样搞清楚亚里士多德的说法是对还是错呢？那当然还是实验。

于是，我带着两个铁球上了塔顶。

球来了！

老师！同时落地！不分先后！

我就知道！

经过这个实验，人们几乎可以肯定，物体下落的速度和它的重量无关。

后来的人们根据各种记载发现，比萨斜塔这个故事也许是虚构的，不过我的确进行过几十次自由落体的实验，并且很多时候都是在塔上进行的。

我也不记得我做过实验的都有哪些塔了。

就让我作为伽利略先生的实验塔们的代表吧。

经过多次实验后，我再通过擅长的"思想实验"方法，最终通过计算和推演证明了"重量与物体下落的速度无关"这个结论。

在仔细了解前人学说的基础上，大胆质疑，对其中错误的部分进行仔细的验证，我才得出了正确的认知。大家在学习的时候也应该坚持这种态度。

只有在学习时坚持认真的态度，在思考时保持开放的心态，然后经过严谨的推理和证明，才能踏上真正的成功之路。

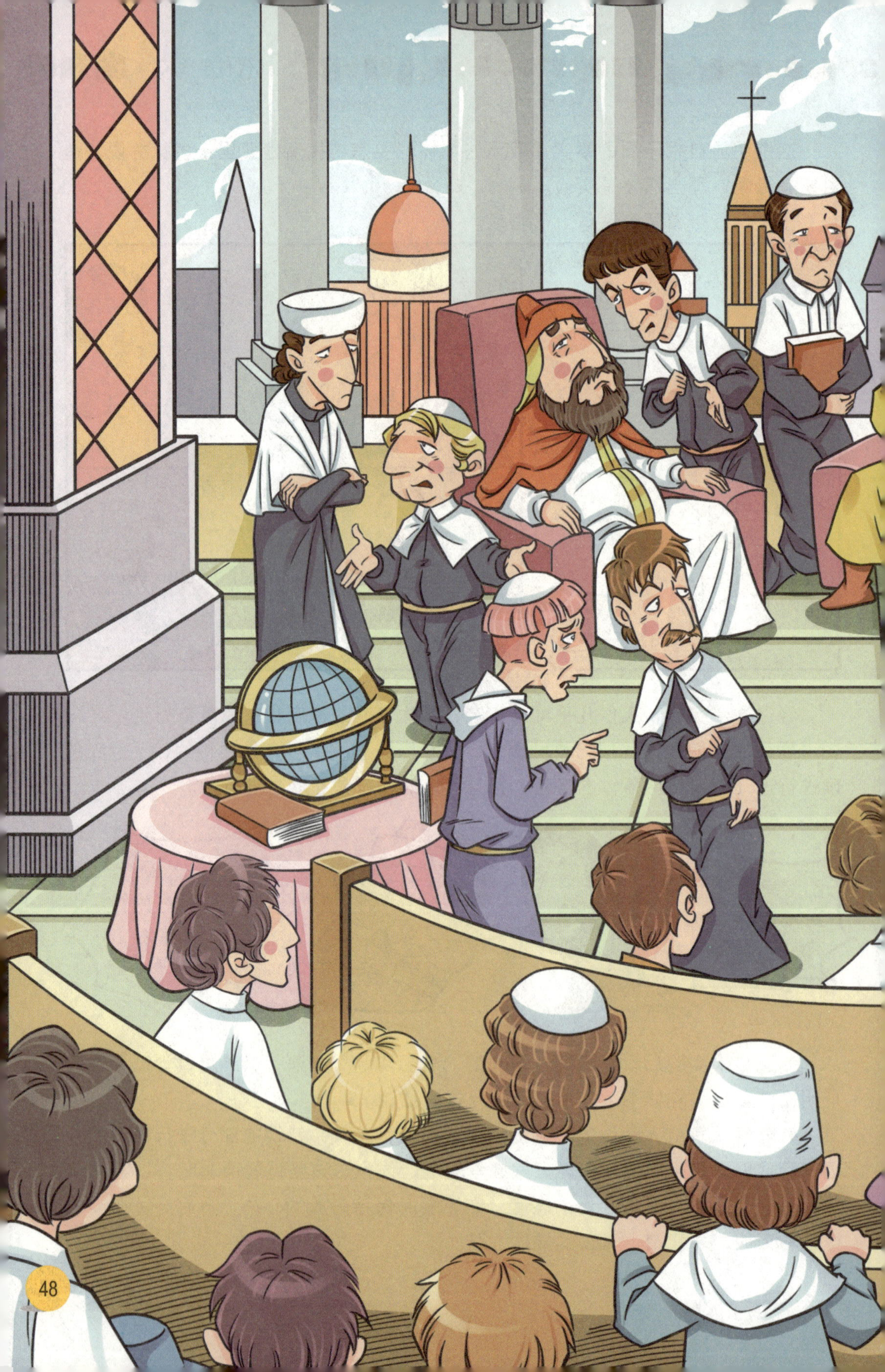

审判伽利略

1633年6月22日，在圣玛丽亚修女院的大厅里，10名枢机主教联席宣判伽利略终身监禁，焚毁所有《关于托勒密和哥白尼两大世界体系对话》，并且禁止出版或重印他的其他著作。不过伽利略并没有因此放弃科学，即使在双目失明之后，也还和朋友们讨论物理问题。

影响世界的他们——大科学家

百科全书式的全才 牛顿

牛顿这个名字对很多人来说都如雷贯耳了,不过他为什么这么有名?现在就让他来告诉你吧。

艾萨克·牛顿(1643年1月4日—1727年3月31日)出生在英国,是物理学家、数学家和天文学家,还是英国皇家学会会长。至于他的成就,实在有点多,大家可以看看下面这张图。

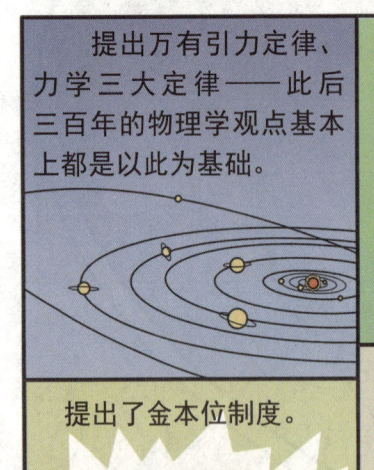

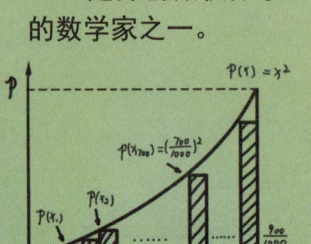

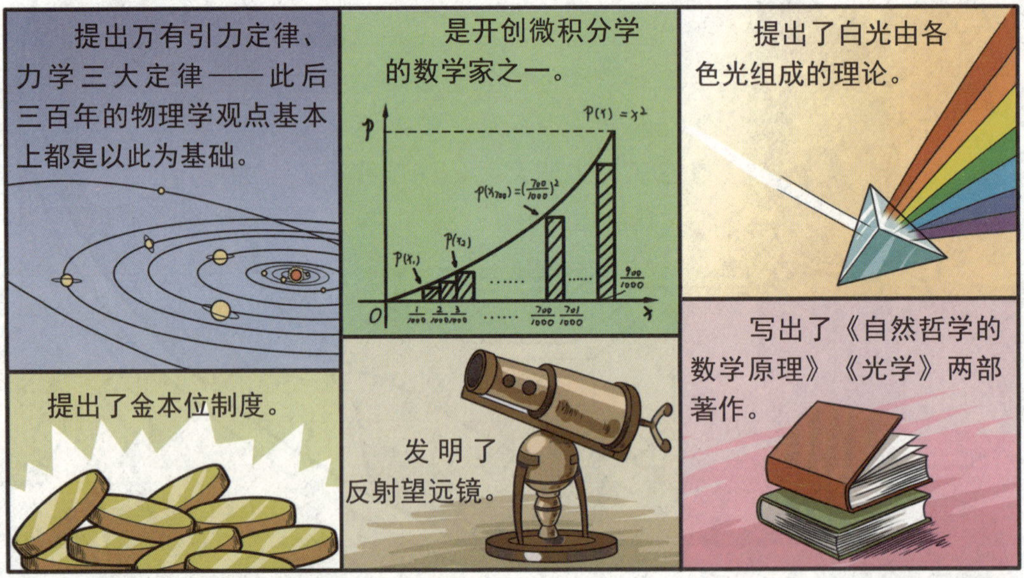

提出万有引力定律、力学三大定律——此后三百年的物理学观点基本上都是以此为基础。	是开创微积分学的数学家之一。	提出了白光由各色光组成的理论。
提出了金本位制度。	发明了反射望远镜。	写出了《自然哲学的数学原理》《光学》两部著作。

人们是这么评价这位"百科全书式"的全才的:

- 《自然哲学的数学原理》是人类智慧产物中最卓越的杰作。
  — 法国科学家 拉普拉斯
- 牛顿是有史以来最伟大的天才。
  — 法国数学家、物理学家 拉格朗日
- 牛顿是最伟大的人……因为他用真理的力量统治我们的头脑,而不是用武力奴役我们。
  — 法国哲学家 伏尔泰

百科全书式的全才 **牛顿**

关于牛顿的生平

• 1643年1月4日，我出生在英国的一个农村庄园。我的父亲在我出生前三个月就去世了。为了生计，母亲只能改嫁。而我则被送到了外婆和外公家里，这件往事让我耿耿于怀。

• 我从小脾气就不太好。

• 少年时代的我喜欢读书，特别喜欢读介绍各种机械模型制作的书，还会自己动手做一些小玩具。曾经有一次，我在研究了风车的机械原理之后，制造了一架磨坊的模型。而这个模型转动的动力则来源于一只小老鼠。

这是科学！

我做错了什么要这么对我！

• 中学时代，我的天赋逐渐展现了出来。我不仅成绩优秀，还对大自然的各种现象有着强烈的好奇心，可以说我就是学校中最出色的学生！

• 妈妈希望我长大后能和父亲一样当一个农夫，可是我回家当农夫的日子过得难受极了，因为我一点也不喜欢干农活，只想回去研究数学。

这是什么花式耕地的办法？

啊！一不小心把土地挖成数学图了！

影响世界的他们——大科学家

好在我的舅舅和当时的学校校长都非常支持我,他们俩对我的母亲进行了轮番劝说,最终,在家里当了九个月农夫之后,我回到了学校。这一切都要好好感谢舅舅和校长啊。

- 十八岁时,我从中学毕业,在舅舅的帮助下进入了剑桥大学三一学院。

> 剑桥大学是现在世界顶尖的大学之一,三一学院则是剑桥大学中顶尖的学院之一。

- 在进入大学之前,我已经自学过《逻辑学》,因为我当时最感兴趣的是数学,大学里的书更多,于是我几乎读遍了当时所有能找到的数学著作。

我们认识你吗?

这两位就是我的老师了!

我们认识你吗?

法国数学家 笛卡尔

英国数学家 沃利斯

- 在我还没毕业时,我的老师把他的荣誉职位——卢卡斯数学教授席位让给了我。

我要辞职!

为什么!你工资不够多?办公室不够大?

不,我要把我的职位让给这个天才!

百科全书式的全才 **牛顿**

我感到非常荣幸,当然我也要好好继续他的工作,那就是主持好自然科学知识,如地理、物理、天文和数学等课程的讲座。在担任这个职位的三十多年里,我在光、数学、物理等方面也形成了成熟的理论,并且发表了论文。

- 在我之前,大家观测天体一般用的都是个头很大的折射望远镜。于是我左思右想,调整了望远镜里面透镜的顺序和角度,这下子,不仅让以前望远镜的色差没有了,还大大缩短了镜筒的长度!

- 五十三岁时,我担任了皇家铸币厂的监管,主持了英国最大的货币重铸工作。

- 我不仅担任过科学方面的职务,还担任过国会议员,对整个国家的事务提出意见和建议。

- 虽然我一生信奉宗教,不过这一点也不妨碍我把大量的精力投入天文、数学等科学研究中去。

- 终身未娶,也没有留下后代。

- 1727年3月31日,我离开了这个世界,人们把我埋葬在威斯敏斯特教堂里。我的墓碑上镌刻着:让人们欢呼这样一位多么伟大的人类荣耀者曾经在世界上存在。

影响世界的他们——大科学家

牛顿的定律课堂

在我那个时代，小孩子不一定读书，更不用说系统地学习物理、化学了。成年人研究天文学更多的只是观测星星是怎样运动的，至于地球上各种物体是以什么方式运动，对大多数人来说，没有意义。渐渐地，科学家们不满足于只知道马车怎么走、河水怎么流、星星怎么转，他们想知道马车为什么能走、河水为什么朝着一个方向流动、星星为什么要沿着一个椭圆轨道转动……

所有的运动都有规律，但是为什么会产生这个规律？

他们发现了各种各样的规律，总结出了很多理论，也正是有了前辈长年累月的研究，我才能获得更多的资料。

如果说我看得比别人更远些，那是因为我站在巨人的肩膀上。

那么我具体发现了什么呢？就让我来给你们讲一讲！

万有引力定律：自然界中任何两个物体都是相互吸引的，引力的大小跟这两个物体的质量乘积成正比，跟它们的距离的二次方成反比。

不管你怎么用力扔，所有东西最后都会落到地上，这就是万有引力。

百科全书式的全才 **牛顿**

牛顿第一运动定律：又称惯性定律。任何物体都要保持匀速直线运动或静止状态，直到外力迫使它改变运动状态为止。

> 大家一起向前走，马车停了你没停，这就是惯性。

牛顿第二运动定律：物体加速度的大小跟作用力成正比，跟物体的质量成反比，且与物体质量的倒数成正比；加速度的方向跟作用力的方向相同。

> 瞧，这就叫给了铁圈一个加速度。

牛顿第三运动定律：相互作用的两个物体之间的作用力和反作用力总是大小相等，方向相反，作用在同一条直线上。

> 你好啊！

> 下次别这么用力！背疼！

> 记住了。

> 你打了别人，别人疼，你也疼。这就是作用力与反作用力。

影响世界的他们
——大科学家

这些都是现实生活中常见的场面，不过我把这些情况为什么会发生，以及怎么计算这些情况发生时所有的"力"，明确地用公式的方法表示出来！这可是前无古人的事情。而我上面说到的第一、第二、第三定律加起来就是经典力学的基础，可以说，有了我的这三条定律，才有了近代理论自然学科的诞生！

在天文学方面，当时人们已经可以观测星星的运动轨迹，根据万有引力定律以及公式可以计算出行星、卫星、彗星等运行的轨道！海王星就是这样被人们发现的。

> **确认！大发现！**
> 23日晚上，一位法国天文学老师靠计算发现了海王星！ 1846年9月

牛顿万岁！

竟然，真的发现了……

多谢夸奖。

观测到海王星之后，依靠万有引力定律，人们再次判断，除了海王星，还有别的星体。再一次的计算之后，人们发现了冥王星。这些发现一次次证明了我这些理论的伟大和正确。

这些理论都在1687年发表的论文《自然哲学的数学原理》里进行了描述。它们成为现代工程学的基础，并且给天文学和力学领域带来了一场"科学革命"。思想界也因为我的发现和理论展开了大讨论，甚至有些人把我的理论代入了人类社会加以应用。为了纪念我在力学方面的功绩，现在衡量力的大小的单位就是牛（N）。

说完了物理和天文，我们再来说说数学和别的领域吧。

・1666年，我用三棱镜研究日光时发现：白光是由不同颜色的光混合而成，不同颜色的光波长不同，折射率也不同。这个发现成为光谱分析的基础。

> 在人类能看见的光中，红光波长最长，折射率最小；紫光波长最短，折射率最大。

> 那我们能看见的光呢？

> ……问倒我了！我现在就去研究！

・我还和德国数学家莱布尼茨几乎同时创立了微积分学，得出了导数、积分的概念和运算法则，阐明了求导数和求积分是互逆的两种运算，为数学的发展开辟了一个新纪元。

> 从世界的开始直到牛顿生活的时代为止，对数学发展的贡献绝大部分来自于牛顿。不过我还是要说，我才是第一个创立微积分的人！

莱布尼茨

> 谢谢你的夸奖，不过我才是第一个，哼！

・我确定了冷却定律，即当物体表面与周围有温差时，单位时间内从单位面积上散失的热量与这一温差成正比。

我的发现和思想也会受到时代和科技的限制，不过我的这些发现和理论的确为整个科学界带来了巨大的改变，也成为后辈用来登高望远的"肩膀"，这已经非常值得我为自己感到骄傲了。

牛顿的学习建议

1. 抓紧每分每秒学习与思考

我从三岁开始就跟着外公、外婆在乡下生活，他们尽心尽力地照顾我的生活起居，还把我送进了学校。在那个朴实的小村子里，我学会了识字，与学习

影响世界的他们——大科学家

老师们教授的知识相比，我更喜欢自己找书来看。十岁的时候，我回到了母亲身边，没过两年，我进入金格斯皇家学院开始了我的中学学习。

学院的生活既充实又快乐，读了几年之后，母亲把我带回了家。在家里我会按照她的吩咐去田里干活儿，但是只要一有机会我就抓紧时间读书。而读书最好的机会，是跟着用人的时候。因为我们家自己田地里出产的东西都会让用人带到市场上卖掉，母亲让我跟着用人去市场，她想让我锻炼一下商业头脑。不过……

> 我就在那边树下看书，你回家的时候来接我。

> 知道了……

就这样，我虽然没有上学，但没有停下学习的脚步。有一天，我舅舅来到家里，想问问我关于市场的一些事情……

> 你们每次去卖的都是什么啊？

> 呃，啊，大概是土豆？

> 大概？那土豆你们卖多少钱？

> 十块！

> 什么？一个土豆卖十块？！你们这生意怎么做的？

> 嗯……这小子不对劲儿……

> 啊！我好累，我要休息！

下一次去市场的时候，我还是照旧让用人自己去市场，却没想到，舅舅竟然悄悄跟在我们后面。

我的好学感动了舅舅，于是他和我的校长一起劝说母亲让我复学。

随着年龄的增长，我对于学习越来越分秒必争，因此发生了不少让人哭笑不得的事情。一次相亲时，我的头脑一刻也停不下来，就连和姑娘说话时也全是数学公式，结果可想而知……

还有一次，我一边想问题一边去学校的食堂吃饭，走着走着……

这种事情经常发生，甚至在我没时间出门吃饭，仆人把晚饭送到房门口来时，会发现午饭还原封不动地放在屋子外面呢！

可以说，我除了睡觉，一刻也没有停下思考和学习。人们觉得我是个天才，我自己可不觉得，除了我会失眠，以及有着顽强的毅力之外，我就是个普通人。而要说我的秘诀，那就是……

> 勤奋与耐心思考，心里总是装着研究的问题，等待那最初的一线希望渐渐变成普照一切的光明。

2. 以小见大

在学习知识、思考问题时候，要善于从一个点进行深入挖掘。关于我有一个非常有名的故事，那就是从一个苹果发现万有引力。

在我开始读大学没多久，伦敦爆发了大瘟疫，学校全体停课，我也回了老家——沃尔索普。这儿虽然没有学校里浓厚的学术氛围，却给了我一个安宁的环境，让我能够集中精力去思考问题。在老家的两年中，微积分、万有引力、光学的颜色理论……思想火花一个接一个地在我的脑海中被点燃。

那时候，有很多科学家在研究让地球上的东西都向着地球中心方向运动的"力"，我也不例外，虽然知道有某种"力"，不过要怎么证明它的存在，以及怎么计算、衡量呢？

我知道万有引力是怎么回事了！

没我你可不行。

真理的发现怎么可能这么简单啊……

百科全书式的全才 **牛顿**

牛顿的朋友是这么说的……

就像苹果落地这样一件小事，我也会注意到它背后的原因，然后进行深入的挖掘和思考，和自己的研究联系起来，于是便在许多科学家研究了很长时间都无法突破的重力起源问题上得到结论。大家在解决不了问题的时候，不妨也试试"以小见大"的办法。

3. 不怕难题，勇于挑战

虽然科学家都很聪明，但是在我们生活的时代，很多问题很难解决，就连现在分得清清楚楚的物理、化学等学科，我们那会儿都还没分开。

> 数学！所有的一切都需要计算，都叫数学！

> 人类的思想不能用数字来衡量！应该都叫哲学！

> 我觉得炼金术可以叫魔术……

除了天文、物理，我对化学也很有兴趣。我们那时没有化学，只有"炼金术"。我只能从幻想小说一样的炼金秘籍中尝试找寻我想要的真相。可惜我的很多研究资料被烧毁了，谁也不知道我到底有没有在化学上做出更多贡献了。

对大家都不了解的领域，我很有兴趣，而在我最为自豪的力的领域，我也没有躺在自己的成就上睡大觉。

1696年，也就是我开始在皇家铸币厂工作的第一年，数学界有人向所有数学家发出了挑战。这个人就是年轻的约翰·伯努利，他向全欧洲的数学家提出了一个问题，并且给了大家半年的时间来解出这道题。

他的挑战激起了所有人的兴趣，不过……

> 有些人自以为发明了伟大的定律，不过别以为他能解出来我这个特殊的问题！

> 这是在说牛顿吗？

> 这肯定是指牛顿吧！

我在铸币厂的工作非常繁忙，经常从早忙到晚，所以我完全不知道数学界发生了这件大事。

一年后，我收到了约翰的挑战信，信里面正是他那个引以为傲的问题。本来我刚下班，已经累到站着都能睡着了，但是看到这么有挑战性的问题，我哪里还顾得上睡觉，直接拿着那道题就冲进了书房。

哈哈哈！解出来了！太简单了！

先生！先生！

睡着了，把他搬回卧室吧……

我使用的正是约翰说的我"自己发明的定律"，所以我干脆连名字也没写就把答案寄给了这位挑战者，不久，他把所有收到的答案进行了公布。

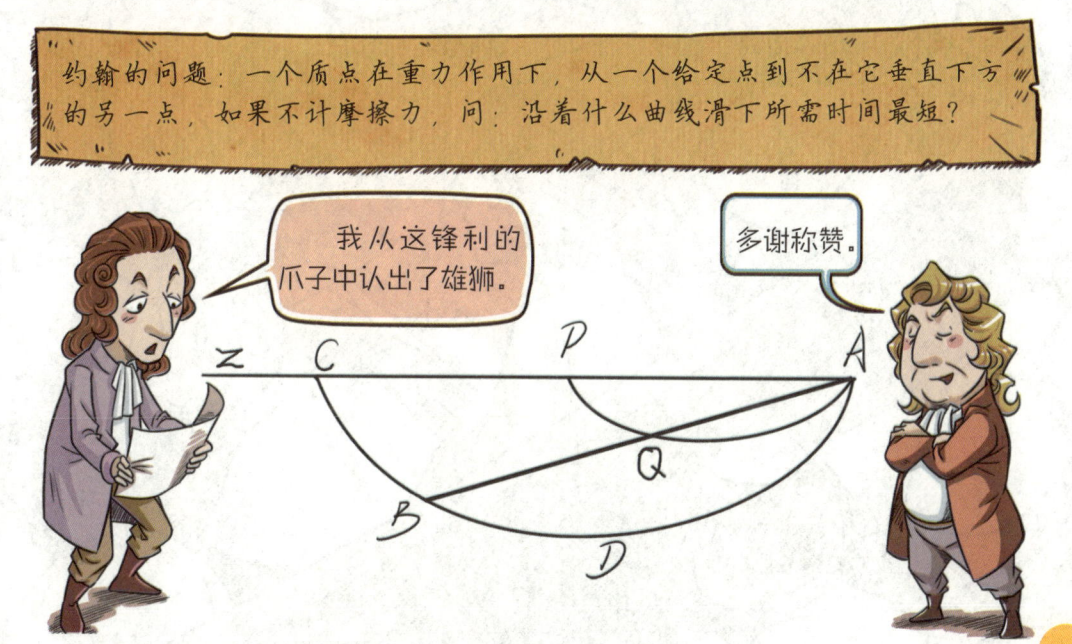

约翰的问题：一个质点在重力作用下，从一个给定点到不在它垂直下方的另一点，如果不计摩擦力，问：沿着什么曲线滑下所需时间最短？

我从这锋利的爪子中认出了雄狮。

多谢称赞。

牛顿在剑桥大学讲课

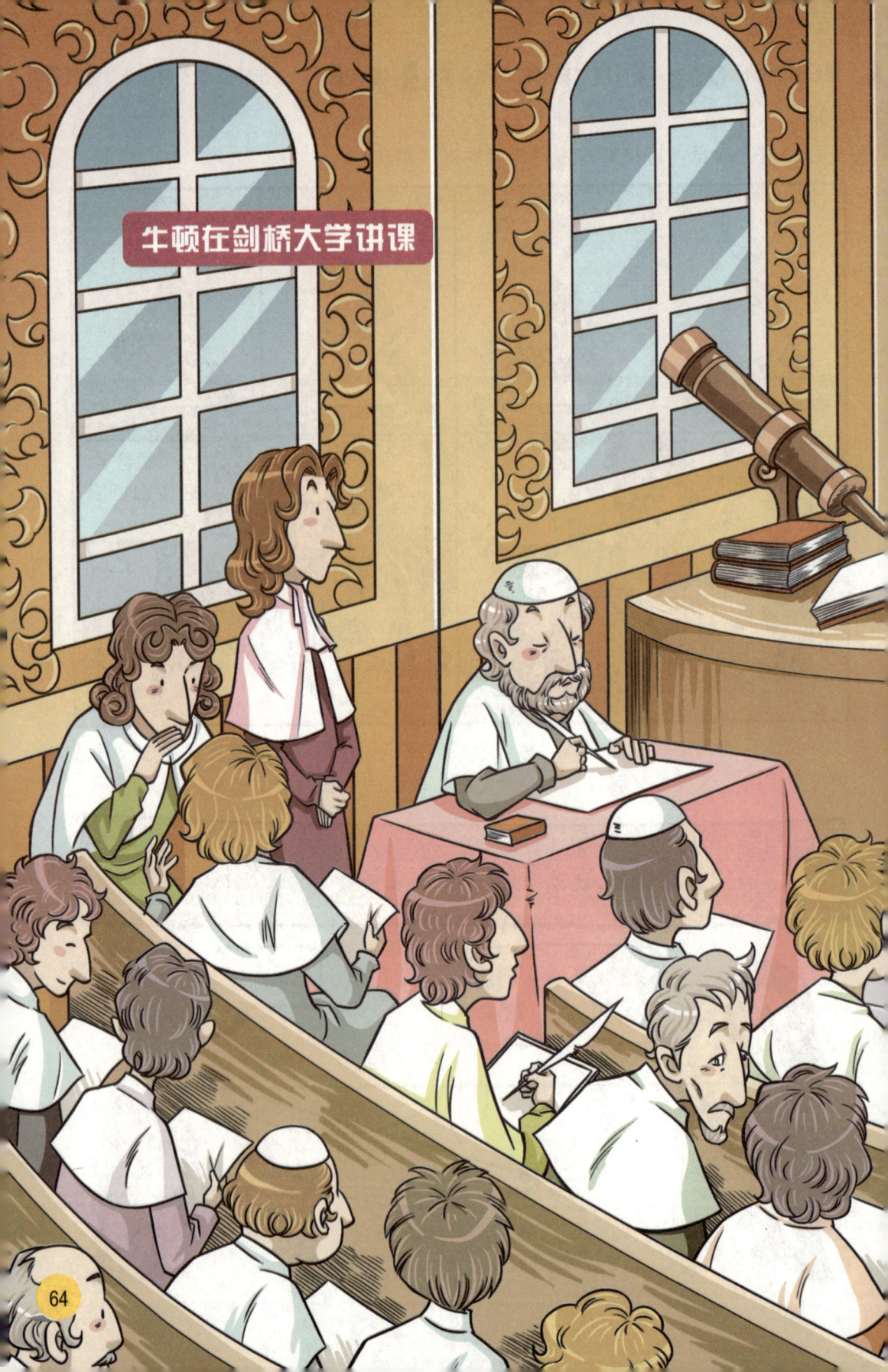

$$F = G\frac{m_1 m_2}{r^2}$$

影响世界的他们——大科学家

电学之父 法拉第

我们的生活离不开电,不过我们没办法使用天上的闪电。那么,是谁让我们拥有了持续的电能呢?他就是迈克尔·法拉第!

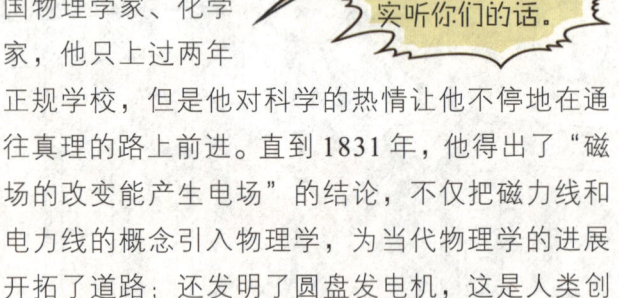

迈克尔·法拉第(1791年9月22日—1867年8月25日),是英国物理学家、化学家,他只上过两年正规学校,但是他对科学的热情让他不停地在通往真理的路上前进。直到1831年,他得出了"磁场的改变能产生电场"的结论,不仅把磁力线和电力线的概念引入物理学,为当代物理学的进展开拓了道路;还发明了圆盘发电机,这是人类创造出的第一台发电机。从此,人类的生活方式发生了翻天覆地的变化。

为了纪念法拉第在电学上做出的无与伦比的贡献,他的照片在1991年被印在20元的英镑纸币上。英国的南极洲实验室也以他的名字命名,而他的名字还在电学中被作为电容单位的名称。

> 我可不会老实听你们的话。

> 我法拉第一定会制服你!

> 没有法拉第的理论,我也没办法做出大家能使用的发电机。
> —— 德国发明、企业家 西门子

> 我对科学最大的贡献是发现了法拉第。
> —— 英国化学家 戴维

> 大家能这么说,我太高兴了!

电学之父 **法拉第**

电学之父的生平

- 出生在英国伦敦城南的萨里郡纽因顿镇，是家里的第三个孩子。
- 法拉第的爸爸是一个铁匠。爸爸的身体不太好，加上那会儿已经有了很多工厂，铁匠的收入非常少，法拉第家的日子一直不太好过。

- 因为家里实在太穷了，只上过两年小学就再没有接受过正规的教育。法拉第学会了基本的阅读、书写和计算。
- 为了减轻家里的负担，当过报童。
- 十三岁时，在一家书店里当了学徒，这里不仅卖书，还会装订图书以及卖点文具。而这个小小的书店，成了法拉第的"图书馆"。他从书本中学到了大量的自然科学知识，自己还能进行简单的实验。
- 在哥哥的帮助下参加了都市哲学学会，在这里他得到了进一步接触物理、化学、天文、地理等方面知识的机会。
- 法拉第的字写得很漂亮，还会画画。
- 二十二岁时，得到了当时的大科学家汉弗莱·戴维的欣赏，戴维把他带到了自己的实验室做助手。

年轻人，你很有前途，来跟着我吧！

去吧，这可是有名的大科学家！跟着他能学到很多东西！

不要去，跟着他没多少钱可赚！

- 丹麦物理学家奥斯特发现了电流的磁效应后，法拉第和他的老师戴维也对电磁的转化非常感兴趣。他的老师进行的实验都失败了，而法拉第却研究出了合适的结构，当电流在线路中通过时，这条线会绕着磁铁不停地转动！

法拉第公布了他的这个发现，因为他并没有提到他的老师，所以惹得老师很不高兴。

我成功了！

- 1825年，法拉第首先发现了苯。
- 1831年，法拉第发现了电磁感应现象，并且造出了圆盘发电机，这个看起来简单的小东西正是现代发电机的起点。
- 法拉第和他的妻子莎拉·巴纳尔德感情非常深厚，莎拉把法拉第的生活照料得非常好，也非常支持他的工作。当法拉第因为与老师的争执以及别人对他的中伤，一度对科学心灰意冷时，妻子的理解和鼓励给了他很大的支持。
- 法拉第是一位平民科学家。他谢绝了英国女王册封他为爵士，拒绝了英国皇家学会会长的位置。连王室和政府要给他在牛顿的坟墓旁预留墓地他也拒绝了。
- 为了挽留法拉第，英国女王将王室的一座别墅送给了他。法拉第接受了这座房子，并且一直住在里面。这座别墅后来被叫作法拉第之屋。

我把王家别墅送给你！不收租金！

我们没有钱维修……

终生保修！

电学之父 **法拉第**

· 法拉第除了关注自己的研究之外，还很关心青少年的科普。三十四岁的法拉第在接任皇家研究所实验室主任后不久，就举行了星期五晚间讨论会和圣诞节少年科学讲座。

法拉第为了让孩子们更好理解，会挑选简单有趣的例子和丰富的现场实验展示，他的科普讲座深受欢迎。

法拉第先生讲得太有趣了！

法拉第先生下次讲什么？

法拉第先生，我有一个问题……

· 1860 年，法拉第已多年饱受思维暂时混乱和记忆力衰退之苦，他坚持做了人生的最后一次圣诞演讲。

· 1867 年 8 月 25 日，迈克尔·法拉第在书房中安详地离开了人世。在他的葬礼上，妻子莎拉宣读了他的遗言："我的一生，是用科学来侍奉我的上帝。"而他的墓碑上，只写着他的出生年月和名字。

我不需要多隆重的装饰，简单就好。

法拉第的电磁教室

生活中我们很难离开电，只要看看四周，你可以发现众多需要用电的地方：电灯、电脑等家用电器，大街上的路灯、霓虹灯、交通指示灯等。你知道电是怎么来的吗？

我们一般常见的发电方式有两种：水和火。

这两种发电方式都离不开发电机，有了发电机，人们可以利用大自然的力量生产大量、持续的电。甚至可以说，没有发电机，就没有我们现在这个电气时代。最初的发电机很简单，看起来就像是个丑丑的玩具，它产生的电流也很小，但是在它的基础上，人们进行一步步的改进，才有了现代的发电机。

> 做出这个发电机的人是我哦~

> 能用就好了嘛……

> 真丑！

> 怎么能以貌取机！

在发明这个"小玩具"之前，法拉第对电和磁进行了一系列的研究，结合前人的发现和经验，他一步步接近了电磁转换的终点。

1800年 伏特
> 产生电的不是动物的身体，是金属！

安培
> 我似乎发现了磁场的方向……

1780年 加法尼
> 我知道了！动物能生电！

> 电流会产生磁场！可以影响磁铁！

沃拉斯顿
> 到底要做什么？

戴维
> 又失败了！

1820年 奥斯特

1831年 法拉第
> 磁可以转化成电！成功了！

电学之父 法拉第

在丹麦科学家奥斯特发现了电和磁之间存在一定的关系后，科学家们不约而同想到了一个问题：既然电流能产生磁场，那么磁场能不能反过来产生电流呢？于是他们一起朝着这个目标进发，开始了各种各样的实验，法拉第也是其中一员，而正是他最终发现了磁场产生电流的条件和规律——这就是电磁感应现象。

电磁感应现象：
一个完全闭合的电路的一部分导体在磁场中进行切割磁感线运动时，导体中会产生电流。这种利用磁场产生电流的现象就是电磁感应现象。因此产生的电流就是感应电流。

在研究电磁关系的过程中，法拉第进行了成千上万次的实验，并且不放过实验中任何一点微小的特殊现象。于是，在促成磁场转化为电能之前，他先做了一个简单的发电机。这个小东西为法拉第带来的并不是声誉，而是"抄袭"的诋毁。

> 你这个就是在沃拉斯顿的实验基础上做的吧！抄袭！

> 我没有！我不是！

> 法拉第没抄我的实验，他的做法和我完全不同。

> 老师，你怎么能这样……

> 说抄了就是抄了。

面对恩师的质疑，法拉第百口莫辩，将近十年的时间里，他只能忍下所有的委屈，默默进行别的研究。

> ……好想研究电磁啊……

> 抄袭的家伙！

> 小偷！

> 窃贼！

影响世界的他们——大科学家

这段时间里，他被老师戴维指派去研究光学玻璃。直到1831年，他终于回到了自己熟悉的电磁领域，而就在同一年，他发现了电磁感应，并且造出了圆盘发电机。圆盘发电机和电磁感应现象的关系非常密切。现在就让它们来给我们演示一下。

> 我身边都是磁力，这些线就是磁感线。

> 啊！敢切断我的磁感线！

> 哼哼！看我的圆切刀！

> 你越要切，我越要把它们连起来！

> 简单来说，就是根据电磁感应现象，这个金属圆盘切割了磁感线后，就会产生电流。

这个看起来相当简单的"小家伙"在科学界当然引起了震动，因为它的出现预示着人们可以利用机械的力量来发电了！

> 快点换电池！没电了！

> 我们来比一下。

> 机械发电有什么好处呢？

电学之父 **法拉第**

我们现在使用的发电机虽然和它有很大的差别,但都是在这台发电机的基础上改进而来的。可以说,它就是现代所有发电机的老祖宗!

当时的普通人并不能完全认识到这台手摇发电机会给世界带来的巨变,当法拉第在英国皇家学会上展示他的发电机时……

> 这玩意有什么用呢?

> 夫人,就和新生的婴儿用处一样。

> 这个回答太妙了……

法拉第的发现不仅给世人带来了全新的对电和磁的使用方法,让大家对电的本质有了更深入的了解,同时他的理论也让人们开始使用"磁力线"和"电力线"的概念,为物理学的进步做出了巨大贡献。

平民的成功秘诀

1. 兴趣是最好的老师

我是法拉第,我是个非常爱学习的孩子,不过我家里很穷,有段时间,父亲生了病,母亲赚的钱也不多,家里每天每个人只能吃两片面包。在这么艰难的情况下,我只能辍学,并且帮人送报纸来减轻家里的负担。一年之后……

> 法拉第,你明天开始不用在大街上跑来跑去了!

> 为什么?

> 你以后可以在里波先生那里帮忙了。

73

影响世界的他们——大科学家

里波先生是我们那儿的一位书商。别以为那时候的书商和你们这个时代的卖书人一样。我们那个时候书很少，也不可能大量印制，书非常贵。大家把书籍当作奢侈品一样来对待，万一把书弄坏了还会专门找人进行修理。里波先生的书店就是这样一家店，除了卖书之外，还要帮人们修补、装订书籍。

里波先生，您看这……

你怎么把书弄坏的？

那先给我修书吧，钱无所谓。

不小心掉到街上被马车……

那你给500块吧。

你怎么不去抢……

喂！别插队！

你自己嫌太贵的！

嗨！别碰我的书！

啊！

我对知识的渴望在里波先生的书店得到了满足，他店里的报纸上全是当时的新闻，书架上的书里更是有着层出不穷的新鲜事。作为一个只上过两年学的学徒，我只认识一些基础的字词，但是我实在太想继续学习了，于是一边学习装订修理书籍的方法，一边硬着头皮去向其他人问不认识的词的意思。

就这样，我认识的词越来越多，这些送来装订修理的书籍再也不是单纯的纸张，变成了我汲取知识的源泉。不管什么书，我来者不拒，而在这些书中，我也渐渐发现了自己的兴趣所在。

《大英百科全书》给我打开了新世界的大门。这个新的世界里，人们可以像魔法师一样解释和模仿各种神奇的自然现象，苹果落地不再简单，电闪雷鸣可以在实验室出现，火焰也不再是虚无缥缈的物质。我在这些书的影响下，一头扎进了科学的海洋。我想用自己的手，亲自体验科学的乐趣；我想用自己的头脑，发现新世界的新领域！

因为想亲手做实验，可又没有钱去购买昂贵的实验仪器，我干脆通过各种途径搜集实验用品。我每天除了在店里装订书籍，回到自己的小阁楼里还进行科学实验,通过这种方式,我学到了非常多的物理、化学知识。也许我记不清学校里老师的名字,但是我会永远记住我一辈子的老师——兴趣。

2. 机会永远留给有准备的人

还记得那位书店店主里波先生吗?他真是个非常好的人。他对待工作一丝不苟,脾气又好,所以有很多有名望的大人物都把书送到他的店里来装订、修理。这其中当然也包括不少自然科学界的先生。至于我,他从来不觉得我对学习的喜爱会浪费时间。作为他的学徒,他非常支持我在完成工作后进行自己的小小探险。

其实那个时候我并没有想过以后会有真正进入科学殿堂的一天，我所做的一切都是凭借自己的兴趣。得知塔特姆先生在举办自然哲学讲座，我立刻向老板争取到了去听课的时间。这十几次讲座让我感受到了自然哲学的魅力，而我也把我在书店积累的知识运用起来，把在自然哲学讲座上记下来的笔记编成了一本《塔特姆自然哲学讲演录》！

这本图文并茂的书花费了我很大的心血，为了能够画出栩栩如生的插图，我忍受着邻居阴晴不定的脾气。不过，也正是因为有了精美的插图和脉络清晰的文字记录，这本书才能让来店里的科学家们赞不绝口。他们不再把我看作一个普通店员，而是更愿意和我就科学问题进行交流和沟通。我和他们的关系也越来越好。直到有一天，一位皇家学院的先生送了我一份大礼……

电学之父 **法拉第**

　　这四张入场券是我的运气，更是我经过了长久准备后得到的奖励。正是有了这四张入场券，我能够听到戴维爵士的演讲，我又把笔记配上插图做了一本书。这次，我将这本《汉·戴维爵士讲演录》送到了戴维爵士手中。

> 这本书做得太好了！这是谁这么有心？

> 听说是个装订图书的小伙子。他说就算洗瓶瓶罐罐也愿意来当您的助手呢。

> 来帮我洗瓶子吧！我正好缺人。

> 你……

　　就这样，我离开了亲爱的里波先生和小书店，放弃了相对丰厚的收入，跟着戴维爵士开始了梦寐以求的正规的科学研究。

　　我只是一个铁匠的儿子，没上过几天学，虽然跟着戴维爵士成为他的助手，但是我经常像个仆人一样被使唤来使唤去。不过没关系，我在这里能够更加深入地进行研究，即使只是在一旁听爵士和其他科学家们闲聊，我也获益匪浅。

　　1813年，戴维爵士要去欧洲大陆进行学术交流活动，我作为他的仆人也跟着他和全欧洲的科学家们来了一场"亲密接触"。在欧洲大陆，我见到了许多著名的科学家，包括安培、伏特等，参加了所有学术交流活动，听了无数场讲座，还学会了法语和意大利语。

　　我在戴维的带领下接触到了很多科学家，开阔了眼界。虽然我没有上过中学，小学也只上了两年，但是经过努力自学，取得了一些成绩，而现在整个欧洲都是我的大学！

> 法拉第，明天要回国了，收拾一下行李。

> 好的。

> 那是什么？

> 我记的笔记。

77

3.追求真理的时候,不要害怕权威和已经有的结论

> 自然科学家应当是这样一种人:他愿意倾听每一种意见,却要自己下决心做出判断。他应当不被表面现象所迷惑,不对每一种假设有偏爱,不属于任何学派,在学术上不盲从大师。他应该重事不重人。真理应当是他的首要目标。如果有了这些品质,再加上勤勉,那么他确实可以有希望走进自然的圣殿。
> ——迈克尔·法拉第

我前面也说过了,我的父亲是一个普通的铁匠。这种职业在当时的英国是地位非常低下的,我们家也没有什么地位很高的祖先,总而言之,我们家就是真正的平民。

那个时代的英国可不讲人人平等,人们普遍认为,只有上流社会的人才应该读书写字,我们这样的人就算学了也没用。这样的偏见在我进入皇家学院之前简直无处不在。我曾经给皇家学院的院长写过一封信。

十九岁的我等来的是"你的信不必回"。当然,我不会因为对方的鄙视就自我贬低。等到我把为戴维爵士编写的演讲录送到院长手上时,命运终于为我打开了一扇门。

在跟着戴维老师的那段时间里,我从他身上学到了很多知识,也经历了不少无奈。最让我印象深刻的当然是我被诬为"剽窃"的发电机事件了。

那个时候,沃拉斯顿先生也在进行发电机的研究,只不过他认为,在磁场作用下,导线是可以进行自转的。

电学之父 **法拉第**

我和老师进行了不少次实验，可导线就是无法自转。这时，我提出了自己的想法，既然不能自转，那么让导线绕着磁铁公转呢？我只是个小小的助手，可身份并不能成为合理的假设的判断标准！而最后事实证明，我的设想才是正确的。

这并不是我第一次提出和权威不一样的见解，1846年，我还提出了可见光是一种电磁辐射的理论。不过……

> 这个实验的方向好像不对……我要换个方式……

> 你这种理论是对牛顿的亵渎！

> 别以为有了电磁感应，你就可以想说什么就说什么了！

> 你又没法做实验证明，又没法用数学公式表达出来，我们怎么支持你？

由于我的教育经历中并不包括良好的数学教育，我的大部分成果也都是靠实验得来的，面对这些质疑，我的确拿不出精确的算式来反驳他们。但是，我并不会因此就认为自己异想天开。我把这些想法都仔细地写了下来。多年以后，一个名叫麦克斯韦的年轻人用他杰出的数学才能证明了我的想法是正确的！

> 我就知道我是对的！请你给我补习数学吧！

> 不不不！您才是开创者！请多多指点我！

> 真是两个学习狂……

在探索科学真理的道路上，我从来不怕打破前辈们定下的规矩，即便我错了，我也为后来的人们去掉了一个错误的方向。

法拉第举行的圣诞讲座

英国皇家科学院圣诞讲座是英国皇家科学院在每年圣诞节期间举办的讲座。它首次由法拉第于 1825 年举办，讲座每年都有一个主题（以自然科学为主）。演讲者里有不少赫赫有名的科学家，以寓教于乐的方式向大众，尤其是年轻人，传播科学知识。这个"为孩子们的圣诞演讲"，除了因为第二次世界大战中断了四年外，一直延续到今天。

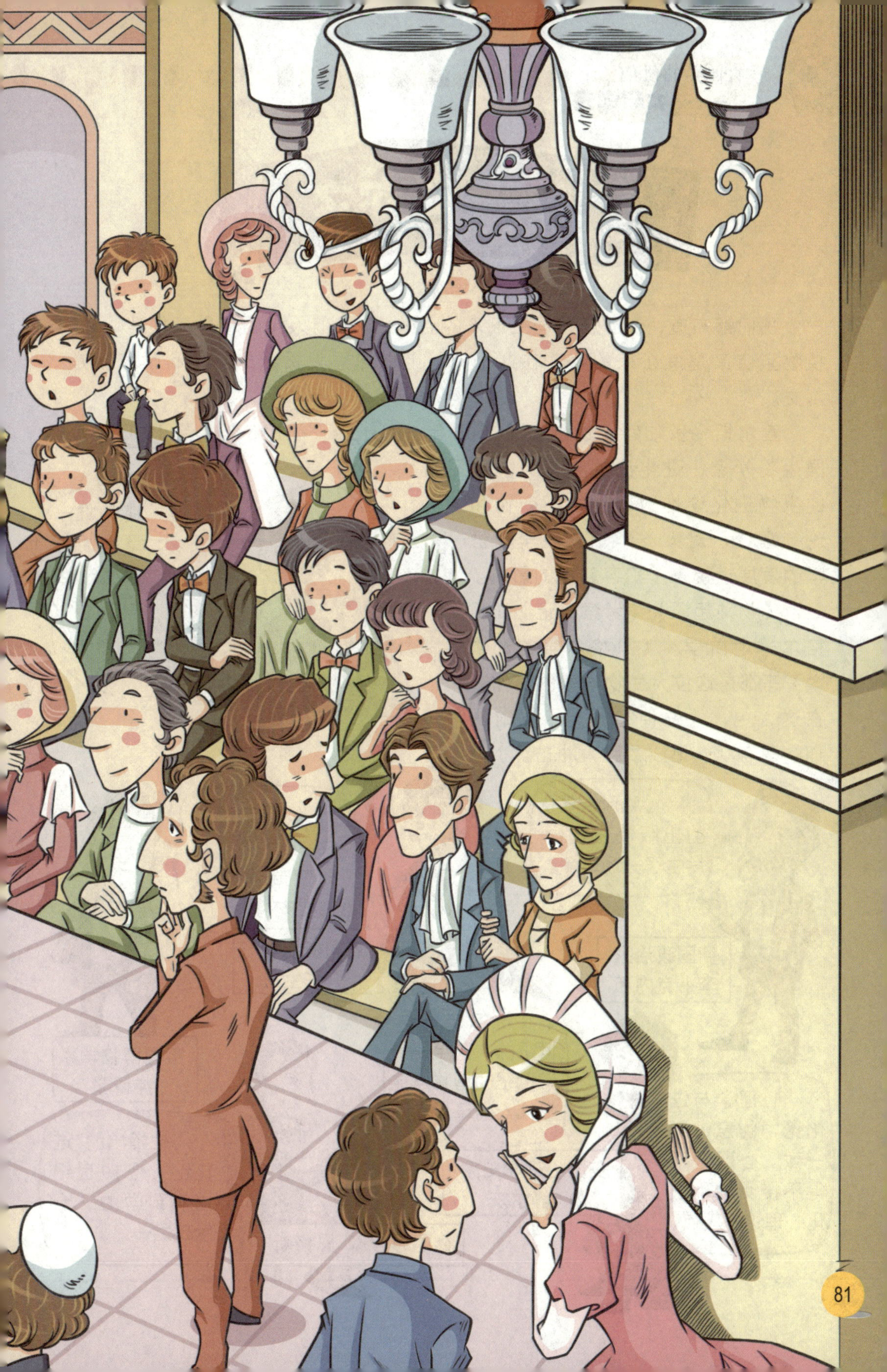

影响世界的他们——大科学家

伟大的进化论奠基人 达尔文

我们都知道，自己是妈妈生下来的。那么，我们人类的母亲又是谁？动物、植物宝宝又是怎么来的呢？在这个问题上做出重大贡献的一位科学家就是达尔文。

查尔斯·罗伯特·达尔文（1809年2月12日—1882年4月19日），英国生物学家，进化论的奠基人。他提出的生物进化论推翻了生物不变论和神造论等理论，对人类学、心理学和哲学的发展也带来了不容忽视的影响。

《物种起源》《考察日记》《贝格尔号地质学》《贝格尔号的动物学》等都是这位大生物学家的著作，在这之中，《物种起源》给当时人们的固有观念造成了巨大冲击。

> 我一生中主要的乐趣和唯一的事业，是我的科学著作。还有一些在旅行中直接考察得到的最重要的科学成果。

> 《物种起源》的出版使生物学发生了一场革命。
—— 德国政治家 李卜克内西

> 对于达尔文的理论，我即使赴汤蹈火也要支持。
—— 英国植物学家 华生

> 达尔文是本世纪的，甚至是一切世纪的博物学中最伟大的革命者。
—— 美国心理学史家 D. 舒尔茨

> 心理学与进化论中的意识相一致，心理学不得不接受物种进化心理这一观点。

> 他提出的"进化论"是19世纪自然科学的三大发现之一。
—— 英国博物学家 赫胥黎

—— 德国思想家 恩格斯

伟大的进化论奠基人 **达尔文**

关于这位进化论的奠基人

- 不是家长眼中的乖孩子。达尔文自幼就喜欢花草树木、鸟雀虫鱼。上学后，他仍然保持着对大自然的浓厚兴趣，他骑马、打猎、钓鱼、采集矿石、捕捉昆虫、钻进树林观察鸟类的习性。
- 毕业于著名的剑桥大学，差点成为一名尊贵的牧师。
- 热爱文学。
- 毫无疑问，达尔文很聪明，即使有人反对他，他也能幽默地回应。

> 达尔文，你要好好学习，别老是玩虫子和叶子！

> 爸爸，我的兴趣是大自然，不是坐在教室里……

> 听说您说大家都是猴子变的，我也是吗？

> 您真是会说话。

> 当然，不过您并不是普通的猴子，而是一只特别漂亮的猴子变的。

- 特别珍惜时间。达尔文的生活非常有规律，他曾经形容自己的生活节奏就像钟表一样。
- 达尔文性情温和，不喜欢长篇大论，更喜欢思考，而且他认为脾气暴躁是人类较卑劣的天性之一。
- 对于婚姻大事，达尔文也有着科学家的谨慎。他在决定自己要不要结婚的时候，制作了一张表格，在表格的一边写结婚之后的情况，另一边写单身的情况。而这份婚姻分析表一共有17页。

影响世界的他们——大科学家

结婚：
小孩（如果上帝允许的话）
终身伴侣（和到老的朋友）
喜欢你，有个让你爱、跟你玩的对象，再怎么样都比养只狗好。
有个家和照顾家的人。
迷人的音乐和女人叽叽喳喳声，这些对一个人的健康是好的，会失去大量时间。
……

不结婚：
没小孩，没有第二个人生，老了没人照顾。爱到哪就到哪的，自由。要为小孩花费，烦心……或许还有争吵，还在"损失时间"。无法在傍晚看书。肥胖和无所事事，焦虑和责任，花在书上的钱更少，如果有很多小孩就得节省过日子。但是一个人工作过度对健康很不好。

最后的观点论述是：
想到一个人的一生除了不停地工作却一无所获，就令人无法容忍。想象你有一个美好温柔的妻子，坐在温暖的火炉旁的沙发上，有书，也许还有音乐……

结婚—结婚—结婚。证毕。

- 曾乘"贝格尔"号舰做了历时五年的环球航行，观察了大量的动植物和地质结构，并且采集了很多标本，关于这一段故事，他自己会讲给你们听。
- 达尔文至死都是一个坚持自己立场的科学家。
- 出版了震动当时学术界的《物种起源》。

我好担心……这么多人，我能买到吗？

达尔文的伟大著作

《物种起源》：
- 是影响历史进程的经典著作
- 震撼世界的 10 本书之一
- 对人类发展进程产生过广泛影响的巨著
- 影响我国近代社会的经典译作
- 1985 年美国《生活》杂志评选的人类有史以来的最佳图书
- 1986 年法国《读书》杂志推荐的理想藏书

是的，这本书从出版那天开始就让人疯狂。

1859 年 11 月 24 日，在英国伦敦，这是很不平凡的一天。

这一天，伦敦众多市民涌向一家书店，争相购买一本刚出版的新书。这本书的第一版只印了 1250 册，当天就全部卖完了。

人们给这本书这么高的评价让我非常开心。

《物种起源》的出版，在欧洲乃至整个世界都造成了轰动。因为它动摇了神权统治的根基，教会和神的信徒们都发了狂，对这本书和作者群起而攻之。

这简直是"亵渎神灵"，有失人类尊严。

只有神才能创造出世界！我们不是猴子！

进化论轰开了人们的思想禁锢，启发和教育人们从宗教迷信的束缚下解放出来。

影响世界的他们——大科学家

> 达尔文的《物种起源》非常有意义，这本书可以用来当作历史上的阶级斗争的自然科学根据。

但是，另一些学者则从这本书中看到了新的思想之光。

自从达尔文提出进化论，大家的争吵就没有停息过，当时反对的声浪非常高，甚至连达尔文的一些朋友也反对他的理论，而达尔文又是个不太喜欢和人争论的人。所以，起初批评的声音明显压过了支持的声音。

好在愿意积极宣传和捍卫达尔文主义的人也不少，在他们的努力之下，支持派和反对派进行了大量的辩论来证实各自的正确性。当然，最后真理越辩越明，越来越多的人接受了进化论。

为什么这本书会引起这么大的争议呢？现在就来给你们介绍一下吧。以前，大部分人问到世间万物为什么是现在这个样子的时候，会被教会的人告知：这都是上帝的杰作。

> 给它一个长鼻子，让它喝水。

> 给它一副尖牙，让它吃肉。

> 把它的脖子变长一点，然后把它放在草原上，让它可以吃到高处的叶子。

> 让它只能生活在水里！

> 凭什么啊！

而达尔文则在书中提出：地球上的生命都有一个非常原始的形态，现在的生物都是由最原始的动物、植物演变而来的。

伟大的进化论奠基人 **达尔文**

> 那并不是我们认识的猴子……只是一种猿类啊……

> 我不承认我是猴子变的！

他的另一个理论是：这些变化是根据环境的变化而进行的。从这一点可以看出来，他的理论和生物不变论的差别。在19世纪及以前，社会上关于上帝造万物的认知是非常普遍的，人们一般也认为万物一直就是这个样子。

达尔文的进化论让人们观念中一成不变的世界变得充满活力，从另一方面来说也让世界变得不再那么安定。

其实在达尔文之前，也有人提出过进化论的思想，但是很少有人能够坚持去研究它。而达尔文书中大量的事实、详尽的分析、精确的结论则让人们的固有观念天翻地覆。有人认为这个理论是对神和人类的侮辱，于是拼命诋毁，当然，更多思想开放的人接受了进化论的思想，并且愿意朝这个方向深入研究。

影响世界的他们——大科学家

《物种起源》这本书中唯一的插图——生命之树。这棵树所代表的理论充满了生命力,让19世纪绝大多数有学问的人对生物界和人类在生物界中地位的看法产生了深刻的变化。

达尔文的奇妙课堂

1. 无论环境怎么改变,坚持兴趣很重要

1809年2月12日,我在这一天出生在英国。我的家庭条件相当不错,祖父和父亲都是当地的医生,而我的父亲希望我将来继承祖业。

我的拒绝没什么用处,1825年,我被父亲送到爱丁堡大学学医。可人的兴趣不是靠强制就可以改变的,我在医学院里也依旧到野外采集动植物标本,并且对自然历史产生了浓厚的兴趣。

我也要把你培养成医生。

我可不想当医生,我喜欢捉虫做标本。

我把你爸爸培养成了医生。

这植物我没见过啊!采下来做标本吧。

这只虫子我也是第一次见,抓起来!

这小子只会玩花玩草!

这些矿石真漂亮,我要带回家去研究!

伟大的进化论奠基人 **达尔文**

就这么过了三年，父亲认为我每天都不务正业，干脆把我送到剑桥大学，改学神学，希望我将来成为一个"尊贵的牧师"。这样，我就可以继续我对博物学的爱好而又不至于"一事无成"，使家族蒙羞。

> 我看你当不了医生了，你去当牧师吧。

> 啊？

> 神学不难，以后工作也受人尊重。好好学！

> 学医好歹还和我的兴趣有点关系，神学也差太多了吧？

我对自然历史的兴趣变得愈加浓厚，到后来我完全放弃了对神学的学习。在剑桥期间，我结识了当时著名的植物学家J·亨斯洛，在他的推荐下，我跟着著名地质学家席基威克进行了一次地质旅行，这次旅行让我学会了发掘和鉴定化石，以及整理和分析材料。可以说，亨斯洛教授是我真正的导师。

2. 爱提问、爱探索、爱思考一样都不能少

我小的时候，有一次跟妈妈到花园里为小树培土。我接连不断地问了很多问题，当我问到上帝是怎么出生的时候，妈妈被我问住了，不过，她对我说："孩子，世界上有好多事情对我们来说都是个谜，你像小树一样快快长大吧，这些谜等待你去解开呢！"听了妈妈的话，我更下定决心，给我所不知道的谜找到答案。

对我来说，这个世界就是一个大问号，要探索、思考的事情实在太多了。我常常边观察边沉思，周围的世界好像都消失了。

影响世界的他们
——大科学家

还有一次,我在一片树林里边散步边思考问题,这时头顶上的声音吸引了我的注意力。我抬头一看,有一只很少见的鸟儿正在树梢唱歌呢。那只鸟丝毫没有注意到我,我为了不惊跑它,也不敢走动了。我就像一根木桩一样站在那里观察起来。就这样过了很久……

这是一棵树!

啊!!什么东西!!

树活了!

啊……鸟吓跑了……刚才发生了什么?

我就是这么爱思考,不过也只有这样,才能抓住任何一点可以证明我设想的理论啊。

3. 发现新物种,认真和专注是必需的

一天,我在伦敦郊外的一片树林里,围着一棵老树转悠。突然,我发现在将要脱落的树皮下,有虫子在里边蠕动。

我剥开树皮,发现两只奇特的甲虫正急速地向前爬去。我马上把它们抓在手里,兴奋地观看起来。

正在这时,树皮里又跳出一只甲虫,我一下子慌了,又舍不得放走手里的

伟大的进化论奠基人 达尔文

两只虫,只好把一只虫子塞进了嘴里,伸手又把第三只甲虫抓了起来。我只顾欣赏手中的甲虫,早把嘴里的那只给忘记了。嘴里的那只甲虫憋得受不了,便放出一股辛辣的毒汁,把我的舌头蜇得又麻又痛。

> 我错了……

> 你把我关在嘴里还要我客气!?

> 你也太不客气了,能少放点毒汁吗?

直到这时,我才想起口中的甲虫,赶紧把它吐了出来。可我没有多余的手去抓住它,只能眼睁睁看着它溜走了。让我欣慰的是,我还留在手中的另一只甲虫果然是个新物种,后来人们就把它命名为"达尔文"。

4. 参加环球考察活动,要不怕艰苦

自从系统地学习了自然科学的有关知识后,我便完全放弃了神学。在我快从剑桥大学毕业时,听说了一件新鲜事:英国皇家海军正准备进行一次环球考察,他们要从英国出发,经过大西洋到太平洋,绕过好望角再回到英国,而他们正好需要一位博物学家!

看到这个消息,我高兴极了,经过老师的推荐,我以"博物学家"的身份登上了这艘考察船,开始了漫长而又艰苦的环球考察活动。

> 哈哈,我要周游世界了!!!!

贝格尔号

影响世界的他们——大科学家

我每到一地总要进行认真的考察，采访当地的居民，有时请他们当向导，跋山涉水地采集矿物和动植物标本，挖掘生物化石，还发现了许多没有记载的新物种。我白天收集岩石标本、动物化石，晚上又忙着记录收集经过和发现地点等。

1832年1月，"贝格尔"号停泊在大西洋佛得角群岛的圣地亚哥岛。水手们去考察海水的流向。我和我的助手背起背包，拿着地质锤，爬到山上去收集岩石标本。在考察过程中，我看到不同地区的物种有的差别极大，有的又很相似，便开始思考一个问题：这些差异和相似都是怎么产生的？

自然界的奇花异树，人类万物究竟是怎么产生的？他们为什么会千变万化？彼此之间有什么联系？

海底的贝壳怎么会跑到高山上了呢……这说明，物种不是一成不变的，而是随着客观条件的不同而相应变异！

这些问题想得越多，我越对物种不变的可能性产生怀疑。

1832年2月底，"贝格尔"号到达巴西，我上岸考察，向船长提出要攀登南美洲的安第斯山。当我们爬到海拔4 000多米的高山上时，我意外地在山顶上发现了贝壳化石。这让我吃惊极了，经过一番思考，我得出了一个大胆的想法，地壳的改变和物种的变化有关！

后来，我又随船横渡太平洋，经过澳大利亚，越过印度洋，绕过好望角，这是一个非常艰苦的历程。

- "贝格尔"号经常遇见恶劣天气，还有冰山、暗礁等危险。
- 四处考察时遇上各种突发状况。

干粮带少了！快点写完回去吃饭！

伟大的进化论奠基人 **达尔文**

- 遭遇猛兽的突然袭击。

> 太不友好了，幸亏腿长跑得快啊。

- 路过食人部落。

> 看在大家都是一个祖先进化来的分上，别吃我，别吃我……

我于 1836 年 10 月回到英国。在历时五年的环球考察中，我积累了大量的资料。回国之后，我整理这些资料，和很多学者进行讨论，同时，查阅大量书籍，进行了更深入的研究，为我的生物进化理论寻找根据。

考察前

> 要出去考察，要弄得精神点。

> 神啊，我这是变成猴子了吗？

五年后

1842 年，我写出了《物种起源》的简要提纲。

1859 年，《物种起源》终于出版了。不过我的脚步并没有停下，后来我花了几十年的时间一直搜集更多资料，来给我的理论充实例子以及更好地解释我的理论。

1882 年 4 月 19 日，我离开了这个世界，人们为了表达对我的敬意，特意把我埋在了著名的科学前辈牛顿的旁边。

达尔文的工作室

95

放射化学的奠基人 居里夫人

诺贝尔奖是世界上最重要的奖项之一，而获诺贝尔奖的科学成果基本上可以代表人类科学研究的最重要成果，任何人只要获得过一次，就足以被称为顶尖的科学家。下面我们要讲的这个人，她不仅获得过两次诺贝尔奖，而且是在两个领域分别获得的。她就是居里夫人。

居里夫人（1867年11月7日—1934年7月4日）出生于波兰，全名玛丽亚·斯克沃多夫斯卡·居里，青年时期来到法国读大学，研究放射性现象。因为发现了镭和钋两种放射性元素以及分离出纯的金属镭，居里夫人于1903年和1911年分别获得诺贝尔物理学奖和诺贝尔化学奖，是世界上第一位两度获得诺贝尔奖的人，也是第一位获得诺贝尔奖的女性。

> 大家好，我是居里夫人。奖项不重要，科学发现才是最重要的。

> 居里夫人在科学上有着巨大的贡献，她的人格也一样伟大！

关于镭的发现者居里夫人

- 出生在一个普通家庭，父亲是一名中学数学教师，母亲也从事教育事业。
- 家里有五个孩子：三个姐姐和一个哥哥，玛丽是最小的。
- 从小就对学习有浓厚的兴趣，非常勤奋刻苦。
- 虽然成绩一直很好，但是因为家里没办法继续供她读书，只好辍学，一边当家庭教师一边学习。
- 居里夫人和丈夫都对科学研究抱有极大的热情。就连结婚布置自己的房间，他们也希望便于科学研究。结婚的时候他们家里只有两把椅子，丈夫想多添几把，可居里夫人不同意。

放射化学的奠基人 **居里夫人**

- 居里夫人的实验室非常简陋，可以说是"冬冷夏热"的标志性建筑。
- 1902年，经过三年的提炼，居里夫人和她的丈夫发现了氯化镭。
- 1903年，居里夫妇和亨利·贝克勒尔一起获得了诺贝尔物理学奖。
- 1911年，居里夫人因为分离出纯的金属镭获得了诺贝尔化学奖。
- 居里夫人非常节约。

- 居里夫人的祖国是波兰，在她很小的时候波兰就被入侵者占领。她到法国后一刻也没忘记祖国，在她发现钋之后，为纪念祖国将这种新元素命名为钋。

钋 polonium
波兰 poland

97

影响世界的他们——大科学家

- 她的第二故乡是法国，当法国卷入战争开始筹集黄金时，她甚至想熔掉诺贝尔奖牌。

> 反正是黄金做的，你们不是接受黄金捐赠吗？

> 怎么能熔掉诺贝尔奖牌？！

> 好吧，我不熔了。

> 这是我们整个国家的荣誉！您非要熔掉它就先杀了我吧！

- 法国科学院一直因为她是女人、外国人而不愿意接纳她。虽然很多媒体认为科学院的这种做法非常不好，为此还展开了讨论，不过居里夫人似乎对这件事并不在意，只是一头扎进自己的科学研究中。

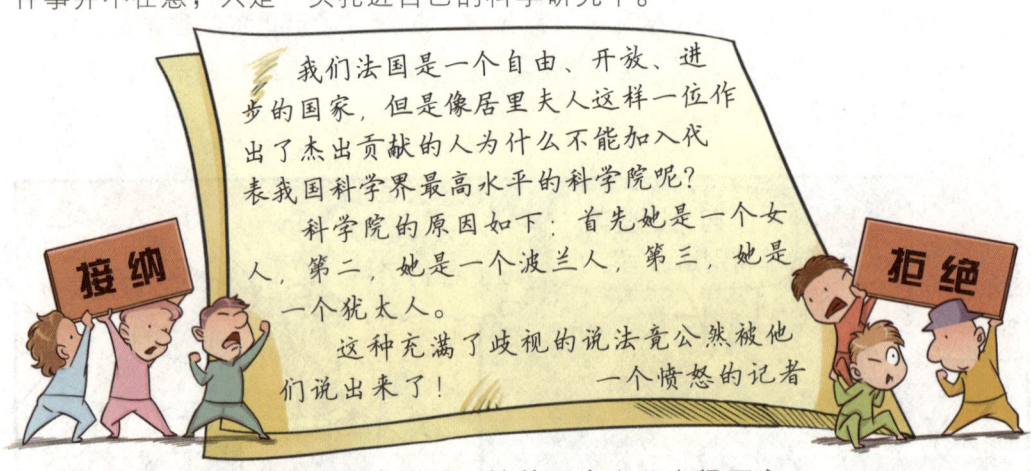

> 我们法国是一个自由、开放、进步的国家，但是像居里夫人这样一位作出了杰出贡献的人为什么不能加入代表我国科学界最高水平的科学院呢？
> 科学院的原因如下：首先她是一个女人，第二，她是一个波兰人，第三，她是一个犹太人。
> 这种充满了歧视的说法竟公然被他们说出来了！
> ——一个愤怒的记者

接纳 **拒绝**

- 居里夫人不仅自己非常聪明，她的两个女儿也很厉害。

> 我们就是科学一家人！

> 我和丈夫一起得到了诺贝尔化学奖。法国的第一个核反应堆也是我们俩领导建立的。

> 我是很优秀的音乐家和作家。

放射化学的奠基人 **居里夫人**

- 她把自己得到的奖金几乎全花在了研究上，剩下的也大部分捐了出去。有人曾经劝她把财产留给自己的孩子，她说："我希望女儿靠自己谋生，我只留给她们精神财富，把她们引上正确的生活道路，而绝不给她们留下金钱。"
- 她是个非常淡泊名利的人。爱因斯坦甚至说："在所有的世界著名人物中，她是唯一没有被盛名宠坏的人。"
- 她的研究为人们治疗癌症提供了全新的方法，可是由于常年接触放射性物质，六十七岁的居里夫人因患恶性白血病离开了这个世界。

> 这是故乡波兰的泥土，你没办法回到故乡，那我们就帮你把故乡带来吧。

> 失去她，我们好像失去了一切。

居里夫人的实验教室

提到居里夫人，你们大概首先会想到她发现了两种放射性元素。放射性元素到底是什么呢？下面就来简单地讲一下。

> 这些东西是由什么做成的呢？

> 积木啊！

> 这些积木都是由什么组成的？

> 啊！木头！木头先变成不同样子的积木，再来组成城堡、车子和动物！

> 对！

影响世界的他们
——大科学家

我们的世界多姿多彩，不过它是由几种微小的粒子组成的。构成各种物质的粒子比木头要小得多，而且这个世界上并不是只有一种粒子，这些粒子也有各自不同的性格。大部分粒子都比较沉稳，而有些粒子则比较活泼，它们似乎有着无穷的精力，无时无刻不在变化，一边变化，还一边大声叫喊。这些"叫喊"虽然我们无法听到，但是科学家可以探测到，这就是射线。

> 就不能安静点吗？生命需要休息……

> 你们太懒了！生命在于运动！

> 为什么我们从来没见过这些可以组成世界的东西呢？

> 因为它们长得太小了，亿万个它们在一起也比不上一粒灰尘。

现在你们知道，在各种科学仪器还不完善，甚至人们都不确定世界上的放射性元素是一种还是多种的时候，想要确定自己发现了一种新的放射性元素是多么困难了吧。

> 我和丈夫可是从几十吨矿渣里面才提炼出了0.1克氯化镭啊……

第一个发现天然放射性元素的并不是居里夫人，而是一位名叫贝克勒尔的法国物理学家，他发现的就是大名鼎鼎的铀。居里夫人正是在研究铀的放射性的时候，才发现钋的。不过为放射性元素命名的则是居里夫人，因为她觉得这种特性肯定不止一种元素有，总得取个名字来称呼它们吧。

后来，她和丈夫以及这位科学家一起获得诺贝尔物理学奖。

放射化学的奠基人 **居里夫人**

居里夫人的人生课堂

1. 只有专心致志、坚定不移才能实现自己的目标

我从小就是个非常专心的人，对于学习非常投入。

> 那个书呆子一看书就什么都不知道了，我们来搞点恶作剧吧。

> 嘿嘿嘿，只要她一分神……

可是他们等了很久很久，我还在专心看书，甚至没有注意到他们在干什么，那些凳子自然也还是堆在那里。这让他们觉得无聊极了。直到最后……

> 看完两本，会站起来了吧！

> 她为什么要看这么多书！

瞧，我就是这么专心致志，不为外界所动。正是这样，我才能在大学毕业之前就拿到了物理学学士和数学学士的学位证书。至于毕业时的成绩名次，当然也是第一名！

> 终于拿到毕业证书了。

> 天哪！

影响世界的他们
——大科学家

我能上大学,也经过了一番波折,要不是我对科学的热爱和对学习的向往,大概这个目标也很难达到了。

中学毕业的时候,我憧憬着能够去大学继续我喜爱的科学研究,可是……

孩子,我也想让你上学,可我只供得起你姐姐的学费了……

不要伤心,爸爸,我可以去找工作!

NO！！！！这不是你该干的活儿！

在那个年代,波兰女孩子是不允许上大学的,我想上学只能去国外。由于家境贫困,没钱出国,也没钱交学费。但我不是个轻易放弃的人！定下了目标我就一定要去完成！

于是我中学毕业之后便找了一份家教的工作,有了这份工作,我不仅能减轻家里的经济压力,帮我姐姐去巴黎念书,最重要的是,我还给自己攒了一份学费！就这样,一晃六年过去了,我攒够了学费,在巴黎的姐姐也能帮助我了,二十四岁的我终于进入了巴黎大学理学院。

我的目标一个接一个地实现了,而我的人生就是不停地给自己设立目标,然后不停地朝着那个目标前进。这一次,我的目标就是发现镭和钋。

那个时候谁也不知道新元素到底是什么东西,我也只知道它存在于沥青铀矿里,于是我们想,只要能够把这里面所有的已知元素和铀去掉,提炼剩下的肯定就是镭和钋了！

但是说起来简单,做起来就难了。沥青铀矿是非常昂贵的矿物,我们夫妇俩的工资加起来也买不了多少,第一步我们就遇上了大麻烦。不过我们不能就

为了提取镭,我经历了一生中最可怕的一段日子。

放射化学的奠基人 **居里夫人**

这么被打倒！矿物买不起，那矿渣里面多少也肯定含有这些东西，于是我们把目标转向了便宜的矿渣。而这个时候，政府为了支持我们的科学研究工作，答应以最便宜的价格把矿渣卖给我们！

就这样，我拿到了第一吨提炼用的矿渣，然后在我那个简陋的实验室里开始了我的提炼生涯。

这个玻璃顶棚的实验室虽然夏天不凉快、冬天不保暖，但是光线非常不错，为我节省了不少照明费用。在这个实验室里，我需要从成吨的矿渣中提取出含量只有百万分之一的微量物质。实验室里每天都充满熔化后的矿渣的味道，我还必须不停地搅拌那些沸腾的矿渣，随着时间的流逝，我觉得离我的新发现越来越近了！

好冷啊……

她到底在干什么啊？

天哪，好难闻！

这是什么味道！我要中毒了！

第二年，我迎来了我人生中的第一个诺贝尔奖，但是我非常明白，只要树立了目标，就要朝着这个目标一直前进，前进！只有这样，才能有达到目标的那一天。

1898年7月，我确认我发现了一种新的放射性元素，它的放射强度比铀要强400倍！我给它命名为钋。

1898年12月，我又确认了另一种新元素的发现，那就是镭！1902年，我成功分离出了0.1克氯化镭。1910年，我成功得到了金属镭。

2. 遇到事情一定要追根求源，这样才能找到正确的答案

在开始研究放射性物质之前，我刚结束了对钢铁的磁性研究。我想考取博士，那么就要确定一个研究方向，不过这个世界上值得研究的实在太多了，我到底选什么好呢？就在我举棋不定的时候，法国物理学家贝克勒尔先生的一篇报告吸引了我的注意力。

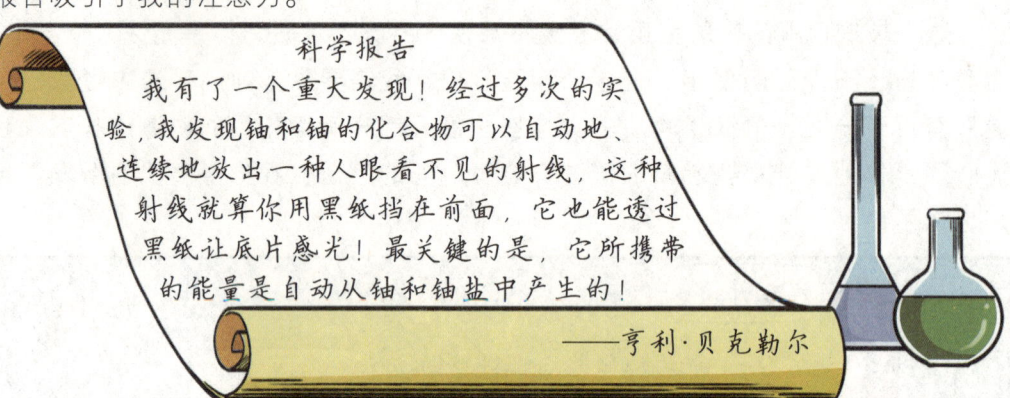

> **科学报告**
>
> 我有了一个重大发现！经过多次的实验，我发现铀和铀的化合物可以自动地、连续地放出一种人眼看不见的射线，这种射线就算你用黑纸挡在前面，它也能透过黑纸让底片感光！最关键的是，它所携带的能量是自动从铀和铀盐中产生的！
>
> ——亨利·贝克勒尔

这篇报告中提到的内容和 X 射线相似，但是又不需要外力激发就可以自动发射的射线和能量让我一下子找到了研究的方向。我找来了相关的资料，确定了我的研究课题：放射性物质。

> 为什么铀会有放射性呢？
> 这种放射的性质又是什么呢？
> 我们能拿这种特性做什么吗？
> 铀有这种特性，那么它还有别的我们不知道的特性吗？
> 这种放射性真的只是铀的特点吗？
> 也许别的元素也有这种特点只不过我们没发现？
> 那我们发现了那些元素之后应该管它们叫什么呢？
> ……

> 你不该叫玛丽·居里，你应该叫十万个为什么·居里！

你们可能要问了，既然这种现象并不是我首先发现的，为什么别人都没有最先发现新元素？原因很简单，"还有其他的放射性元素存在"仅仅是一个推论，

要想坚持证明一个推论，需要极大的耐心和恒心。就连我，一开始也只是想要研究铀的放射性到底是怎么回事。

在各种各样的含有铀化合物的石头中，我发现沥青铀矿的放射性比单纯的氧化铀要强很多。为什么会这样？是我的测量错了吗？不，我确定我的结果是正确的。那么为什么？

如果当初我放过了这个发现，或者说我因为发现和贝克勒尔先生的结果不一样，就放弃了这个方向，那么我绝不会取得最后那么重大的发现。正是因为我一直问了下去，不停地朝着问题的答案前进，才最终成功。

> 正是这一个又一个为什么，我才最终找到了新的放射性元素钋。

3. 机会只会留给善于发现的人

钋和镭的发现可以说是一种必然，不过它们的发现也有着非常大的偶然性。我在研究铀盐矿石的时候就想过，铀可以发射射线，那别的元素呢？反正也没人进行过验证，我就来找找看还有没有可以发出射线的元素吧。说干就干，我把所有当时已经发现的元素进行了测定，结果很快发现另外几种元素也能自动发出射线，而且它们发出的射线和铀射线相似。

不论有没有更多拥有类似性质的元素，我觉得应该找个新名词来归类，也方便大家来称呼这一类特性。因为它们在没有任何外界刺激的情况下也能向外部放出射线和能量，我觉得不如就把这种特性叫作"放射性"，而有放射性的元素就叫作"放射性元素"。

> 你不觉得这名字一点也不酷炫吗？

> 要那么酷炫干什么？最重要的是好记啊！

> 好好好，你的发现你做主。

取好了名字，我就要开始为这个放射性物质大家族寻找新成员了！

就这样，我没日没夜地开始了测量，样品实在太多了，每一种我都要测量、记录，还要随时关注放射强度的变化。

> 每一种我都要好好测量！

就这样，日子一天天过去了，我得到的结果都没有什么新鲜的，直到有一天，我在测试一块沥青铀矿的时候发现，这块矿石的放射性比我用来做对比的铀要强得多！

> 天哪！看我发现了什么！

我把这个大发现告诉了我的丈夫，他似乎比我还要激动。他非常支持我的工作，甚至放下了自己的项目来帮助我。

> 肯定就是新元素了！哦！我的老婆，你简直是世上最聪明最有毅力的女人！

> 居里先生！你的实验才做了一半！！！

就这样，我的测试越来越精确，通过一系列测算，我们终于确定，这些沥青矿物中含有人类还不知道的、比铀和钍的放射性强得多的新元素，并且不是一种，是两种！这也就是我后来发现的钋和镭。

放射化学的奠基人 **居里夫人**

4. 不要因为别人的嘲讽和冷漠就放弃做正确的事

我是个不喜欢争吵的人，但是这个世界有时候却会陷入纷争，甚至有大批的人因此失去生命，这就是战争。

我不喜欢战争，可我也不会逃避它。特别是当战争发生在我的国家时，我更要为它出一份力。我不会拿起枪去和别人厮杀，但是我的研究却可以救很多人。是的，这个研究正是"放射性"。

> 我讨厌战争，我热爱生命。

> 控制好用量就不会了！快点过来！

> 不不不！这个东西会弄死我的！

我知道，战场上的士兵经常会被子弹、炸弹等弄伤，这些可恶的金属片还会残留在士兵体内，如果不尽快把它们弄出来，这些士兵轻则残废，重则死亡。而射线则可以很快找到这些金属片。

这和我研究的镭并不一样，不过性质是一样的。而且有了这种东西，可以拯救无数人的生命！为此放下我自己的工作又有什么不行呢？

第一次世界大战刚开始的时候，法国政府大概从来没想过 X 射线这种"高科技"的东西可以用在战场上。于是我向他们提出了一个建议：只要能在战场上配备几台流动 X 射线车，就可以大大提高医生们的效率。

影响世界的他们——大科学家

居里夫人，我很尊重您的研究成果，但是我们从来没在战场上用过这种东西。

那这次就可以用！我保证绝对可以提高医生们的效率！

是啊，而且我们还要想办法保护您的安全。

您又不是医生，您用什么来保证呢？

这样吧，我们会全面考虑一下，您今天就先回去吧。

他们给了我一个放射科主任的头衔，但我却很难获得需要的资源。然而战争已经打响，我没时间去计较政府和军队医生们对放射科的看法，既然得不到政府的资助，那我就自己"拉赞助"！于是我在自学了 X 射线的使用方法后，组建了自己的车队，并且为了节省时间，还学习开车以及车辆修理！就这样，我创办了第一个战地放射中心。

那辆车是我买的。

里面的 X 光机是我出的钱……

我终于有了自己的车队！

后面那辆车是我借给她的。

放射化学的奠基人 **居里夫人**

战场上有那么多士兵，靠我一个人是不可能完成所有检查的，我带着我的流动 X 射线车，培训了大约 150 名护士。有了她们的帮助，我们在战争期间挽救了很多士兵的生命。

瞧，因为我在战场上的知名度太高了，连我的车都有了自己的名字！

在战场上忙碌的这几年，我完全没有时间进行科学研究，值得庆幸的是，看到我们的流动车队在拯救士兵生命这方面做出的贡献之后，法国卫生部门也意识到了 X 射线在战场上的重要性。不过我们救助过那么多受伤的士兵，这才是真正值得我骄傲的人生奖章！

居里夫人在进行镭的发现实验

111

世纪伟人 爱因斯坦

阿尔伯特·爱因斯坦（1879年3月14日—1955年4月18日），美籍德裔犹太人，因为他对理论物理的贡献，特别是发现了"光电效应"的规律而获得1921年诺贝尔物理学奖。他是现代物理学的开创者、奠基人，相对论—"质能关系"的提出者，决定论—量子力学诠释的捍卫者。

他创立了代表现代科学的相对论，为核能开发奠定了理论基础，开创了现代科学新纪元，被公认为是自伽利略、牛顿以来最伟大的科学家、物理学家。1999年12月26日，爱因斯坦被美国《时代周刊》评选为"世纪伟人"。

> 这介绍好长啊。

> 我猜我的研究对很多人来说很难懂……

> 我认为我的影响力更大……

关于这位世纪伟人

- 在德国一个犹太家庭出生。
- 爱因斯坦刚出生时，后脑大得不同一般，呈现出棱角形，这种奇特的形状也成为爱因斯坦一生的特征。

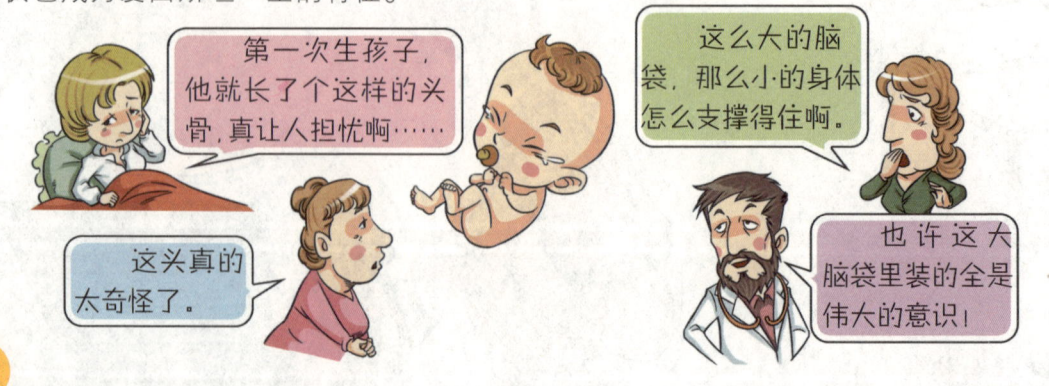

> 第一次生孩子，他就长了个这样的头骨，真让人担忧啊……

> 这么大的脑袋，那么小的身体怎么支撑得住啊。

> 这头真的太奇怪了。

> 也许这大脑袋里装的全是伟大的意识！

世纪伟人 **爱因斯坦**

- 爱因斯坦的爸爸和叔叔一起开了一个电气工厂,妈妈是一位热爱音乐的家庭主妇。

> 我喜欢用薄薄的纸片搭房子,不成功绝不罢休。

- 爱因斯坦到了三岁才会说话,爸爸妈妈曾经担心他永远不会说话了。
- 不爱和人交往的小爱因斯坦偏爱那些需要耐心和毅力的游戏。
- 喜欢一个人安静地待着,谁要是破坏了他独处的心境,一向沉静的他会突然爆发出激烈的情绪。

> 哥哥脸色苍白,连鼻尖都发白了,太可怕了!

> 安静!安静!

- 喜欢拉小提琴,水平还相当不错。
- 爱因斯坦喜欢阅读哲学著作,并从哲学中吸收思想营养,他相信世界的统一性和逻辑的一致性。
- 和平主义者,要做世界公民。

在爱因斯坦小的时候,有一天德皇军队通过慕尼黑的街道,在家的人们都跑到窗前观看,小孩子们也为士兵们发亮的头盔和整齐的步伐激动不已。

> 妈妈,我们快离开这儿吧,我害怕这些打仗的妖怪。

从此以后,爱因斯坦……

> 我有一个梦想,那就是世界和平,可以不用加入任何一个国家也能靠着友谊共存,我要做一个世界公民。

> 这家伙竟然整天在我们的地盘上做和平演说!

影响世界的他们——大科学家

悬赏令：谁要是取下爱因斯坦的脑袋，奖励5 000马克。

马上把他干掉。

虽然我脑袋大，也不至于贵成这样啊。

- 1921年，爱因斯坦获得诺贝尔物理学奖。
- 任教普林斯顿高等研究院时，校方求他提高薪水。

一年给我3 000美元就够了。

NO！我们会被指责虐待科学家的！请你至少拿十倍吧！

我真花不了那么多……

那，八倍？

嗯……

六倍？真的不能再少了！

我有一种在农贸市场的错觉……好吧，那就一万六吧……

虽然还是太少了，不过就这样定下吧！

- 淡泊名利，曾被邀请当以色列总统候选人，但是被他拒绝了。
- 有一次，爱因斯坦去比利时访问，国王和王后特地成立了一个接待委员会。那一天，火车站上张灯结彩，鼓乐齐鸣，许多官员身穿笔挺的礼服，准备隆重地欢迎这位杰出的科学家。火车到站以后，旅客纷纷走下车来，却不见爱因斯坦的影子，他到哪里去了呢？原来，他避开

世纪伟人 **爱因斯坦**

了那些欢迎的人，由小车站步行走向王宫。负责接待的人没有迎来贵宾，正在焦急地向王后报告时，爱因斯坦却悠然自得地来了。

• 爱因斯坦晚年时，还坚持劳动、坚持锻炼，他自己做家务，栽花，给花浇水、剪枝，还经常邀请朋友去爬山，有意识地磨炼意志、锻炼身体。

有一次，爱因斯坦和居里夫人及其两个女儿，兴致勃勃地攀登瑞士东部的安加丁冰川。他们就像是专业的登山运动员一样，各自背着干粮袋，拿着拐杖，顺着山径一步步往上爬。在旅途中，爱因斯坦谈笑风生，十分活跃，好像年轻人一样。人们被他的热情所感染，赠给他一个称号：老年运动家。

• 爱因斯坦生活简朴，可是他却一次又一次给慈善机构捐款。

• 爱因斯坦在去世之前，把房子留给了跟着他工作了几十年的秘书杜卡斯小姐。

普林斯顿默谢雨街112号，留给你，感谢你这么多年的工作。

你还有什么要求吗？

不要把这房子变成博物馆，我就是一个普通人，不是神，不要崇拜我。

不让人崇拜这一点也很让人崇拜啊！

115

影响世界的他们——大科学家

诺贝尔奖和相对论

说起这个奖项和听起来很复杂的理论,让我们先从一个小故事开始。

有一次,爱因斯坦搬来梯子要把墙上的一幅旧画换下来,他一边爬还一边在考虑自己的科学问题,想着想着一时忘了注意脚底下,猛地从梯子上摔了下来。可是他摔在地上以后,马上想到了一个问题。

> 人为什么会笔直地掉下来呢?看来物体总是沿着阻力最小的线路运动。

> 这个跟头摔得太值了!

想到这儿,爱因斯坦便马上一瘸一拐地走到桌边,提笔把这个想法记了下来。这一摔对他正在研究的问题——相对论有很大的启发。理解完整的相对论对大家来说很难,据说放眼全世界,能完全理解的人也不多。瞧,在一次聚会上,大家争相向他提出问题,一位女士得到了爱因斯坦这样的回答。

> 爱因斯坦先生,你能用最让我听得懂的语言解释下相对论吗?

> 哦,美丽的女士,我当然乐意回答您,请问您有心爱的人吗?

> 和心爱的人在一起,一个小时过去了,好像才过了五分钟;而当你一个人的时候,只过了五分钟,仿佛是一个钟头。

> 我听懂了,不过似乎又更不懂了……

世纪伟人 **爱因斯坦**

爱因斯坦提出的相对论当时在科学界掀起了巨大的波澜。他的支持者和反对者也一直在进行论证，1930年，德国还出版了一本批判相对论的书，书名叫作《一百位教授出面证明爱因斯坦错了》。当爱因斯坦听说这本书之后，他只是笑了笑。

> 100位？为什么需要这么多人？只要能证明我真的错了，哪怕是一个人出面也足够了！

当然，现在人们普遍接受了爱因斯坦的相对论，还有更多人使用他的理论来进行科学研究。不过爱因斯坦做出的贡献可不仅仅是相对论，人们似乎已经把爱因斯坦和相对论画上了等号。其实爱因斯坦在辐射理论和分子运动论两方面也做出了卓越贡献，他用光量子概念揭示了以前所有科学家都无法解释的光电效应。1922年，他因为光电效应定律的发现，获得了1921年的诺贝尔物理学奖。只不过这个补发的奖项因为和相对论完全无关，在当时也引起了不小的争论。当然，人们并不是认为光电效应不值得获奖，而是觉得相对论不能得到诺贝尔奖是一件遗憾的事情。

> 祝贺您！得到了诺贝尔物理学奖！

> 啊，我听说了。

> 您打算说几句获奖感言吗？

> 不好意思，我还得赶着去旅行呢！

爱因斯坦的成功课堂

1. 从"笨瓜"到科学巨匠,需要不停地努力

前面我已经提到过,直到三岁我才开始说话,还是断断续续的。在我六岁时,被老师叫到名字还不会马上回答,这也经常引来轻蔑的笑声。

> 说到小时候的自己似乎有点惭愧。

> 这孩子太迟钝了,话也说不清楚。

> 你小时候真的反应有点慢。

> 真是差劲的笨瓜。

其实我只是喜欢先在脑子里想明白要说的话,再和大家对话而已。当然,不知道我到底是怎么想的,老师们认为我连自己的名字也听不懂也并不奇怪。

不过我的家人从来不以我为耻,他们总想方设法发现我身上常人所看不到的东西,爸爸和妈妈一有空就带着我去郊游,开发我的心灵。

在我四五岁的时候,爸爸给了我一个罗盘,我这个"小笨瓜"出人意料地对罗盘提出了二三十个问题,可以说,正是这个小小的罗盘,在我心里埋下了科学的种子。

> 到底是什么力量让这个指针永远指着一个方向呢?

世纪伟人 爱因斯坦

而在十六岁时,我还问出了:如果我用光在真空中的速度和光一道向前跑,能不能看到空间里振动着的电磁波呢?这个深奥也非常有逻辑性的问题让我的家人觉得我在这方面有着特殊的天赋,他们也鼓励我朝着这个方向钻研。

读中学时,我越来越偏向对数学和物理的喜爱,讨厌学习其他学科。我的偏爱在学习成绩和态度上表现出极大的差异,这让我的老师们非常不满。因为这些事,我还时不时地和老师们发生争执,认为我非常固执、不听教诲的教导主任干脆下了个结论。

> 就算数学和物理好又能怎么样?反正他这么顽固,完全不听别人意见,到头来只会一事无成。

> 不要轻易对一个孩子下结论啊。

1895年秋天,我决定报考瑞士苏黎世大学。因为我对特定科目的偏好,考大学时,我的语文竟然不及格,当然,我没有气馁,参加了中学补习。一年以后,我获得了中学补习合格证书,并且考入了苏黎世综合工业大学,也就是我梦想中的学校。所以,你们应该看明白,要想成功,就要不停地付出,要有一颗勤奋好学、勇于独立思考、不断探索的心!

119

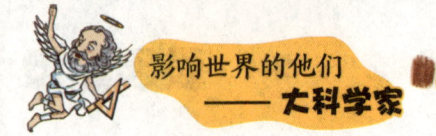

给了我这颗"心"的人,是我的爸爸妈妈,他们从来没有放弃过我。因此,我很感谢我的爸爸妈妈,是他们的教育和信任让我能够在别人冷嘲热讽时还能努力付出,朝着自己认定的方向前进。

我相信儿子是最棒的。

我赞成,亲爱的。

2. 即使被否定,也要勇于表现自己

当时,我们学校要求学生上下课都按军事口令进行,由于我特别讨厌军事化的做法,反应又比较慢,经常被教师呵斥、罚站。有的老师甚至指着我的鼻子教训我。

我还有一个广为流传的故事。

一次工艺课上,老师让我们做一个木头凳子,同学们都拿出了做得相当不错的凳子。不过当老师看到我的作品时,她就不太高兴了。

这鬼东西真笨,什么课程也跟不上!

于是我从课桌下面拿出两个更不像样的凳子,告诉老师,那是我前两次做的,交给老师的是第三次做的,虽然还不行,却比这两个强得多!看着我的两个凳子,老师吃惊极了,不过她没有继续批评我的凳子。

世纪伟人 **爱因斯坦**

有人说这件事只是人们为了鼓励小孩子编造出来的，不过要我说，不管这件事有没有发生，努力做到最好，并且把成果展示出来，都是值得骄傲的。

3. 找到正确的目标和学习榜样

小时候，我经常阅读一些自然科学类的读物，这些书给予我的世界观巨大的影响，这些书让我对自然科学愈发着迷。但是我旺盛的好奇心和学校死板的教育方式之间产生了极大的矛盾，也因此我经常做出很多让老师不喜欢的举动。

121

影响世界的他们——大科学家

由于我不想待在学校里,于是和一群完全不想学习的孩子一拍即合。

我只要我的发型,学习是什么?

我讨厌学校,讨厌老师,我要自由!

只爱吃东西,只要不管我吃,怎么着都行……

虽然我并不讨厌学习……不过不用整天待在学校就好!

我的孩子,你不能这样下去了。

别担心,爸爸,我的成绩比他们好。

我这么一说,爸爸更担心了。于是他给我讲了一个故事。这个故事讲的是他和我的一个叔叔。

我们家并不算富裕,小时候的爸爸虽然学习成绩很好,但是家里也没钱供他上大学。为了赚点钱,他曾经和我的叔叔一起去清扫烟囱。干完活之后……

天哪,杰克的脸好脏,那我肯定更脏!

这下子我就干净了。

世纪伟人 **爱因斯坦**

> 他的脸看起来挺干净啊，看来我的脸也一样。

> 你快去洗洗吧。

> 对，要去洗手。

不过，叔叔看见了爸爸干净的脸后，认为大家都做一样的工作，那自己的脸应该和爸爸一样干净，所以他只找了点水洗了洗手。等他们走到大街上的时候……

> 那个小孩子的脸好像花猫，哈哈哈。

> 好脏的小孩子。

> 哪里来的小乞丐。

> 他们为什么说我脏？

> 大概因为你没洗脸？

> 什么！我看见你的脸不脏，就以为我的脸也不脏啊！

> ……我又不是你的镜子……

听了爸爸的这个故事，我明白了。我们可以用别人的行为当作自己的参考，但是不能凡事都只看着别人。我可以和我的那些"小伙伴"们比谁更会搞破坏，但是在学习这件事上，我绝对不能和他们比较。

从那以后，我虽然依旧不喜欢学校里的氛围，但是我把所有的心思都花在了学习上。

> 儿子，你能找到正确的目标和榜样我很高兴。

> 虽然很难受……但我还是更喜欢学习！

4. 想要成功，必须集中精力去做

我从来就不是个"全能"型的人，如果要让我把精力用到生活的方方面面，也许我会成为一个很厉害的人，但是绝不会成为爱因斯坦。不过，由于我的精力全都集中在研究上，别的事情就不那么用心了，以至于我常常犯些"小错误"。

> 我怎么不尊重你了？？？
>
> 你能不能尊重我一下啊，#¥@#@%¥#……
>
> 你把他写给你的信件背面当草稿纸了。
>
> 他是怎么知道这件事的呢？
>
> 快还给我，我说我怎么找不到我的演算草稿了呢。
>
> 我的爱因斯坦先生，你把这个夹在给我的回信里了……

瞧，这就是我常常办的糊涂事儿之一，另外我还有点丢三落四，为此，我的秘书操了不少心。有一次，我在外面散步的时候迷路了。可是我不仅不记得自己的家在哪儿，连电话也不记得。幸好遇上了一位好心的年轻人……

> 我就是记不住这些东西嘛……
>
> 哈哈，理解理解，我这就带您去总机室，让您夫人来接您。

就这样，好心的年轻人带我去了总机室，可不凑巧的是，总机室的负责人并不认识我！而接线员都被再三告诫过，不准随便帮人接电话到我家骚扰我！

世纪伟人 **爱因斯坦**

在这位年轻人再三保证下,负责人才终于相信了我的话,帮我接通了我家的电话,找来了我的太太。

> 自己把自己丢了,也只有你才能干得出来。

> 嘿嘿。

你们听着这些事情,一定觉得我很可笑吧。可是,要想成功,就必须集中精力去做,朝着你努力的方向,不要停下来。

最后,我要总结下我的成功秘诀,这要从一个年轻人的来信说起。在我有了些名气之后,也有越来越多的年轻人写信来问我成功的秘诀。

于是,我回了一封信,希望能对所有人都有用。

亲爱的,希望知道成功秘诀的年轻人:

嗨,小伙子,我告诉你答案吧。早在1901年,我还是二十二岁的青年时,我已经发现了成功的公式。我可以把这秘密的公式告诉你,那就是A=X+Y+Z!A是成功,X是正确的方法,Y是努力工作,Z则是少说废话!这公式对我有用,我想对许多人也一样有用。

你的朋友爱因斯坦

爱因斯坦在研究室

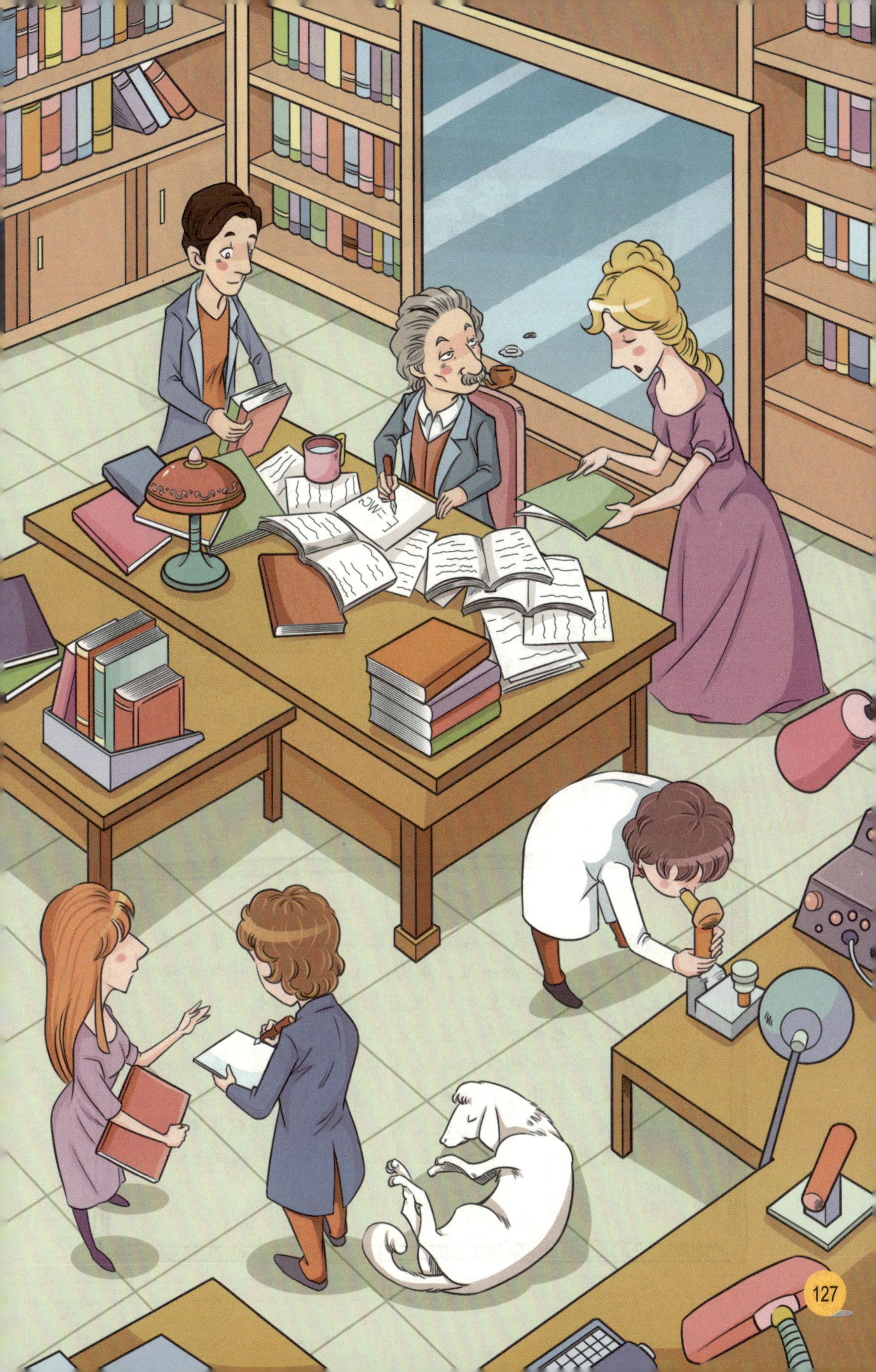

群星闪耀 更多大科学家

1. 天空立法者——开普勒

开普勒是德国杰出的天文学家、物理学家和数学家。

· 1596年，开普勒在宇宙论方面发表了第一部重要著作——《宇宙的神秘》。在这本书里他明确地提出支持哥白尼的日心说。

· 开普勒写过一篇科幻小说，名叫《梦游》，其中描绘了宇航服、零重力状态等不可思议的东西。

· 发现了行星运动三大定律。

· 开普勒虽然对占星术持怀疑态度，但是为了谋生，却终生以此为业。

约翰尼斯·开普勒
（1571.12.27—1630.11.15）

宇宙观对手和学术恩师

开普勒在天文学方面有过很多老师，其中第谷·布拉赫是不可不提的一位。第谷可以用肉眼进行非常精确的天文观测，他编制的恒星表直到现在都还有实用价值，因此也被誉为"星学之王"。虽然他坚持太阳是绕着地球运行的，但是他非常欣赏开普勒。在他担任宫廷数学家时，就邀请开普勒和自己一起工作，在他去世前，他把所有观测成果，甚至自己的职位都留给了开普勒。这两个人的合作也成为天文史上的一段佳话。

群星闪耀 **更多大科学家**

行星运行的三条法则

开普勒在1571年出生于德国一个并不富裕的家庭,他十七岁就通过了大学毕业考试,并且对宇宙天体的研究非常有兴趣。不过可惜的是,由于小时候生过一场大病,他的视力变得很差,完全无法进行天文观测。不过好在他遇上了可以说是最重要的一位导师——第谷·布拉赫。

1596年,开普勒发表了第一部重要著作——《宇宙的神秘》。在这本书中,开普勒表现出对日心说的绝对支持,也正是这本书引起了第谷的注意,他十分佩服开普勒的数学知识和创造天才。在他的邀请下,开普勒于1600年来到布拉格郊外的天文台,成为第谷的助手。在第谷去世前,开普勒继承了第谷的职位和所有的资料。这些对宇宙星空极其精确的观测记录为开普勒的学术思想发展提供了有力的帮助。

1609年,开普勒在《新天文学》中提出了行星运动第一定律——每个行星都在一个椭圆形的轨道上绕太阳运转,太阳位于这个椭圆轨道的一个焦点上;以及行星运动第二定律——行星离太阳越近运行越快,行星的速度以这样的方式变化:行星与太阳之间的连线在等时间内扫过的面积相等。十年后,行星运动第三定律发表——行星距离太阳越远,它的运转周期越长;运转周期的平方与到太阳之间距离的立方成正比。

这三条定律彻底否定了流行了千年的地心说,对行星围绕太阳的运动做了基本完整、正确的描述,为后来科学家们的研究发现奠定了基础。1630年年底,这位伟大的科学家在贫病交困中死去,他的墓碑上写着:"我曾测量天空,现在测量幽冥。灵魂飞向天国,肉体安息土中。"虽然他的墓碑现在已无处可寻,但是天空中所有的行星都成为他永久的纪念碑。

2. 身兼多职的科学家——诺贝尔

诺贝尔是瑞典化学家、工程师、发明家、军工装备制造商和炸药的发明者。

- 父亲也是一位发明家。
- 除了炸药，诺贝尔在电化学、光学、生物学、生理学和文学等方面也都有一定建树，仅在英国，他就拥有355项专利发明。
- 诺贝尔是个非常热心于慈善事业的人，除了给慈善机构捐款之外，他还自掏腰包帮助穷人。
- 1895年，诺贝尔设立诺贝尔奖，授予世界各国在物理、化学、生理或医学、文学及和平领域对人类做出重大贡献的人。

阿尔弗雷德·贝恩哈德·诺贝尔
（1833.10.21—1896.12.10）

永不言弃的实验者

1864年9月3日，诺贝尔在一次硝化甘油实验中失去了亲爱的弟弟和四个助手。这次事故让诺贝尔的母亲悲痛欲绝，父亲大受刺激引起脑溢血。诺贝尔在巨大的痛苦面前没有动摇，他继续进行实验。三年后的一个秋天，诺贝尔把雷汞装进管子里做引爆物来引爆硝化甘油。只听得"轰"的一声巨响，实验室变成了一个冒着浓烟的大坑。很快，血迹斑斑的诺贝尔从浓烟中跑了出来。这次实验就和他的狂呼一样："我终于成功了！"

炸药大王的科学之路

诺贝尔幼年时，父亲为了谋生辗转去了俄国。1842年，诺贝尔全家移居俄国的彼得堡。由于家境不好，小诺贝尔经常生病，加上他不懂俄语，于是他和自己的两个兄弟一起在家里学习。

长大后，诺贝尔去美国和欧洲各地考察了多年，终于回到故乡，和父亲以及弟弟一起筹建了一个小型试验工厂，这就是诺贝尔火药工业公司的前身。

硝化甘油炸药的研发过程非常危险，经常会发生爆炸事故，诺贝尔在实验过程中失去了自己的弟弟，家人也因此陷入了无尽的痛苦之中。在炸药发明后，因为保管不当引发伤亡的消息也频频传来。这些可怕的事件让很多国家一度禁止再进行硝化甘油炸药的制作和贩卖、储存。在这种情况下，诺贝尔开始了一次又一次的秘密实验，直到1866年，他终于拿出了安全的硝化甘油炸药。经过德国一个炸药审查委员会的审查，这种可以安全运输、威力巨大的炸药得到了各个国家的认可。诺贝尔的炸药开始被用于开矿、挖掘隧道等大型工程。

可以说，硝化甘油炸药的出现促进了世界科技的快速进步。然而，在随后爆发的普法战争中，炸药显示出了它恐怖的一面。当诺贝尔看到那些惨死在炸药爆炸中的士兵的样子，愧疚就像狼一样撕咬着他的心："这炸药竟然给人类带来这么大的痛苦，我也是个罪人……"还好，他的朋友提醒他，炸药本身是无罪的，带给人类伤痛的并不是诺贝尔和他的发明，而是用炸药去发动战争的人。

诺贝尔发明的炸药给他带来了巨大的经济利益，而他也把这些金钱尽力用来帮助需要帮助的人们。他设立的诺贝尔奖更成为一种弘扬科学精神的象征，激励着人们在对世界和自身探索的道路上不断前行。

3. 原子弹之母——迈特纳

莉泽·迈特纳是一位奥地利裔瑞典原子物理学家、放射化学家。

· 她出生于奥地利,有很长的时间在德国进行研究工作。后来在德国纳粹占领奥地利后逃到了瑞典。

· 迈特纳通过自学获得高中毕业证书,并进入维也纳大学。后来成为维也纳大学的第二位女博士。

· 被爱因斯坦称为"德国的居里夫人"。

· 1994年5月,第109号元素被命名为镁元素(镁元素的英文是Meitnerium,迈特纳的名字为Meitner),以纪念迈特纳。

莉泽·迈特纳
(1878.11.7—1968.10.27)

不为名利的科学家

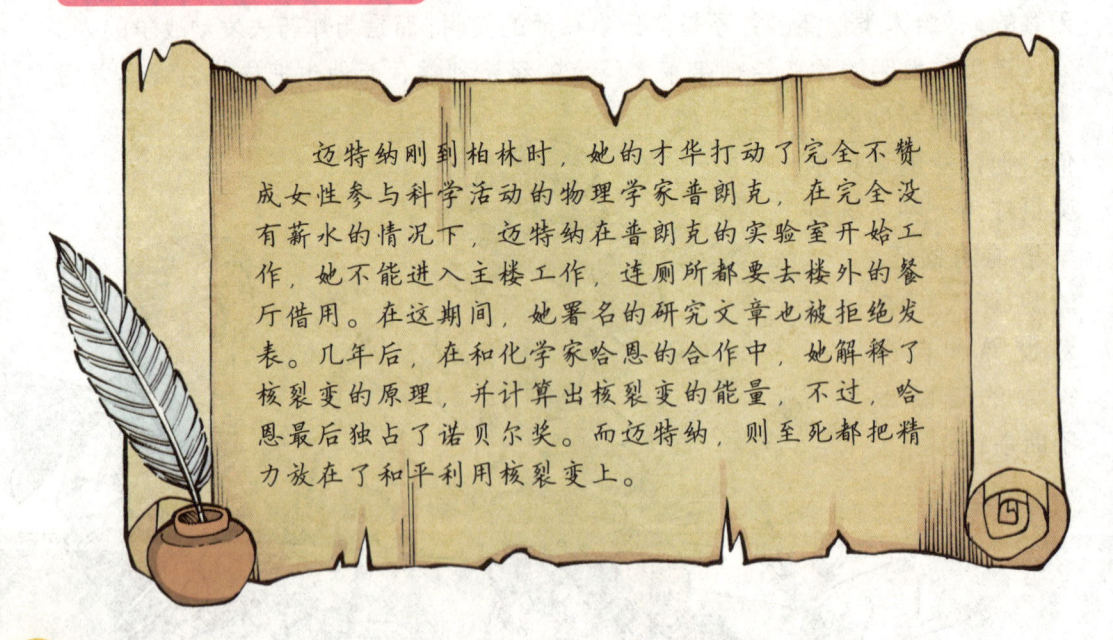

迈特纳刚到柏林时,她的才华打动了完全不赞成女性参与科学活动的物理学家普朗克,在完全没有薪水的情况下,迈特纳在普朗克的实验室开始工作,她不能进入主楼工作,连厕所都要去楼外的餐厅借用。在这期间,她署名的研究文章也被拒绝发表。几年后,在和化学家哈恩的合作中,她解释了核裂变的原理,并计算出核裂变的能量,不过,哈恩最后独占了诺贝尔奖。而迈特纳,则至死都把精力放在了和平利用核裂变上。

伟大的和平主义者

迈特纳出生在奥地利的一个犹太人家庭,她通过中学的学习,取得了法语教师的许可证。迈特纳渴望学习更多知识,在家人的支持下,她考入维也纳大学。在那个女性地位极其低下的时代,她为了继续学习忍受了无数歧视。

为了得到著名物理学家普朗克的指导,她在恶劣的工作环境下待了三四年。在这段时间里,她和另一位科学家哈恩一起做出了很多科学发现。第一次世界大战爆发之后,迈特纳离开了实验室,去战场上做了一名X射线护士,为拯救士兵们的生命做出了贡献。之后,迈特纳又一头扎进了研究中,她和哈恩一起发现了镤-231,她的才华也越来越被学术界所认可。可是没过多久,1938年,纳粹德国吞并奥地利,并开始了对犹太人的屠杀。迈特纳的生命受到了极大威胁,她只得逃走,最终在瑞典找到了一个职位安定下来。也就是在这里,她发现了原子裂变的原理。

原来,哈恩发现铀被中子轰击之后会出现钡,可是他无法解释这个现象背后的原因,便把这个发现写信告诉了迈特纳,希望得到她的意见。而迈特纳经过研究之后,在1939年4月提出了"核裂变"的概念,解释了哈恩的发现。她还根据爱因斯坦的质能公式计算出在核裂变发生时,会释放出200兆电子伏的巨大能量,这个能量是通常物质燃烧释放的化学能的几百万倍。

核裂变概念为链式反应和原子能的发现与应用开辟了道路。而"核裂变"的发现,令哈恩获得了1944年的诺贝尔化学奖,可惜的是,他始终否认曾与迈特纳合作。虽然被称为"原子弹之母",但迈特纳在深知这个发现可能对人类造成巨大伤害后,始终拒绝研发原子弹,而是致力于和平、理智地使用核能。1968年,迈特纳辞世,她的墓碑上写着:"一位从没有失去人性的物理学家。"

4. 量子力学的奠基人——薛定谔

埃尔温·薛定谔是一位奥地利物理学家，他是量子力学的奠基人之一，发展了分子生物学。

- 第一次世界大战时，曾经在一个炮兵要塞服役过。
- 因发展了原子理论，和狄拉克同获1933年诺贝尔物理学奖。
- 1926年，他提出著名的薛定谔方程，为量子力学奠定了坚实的基础。
- 1961年1月4日，他因患肺结核病逝于维也纳，墓碑上刻着以他的名字命名的薛定谔方程。

埃尔温·薛定谔
（1887.8.12—1961.1.4）

科学史上最知名的猫

薛定谔为了反对量子的叠加态理论曾经做过一个思想实验：假设一只猫被关在一个有毒药的密室里，密室里有一个放射性原子核，当原子核发生衰变时就会放出毒气杀死这只猫。在量子理论的世界里，不打开盒子观测，这只猫将永远处于死活的叠加状态，显然这种猫既活又死的说法违背了我们的惯有逻辑思维。不过根据这只"薛定谔的猫"延伸出的平行宇宙等物理问题和哲学争议使我们科学世界的未来有了更多的可能性。

探求真理的薛定谔

埃尔温·薛定谔出生在奥地利维也纳附近的埃德伯格。他小时候非常喜欢叔本华的作品，并且对各种各样的哲学、宗教理论都很有兴趣。1906年，他进入维也纳大学学习物理，1910年获得了博士学位。毕业后，他在维也纳大学第二物理研究所从事实验物理的工作。

1926年，已经39岁的薛定谔在一篇论文中提出了薛定谔方程。这篇论文立刻在量子学术界掀起了轩然大波。普朗克表示"他阅读完整篇论文时，就像被一个谜语困惑多时渴望知道答案的孩童，现在终于听到了解答"。爱因斯坦则认为薛定谔做出了决定性的贡献。也许就像薛定谔相信的：即使一百次尝试都已失败，也不应该放弃到达目标的希望。要敢于坚持对真理的信仰。他也正是坚持在探求真理的道路上不断前进，才能提出这个方程。薛定谔方程就是量子力学的基本方程，也是量子力学的一个基本假定。这个方程奠定了波动力学的基础，由此，他与狄拉克共同获得了1933年的诺贝尔物理学奖。

1944年，薛定谔又从物理学"跨界"到生物学，出版了《生命是什么》一书。这本书用通俗易懂的语言写作，被人誉为"唤起生物革命的小册子"。在这本书的感召下，新西兰物理学家威尔金斯和英国物理学家克里克都投入生物学的怀抱，美国生物学家沃森也立志揭开生命遗传的奥秘。而这三人也因对核酸分子结构和生物中信息传递的意义的发现，获得1962年诺贝尔生理学或医学奖。诺贝尔奖得主卢利亚、查尔加夫、本泽等也都受到过这本书的启发和感染。

图书在版编目（CIP）数据

影响世界的他们：手绘名人故事：函套共8册 / 亚亚文；夏阳绘. — 北京：北京理工大学出版社，2019.9（2022.7重印）

ISBN 978-7-5682-7559-0

Ⅰ.①影… Ⅱ.①亚… ②夏… Ⅲ.①名人－生平事迹－世界－青少年读物 Ⅳ.①K811-49

中国版本图书馆CIP数据核字(2019)第190778号

出版发行 / 北京理工大学出版社有限责任公司
社　　址 / 北京市海淀区中关村南大街5号
邮　　编 / 100081
电　　话 / (010)68913389(编辑部)
网　　址 / http://www.bitpress.com.cn
经　　销 / 全国各地新华书店
印　　刷 / 湖北意康包装印务有限公司
开　　本 / 710毫米×1000毫米　1/16
印　　张 / 68
字　　数 / 1360千字
版　　次 / 2019年9月第1版　2022年7月第6次印刷
定　　价 / 200.00元(全8册)

责任编辑 / 张　萌
文案编辑 / 张　萌
责任校对 / 周瑞红
责任印制 / 边心超
责任制作 / 格林图书

图书出现印装质量问题，请拨打售后服务热线，本社负责调换

给孩子一部有温度的梦想之书

手绘名人故事

影响世界的他们

大军事家

亚亚/文　夏阳/绘

北京理工大学出版社
BEIJING INSTITUTE OF TECHNOLOGY PRESS

给孩子梦想起飞的翅膀

　　世界上每一只小鸟都要翱翔于蓝天，世界上每一个孩子都有属于自己的梦想。

　　每一个孩子都是与众不同的，每个孩子都是梦想家。在他们成长的过程中，梦想可能会折翼、会被误导，所以孩子们萌发的梦想更需要被细心呵护，需要被温柔地鼓励和引导。因此，一套好的成长之书，在孩子们的成长道路上扮演着重要的角色，发挥着潜移默化的作用。《影响世界的他们——手绘名人故事》丛书正是这样一套送给孩子的梦想之书。

　　这是一套给孩子带来正能量的、守候孩子梦想的书。在这里，孩子们会看到古今中外各个领域的名人故事，他们身上的坚强、勇敢、奋进的意志品格，是孩子们得以学习的榜样力量；他们身上的由于时代带来的局限，也是孩子们得以

不断深入思考的问题。

　　这是一套给孩子的有温度的、引人思考的梦想之书。理想不是冷冰冰的灌输和说教，在这里，孩子们能看到的不仅仅是名人们各种令人羡慕的成就，更有他们在成就的道路上遇到的挫折、打击以及他们做出的努力、他们得到的和失去的……

　　这是一套给孩子的轻松的、风趣的"朋友"之书。在这里，没有板起脸来的长篇大论，在这个名人们的"展览馆"里，他们如同一些经历丰富的"大朋友"，用他们的故事陪伴和启发着孩子们在追寻梦想的道路上前进。

　　心怀梦想的孩子更强大。守候孩子的梦想，就是守候我们的未来。愿这套书带给孩子们梦想起飞的翅膀，陪伴他们不断翱翔、快乐成长、实现梦想……

著名诗人、儿童文学作家　徐鲁

目录

8 伟大的民族英雄 戚继光

戚继光（1528.11.12—1588.1.5），字元敬，号南塘，晚号孟诸，汉族，山东登州人。明代著名抗倭将领、军事家。

20 一位真正的军人 巴顿

小乔治·史密斯·巴顿（1885.11.11—1945.12.21），美国陆军上将，是第二次世界大战中美军的著名将领。

34 军事英雄之胜利的象征 朱可夫

格奥尔吉·康斯坦丁诺维奇·朱可夫（1896.12.1—1974.6.18），苏联军事家。被公认为是第二次世界大战中最优秀的将领之一。

50 风云战神 韩信

韩信（约前231—前196），淮阴（今江苏淮安）人，军事家，是西汉开国名将，"汉初三杰"之一，留下了许多著名战例和战法。

64 精忠报国的千古一将 **岳飞**

岳飞（1103.3.24—1142.1.27），字鹏举，河南相州汤阴（今河南安阳市汤阴县）永和乡孝悌里人，南宋名将。

78 超级军事家 **孙武**

孙武（约前545—约前470年），字长卿，著名军事家。著有巨作《孙子兵法》十三篇，为后世兵法家所崇拜，被誉为"兵学圣典"。

96 乱世英雄 **曹操**

曹操（155—220），字孟德，小名叫曹阿瞒。东汉末年伟大的军事家、政治家和诗人。著作有《孙子略解》《兵书接要》《孟德新书》等。

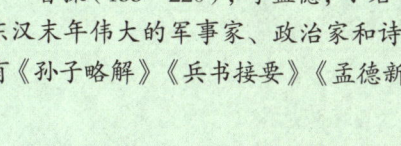

112 战场上的雄狮 **蒙哥马利**

伯纳德·劳·蒙哥马利（1887.11.17—1976.3.25），第二次世界大战中盟军杰出的指挥官之一，英国最有名的军事家和陆军元帅。

128 群星闪耀 **更多大军事家**

你，准备好了吗？

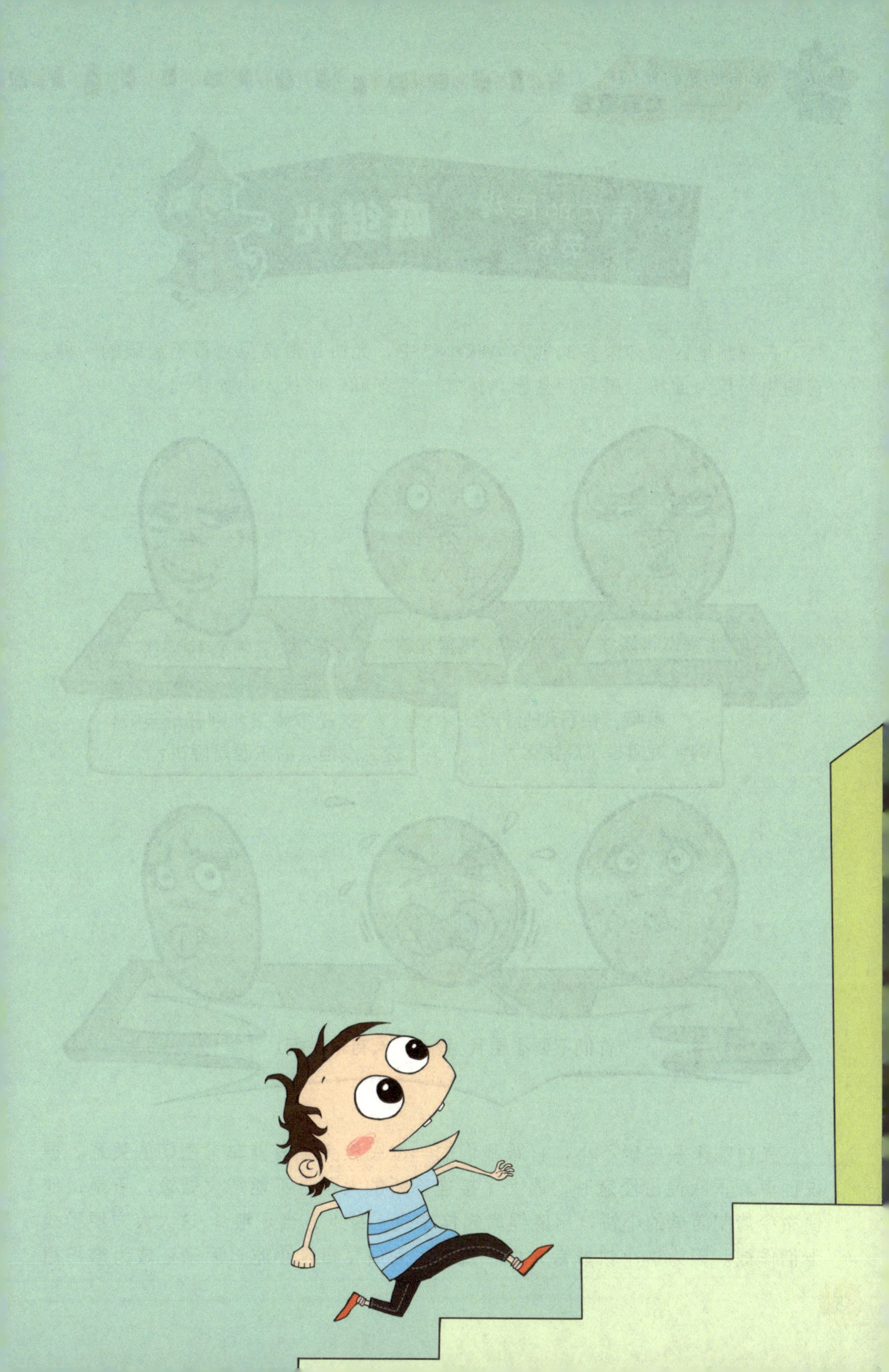

影响世界的他们
——大军事家

伟大的民族英雄 戚继光

在福州地区品种繁多的地方风味小吃中,光饼是最常见也最不起眼的一种。它的原料仅为面粉、碱面、盐巴,另加一点芝麻,形状大小如银元。

北京麻将烧饼　　福建光饼　　江苏黄桥烧饼

哦哦,快看那是什么啊?难道是个烧饼么?!

这是个烧饼?别开玩笑啦!这么没档次的东西是烧饼?

你们不要小看我,我可是大有来头啊!

光饼的来头的确不小,它跟我们的一位民族英雄有着非常密切的关系。据说他率领军队追击倭寇时,遇上了接连不断的大雨,不能烧火做饭,于是,他便命令烤制简单的小饼,用麻绳串起挂在战士身上充当干粮,这大大方便了战士们作战。因为这小饼非常方便,流入民间成了日常小吃,后来还成为祭祀祖

8

伟大的民族英雄 **戚继光**

先必备的供品。后人为了纪念这位民族英雄，便把这种小饼叫作"光饼"。

没错儿，我们今天要说的这位民族英雄就是大名鼎鼎的戚继光。

就是我啦！我想有一些从事倭寇这项职业的人会很不喜欢我，但是请相信——这就是我想要的！

这些人就是倭寇

这不叫抢，我只是拿走寄放在你们这里的东西而已！

等等，我想这里面一定有什么误会！

倭寇是日本人和汉奸的合称。

我是倭寇？你有证据么？

无主的日本浪人　　海盗　　沿海的走私商人

影响世界的他们
——大军事家

戚继光(1528年11月12日—1588年1月5日),汉族,山东登州人。字元敬,号南塘,晚号孟诸,卒谥武毅。明代著名抗倭将领、军事家。其父戚景通担任过漕运官员,同时也是一名治军严明的高级将领。戚继光率军于浙、闽、粤沿海诸地抗击来犯倭寇,世人称其带领的军队为"戚家军"。历十余年,大小八十余战,终于扫除倭寇之患,被誉为民族英雄。有多部军事著作及诗作传世,戚继光纪念馆现为福建省爱国教育基地。

关于这位伟大的民族英雄

1. 戚继光出生于将门,爸爸是个武艺高强的人。
2. 加高、加厚长城,修建空心敌台,创立步、骑、车、辎重诸营,使边境得以安宁。
3. 创建了忠义神勇的戚家军和战无不胜的鸳鸯阵。
4. 创编了戚家拳、戚家刀、戚家拳经等。
5. 打了很多胜仗,在浙江、福建取得台州、横屿、平海卫、仙游等战役的胜利,基本荡除东南沿海倭患。
6. 写了很多书,著有《纪效新书》《练兵实纪》《止止堂集》等。

戚家刀

超一流的戚家军和鸳鸯阵

我国东南沿海，从宋朝开始就经常有日本海盗出现。

我想我看到了一伙海盗……

到了明朝，倭寇更加猖狂，有时候朝廷不得不调集武艺高强的少林僧兵和勇猛剽悍的土司兵与倭寇作战，但是倭寇并不占领土地，而是抢了东西就跑，这让士兵们防不胜防。

倭寇在哪里？

我们不要杀生，赶跑倭寇就可以了……

看来是我太好心了……

一切直到戚继光的出现……

看我的吧！

影响世界的他们
——大军事家

戚继光的征兵广告

· 如果你是来自浙江义乌的，我们欢迎你。
· 如果你曾经做过矿工和农民，我们欢迎你。
· 如果你身体健壮，皮肤黝黑，我们欢迎你。
· 如果你目光有神，自信，我们欢迎你。
· 拒绝皮肤白白的，拒绝城市里的，拒绝混饭吃的，拒绝特别胆小的，同样也拒绝傻大胆的。

就这样，戚继光从浙江义乌群山之中招募勇敢的农民和彪悍的矿工共3 000余人，采用营、官、哨、队四级编制编成新型军队。队是基本战斗单位，队员按年龄、体格分别配备不同的兵器，作战时，全队队员各用其所长，配合作战，攻守兼备，进退灵活。这种战斗队形能分能合，人称"鸳鸯阵"。经过戚继光的严格训练，这支新军队伍很快成为军事劲旅，人称"戚家军"。

其实，在那个年代私自招募军队是不被允许的，不过为了打赢……

伟大的民族英雄 **戚继光**

> 皇上，我看戚继光是想造反吧。

> 嗯，朕也对他很不放心啊!

> 不过话说回来，不靠他招来的人，以朝廷的军队没法打败倭寇吧？

> 确实啊!

> 听我命令！！

　　戚继光的忠心是不用怀疑的，他只是想着怎样才能彻底地打败倭寇而已。因此，戚继光对士兵严加训练，带出了一支锐不可当的队伍。他的戚家军打了一个又一个胜仗，打出了军威，打出了名声，每当戚家军得胜归来时，老百姓都欢欣鼓舞，排着长队迎接他们。

　　不过既然是战争，就一定会有牺牲。在打击倭寇的战斗中，有许许多多戚家军战士死在了远离他们家乡的地方，他们都是英雄！

> 我们要永远记住他们！

影响世界的他们——大军事家

鸳鸯阵和戚家军名将

楼楠

楼大有

伟大的民族英雄 戚继光

朱文达
王如龙
童子明
陈大成
圆牌
长枪
镋钯
火兵
狼筅
戚家刀
叶大正
长枪
队长
狼筅
圆牌
长枪
陈子銮
陈禄
刘廷玉

15

影响世界的他们
——大军事家

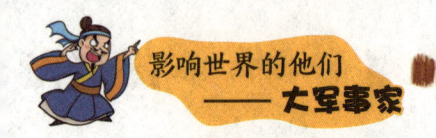

戚继光的军事课

戚家军的要求：
纪律严明。作风优良。官兵团结。

咳咳，欢迎各位来听我本次的军事讲座，请叫我"戚教授"。

1. 好的兴趣是最好的老师

我出生在一个将军家庭，爸爸戚景通，在大家眼里，是个武功高强的大好人，所以，爸爸是我的好榜样。知道我的名字怎么来的吗？听家人说，我出生的那天阳光灿烂，爸爸给我取名继光，希望我继承祖上的光辉，并发扬光大。我很高兴我没有辜负这个名字。爸爸对我的期望很高，亲自教我读书写字、练习武艺，经常给我讲一些为人处世的道理。这让我不仅获得行军打仗的真实学问，还养成了良好的品质，树立了高远的志向，为以后建功立业打下了基础。

我的儿子从小就对军事游戏很感兴趣，对此我非常满意！

戚景通

是的，我对军事非常着迷，我每周都会有一整天在练习。

除了爸爸这个好榜样外，兴趣是我最好的老师。我喜欢军事，从小就是个军事迷。所以，每次当爸爸给我讲起军事的话题时，我就听得特别认真，有时候还能讨论几句。我六岁入学，九岁就自己制作一些军事小游戏，很多人都夸我聪明，觉得非常不可思议。

2. 戚家军的武德风貌与练兵之法

我所在的那个时代，倭寇横行，我的梦想就是驱逐他们，打败他们。我创建了戚家军，我的军队用一次又一次的胜利赢得了大家的赞扬，下面说说我的军队的武德风貌和练兵之法吧。

首先是武德风貌

- 纪律严明。关于这一条，岳家军就是我们的榜样。

我们每到一个地方，听到口令才休息，绝对不允许打扰人民群众。我的戚家军有严明的纪律，不仅赢得了广大人民的支持和爱戴，而且有效提高了部队的战斗力。有一次战斗中，倭寇为了逃命，丢下许多从老百姓那里抢来的金银财宝，企图诱惑我们。不过我们看都没看那些金银财宝一眼，全都一心杀敌，没有一个人去捡。这样的手段敌人后来又用了几次，每一次都是失败的。

- 作风优良。

我刚调到蓟镇任职时，发现长城一线的驻军纪律松弛，作风很差，没有战斗力。为整顿军风军纪，我得到皇上的允许，调原戚家军的一支部队北上，去做示范。隆庆三年（1569）二月，这支部队经过千里跋涉，在一日清晨到达蓟州，在郊外等待命令。那一天，寒风凛冽，大雨倾盆，许多士兵就在这寒冷的雨中列队站到下午。然而，淋了一上午的戚家军将士，依然队列整齐，丝毫不乱。戚家军的作风在当地驻军中传为佳话，为我大规模地整训长城一线驻军起到了榜样和激励作用。

- 官兵团结。官兵团结是戚家军的又一优良传统。

这里的团结包括方方面面。在战场上，不管是一个人，还是一个小队被围困，只要是有自己人的地方，全部都要拼命去解救。

影响世界的他们——大军事家

其次是练兵之法

大家来看看我引以为傲的戚家军水师阵容吧!

戚家军水师

最大的战船叫"福船",体积大,威力强,能够犁沉敌船,但不能在浅海航行,无风时不可行驶。每船配备船工、水兵64人。

比福船稍小的"海沧"船,又名海苍、冬船,可以在水较浅的地方、风小时行驶,能犁沉敌船。每船配备船工、水兵51人。

最小的一种战船叫"艟",是戚继光改造浙江地方的一种渔船而成。船体小而灵活,可捞取敌人首级和战利品,每船配备船工、水兵37人。

另外还有两种哨船:一名"开浪",一名"网船"。这两种船只能供联络、哨探之用,不能作战。

除了打击倭寇外，我还消灭了山贼吴平。

悬赏：七百两黄金！

吴平是福建南部漳州诏安县梅岭人，他与倭寇勾结，招纳海盗、流氓地痞1万多人，长期盘踞在梅岭一带。

我们将南澳岛包围起来，先劝降，等他们动摇了再一起进攻！

这是俞大猷，我们曾合作剿灭倭寇。我们配合非常默契。在大破吴平的战斗中，俞大猷率领水军，我率领陆军，将吴平赶得四处逃窜。

关于我，说的也不少了，正如我写过的一句诗，"封侯非我意，但愿海波平"，作为一个守卫海疆的军人，我能立下那么多军功，最大的心愿和目标不是为了封侯，而是希望祖国的海疆不受侵犯。

影响世界的他们——大军事家

一位真正的军人 巴顿

不卖关子了,主角直接登场!

我是F1赛车比赛的冠军巴顿!

小鬼!我巴顿将军可是开坦克的冠军!

鸣谢 谢尔曼坦克厂 投资赞助

关于我们今天要谈的巴顿将军,很多人对他的评价褒贬不一!

他是战时的无价之宝,和平时期的捣乱分子!

美军中数一数二的打气人!

美国最伟大的作战将领和常胜将军!

这是我的荣耀!

史密斯将军

手下参谋

美军陆军参谋长 马歇尔将军

一位真正的军人 巴顿

- 克拉克堡的疯子！ — 军中同僚
- 牛皮大王！ — 西西里前线官兵
- 没人要的坏东西！ — 美军参谋部军官
- 哼，这些全都是胆小鬼的偏见！

听到这些话，就该知道这位巴顿将军的脾气不怎么好。

- 好吓人！我想回家！
- 别惹我！

小乔治·史密斯·巴顿（1885年11月11日—1945年12月21日），美国陆军上将，第二次世界大战中美国著名将领。在第二次世界大战中，他带领军队远征北非，横扫欧洲，战无不胜，因为勇猛凶悍，为了胜利不惜一切代价，而被人们称为"血胆将军"。

赢得战争靠两样东西，那就是鲜血和胆量！没有这些就别来打仗了！

21

影响世界的他们
—— 大军事家

传说中的巴顿将军

· 非常勇敢，这点是公认的。如果在战场上有什么事儿巴顿将军都不敢做，那么再也没有别人敢做了。

· 很会发表演讲，鼓舞士气，是士兵最好的打气筒。

> 我的演讲不超过15分钟，我要求其他人也一样，重点说完就行，别讲起来没完没了！

巴顿将军10分钟演讲稿分析

1. 明确目的和目标。"为了保卫家乡和亲人、保卫国家，为了荣誉，既然参与打仗，就要有赢的信念，人人都要是真正的男子汉。"

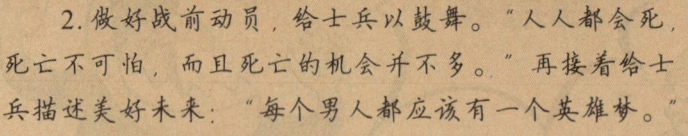

2. 做好战前动员，给士兵以鼓舞。"人人都会死，死亡不可怕，而且死亡的机会并不多。"再接着给士兵描述美好未来："每个男人都应该有一个英雄梦。"

3. 强调组织内部的分工合作、团队的重要性。

死亡率 2%
生存率 98%

> 放心去战斗吧，士兵们！

一位真正的军人　**巴顿**

- 性格直爽的巴顿，完全不怕上司。因为他除了在乎战场上的胜利、在乎他的士兵，不在乎任何人、任何事。
- 巴顿是个很感性的人，暴躁的脾气后面是敏感而善良的内心。他爱哭、容易被感动，是一个冰与火的混合体。
- 有争议的死亡。第二次世界大战刚刚结束，巴顿将军就遇到了车祸。有人说是意外，但是也有人认为是谋杀，而且列出了不少证据。不过不管怎样，这位战场上的血胆英豪还是去世了。

纽约时报

1945年12月22日　特别报道

血胆将军巴顿逝世

历史已经伸出双手拥抱了巴顿将军。他的地位是牢固的！他在美国伟大的军事将领中将名列前茅！

我不甘心啊！

毫无疑问，巴顿热爱他的职业、他的战场，他经历了两次世界大战。他在战斗中勇猛而残酷无情，屡建奇功；他用他那极富特点的粗俗语言激发士兵的斗志，是一个士兵们的天才领袖。他就是个为战争而生的人。

离他远点！他是战争狂！

为战争而生的巴顿将军

巴顿将军的确是个为战争而生的人，不过他的才能并不只是体现在带兵打仗上，在武器设计方面他也厉害得不得了。

那一年，巴顿到法国学习，让他大开眼界。他觉得法国骑兵使用马刀的方法远远超过美国骑兵。回国之后，他给克莱里写信，表达自己要改变美国骑兵军刀的想法。

法国人是用刀尖去刺，而美国人则是用刀刃去砍。很显然，刺比砍的作战效率更高，因为刀尖比刀刃能更快地接近敌人。不久，他主张改进军刀的论文在颇有影响力的《陆海军杂志》上发表。当时的美国军械部长认为巴顿设计的新军刀是一种理想的击刺武器，能够完美地用于刺杀。他认为，巴顿作为一位击剑手的技巧和经验，对于军械部价值无限。新军刀选在斯普林菲尔德的工厂铸造，为了保证军刀的生产质量，巴顿被专门派去负责检查验收。

一位真正的军人 **巴顿**

但是威力强大的枪弹使"巴顿军刀"不久就失去了用武之地。

三年半后,巴顿又成了美军的第一批坦克手。当时坦克刚刚问世,里面漆黑一团,噪声巨大,根本听不清说话。为了必要的联络,巴顿发明了一套联络方式。

前进!

停下!

就这样,巴顿在不到半年的时间组建了六个坦克连,成了美国装甲部队的创始人。美国M46坦克、M47坦克、M48坦克、M60坦克均命名为巴顿坦克。他因此获得"美国第一坦克兵"的赞誉。

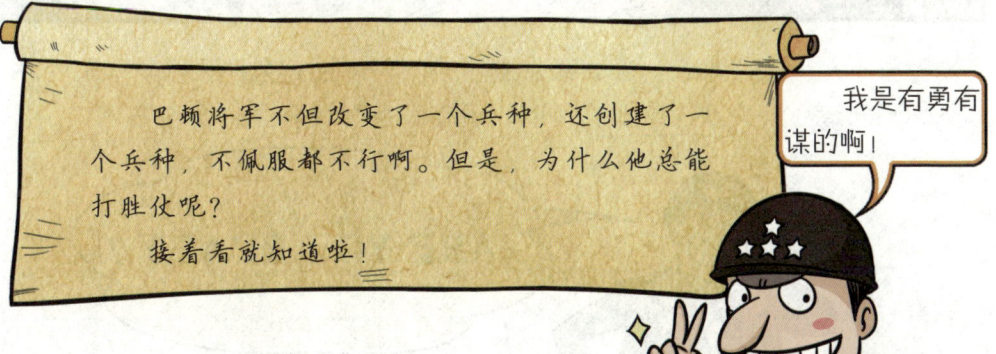

我讨厌野蛮人。

巴顿将军不但改变了一个兵种,还创建了一个兵种,不佩服都不行啊。但是,为什么他总能打胜仗呢?

接着看就知道啦!

我是有勇有谋的啊!

影响世界的他们
——大军事家

有鲜明的用兵特点

1. 不拘泥于传统战术,善于灵活调动部队。
2. 声东击西,善用坦克迂回到敌侧翼或敌后实施攻击。
3. 在远程突击和追击中敢于推进。

4. 重视发挥各级军官的整体作用。
5. 拥有一支直接听命于他的侦察部队,收集情报。

战争不是什么好事情,但如果发生了战争,那么大家都只能争取获胜。你们知道我不喜欢说废话,所以,现在来听听我家里的故事吧。

ARE YOU READY ?

一位真正的军人 **巴顿**

第一堂课：家人是我的好榜样

　　我出生在加利福尼亚，我的爸爸是当地的一名检察官，后来又当上了圣马力诺的市长。我的外公也很厉害，不但是加利福尼亚州最大的葡萄酒的制造商、大地主，还当过洛杉矶市市长。爸爸的一位朋友约翰·史格顿·莫斯比，是美利坚联盟国中的骑兵英雄和游击战领导人，经常给我讲述南北战争中的英雄事迹。

　　可能是家族里的成员都太优秀了，我认为我成为一名将军或者英雄是必然的事情。连我的儿子也一样，他后来指挥过第11装甲骑兵团以及第2装甲师，创下美国军事史上首个父子先后统领同一部队（第2装甲师）的历史。

> 谁要是想在炮坑蹲点我就轰他屁股！

> 真是虎父无犬子啊……

27

第二堂课：参加奥运会的考验

1912年在斯德哥尔摩举行奥运会，当时27岁的我自费参加了这届奥运会新设的铁人五项赛。我拿到了整个赛项的第五名——我都休克了。

我的各项成绩为：游泳第6，击剑第3，马术第3，越野跑第3……

失误出现在射击比赛中，我只得到第21名，因为……

一位真正的军人 巴顿

当第二次世界大战结束后,我举行记者招待会时回想起这些经历,觉得它们让我受益匪浅!

将军阁下,您在第二次世界大战中表现出的卓越的指挥才能,是您的骄傲和荣誉,对此您有何感想?

不!不!参加第五届奥运会才是我一生的骄傲和荣誉。

在参加游泳比赛的时候,游完300米上岸后我就休克了。醒来后,我告诫自己一定要拼下最后一项4 000米越野跑。最终,我不但坚持跑完整场比赛,还得了第五名,这才是我一生的骄傲和荣誉!

参加这次奥运会,提醒我无论任何时候,都要坚强、要坚持。因为射击、游泳、击剑、马术和越野跑五个项目组成铁人五项,它是一个军事训练综合项目,能培养军人勇敢顽强的品质。我认为,一个标准的军官首先应该是一个标准的斗士。

而我的日记里写着这么一段话:

Note

决心书

在孩提时代还不知道有上将,而如今,我想要得到四颗星,我一定会得到的。

影响世界的他们——大军事家

第三堂课：每个人都有自己的重要性

士兵是军队的躯体，如果没有这个躯体，就没有生命。我常常这样说："军中每个战士都扮演着一个重要角色。千万不要吊儿郎当，以为自己的任务无足轻重。每个人都有自己的任务，而且必须做好。每个人都是一条长链上必不可少的环节。"

看！这才是真正的士兵！别以为在前线战斗的才是英雄，每个人必须各尽其职！

修理电话线，长官！

喂！士兵，你爬那么高想干什么？天上还在下炸弹！

我非常敬重在战场上负伤的士兵，他们是我的部队重新获得战斗力的源泉。他们身上的每一个伤口都让我感到自豪，那是英雄的标志。

一位无名英雄的大头贴

一位真正的军人 **巴顿**

凡是受伤三次的士兵，都要立即送回国内，因为他已经为国家尽力了。

第四堂课：勇敢勇敢再勇敢

作为一个军人，没有什么比勇敢更重要的了，我一点也不谦虚地说，我是个勇敢的人，所以我也要求我的士兵，必须勇敢。我在战争中用鲜血证明了我所坚持的东西。我的士兵是最优秀的，我的军队也打出了漂亮的战役。

这里全都是光荣负伤的战士！我为他们骄傲！

影响世界的他们——大军事家

有一次我在前线伤兵帐篷探望伤员，其中有一个身体完好无损的士兵引起了我的注意。

> 他叫什么名字？好像没有受伤。

> 那是库尔，好像患上了抑郁症。

库尔是一个年轻人，他无精打采地坐在那里，只是对主治医生说他感到紧张和不舒服。我在病历里看到了"神经官能症焦虑状态，中等程度"的字眼，在那个时候，我们没有任何人认为"战斗疲劳"真的是一种精神疾病，我们都觉得这只是不想作战的借口。

> 胆小鬼，我这里都是伤痕累累的士兵，没有你这样的蠢货！

K.O.

我把库尔扔出了帐篷，不管他受不受得了，我要求立即把他送到前线。众人都惊呆了，然而，如果不是后来有人认为我虐待病患士兵把这件事情捅出去，大家都会因为我们对病症的偏见以及我的战功而站在我这边。

一位真正的军人 巴顿

库尔在后来提到这件事的时候说：

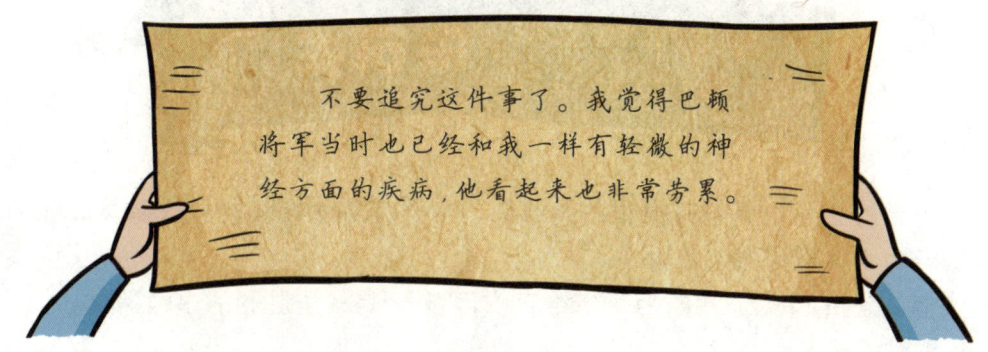

> 不要追究这件事了。我觉得巴顿将军当时也已经和我一样有轻微的神经方面的疾病，他看起来也非常劳累。

"打耳光"事件，成了我不光彩的一页，经常被讨厌我的人和八卦媒体拿来说事，反正库尔恢复了精神后，成了一名勇敢的战士。当他想把自己在对德军的最后一战中获得紫心勋章的消息告诉我时，我已经永远听不到他的话了。我在一场车祸中去世。

很多人问我为什么对胜利那么渴望，我常常告诉我的士兵：20年后，当你在壁炉边，孙子坐在你的膝盖上问你在两次世界大战时干了些什么，你不用尴尬地干咳一声，吞吞吐吐地说："啊……爷爷我当时在路易斯安那做农活。"与此相反，你可以说：

当年我在和那个坏脾气的乔治·巴顿并肩作战！

他没事吧？

影响世界的他们——大军事家

军事英雄之胜利的象征 朱可夫

今天的主角,是纳粹德国的终结者,他号称苏德战场的救火队员。他的著作被奉为军事理论的宝贵财富。

他就是格奥尔吉·康斯坦丁诺维奇·朱可夫,是战争胜利的永恒保证。

> 声誉太高,让领导不爽了!说我公开造反。

> 讨厌钩心斗角,我还是回老家钓鱼吧。

格奥尔吉·康斯坦丁诺维奇·朱可夫出生于1896年12月1日,1974年6月18日去世,他是苏联著名的军事家和战略家。

1943年1月18日,朱可夫被授予苏联元帅军衔,是苏德战争中继斯大林之后第二位获此殊荣的苏军统帅,因其在苏德战争中的卓越功勋,被认为是第二次世界大战中最优秀的将领之一,也因此成为仅有的四次荣膺苏联英雄荣誉称号的两人之一。

> 别忘了我勃列日涅夫!我也是四次获得"苏联英雄"!

> 虚荣的家伙,朱可夫将军最后写回忆录,不把你的名字加进去都不让出版!太过分。

编辑

34

军事英雄之胜利的象征 **朱可夫**

朱可夫在出版回忆录的时候，因为还未被平反，人们怕影响自己的前途，都不太愿意帮他。而总书记勃列日涅夫暗示，只要在回忆录中提到他，自己就会帮忙。最后编辑们编写了一段大名鼎鼎的朱可夫将军指名要见名不见经传的勃列日涅夫，却没见到的情节，这才让回忆录顺利出版。

关于这位伟大的军事英雄

1. 出生在俄国卡卢加州斯特烈尔科夫卡村，爸爸是个做鞋子的匠人。
2. 小时候成绩就很好，非常喜欢学习。
3. 很勇敢，有指挥才能，有显著的军人特质：沉着冷静，不慌乱。

4. 毕业于伏龙芝军事学院，这所学校与英国桑赫斯特皇家军事学院、美国西点军校以及法国圣西尔军校并称世界"四大军校"。

35

影响世界的他们——大军事家

几位第二次世界大战的将领有话说。

> 我毕业于西点军校，还是我的学校最厉害！

巴顿

> 就巴顿那点三脚猫功夫，哪儿有我的学校厉害，我是英国桑赫斯特皇家军事学院毕业的！

蒙哥马利

> 哈哈，我来自我们伟大的法兰西圣西尔军事学校！

戴高乐

> 谁都觉得自己的学校是最好的，我们就在战场上比个高下好了。

> 学校之间需要良性竞争嘛。

5. 是位杰出的训练官，治军严格，当然，也会以身作则。朱可夫训练部队有三点：

- 勤走路。好的身体素质是必须锻炼的，能走的时候绝不坐车。
- 讲习惯。好的习惯是必不可少的，一个没有纪律的部队是不可能打胜仗的。
- 勤示范。关于这一点，我们举个例子吧。

> 士兵，你没擦鞋？

> 看我的！你要擦得跟我的鞋一样闪亮！

鞋油

将军示范

军事英雄之胜利的象征 朱可夫

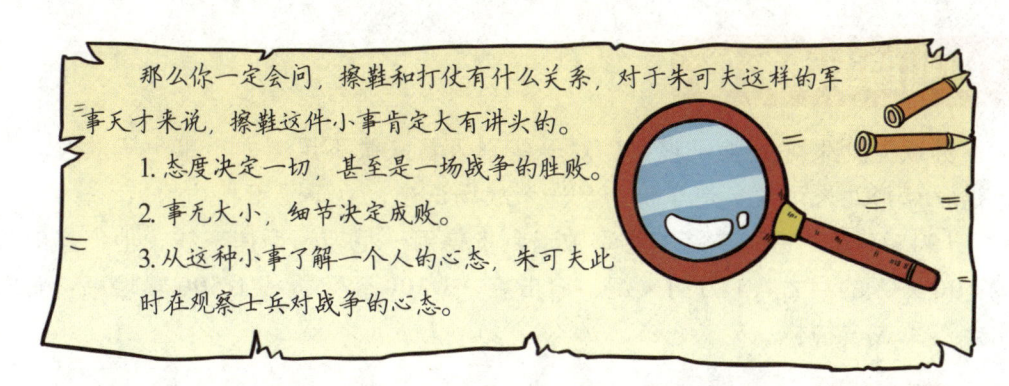

那么你一定会问，擦鞋和打仗有什么关系，对于朱可夫这样的军事天才来说，擦鞋这件小事肯定大有讲头的。

1. 态度决定一切，甚至是一场战争的胜败。
2. 事无大小，细节决定成败。
3. 从这种小事了解一个人的心态，朱可夫此时在观察士兵对战争的心态。

6. 他始终保持清醒的头脑，知道自己的优点，也知道自己的缺点。

7. 一位驻莫斯科的外交官曾评价朱可夫说："他是所有苏联高官之中唯一一个敢于说真话的人，他个性耿直，从不撒谎。"

8. 那个时候，斯大林是苏联的绝对权威。他无视朱可夫的劝告，造成了苏联军人66万人丧生。事后斯大林只有向朱可夫求救，从此以后，朱可夫就成了斯大林的救火队，哪里危急，就被派到哪里去。

> 朱可夫总参谋长，现在你职位恢复了！

斯大林同志

> 要不是为了军人的生命我才不理你！

9. 代替斯大林检阅部队，参加胜利大阅兵。斯大林提出为了庆祝卫国战争的胜利举行大阅兵，按照惯例，应该由苏联的最高领导人来检阅部队，由于朱可夫军功卓著，斯大林将检阅部队的殊荣让给了朱可夫。

10. 是一位苏联的民族英雄。朱可夫誓死保卫他的国家，并取得了卫国战争的胜利。要不是朱可夫的高超谋略和果断指挥，苏联的卫国战争史或许要重新写。

11. 著有《回忆与思考》《在保卫首都的战斗中》《库尔斯克突出部》《在柏林方向上》等军事著作，记述了第二次世界大战苏德战场的许多著名战役，并阐述他的军事思想。

影响世界的他们——大军事家

细心的军事英雄

苏联元帅朱可夫善于观察,对一些别人看来微不足道的小事也不放过。正是这一点帮助朱可夫创造了一个又一个战场奇迹,立下了不朽功勋。

1945年春,穷途末路的德军败退到奥得河—尼斯河西岸一线,他们集中了约100万人的兵力,1万门火炮、迫击炮,3 300架飞机和1 500辆坦克,企图阻止苏军攻占柏林。

这次,他的细心使他再一次创造了奇迹。

> 好亮啊!看来想晚上偷袭都没用!

他无意中发现照明用的普通探照灯后,灵机一动,想出了一个绝妙的作战方案:在黎明前发起进攻,用大量的大功率探照灯突然照射敌前沿阵地。

军事英雄之胜利的象征 **朱可夫**

> 哪儿来的强光！啥都看不见了！

苏军把140多部探照灯连同所有坦克和卡车的车灯都一齐打开，耀眼的光线同时射向德军前沿阵地，照得德军眼花缭乱，乱作一团，甚至看不清苏军在哪儿。紧接着，朱可夫命令苏军数千门大炮、迫击炮和"喀秋莎"火箭炮开始猛烈轰击。德军的防御阵地很快陷入一片火海。

步兵和坦克部队在探照灯的"掩护"下，也迅速对敌发起攻击。没多久，苏军就以很小的代价攻克了德军的防御阵地，为攻克柏林打开了胜利之门。普普通通的探照灯到朱可夫手里竟然成了神奇的武器，人们由衷地钦佩他。

> 接下来我亲自说下从士兵到元帅的漫长军旅生涯吧！

影响世界的他们
——大军事家

从士兵到元帅

1. 困难的童年给了我坚韧不拔的性格

1896年，我出生在卡卢加州一个非常贫穷的小村庄里，我家的房子非常破旧，周边长满了绿草和青苔，房子小得只能刚好容纳我们一家人居住。不过挤一挤更暖和，总比冻死在外边强。我很会安慰自己吧，凡事就要朝积极的方面去想。

我的爸爸是一个穷鞋匠，他有时候会在一家农场干些零活。在五岁的时候，我去念了小学，我很珍惜这上学的机会，努力学习，成绩非常好。

我十一岁的时候，家里实在无力让我继续读书，就这样，我只读了三年小学，就来到了莫斯科跟着做皮匠的舅舅当起了学徒。在五年艰辛的学徒期间，我从来没有放弃过自学，后来我还通过了市立中学的考试。但是我并没有去上，因为那个时候我更愿意多赚点钱，帮助爸爸妈妈养家糊口。

我并非喜欢这种艰苦的生活，但是我更感激这生活磨炼了我的性格，让我以后在战场上越挫越勇，

看我们一家多和睦！

叫你吃饭就不要看书了！

40

军事英雄之胜利的象征 朱可夫

不害怕那些困难的该死的战争。

后来,我应征入伍进了骑兵部队,参加了第一次世界大战,并且因为我作战勇敢,两次获得了勋章。一次是我活捉了一个德国士兵,一次是我身负重伤。经过战场的洗礼,我的军事生涯轰轰烈烈地开始了。

2. 诺门坎事件,狠狠教训了日本人

1939年9月,日本人在哈勒哈河地区进行武装挑衅,远东形势紧张。我被任命为驻外蒙古苏军第1集团军司令员,指挥对日作战。我在短时间内成功地组织和实施了哈勒哈河战役,虽然我们最后胜利了,可9 000名苏联军人和5万名日本士兵付出了生命,每当想到这些,我就觉得我们应该更珍惜和平。

在这一仗中,我得到了我的国家的认可,我的指挥才能和组织能力得到了施展。我这次利用协调步兵、炮兵、坦克兵和航空兵的行动,大胆实施迂回包围,出敌不意地歼灭日军主力。我的集中使用坦克的理论也在实战中得到印证。我胜利回到莫斯科后,受到所有人的赞扬,还获得了"苏联英雄"的称号。

3. 战斗，保卫我的国家和人民

第二次世界大战惨烈无比，作为一个军人，我的责任就是保家卫国取得胜利。在众多的战斗中，有四次我觉得应该拿来讲一讲！

列宁格勒[①]——被围困900天的革命摇篮

这次战争进行得异常艰苦，看看当时盟国的报纸截图：

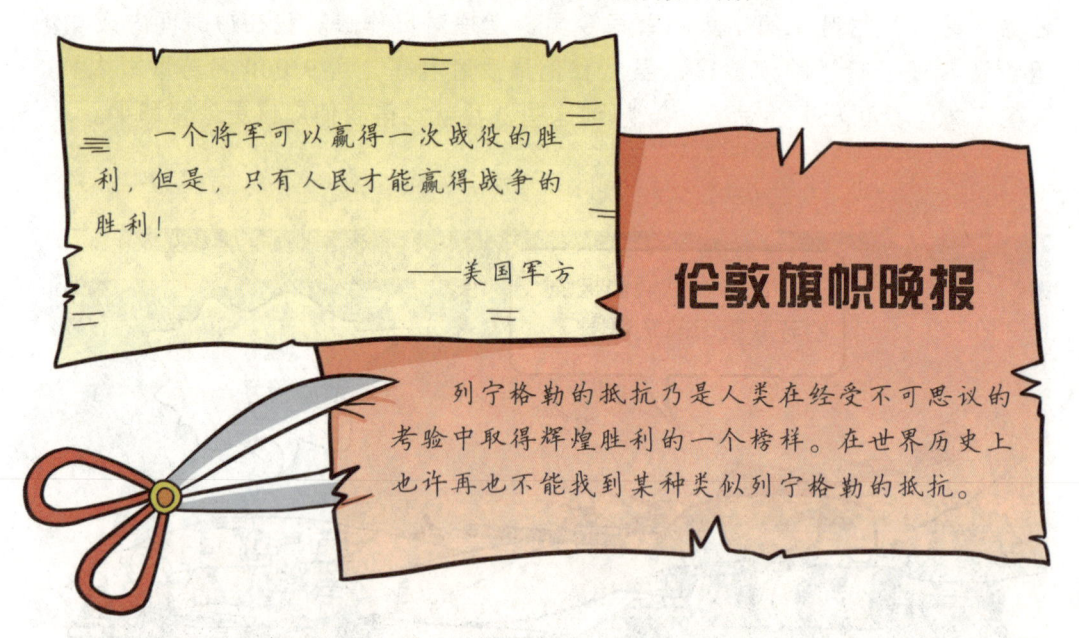

> 一个将军可以赢得一次战役的胜利，但是，只有人民才能赢得战争的胜利！
>
> ——美国军方

伦敦旗帜晚报

> 列宁格勒的抵抗乃是人类在经受不可思议的考验中取得辉煌胜利的一个榜样。在世界历史上也许再也不能找到某种类似列宁格勒的抵抗。

我们被德国侵略者围困了900天，在可怕的严寒中，我的战士们和平民有的冻死、有的饿死，他们所期待的不过是一顿热饭，可是我们最终坚持了下来。

① 列宁格勒，今为圣彼得堡。

军事英雄之胜利的象征 **朱可夫**

当我到达列宁格勒方面军军事委员会所在地时，人们正在讨论列宁格勒一旦失守将怎么办。我当场表明了我的态度。

> 永远不要考虑列宁格勒一旦失守怎么办，列宁格勒不能失守！

> 不是列宁格勒惧怕死亡，而是死亡惧怕列宁格勒！

我领导下的方面军军事委员会做出了第一个决定：即使战至最后一人，也要守住列宁格勒。我迅速调整了部署，采取了种种有效的防御措施。我把高射炮等几乎所有类型的大炮集中起来，准备给德军开个盛大的"烟火大会"。这个时候德军装甲兵团还认为列宁格勒已唾手可得。

> 列宁格勒的包围圈越缩越紧，该城的攻陷指日可待。

结果如我所料，在我军密集的炮火打击之下，德军装甲部队有多少人被炸死，谁也说不清。

> 超人是我小时候的梦想！

43

到了9月底，我们方面军在所有阵地上的战斗激烈程度都明显减弱，整个战线稳定下来。

是朱可夫将军的意志阻挡了德国人吗？

将军也许才是最可怕的人，那么恐怖的德军装甲部队竟然被他打败了。

德军的进攻已被遏止，因伤亡惨重而转入防御。但他们并没有放弃攻占苏联的野心，残余的德国机械化部队正在由列宁格勒往南大规模运动，显然是被调往莫斯科。

快回来守莫斯科！我的安全受到了严重威胁！

……

于是，我又坐飞机赶赴莫斯科了。

军事英雄之胜利的象征 **朱可夫**

无路可退——莫斯科保卫战

1941年10月7日傍晚，我到达莫斯科，刚下飞机就直接前往克里姆林宫，向斯大林汇报情况。他也开门见山地指着地图介绍当前局势。

> 西方面军的情况很不好。但是不知道具体问题，你马上到西方面军司令部去了解情况。

> 也太混乱了。

在9月底的时候，德军距离莫斯科只有300～400公里，德军统帅部制订了"台风"作战计划。他们企图从北、西、南三个方向用分割和围困的方法消灭我们的主力，争取在入冬前攻下莫斯科。在战斗开始后的一星期内，德军突破了我军的第一道防线，我军的多个集团军被围。

> 强大的德国军队已经在莫斯科消灭了苏军65万人！

> 元首今天的胃口很好！

影响世界的他们——大军事家

就是在这样的背景下，我来到了莫斯科。我很快摸清了情况——主要危险在防御薄弱的莫扎伊斯克一线，敌人的坦克可以突然冲往莫斯科，必须尽快往这里调集部队。10月9日晚，斯大林决定将西方面军和预备队合并，由我指挥。

团结就是力量！

打错了！自己人！

我将已被打散而各自为战的西方面军各部集结起来，顽强抵抗德军的突击。

11月1日，斯大林问我，形势是否允许莫斯科举行十月革命节阅兵式。我做了肯定的回答。11月7日清晨，红场上举行了隆重的阅兵仪式，全副武装的红军威武地走过红场，直接开赴前线。这次阅兵式向世界宣告，莫斯科是不可战胜的，苏军必将打败法西斯侵略者。

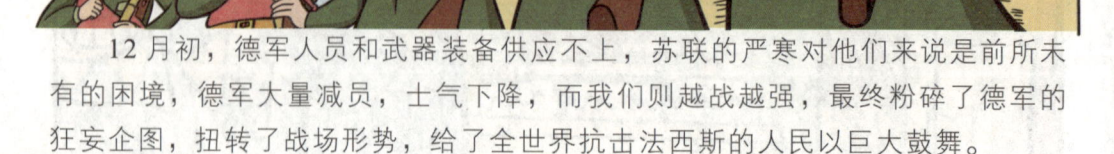

12月初，德军人员和武器装备供应不上，苏联的严寒对他们来说是前所未有的困境，德军大量减员，士气下降，而我们则越战越强，最终粉碎了德军的狂妄企图，扭转了战场形势，给了全世界抗击法西斯的人民以巨大鼓舞。

军事英雄之胜利的象征 朱可夫

地狱熔炉——英雄的斯大林格勒①

斯大林格勒保卫战是第二次世界大战的转折点,这场战役可以说是近代历史上最为血腥的战役,我们双方伤亡超过200万人。对经历了残酷战争的我们来说,斯大林格勒有战争最需要的石油、粮食和重要的工业基地,于是它成为下一个争夺的地点。

激烈程度

德军派出了17万人的部队、500辆坦克,每天还出动上千架次飞机,把100多万颗炸弹投向这座城市,斯大林格勒的建筑几乎全被炸毁。

苏联人民和军队在这种空前的压力下团结起来,进行了英勇的抵抗。人人手执武器在废墟中同冲进市区的德军展开搏斗。为了打败法西斯,我们的人民和军队都付出了极大的牺牲。1942年9月13日到26日,德军几乎每天伤亡3 000多人,但仍然不能占领全城。德军的士气一天天低落下去,一个德国士兵在家信中哀叹:"我们不久就可以占领斯大林格勒,但是它仍然在我们面前——相距如此之近,却同时又像月亮那样遥远。"这样的日子持续了半年。

① 斯大林格勒,今为伏尔加格勒。

影响世界的他们
——大军事家

最后的胜利——攻克柏林

斯大林格勒战役给德国法西斯以致命的打击,德军再也无力进行大规模的进攻了,他们一步步后撤。苏联红军则开始大反攻,收复失地,攻入德国本土。

面对近在咫尺的柏林,我并没有一下子冲进去。因为在之前的奥得河战役中,苏军的损失也非常大。一来有德军重兵集团的拼死抵抗,二来随着补给线的不断延长,部队得不到及时供给,战斗力下降,为此我们必须进行重大调整和修整后才能够对柏林发起有效的进攻。

> 在瞬息万变的战场上,要根据变化了的情况,及时调整部队的作战计划,做到实事求是,而不急功近利。

为了打好攻克柏林这一历史性战役,我派航空侦察兵对柏林地区进行了六次空中拍照,制作了精确的模型,绘制了极详细的作战图,进行了协同行动演练,采取了后勤保密措施。进攻日到了,天还没亮我就再次使用探照灯战术,然后我军大炮、飞机开始狂轰滥炸。花了六天时间,终于突破了重重防御攻入柏林市区,一天之内摧毁300个街头据点,最终攻入了柏林国会大厦。

军事英雄之胜利的象征 **朱可夫**

战斗胜利了,战士们把苏联国旗插上国会大厦圆顶。

笑一个!

茄子!

希特勒的疯狂与短视,德国整体经济不振和长期作战带给国内的沉重压力都是其致命的硬伤,而苏军用几次重大战役的胜利为自己争取了时间和空间。一口气缓过来,战局就会有天壤之别。用局部战役的失利换取整个战局的主动是我一贯的指挥作风。对于不利于战局的突击和反攻,我是绝对不干的。关于这一点,我的领导斯大林不高兴很久了。

不谦虚,过于傲慢,把对胜利的决定性作用归于自己。

但是后来战局的发展证明我是正确的。我在苏联军人中,获得的勋章最多、等级最高,我死后被后世视为战场胜利的永恒象征。

有一天肯定会有另一种俄国勋章,那就是朱可夫勋章。

这种勋章将被每一个赞赏军人勇敢、眼光、坚毅和决心的人所珍视。

因为我实事求是!

美军五星上将、美国总统艾森豪威尔

常胜

49

影响世界的他们
——大军事家

风云战神 韩信

> 是你帮了那个姓刘的家伙，才让我无颜面对老家的人！

> 大汉的第一大将军啊！佩服佩服！

> 不会抢了我的皇帝的宝座吧，这宝座等于是他打仗得来的。

> 这么厉害，功高权重的大将不能留……

在我们下象棋的棋盘上，中间写着"楚河汉界"四个字，这是秦朝末年，刘邦和项羽共同争着做皇帝的时候，两军对峙的一条界河。当楚汉相争的时候，汉军原本比较弱小，可是在刘邦不停地招贤纳士之后，他的军队越来越强大，两军的差距越来越小，直到公元前202年，楚军与汉军讲和，决定以鸿沟为界两分天下。而帮助汉军在战争中最终跨过鸿沟、完成中原大地的统一的，正是大将军韩信。

有首诗是这么描述韩信的:

《韩信庙》
(唐) 刘禹锡
将略兵机命世雄,
仓皇钟室叹蒯通。
遂令后代登坛者,
每一寻思怕立功。

嘿嘿,我就是韩信!

　　韩信是个"将、相、王、侯"集于一身的人。刘邦拜他为将、任他为相、封他为齐王,他在楚汉战争中为刘邦夺得江山,继而被改封为楚王。因功高震主,遭到猜疑,又被贬为淮阴侯。曾被关进监狱,看管监狱的人敬重他,一次又一次向他恳求兵法。韩信画地布阵,设楚河汉界,以纸片代棋子,演示教习。看管监狱的人潜心钻研,画格于纸,削木为棋,终成象棋。韩信也被称为"象棋之祖"。

快削快削!

生平简介

　　韩信(约前231年—前196年),淮阴(今江苏淮安)人,军事家,是西汉开国名将,"汉初三杰"之一,他留下了许多著名的战例和战法。韩信为汉朝的建立立下了汗马功劳,不过汉高祖刘邦战胜主要对手项羽后,韩信的势力被一再削弱;最后,韩信由于被告造反,被吕雉(即吕后)及萧何骗入宫内,处死于长乐宫。

影响世界的他们
——大军事家

啊！中了小人的暗算！

哈哈哈哈！

举起手来！

韩信是中国军事思想"谋战"派代表人物，被后人奉为"兵仙""战神"。"国士无双""功高无二，略不世出"是楚汉之时人们对他的评价。

个人简历

姓名：韩信
生日：公元前231年

大将军工作经历：

1. 显示才能

   刚开始的老板是项羽，给了他一个随从的工作……

项老板，上次我说的军队改革的建议您什么时候采纳啊？

以后再说！没看到我在忙么！

2. 另找出路

如果继续在项羽那里待下去，恐怕一辈子都展现不了自己的才华。正好他遇上了赏识他的萧何，于是……

> 韩老弟，跟着我包你有吃有喝！哈哈哈！

> 好像是个不错的老板……

> 我就知道他有才能！我推荐对了！

刘邦　　　　　　　　　　　　　　萧何

3. 盖世功劳

韩信有了功劳，刘邦一再地表扬奖励他。直到刘邦觉得除了皇帝的宝座，再没什么可奖励他的了，这也成为杀死韩信的理由。

> 赏赐？似乎没必要……我现在是一人之下万人之上啊……

> 你功劳太大了。

> 总不能把皇位赏给他！

大将军的成功课堂

1. 滴水之恩，涌泉相报

我小时候家里很穷，是个孤儿，无依无靠。我虽然用功读书、拼命练习武功，生活却仍然很艰难。为了活下去，我只好到河边去钓鱼，用鱼换点饭吃，也还是经常吃不饱。淮水边上有个为人家漂洗纱絮的老妇人，人称"漂母"，她看到我的状况非常同情我，就把自己的饭菜分给我吃。天天如此，从来没有间断过，让我非常感动。后来，我当官了，有钱了，便派了好多人去找她老人家，送了

好多金银给她，我要好好报答这位老人，照顾她的晚年生活。

2. 男子汉大丈夫能屈能伸

我在没出名的时候，喜欢佩戴着刀剑在街上行走，有个屠夫嘲笑我，说我根本不敢用刀剑刺人，如果不敢刺他就从他胯下钻过去。我不可能去刺一个无辜的人，但是他带了一大帮人，我也不可能顺利离开，所以我便从他胯下钻了过去，这件事让所有人都以为我是个胆小鬼。

> 这只是能看清形势！

> 果然是个没用的家伙！这胯下之辱你就受一辈子吧！

3. 虚心求教

广武君是个非常有才华的人，他是赵国的谋臣，可是赵国的成安君却不用他的计策。我打败了赵国后，广武君投降了。我知道他是个非常有智慧的人，很想向他求教，在我要攻打燕国的时候，就去找他商量。

> 我是个被你打败的俘虏，有什么资格来和你一起商议大事呢？

> 我知道，当初如果成安君按照你的计策，那失败的就是我了，我现在真诚地请教您，请您不要再拒绝了。

> 这人真是个厉害人物！

4. 数学学得好，打仗用得着

关于我有个小故事，有次我带1 500名兵士打仗，战死不少人，剩下的人3人站一排，多出2人；5人站一排，多出4人；7人站一排，多出6人。我马上说出了人数：1 049。所以说，不管什么时候学习知识都是大有用处的。

5. 兵仙神帅

大家对我的称呼让我很开心，以我的战绩，我应该可以很自豪地来请大家看看"战神"的经典战役！

影响世界的他们
—— 大军事家

下面是战神的经典战役

1. 陈仓之战——充分显示了军事才华

汉高祖元年（前206年）六月，刘邦封我为大将，我以"汉中策"帮助刘邦确定"东向争权天下"的方略。八月，我乘项羽进攻齐地（今山东大部）田荣之机，出兵东征。

出征之前，我先派樊哙、周勃率1万多士兵假装修复被刘邦进汉中时烧毁的栈道，可是这条路没个一年半载根本修不好。所以陈仓的守军完全放松了警惕。

怎么被拦了？

我要回家吃饭！

咩。

前面在修路，你们谁都不许过！

对手的反应正合我意，他们都盯上了我正在修的这条路，主力被引诱到了栈道一线，而我却率大军西出勉县转折北上，顺陈仓小道入秦川，渡渭河于陈仓渡口，倒攻大散关。

报！大王，他们好像要从褒斜道出兵！

慌什么！给我密切注意！

56

风云战神 **韩信**

就这样，我的突然袭击成功了，轻而易举地拿下了陈仓，打开了通往关中的大门。

雍王章邯从废丘（雍都，今陕西兴平东南）仓促率军援助陈仓，被汉军击败后逃至废丘、好畤（今陕西乾县东），汉军分两路追击，在壤东（今陕西武功东南）、好畤两地再败雍军，进围章邯残部于废丘。紧接着汉军主力挥师东进，占领了三秦，奠定了与项羽争雄天下的基础。

这就是我所指挥的第一个战役，我在这之后一下子出名了。后来也有很多人夸奖我，说我创造了战争史上由汉中进夺关中的战例典范。

2. 京索之战——充分显示了指挥才能

汉高祖二年（前205年）四月，刘邦在彭城打了败仗。

于是，我赶到荥阳前线，利用荥阳有利地形，组织起了多层次的战略防御体系，多次击败楚军于京、索之间，歼灭了不断西进的楚军前锋，止住了我方战略溃败的颓势。

我不仅阻止了楚军的追击和进攻，还不时抓住战机，组织必要而适当的反攻。我派曹参、灌婴、靳歙等将领分别出击，先后夺回了雍丘（今河南杞县）、外黄（今河南兰考东南）、燕县（今河南长垣西北）、衍氏（今河南郑州市北）、武强（今河南郑州市东北）、菑南（今河南民权东）、昆阳（今河南叶县）、叶县（今河南叶县西南）等地，消灭了这些地区的楚军以及叛汉投楚的势力。

风云战神 韩信

我把战线由荥阳向东推进，协助刘邦，重点部署了由荥阳至成皋（今河南荥阳汜水镇）、巩县（今河南巩义市）、洛阳的纵深防御。依托这一带的有利地形，一边拖住项羽的主力，一边组织刘邦的大军撤退。同时开始准备抵抗项羽新的进攻，阻止其连续突破。这样，北起荥阳南至南阳，西起洛阳东至外黄，构成一个纵横数百里的正面战场，项羽西进的兵锋顿挫，战线最后在荥阳稳定了下来，楚汉斗争形势由汉的极度劣势转入对峙的状态。

> 有落石！当心！

我在刘邦彭城惨败之时，阻止了楚军乘胜入关，稳定了战局，经营起了一个强大的正面战场，使刘邦转危为安，为夺取下一阶段战争的胜利奠定了基础。所有这些，都是在汉高祖二年（前205年）五月至七月完成的，那一刻，我觉得我的指挥才能得到了充分的展现。

3. 垓下之战——统一了中原，奠定了汉王朝四百年基业

汉高祖五年（前202年）十二月……
那天我亲自带领30万士兵发动了历史上有名的"垓下之战"！

约30万人　　　约10万人

影响世界的他们
——大军事家

汉军总兵力有七八十万

打完这场仗,一切都可以结束了。

上!

雄姿英发的我与拔山盖世的项羽在垓下谱写了一篇壮丽凄绝的英雄史诗。我与项羽的对垒被后来人称为"天王对决"。并且我知道后世对这场战役的评价是:这是两位卓越军事家的激情碰撞,是智慧的交集,也是命运的对决!

风云战神 **韩信**

"注定要败在我手下的人又何必如此期待结束!"

项羽兵力约10万

　　我亲率汉军发动攻势,初战诈败而退,避开楚军锐气,然后引兵后撤。我一后撤,项羽就向前追击。这时,事先安排好的接应部队立即从左右两边突然杀出,猛攻楚军侧面。在项羽大军穷于应付两侧的进攻时我又引兵杀回,将楚军三面包围,双方激战一日,楚军终于失败,大部被歼。我又用"四面楚歌"瓦解敌人的斗志。楚军在夜间听到四面八方传来楚地的歌声,以为汉军已尽得楚地,士气崩溃。项羽率800人乘夜向南突围,汉军发觉后,派灌婴率5 000骑兵追击。项羽败退至乌江,无奈之下自刎身亡。

　　垓下之战,是楚汉相争中决定性的战役,它既是楚汉相争的终结点,又是汉王朝繁荣强盛的起点,更是中国历史上具有里程碑意义的转折点。这场战役之后,秦末的混战局面结束,汉王朝开始了它400年的统治。

生得伟大，死得窝囊

关于韩信的死，他有一句临终遗言。

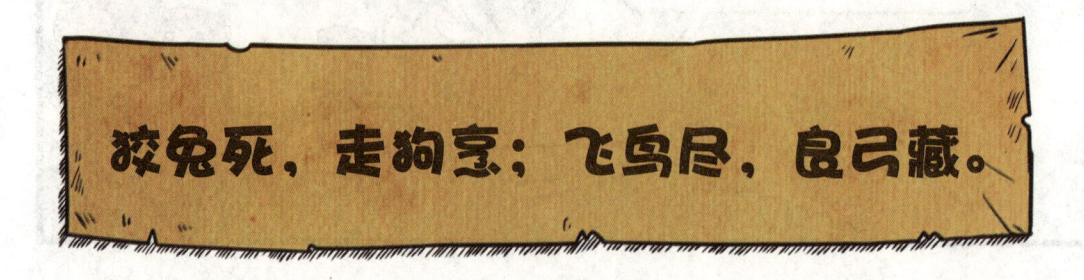

狡兔死，走狗烹；飞鸟尽，良弓藏。

这句话的意思是说打猎的时候，追赶的兔子死完了，猎狗就没用了，被煮了吃掉，而飞鸟被打完了之后，再好的弓也没用了，干脆收起来了。这句话还有后面的最后一句，那就是"敌国破，谋臣亡"。韩信的临终遗言是指一个人失去了利用价值，就被杀掉或者落得比别人更惨的下场。

要是你在我们秦朝多好，我待我的功臣们可好了，没舍得杀过一个。

说什么也没用，可惜我跟的是刘邦不是你啊。

严格来说，韩信并不是被刘邦杀的。只不过作为一个皇帝，任何一个对他的皇位有潜在威胁的人死了，他不会不高兴。不过由于韩信的确是个人才，所以刘邦对怎么处理他一直很犹豫。刘邦的妻子吕后是个女强人，她非常干脆地替他干了这件事。当时有人通风报信，说韩信准备协助另一名大将造反，吕后想来想去，让萧何以朋友身份把韩信请到宫中，然后趁机杀了他。

风云战神 **韩信**

你真心想帮我除掉韩信？

虽然我和他是朋友，不过他想造反实在是太大不敬了。您就说皇上打了胜仗，把他骗到宫里，然后一不做二不休……

　　当时汉王朝的主要宫殿有两座：一座叫未央宫，是皇帝住的；一座是长乐宫，是皇后住的。因为这期间是吕后在主政，所以韩信去了长乐宫。

　　长乐宫两边早就埋伏好了，当韩信刚走进去，吕后一声断喝，预先埋伏的武士一拥而上将他捆起来时，他这才发现"好朋友"萧何早已无影无踪了。

　　这件事也给历史留下了一句"成也萧何，败也萧何"的叹息。

　　公元前196年1月，大汉开国元勋淮阴侯韩信就这样被吕后斩杀了，年仅三十五岁。

下面的，你怎么死的啊！

唉，我一直想报答的恩人，我的好朋友萧何出卖了我。

影响世界的他们——大军事家

精忠报国的千古一将 岳飞

杭州美食报

热烈庆祝大肉面和荷叶粉蒸肉成为杭州市民最爱的特色美食！市长今天请全市人民免费吃！

大肉面　　荷叶粉蒸肉

杭州的特色面和招牌菜，都是有来历的，它们都和一位精忠报国的将军有关，他就是岳飞。

> 大肉面是我岳飞生前吃的最后一碗面！

> 我一直无法忘记这个味道～

特色面的来历

岳飞在外抵抗敌军时，皇帝连发十二道金牌（也就是现在的紧急电报）催他回朝。在回去的路上，岳飞遇见了一位老方丈，老方丈对他很热情，担心他受坏人陷害，怕皇帝找他没好事儿，可是又不能明明白白地说，就做了一碗面给他吃，却把肉藏在面的底下。

64

精忠报国的千古一将 岳飞

原来老方丈是让岳飞"要翻",就是提醒他要造反。可是岳飞非常忠诚,他的理想就是收复中原,也不愿怀疑皇上,老方丈也不好再劝了。岳飞离开老方丈去见皇帝后,被坏人陷害,不久死于风波亭。岳飞死的消息传开,关于这碗面的故事也流传开来,这种面也开始流行。后来,终于给岳飞平反了,人们开始把肉放在上面,成了好吃又便宜的大肉面,经过世世代代传下来,现在又有了大排面、子排面,成了杭州的特色面。

| 老百姓 | 官员 | 皇帝 |

65

影响世界的他们——大军事家

荷叶粉蒸肉的来历

岳飞被害后，人们用各种方式纪念他。老百姓买了老酒和荤素菜肴到岳飞坟上祭祀。有一天，有人用来包熟肉的纸破了，他就顺手在西湖里摘了张新鲜荷叶，将肉包起来，祭完回家，将肉包在荷叶里一起蒸熟后食用，意外地发现荷叶包着的肉，味道更清香可口了。传来传去，后来人们都用荷叶包肉来祭祀岳飞了。

> 饭店生意太差了，我要破产啦！

三年都无人光顾的酒店

> 自从有了荷叶粉蒸肉这道菜，每天都是人山人海！

就这样，荷叶粉蒸肉也传了数百年，现在已成为杭州的一道传统名菜。

生平简介

岳飞，字鹏举，1103年3月24日—1142年1月27日，河南相州汤阴（今河南安阳市汤阴县）永和乡孝悌里人，南宋名将。

精忠报国的千古一将 岳飞

岳飞一生与来自北方的侵略者——女真人建立的金国作战，为宋王朝抵御异族侵略，但是最后却受到南宋统治者的猜忌而被杀害。岳飞被誉为南宋最杰出的军事统帅，是联结河朔、夹击金兵的策略的创造者，同时又是两宋以来最年轻的建节封侯者。宋孝宗淳熙六年（1169年）追谥武穆，宋宁宗嘉定四年（1211年）追封鄂王，故后人也称他为"岳武穆"或"岳王"。

> 我真后悔猜忌岳飞！

关于这位了不起的大将军，先来看看他身边的人怎么说吧：

战友说： 他是大家的榜样！

敌人说： 他是位伟大的将军，我服了他了！

皇帝说： 他让我觉得自己就是个笨蛋！

同事说： 岳飞是个坏人，我讨厌他！

妈妈说： 他是个非常孝顺的孩子。

妻子说： 岳飞很节俭，自从和他结婚，我就没有穿过一件好衣服！

影响世界的他们——大军事家

他的粉丝说：他不但武功高、读书多，而且书法也很好，写的文章也是一流的。

满江红：
三十功名尘与土，
八千里路云和月。
莫等闲，
白了少年头，
空悲切！

熟悉他的人说：岳飞是个性格直爽的人，从来不去巴结人。

他自己说：我一生的理想就是收复被金兵占领的中原地区。

岳飞和他创建的百战百胜的岳家军

岳家军的创建者是岳飞，可这个称呼是人民喊的，并不是皇帝让这么称呼的，所以，岳家军的名声越来越大，甚至敌人听到就会被吓倒时，皇帝也开始产生了猜忌，这也可能是害死岳飞的原因之一。

尊敬的皇上：
　　由于我们的对手是大名鼎鼎的岳飞率领的岳家军，他们实在是太厉害了，我宁愿与外星人作战，也不想与他为敌！
　　　　　　　　　您最爱的将军：兀术

岳飞的理想就是收复被金兵占领的中原，他对自己要求十分严格，对他的士兵又很关爱，对待士兵就像自己的亲人一样。

精忠报国的千古一将 岳飞

1. 如果士兵受伤了，他亲自去看望，询问伤情。

2. 如果知道士兵家里有什么麻烦，他会帮助解决。

3. 他会安排照顾士兵的家人。

所以，岳飞领导的岳家军在和敌人打仗的时候十分勇猛，他们可谓是百战百胜，从不退缩。

每当收复一个地方，岳飞首先做的就是慰问当地的老百姓，让他们的日子过好，并且要求自己的士兵，就算饿死也不能吃老百姓的粮食，冻死也不能住老百姓的房子。岳飞下达的这些命令让大家非常尊敬他，老百姓非常欢迎岳家军，也非常爱戴他们，愿意跟随岳飞的人也越来越多，许多年轻人都想到岳飞的部队当兵，连很多起义军也来投靠他。

岳将军！等一等！

对不起，我有老婆啦！

岳将军！别跑！

千古一将的人生大讲堂

1. 穷人的孩子早当家

先来听听我出生时的一个小故事吧!

> 你出生时,有只大鹏鸟在房顶上突然展翅高飞冲上云霄,我就给你取名叫作岳飞。

> 大鹏鸟难道是这样的?

其实,我家里很穷,我很小的时候就要帮助家里干活,五六岁就上山砍柴、割草,我很羡慕那些能去上学的孩子。我就缠着爸爸要去学习认字,可是家里没钱买纸和笔,我就只好用树枝在沙地上练习写字。我很珍惜学习的机会,加上小孩子记性好,我很快就认识了好多字。我也喜欢练武,因为我想保护我的家,还要保护我的国家。

> 嗨,岳飞!这个字怎么念?

> 念"奔"。

> 岳飞好棒好棒!

精忠报国的千古一将 岳飞

后来，我就拜了师父，我的师父叫周侗，他不仅书教得好，而且武功非常厉害。他很喜欢我，觉得我聪明好学，是个好学生，所以他不但教我文学，还教我武功。在老师的教导下，我把兵书很熟悉地记在了心里，我的武功也一天比一天好。加上我天生神力，后来就算是300斤的大弓也能轻松拉开并且百发百中。

对了，我还有一个非常严格的妈妈。我很爱她，她常常告诉我，要好好地学本领，也要好好地学做人。好的品德是最重要的，如果有了本领不做好事情，那对社会危害更大。我牢牢记住了妈妈的话，小时候做个好孩子，长大了做个保家卫国的有用的人。

1126年，我23岁，参加了抵抗金朝侵略的战争，在战场上把学的功夫都用上了。一次又一次的残酷战斗把我从小兵锻炼成了一名将领，我终于开始自己领兵作战了。

2. 大战拐子马——抓住弱点，一举击破

在郾城之战时，我的岳家背嵬军先以步兵破金军精锐部队"拐子马"，再以极少的骑兵砍杀敌军，大败金兀术的精骑兵部队 15 000 人。

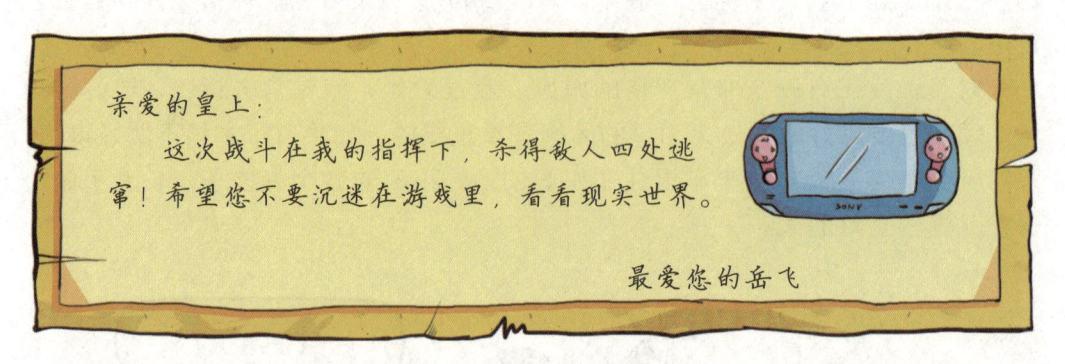

亲爱的皇上：

　　这次战斗在我的指挥下，杀得敌人四处逃窜！希望您不要沉迷在游戏里，看看现实世界。

最爱您的岳飞

随后在金兀术带领 3 万骑兵攻打颍昌时，我的大儿子岳云率背嵬军 800 骑兵，杀得兀术"人为血人、马为血马"，等宋军大部队到达后，"杀兀术婿夏金吾、副统军粘罕索孛堇，兀术遁去"。

既然老天爷让我做了大将，为什么偏偏给我派了个敌人岳飞！

岳飞，我恨你！

会打仗有什么了不起，看我怎么收拾你岳飞！

我呸~

3. 十二道金牌——为国家尽忠，问心无愧

在我们就要完全胜利的时刻，我收到了莫名其妙的命令，皇帝要求我们立刻撤兵，并且一口气发了十二条同样的命令，也就是十二道金牌来催我。

> 岳飞要打胜仗了，等哥哥被放回来了，我还能做皇帝吗？

> 你哥哥回来，皇帝就是你哥哥的。

于是，他们制订了罪恶计划，要求我全线撤兵！

令你东西两线收兵，孤军不可久留，立刻撤兵！

我明明知道这是奸臣设计的陷阱，但为了保存抗金实力，我只得忍痛撤兵。我很难过："十年之功，废于一旦！所得诸郡，一朝全休！社稷江山，难以中兴！乾坤世界，无由再复！"我知道，我的理想恐怕再也不能实现了。

影响世界的他们
——大军事家

你是我们的大英雄！不要离开我们啊！

我能做的，我已经尽力做了，我自然是问心无愧。可是皇帝和大奸臣秦桧给我安了一个"莫须有"的罪名，把我杀掉了。

只要杀掉岳飞，这个就送给你，再送给皇帝，你的地位就更高了。

当然没问题啦！

岳飞兵多粮足，还不肯回来，肯定是要谋反！

敢谋反，那就杀！

我尽忠而死，只可惜不能杀更多敌人了。

精忠报国的千古一将 岳飞

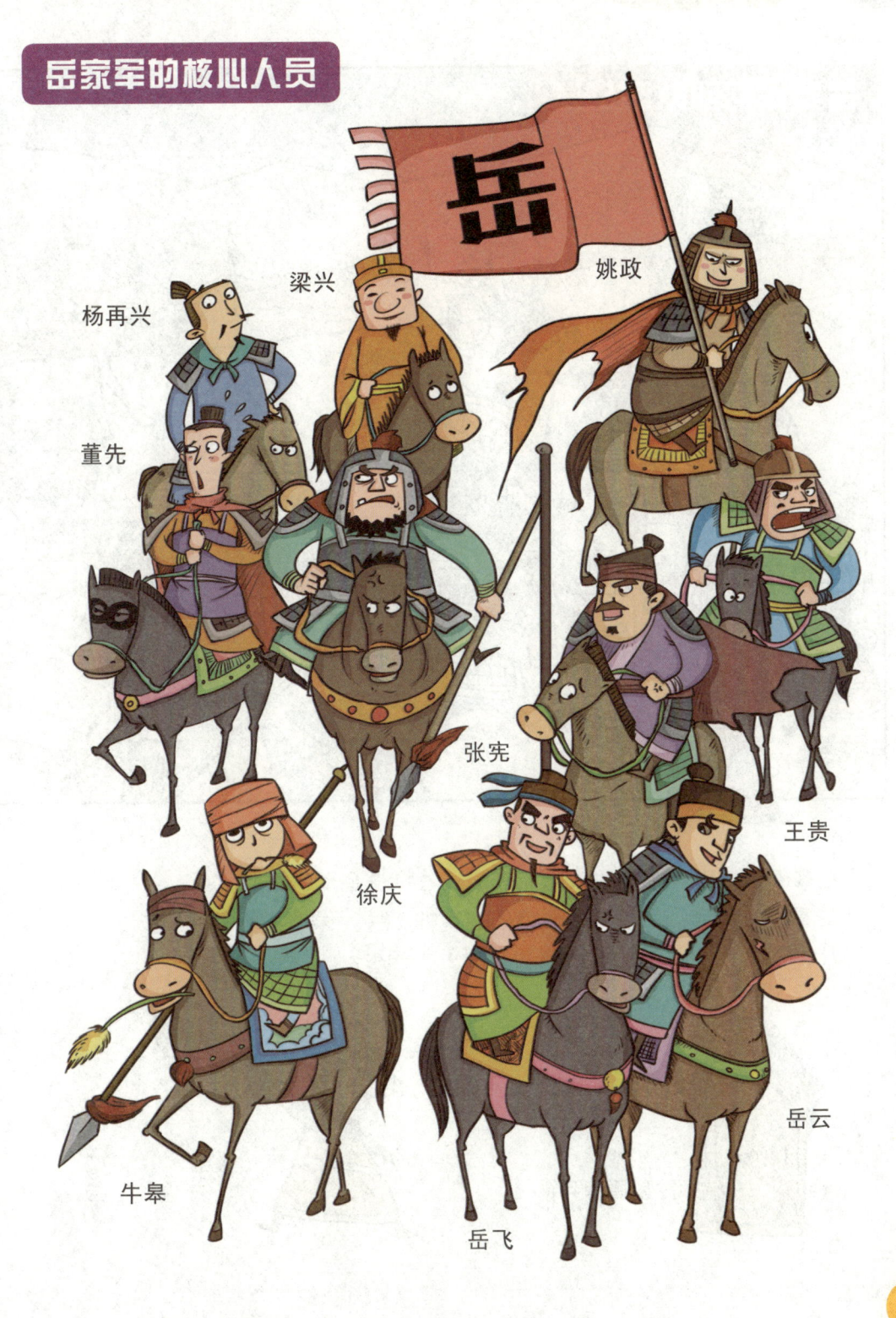

岳家军的核心人员

岳

杨再兴　梁兴　姚政

董先

张宪

徐庆　王贵

牛皋　岳飞　岳云

75

影响世界的他们——大军事家

岳家军的部队和战法

岳家军采用由兵车战法演变而来的战法打击金军的重装骑兵。

1. 重型盾牌兵：手持大型盾牌的防御性士兵，保护其他的兵种。
2. 弓手：在200米时试射成功，则弓手齐射。

重型盾牌兵

弩手

精忠报国的千古一将 岳飞

3. 弩手：弓弩在 300 米时先由一人试射，如果能打到敌骑兵阵内，则弩手齐射！

4. 钩镰兵：敌军骑兵进入宋军阵中，持超长钩枪的宋军钩砍金军骑兵的马腿，使金军马阵溃散。

弓手

钩镰兵

77

影响世界的他们——大军事家

超级军事家 孙武

传说中的兵圣——孙武，是一个让人尊敬的人。

不会吧，那不是曹操写的吗？

《孙子兵法》？孙悟空？

我以为《孙子兵法》是一位没有名字的隐居山林的人写的。

伟大的军事家孙武，大家尊称他为孙子！在古代，子是尊称！他写了一本军事畅销书——《孙子兵法》。

如果你和他们有一样的疑问，那么快点来补一补课吧！

不要再问"孙子是谁""《孙子兵法》是谁写的"这种问题了！如果你还有疑问，那来看看最权威的专家们的解释吧！

超级军事家 孙武

权威认证

孙武研究委员会：1972年4月，在山东临沂银雀山发掘的两座汉代墓葬中，发现了用竹简写成的《孙子兵法》和《孙膑兵法》，《孙子兵法》的作者被确认为春秋时期吴国的将军孙武。

到我出场啦！

孙武（约前545—约前470年），字长卿，汉族，中国春秋时期齐国乐安（今山东惠民，一说博兴，或说广饶）人，著名军事家。他的生卒年份其实并不明确，大家只能根据他指挥过的战役大致推断出他生活的年代。

孙子曾率领吴国军队大破楚国军队，占领了楚的国都郢城，几乎灭亡楚国。著有巨作《孙子兵法》十三篇，为后世兵法家所崇拜，被誉为"兵学圣典"，还被译为英文、法文、德文、日文，成为世界上最著名的兵学典范之书。

什么？不知道什么时候死的？！

说不定一直没死？要是去做了神仙训练天兵天将也是有可能的吧！

影响世界的他们——大军事家

关于这位超级军事家

1. 出生在精通军事的贵族家庭,从小就接触到了大量的军事资料。

2. 有一位非常好的朋友——伍子胥,他七次向吴王推荐孙武。有了伍子胥的强烈推荐,孙武才有机会展现自己的军事才能。

> 大王,孙武是最懂战术的人!

> 孙武给了你什么好处?我都没听说过这人!

> 这就是人才识人才吧!

3. 孙武到了吴国,很快就展现出自己的本领。他帮吴王打了很多看起来不可能打胜的战争。

> 只要掌握方法,一切迎刃而解!

有一次，孙武只带了3万士兵，打败了楚国的20万大军。

4.对孙武来说，这样以少胜多是经常的事。其实，孙武并不喜欢战争，他热爱和平，他最喜欢的还是不用打仗就获得胜利。

孙武的作战方案：
· 敌人太多了，想办法分散他们，然后再分别消灭他们。
· 奖励士兵，打胜仗的话每个人都有奖励，除了奖状，还可以奖励耕牛等等。
· 安慰士兵，给他们心理上的援助。向士兵宣称：我们有30万人，大王说了，会增加更多的士兵来帮助我们。

其实,大王一个兵也没增加,可是这样说的话,士兵的信心增加了,敌人的士兵听到消息也开始慌乱了。

哈哈!我们有30万人!

其实只有3万!

将军!敌人太厉害了!有300万!

就连乱世英雄曹操都是孙武的"粉丝"。

孙武把自己一生的用兵经验写成了一本军事奇书,也就是《孙子兵法》,被曹操奉为神作。

孙子真是军神啊!

超级军事家的超级兵法《孙子兵法》

和孙武的名字一样,《孙子兵法》也有很多的叫法。

《孙子兵法》又称《孙武兵法》《吴孙子兵法》《孙子兵书》《孙武兵书》等,还有英文名为 The Art of War。

我头都晕了!

怎么还有吴孙子?难道他姓吴?他不是姓孙吗?

因为他是吴国的功臣啊!

在世界上,《孙子兵法》、克劳塞维茨写的《战争论》、宫本武藏写的《五轮书》都是非常有名的兵书。而《孙子兵法》不仅是一部兵书,它还是华夏文明的智慧结晶,被现代社会广泛运用于政治斗争、商业竞争中。

这夸得我都不好意思了……

影响世界的他们——大军事家

孙子的兵法秀场

《孙子兵法》全书共十三篇,不到六千字。吴国士兵就靠着这本书中的思想以少胜多,取得了胜利。

敌人人多,把他们分开,引进陷阱里再消灭他们!

兵贵在神速,夺取会战的先机之利。

闪!!

吴国哪来这么多人,我的士兵们哪儿去了?都被消灭了?

要速战速决,这一仗要是持续太久的话,我们的军粮就不够了!

虽然我们只有3万,但听说还有27万在路上!哈哈哈……

如果打赢了,还有大奖等我拿!

84

别顾着吃饭了！看我飞火箭！！
儿啊！我给你们带饭来了，过来吃饭啊！
好吃！
啊！活着真好！
等楚国人一来就把柴草推下去，然后放火，把他们烧个精光！
我也想守城吃饭……
参军后好久没吃家乡菜了！这就是母爱吧！
打赢才准吃饭！
这边！
天气预报说马上要下雨了。
其实我是孙将军派来的间谍，等他们全进了埋伏圈，我就又立功了！

影响世界的他们
——大军事家

《孙子兵法》不仅在我国畅销，也被翻译成了多国文字，成了全世界的军事畅销书。

> 我可是了不起的法国皇帝拿破仑啊！

> 相信这本书，没错！

现在，很多企业家和经济学家还把《孙子兵法》运用到了企业管理中去。真的是一本超级经典的书。

孙武的军事课堂

1. 勤学好问的童年

> 我出生在齐国一个祖祖辈辈都精通军事的大家庭。

> 长得真像我，将来一定当将军！就取名叫"武"吧！

超级军事家**孙武**

> 不愧是我的孙子，就是有勇有谋！

> 加油！不能靠蛮力啊！动脑子打架！

> 怎么能鼓励孩子打架呢……

我特别喜欢听打仗的故事，爷爷和爸爸一遍又一遍地讲，我一遍又一遍听，反正怎么听也听不烦。而爷爷和爸爸都是带兵打仗的将领，他们可讲的故事非常多。如果爷爷和爸爸不在家的时候，我就找仆人给我讲。

> 故事讲了都快一千遍了，不如我直接讲老爷的事迹。

> 反正只要是打仗的故事，这小孩就爱听。

继续！

> 虽然比不上爷爷和爸爸，不过他讲的也不错。而且他还会表演呢！

呱啦！

嘭！

除了听故事，我还爱看书，尤其是兵书。没事的时候，我就喜欢爬爷爷的阁楼，那是爷爷的图书馆，把写满字的竹简拿下来翻看。有不明白的问题就请教老师，或者去找爷爷、爸爸问个明白。

影响世界的他们——大军事家

有一次，我读到"国之大事，在祀与戎"，我就跑去问教书先生。

> 先生，祀是什么？戎是什么？

> 祀是祭祀，戎是兵戎。

> 祭祀是拜祖求神，这也能算国家大事？

> 我让老师都哑口无言了，厉害吧！只有兵，才是国家的大事，君臣不可不察的大事。

正式上学后，课堂规定的文化基础课，我看两三遍就会了，然后就跑出去玩。老师看别的同学还在学习，只有我在玩，觉得我是个贪玩的学生，就准备考考我。

> 五教是什么？

> 父义、母慈、兄友、弟恭、子孝。

> 六学是什么？

> 礼、乐、射、御、书、数。

> 没想到我有这么聪明的学生！我要去告诉他父母，好好培养！

此时，我有一个理想，长大后一定像爷爷和爸爸，还有叔叔一样，成为一名驰骋疆场的大将军。

从小练习骑马打仗。

2. 为了理想而做出合适的选择

可惜，长大后，齐国的国力很弱，天天都是自己人和自己人打仗，消耗了国家的力量，再也没有能力称霸天下了。

招聘启事：
只要你有能力帮助吴国变强大，吴国欢迎你。

吴国经常被楚国欺压，吴王正在想办法努力治国，摆脱楚国的控制。我想，这应该是可以实现我理想的地方。

我先隐居下来，苦心研究，写了传说中的《孙子兵法》，然后请我的朋友伍子胥把我推荐给吴王。吴王虽然对我的兵法非常赞同，但是他担心我只是个会写书的人，并不完全信任我，还经常和我抬杠。

影响世界的他们——大军事家

杰出的指挥者可以将一支弱兵变为强兵，即使娇小的女子，也可以训练得像兵士一样坚强勇猛。吴王不相信，想看看我究竟有没有能耐，就把100多名宫女、妃子交给我训练。

> 从现在起你们必须听从我的指挥！不然就按军法处死！

> 好大胆子！你以为你是谁啊？

> 这是又想出了什么戏剧逗乐呢？

> 看这蠢样！拿镜子照过自己的脸吗？

这些宫女、妃子平时被宠惯了，只把我的话当耳边风。

> 给我把这两个拉出去砍头！

> 玩真的？

> 妈呀！

吴王看到宫女被我训练得很好，非常欣赏我，尽管失去了两名爱妃，但还是立刻让我当了将军。

3. 善于观察，自创拳法

有一次，我在散步，发现书房后的梅树上开满了梅花，树枝在风中摇来摆去，我观察之后，决定结合梅树的形态变化，以及我们齐国人擅长的技击之术，创造一种用以强身健体、克敌制胜的拳法套路。再后来，我在梅花拳的基础上，加入其他器械，又创造出了梅花刀、梅花枪、梅花剑等器械搏击套路。

4. 好的兵法是胜利的保证

在我的严格训练下，吴国的军队变得日益强大。公元前512年，由我和伍子胥指挥的吴国军队，占领了楚国的两个城市。接下来，吴王要我们继续攻打楚国的首都。

影响世界的他们
——大军事家

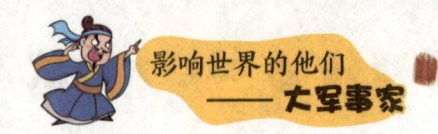

我派三支部队，轮流去骚扰楚军。第一支部队进攻时，楚军来迎战，我们就撤退，楚军也撤回到据点了。可是第一支部队撤退的时候，第二支部队又去进攻，然后是第三支部队，就这样循环往复。

在进行这种策略的同时，我们还使用更多的计策来孤立楚国。公元前506年，时机成熟了，伍子胥、吴王和我一起率兵发动了对楚国的总攻，双方兵力虽然相差很多，但是我们的3万精兵打败了楚军的20万人，攻入了他们的国都，差点灭了楚国。

接下来，我率领吴国军队又打了很多胜仗，很多人都觉得我是天才，不过天才也是靠勤奋得来的。我并不是天生脑子里就有各种计谋，只有博览群书，研究揣摩各种兵法，加上自己的思考之后才能成就现在的我。

> 如果你对什么有兴趣，就好好学习吧，我相信你也会成功的。

5. 归隐，是为了完成更有意义的事情

强大起来的吴国，开始攻打越国。虽然我们战胜了越国，还抓了越王勾践。可惜的是，吴王在和越国的战争中，受伤死掉了，太子夫差当上了新的吴王。随着吴国霸业的蒸蒸日上，夫差渐渐自以为是，不再听信忠臣的话了。

> 饶了我吧，伟大的吴王，我愿意给你当仆人，我还给你我们越国第一美女。不，整个越国都是你的！

> 越国第一美女？传说中的西施？

影响世界的他们——大军事家

越王勾践求和，他竟然同意了。我和伍子胥都坚决反对，因为我们知道，越王勾践是有目的的，他肯定在找卷土重来的机会。

> 大王，我们不能听勾践的，他不怀好意！请大王三思，杀了勾践以除后患！

> 杀他干吗？他现在无害了，而且还能帮我找乐子玩！

吴王自认兵力雄厚，越王根本不足挂齿，反而觉得我们是在挑拨离间。

> 勾践是被我军团团包围不得已才投降的，现在不提防他，以后是大患啊！

> 伍子胥！你这是什么口气？我才是王！给我把他拉下去！

伍子胥苦苦恳求，吴王不但不听，还杀了伍子胥。老朋友的死去，让我对吴王绝望了。

超级军事家 孙武

继续跟着这样的吴王，相信我也不会有什么好结果。

于是我便干脆退出了吴国的谋事圈，归隐深山，根据自己训练军队、指挥作战的经验，把写好的兵法十三篇重新修订，使我的作品更加完善。

事实上，伍子胥对勾践的判断一点没错。他在夫差面前忍受屈辱，最后活着回到越国，并且大力发展经济和军事。公元前482年，越军乘吴军主力聚集黄池与中原诸侯盟会、吴国国内兵力空虚之际，发兵袭击吴国，攻入吴国国都。吴国从此一蹶不振，到了公元前473年，正式被越国灭亡，吴王夫差悔恨交加，自杀了。我所梦想的由吴国统一华夏，也就成为泡影了。

> 我这一生，除了帮助吴国打胜仗，能给后来的人留下《孙子兵法》，是更有意义的事情。

影响世界的他们
—— 大军事家

乱世英雄 曹操

关于曹操,我们先看看他的崇拜者怎么说,这些崇拜者可是来头不小哦!

> 曹操是个勇敢而又有计谋的人,非常厉害!

李世民

> 曹操是个有本事的人,至少是个英雄!

鲁迅

曹操是一个"挟天子以令诸侯"的人,很多和他一起打仗的部下都希望他当皇帝,虽然曹操的实际权力可能比皇帝还大,但是他是个有原则的人,直到死,他都没有自己当皇帝。他在政治方面也是个很了不起的人,下面我们就来看看这位名气很大的曹操吧。

曹操最新档案

曹操(155—220),字孟德,小名叫曹阿瞒。东汉末年伟大的军事家、政治家和诗人。著作有《孙子略解》《兵书接要》《孟德新书》等。

曹操一辈子都以汉朝丞相的名义征讨四方,为统一中原做出了重大贡献,同时他在北方广泛屯田,兴修水利,对当时的农业生产恢复有一定作用。

乱世英雄 曹操

曹操曾给《孙子兵法》作注，直到现在流传的都是他注释的版本。有不少人说曹操是个坏人，可是曹操仿佛并不介意，他的态度就是：做自己的事，让别人说去吧！下面我们说说这位了不起的乱世英雄：

1. 热爱自己的百姓：曹操非常关心和爱护自己的百姓。

2. 大诗人：曹操是个大诗人，在文学方面有很了不起的成就，他和他的孩子在文学史上很有影响力。

3. 精通兵法：善于灵活运用战术，我们常常听到一句话，"说曹操，曹操到"，可见曹操的速度有多快。

4. 管理军队方面很有一套：有一次曹操带兵去攻打张绣，他看到路边地里的麦子都快成熟了，便下了命令：所有士兵不能踩踏庄稼，违令者斩！

要知道，在那个时代，把头发看得像生命一样珍贵。这也是曹操割发代首的原因。

影响世界的他们——大军事家

关于曹操的性格

曹操是有忠心有原则的。他虽然势力极大，但是在那个人人都可以做皇帝的乱世，曹操至死也没有这么做。

> 封禅的意思还不就是要做皇帝！骗谁！

刘备
刘封
刘禅

曹操是个讲义气的人。

曹操对郭嘉讲的是生死的义气。曹操常常说，郭嘉是最知道他心里的想法的。可惜郭嘉很早就去世了，郭嘉如果不死的话，曹操还打算让郭嘉做他的继承人。

> 我真的还想再活500年~

郭嘉

曹操对人才都非常尊重。在抓到关羽后，他并没有因为关羽不投降就杀掉他，反而给予厚待，关羽也在力所能及的范围内报了恩。曹操靠着自己的人格魅力和对人才的尊重招揽了不少有识之士。

> 我可不像刘备靠哭鼻子招人！

> 那是《三国演义》乱写！

乱世英雄 **曹操**

权力比皇帝还大的丞相

东汉末年，因为统治的混乱，很多手上有兵的将领和诸侯都开始了自己的皇帝梦，而曹操不一样，他借着保护皇帝的名义，对各路人马进行征讨。他的这种做法也被称为"挟天子以令诸侯"！他位高权重，加上皇帝也需要他的保护，所以皇帝也拿他没什么办法。为了能够进一步加强曹家在皇室的地位，他还把自己的几个女儿都送进了宫，其中一个还当了皇后。

> 皇帝，我给你找了个老婆！觉得如何？

> 你好，皇上！

> 很、很好！太"谢谢"您了！

对于曹操来说，命令皇帝娶老婆是对自己有利的，同时他利用皇帝的名义，也做了不少对人民有利、值得称赞的大事和好事，比如：

统一北方　　　鼓励农耕　　　兴修水利　保护农桑

影响世界的他们——大军事家

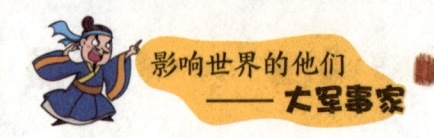

在曹操的治理下，北方出现了"家家丰足，仓库盈溢"的景象。

曹操在选人方面也有独到的眼光，他多次发布招聘广告。

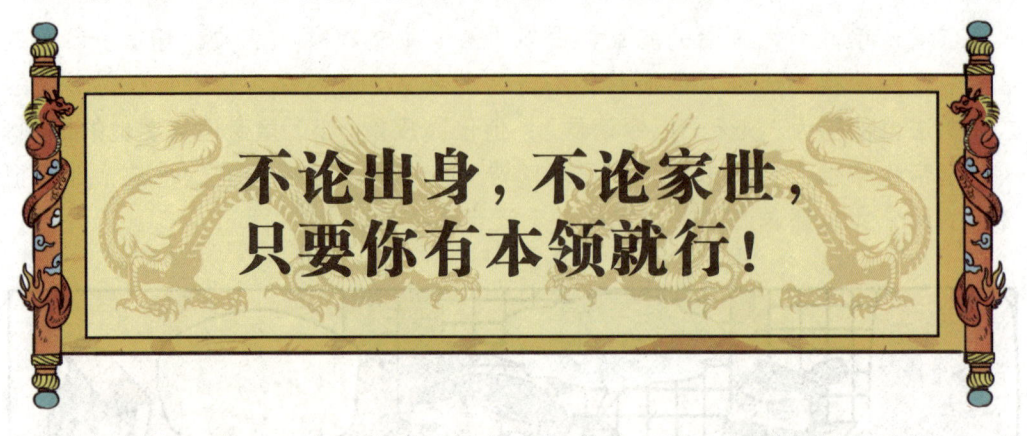

> **不论出身，不论家世，只要你有本领就行！**

曹操把人无完人、慎无苛求的思想，把才重一技、用其所长的思想，把只用人才、不用庸才的思想推向了顶峰，充分表现了超越其他将领的气魄和胆识。于是，他的手下有许多有才能的得力助手，为曹操立下了汗马功劳。

王朗　李通　李典　张辽　张郃　贾诩　荀攸　徐晃　许褚

没有他们就没有我的今天！

乱世英雄 曹操

从人才的选拔到笼络人心，曹操都有他自己的一套。比如：曹操为了不扰乱军心，将自己的手下人与自己的敌人袁绍之间的来往信件全烧了，并说以后不再追究！士兵深受感动，从此，对曹操便忠心耿耿了！

饶了我吧，丞相，我错了！

知道错了就好，把信烧了，过去的都过去了，以后要对我绝对的忠诚。

在曹操的统治下，北方人民开始过上了安定的生活，经济也渐渐好起来，为以后魏国的建立奠定了基础。

乱世英雄的自传

如果我不做军事家，我也是个好作家，是一位好爸爸。我的文采很好，我的儿子的文采也不错，我们曹家会出好几个作家呢！

我写过《七步诗》！

曹植

我写过《燕歌行》！

曹丕

我7岁的时候称过象！

曹冲

101

影响世界的他们——大军事家

我的传记一：童年往事

因为爷爷的缘故，我算是出生在一个官宦之家。爷爷并不是我的亲爷爷，而是爸爸的养父。爷爷虽然是一个太监，但是有一定的威望，照顾过四代皇帝。至于我的亲爷爷是谁？那我可不知道。

童年的我是个让大人很伤脑筋的小孩，他们觉得我不听话，就爱调皮捣蛋，如果我不给家人找麻烦，他们是不会注意到我的。

家里最不喜欢我的就是叔叔了，我做什么他都不满意，一次又一次在爸爸面前告状，这让我很不高兴，我决心要给叔叔点教训！于是有一天……

于是爸爸就不那么相信叔叔对我的评价了。

我喜欢练武，所以我很认真地学，我虽然调皮捣蛋，但是我很爱看书，尤其是兵书，我最喜欢的是《孙子兵法》，这本书写得太好了。我一边读这本书，一边把对孙子兵法的理解写在书旁，这种边学边写边思考的方式为我长大带兵打仗打下了基础。

我的传记二：官小责任重大

公元174年，我二十岁了，被举为孝廉。孝廉是孝顺父母、办事公平的意思。之后不久，我就当官了，是个很小的管理治安的官。

洛阳是个藏龙卧虎的地方，随便扔下一块砖，砸死的都是皇亲国戚、权贵大臣。这里不好惹的人太多了，他们很不好管理，可是如果一直放任他们，洛阳肯定乱得不成样子了。于是我下令：禁止夜行。

影响世界的他们
——大军事家

可是，那些恣意妄为惯了的人不会那么听话。

> 我叔叔可是皇上面前的红人，敢打我！

> 管你叔叔是谁，我要拿你杀鸡儆猴！

我得罪了人，这里面就包括蹇硕等一些当朝权贵，由于爸爸的面子，我只是被调走了，表面上是升官了，实际上给我降职了，换了一个地方去打杂。

不过因为我做官公正，老百姓喜欢我，我的名声变得很好，这么传出去后，有很多有梦想的人来找我做朋友。我的实力越来越强了，为我做一番大事业积累了本钱。

> 曹大人，您结婚了没？我认识一个大美女……

> 我不要美女，我要英雄！

我的传记三：挟天子以令诸侯

讲起这个故事，一两句话说不完，我就从皇帝向我求救说起吧。说起皇帝求救，还得先说说当时的情况。东汉末年，朝廷腐败无能，一开始董卓叛乱了，抓住了皇帝，我还曾带兵去救皇帝，可是我打不过董卓，最后我和其他联军结盟，大家一起去对付他。后来，董卓被吕布杀了。董卓死了，可天下并没太平，皇帝提心吊胆地趁乱逃出长安之后，回到洛阳，向我求救。

乱世英雄 曹操

> 皇帝控制在我们手里，我们可以想干吗就干吗了。

> 我们不仅要救，而且要抢在别人前面。

> 这可是千载难逢的好机会啊。

> 有道理，这救的可不是别人，是皇帝啊。

就这样，在大家的支持下，我顺利地救回了皇帝，让袁绍后悔去吧。

> 我不想活啦！

> 都怪我犹豫的时间太长了，让曹操抢先了一步。

皇帝经历了许多挫折，才和我的部队碰了头。那个时候皇帝很狼狈，他又冷又饿，还像什么皇帝，简直就是路边的乞丐一样。我对皇帝很好，给他好吃好喝，还对他表现出足够的敬意。皇帝也很感激我，于是我借机劝皇帝到我的地盘上去生活。小皇帝虽然不那么愿意，但是情势逼人，他也只好听我的。

> 我已经三天没吃饭了。

影响世界的他们——大军事家

后来，我每次对其他军阀的征讨或者对下赏罚都可以借着天子的名义，可谓"师出有名""赏罚分明"，而且有了天子之军的名义，我可以得到更多前来归顺的文臣武将，我所攻打下的地区的百姓也更容易顺从。当然，我也可以假借天子诏书，让刘备去打袁术，使得二人互相残杀消耗实力，这便是把皇帝捏在自己手心里的好处了。

> 曹操你真阴险！

> 大坏蛋曹操！我呸～

> 呵呵，兵不厌诈啊，这都不知道，好好地回家念兵书去吧！

我的传记四：决战官渡

官渡之战之前，袁绍家族一直拥有强大的实力，在攻打董卓的时候，他是主力，我只是个带兵参与讨伐董卓联军的人。在打倒董卓后，大家纷纷发展自己的势力，我也不甘落后，袁绍看我的势力越来越大，皇帝又在我的地盘上，就动了攻打我的念头。袁绍的势力太强大了，要钱有钱，要人有人，要粮食有粮食，和当时的他比起来，我军真的太弱小了！

战斗力

战斗力

一听到要和袁绍对打，不少人都表示反对。

听到要和袁绍打，大家仿佛都泄气了，我非常生气！因为我不怕，我认识他太久了，以我对他的了解，这家伙目光短浅，没什么远见，却又自以为是，没胆子没头脑。

我也不是盲目自信，因为我知道袁绍的弱点，就在战争打响之前，荀彧曾对我说，我有四个方面比袁绍强。

第一，袁绍这个人，表面上宽宏大量，实际上嫉贤妒能，我豁达大度不拘小节，这是气度胜过袁绍。

第二，袁绍这个人，反应迟钝，优柔寡断，我总能够当机立断，而且计策多变，这是谋略胜过袁绍。

第三，袁绍这个人，治军不严，有令不行，有禁不止，而我执法如山，令行禁止，赏罚分明，言必信，行必果，这是英武胜过袁绍。

第四，袁绍这个人，凭借"四世三公"的家族势力，装腔作势，沽名钓誉，而我以诚待人，不玩虚套，所以既忠诚又能干的人都来归顺我，这是仁德胜过袁绍。

于是，一场大战就要在官渡展开。

建安五年（200年）二月，袁绍进攻白马，拉开了大战的序幕。我亲自率兵去解白马之围。我采纳了荀攸的作战策略，用最快速度赶到白马，我军突然出现让袁军一下子慌乱起来，轻而易举地被我打败了！

解了白马之围后，我立刻撤回到河的南岸。袁绍又派大将文丑追击我，我在白马山伏击，亲自率领骑兵杀出，不但把袁军打败了，还杀死了大将军文丑，我的部队也因此士气大振！

八月，袁绍攻打我，我防守，这一攻一守僵持了快两个月，我的处境十分困难。十月，袁绍运了大批粮草，囤积在乌巢，就在这个时候，袁绍的谋士许攸向我投降了！

乱世英雄 **曹操**

> 曹兄,我有一计,定能让你大获全胜!只要你今晚偷袭他的粮草,袁绍必败无疑!

> 只要能打败袁绍,你说什么都答应你!

我采纳了他的建议,率兵袭击乌巢,烧掉了袁绍的粮库,还杀了袁军大将淳于琼。乌巢的粮库被烧了,袁军的军心动摇,我趁机开始了进攻,一下子就消灭了袁军7万多人,占领了大片的地盘,取得了官渡大战最后的胜利。

> 我要称霸全国!

从客观条件上说,我本处于劣势,但由于我能正确分析客观条件,善于听取别人的意见,所以扬长避短,采用正确的战略战术,使战争向有利于自己的方面转化。通过自己主观上的努力,终于赢得了胜利。官渡之战,我击溃了最大的敌人袁绍,统一北方已是大势所趋。

> 谁说我打不赢袁绍?

影响世界的他们——大军事家

我的传记之五：赤壁之战

这场战争，至今仍是很多讨厌我的人嘲讽我的依据。说起这场战争，还不得不谈谈我的理想。我的理想不仅仅是统一中国的北方，我是要当霸王的，我的理想是要像秦始皇那样，统一整个天下。

> 曹操，你离梦想还很远，还要继续努力，我看好你！

> 谢谢您的教诲，我会努力的！

公元208年，我准备南征，那个时候，无论是刘备还是孙权，都不是我的对手。这时吴国的鲁肃出了个主意，要刘备和孙权联合起来，一起对付我。不过这件事在《三国演义》里功劳被诸葛亮拿去了。

> 曹操算什么。

> 都是浮云！

> 北方的曹操士兵不擅水战。曹操虽然人多，但水土不服，容易生病！

> 对啊！

> 还有很多表面投降他的，并不是真心服从曹操的！

> 所以，联合起来，曹操必败！

> 哈！您真聪明！

孙权

乱世英雄 曹操

难道我不知道我的士兵不擅水战吗？铁索把战船锁在一起，不就能在船上行走了吗？

哈哈！我太聪明啦！

没过几天，我收到东吴的大将黄盖的来信，我高兴极了！

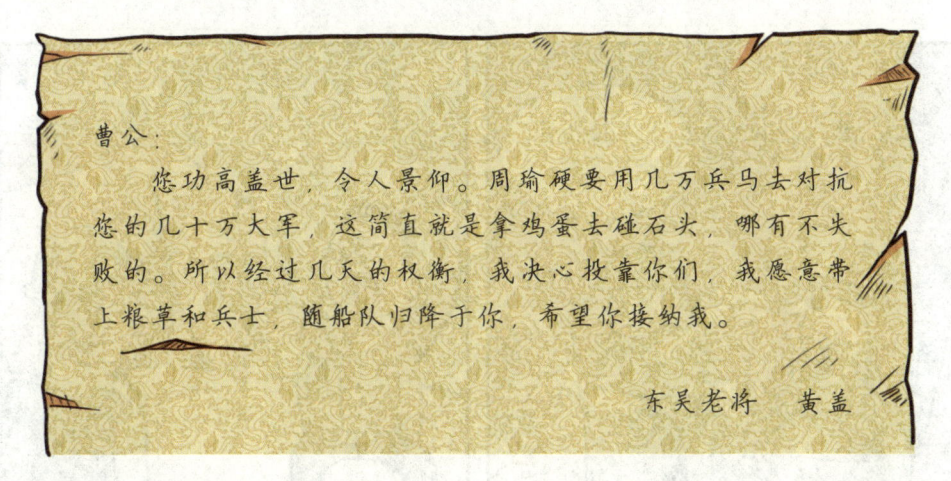

曹公：

您功高盖世，令人景仰。周瑜硬要用几万兵马去对抗您的几十万大军，这简直就是拿鸡蛋去碰石头，哪有不失败的。所以经过几天的权衡，我决心投靠你们，我愿意带上粮草和兵士，随船队归降于你，希望你接纳我。

东吴老将 黄盖

没想到周瑜派部下黄盖假装投降我，带着几十艘战船，船上装着灌了油的柴草，向我军驶来。接近我军时，他们同时点火，火船顺风向我的战舰驶去，我的战舰因为锁在一起，一时无法解开，不一会便成了一片火海……

赤壁之战导致我元气大伤，我统一天下的理想要往后拖延很长时间了。我也明白了一个道理，只要稍微轻敌，就会面临巨大的失败，这一战我还是有太多考虑不周的地方。赤壁之战后，全国的形势也发生了变化，三国鼎立的局面渐渐形成了。

可恶！ 可恶！

影响世界的他们——大军事家

战场上的雄狮 蒙哥马利

要说今天的主角,他在谈论如何用人时曾经这么说过:

人大约可分四类:

1. 聪明的;2. 笨的;3. 勤快的;4. 懒惰的。每个人都同时具备以上两种特性。

第一种:非常聪明,但是非常懒惰,可以当司令。

接下来进攻哪里?

第二种:非常聪明,又非常勤快,可以当参谋人员。

第三种:非常懒惰,又很笨,可以当士兵。

没有命令,还是什么都不做好了!

第四种：非常笨，但是很勤快。

这么贵的东西你丢掉干吗？

马上把他赶得越远越好！

蒙哥马利有一顶和他形影不离的帽子，那顶帽子叫作贝雷帽，帽顶有英军帽徽和装甲兵军徽，看到这顶帽子士兵们就知道他在前线，和士兵们在一起。

我希望有一天我也能像他一样！

蒙哥马利（1887—1976）的全名叫作伯纳德·劳·蒙哥马利，是第二次世界大战中盟军杰出的指挥官之一、英国最有名的军事家和陆军元帅。100多年以来，英国军队中没有任何一个人能像蒙哥马利那样精通军事、战功卓著。他的成就足以让人们永远铭记他，时至今日，他依然是英国人心中的骄傲。

影响世界的他们——大军事家

关于这位战场上的雄狮：

1. 是个体育特长生，其他成绩差得很。擅长板球、游泳、橄榄球、网球。他把所有的机敏和智慧都用在了军事上。

2. 毕业于英国桑赫斯特皇家军事学院，所有人都认为他能进入这所学校是个奇迹。

3. 是个长着大鼻子的瘦子，有很多生活好习惯，不抽烟、不喝酒。

4. 参加过第一次世界大战，受了伤，因为表现英勇获得优异服务勋章，而这也是蒙哥马利荣誉的起点。

> 我也有优质服务勋章！

> 我的勋章都是战场上得来的！

5. 蒙哥马利带兵非常有一套，他对部队训练也很严格。在担任第5军军长时，把部队训练得能在任何天气条件下作战。

> 刮风下雨都阻止不了我们前进的步伐！

> 今天下的是冰雹！

6. 他才能出众,但人际关系却非常一般。这一方面是由于蒙哥马利的自命不凡,得罪了不少同行,另一方面他在军事上显得专横倔强、几乎完全不考虑政治因素的态度也为他招来不少怨言。

7.1958年,蒙哥马利结束了50年的军旅生涯而退休。他是英国历史上服役最久的将领。

> 我打过仗也立了功,就是发表个演说而已,至于说我太虚荣吗?

谨慎的战场雄狮

蒙哥马利为人谨慎,指挥得当,充分发挥了英军最大的战斗力。同样是第二次世界大战的指挥官,巴顿和蒙哥马利互相有点瞧不起对方。

> 巴顿就是一个没见过世面的小丑,顶多算是一只小萤火虫!

> 蒙哥马利那家伙,只能保证自己不打败仗,从来不敢勇敢地抢夺胜利。

影响世界的他们——大军事家

蒙哥马利是一位相对谨慎的战略家。他坚持每次出击前，在人力、物力等方面做好充分准备。虽有延误战机之嫌，但稳妥可靠，并保证了他在部下当中的声望。

> 立刻攻打阿曼达！

> 我还没准备好，只差一步，我都不会去打仗的，我不会让我的士兵白白去送死，我不打没准备好的仗！

他的上司气坏了，要撤掉蒙哥马利，可是实在派不出比他更厉害的军官，只得忍下这口气。还好，英国首相丘吉尔是支持他的，他的不败纪录也让士兵信任他。而美国总统艾森豪威尔的话可以用来评价他。

> 勇敢不等于鲁莽，谨慎也不等于胆小。

蒙哥马利的成功课堂

1. 激发斗志的童年

1887年11月17日，我出生在英国伦敦一个牧师家庭，我有一个非常严厉的妈妈，我的兄弟都被妈妈教育得很听话。而我的心是反叛的，我讨厌妈妈这么专制的教育方式，我总和妈妈对着干，结果每次都是妈妈胜利。

> 屡教不改，你的心思老妈怎么会不知道！

> 耍赖！

有一次，爸爸送给妈妈一个漂亮的金鱼缸，妈妈非常喜欢，也非常珍惜，不让我们靠近。这更激起了我的好奇心，于是，我偷偷地接近了鱼缸……结果，不小心把鱼缸打破了。

> 伯纳德，除了当炮灰，你将来什么也做不成，做不来！

影响世界的他们——大军事家

虽然我知道这是妈妈气急了才说的话,但仍然深深刺痛了我的心。从那一刻起,我变了,我变得小心翼翼,不再去招惹妈妈或者其他人,我开始观察妈妈,顺从她,按她的要求做她喜欢的事情。和妈妈关系的转变,无形中锻炼了我的观察力、意志力和自信。

> 我要向妈妈证明,我将来不是个一事无成的人!我是有能力、有想法、有创造力的!

2. 当兵也是要有知识的

我不爱学习,但是特别想当兵。为了考入理想的军事学校,我自己都不敢相信我会拿起书本学习起来,经过一段时间努力备考,我居然考上了桑赫斯特皇家军事学院。入学后,我又犯了老毛病,逃课、捣乱、上树做游戏等等,什么都干,就是不好好学习。

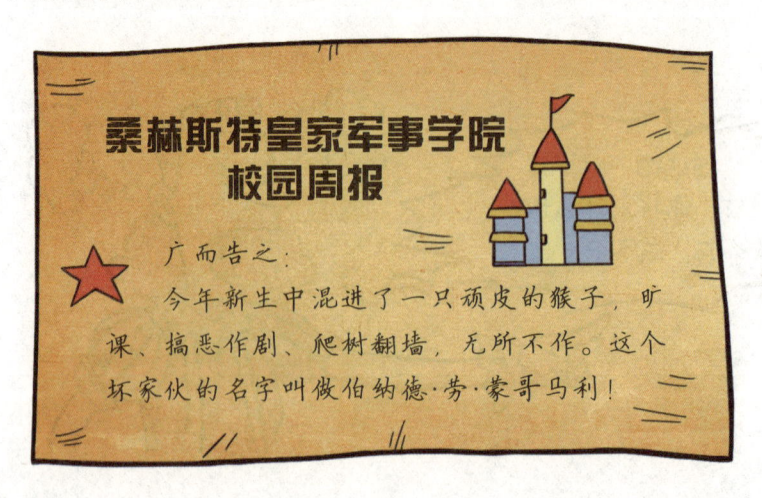

桑赫斯特皇家军事学院校园周报

广而告之:
今年新生中混进了一只顽皮的猴子,旷课、搞恶作剧、爬树翻墙,无所不作。这个坏家伙的名字叫做伯纳德·劳·蒙哥马利!

战场上的雄狮 **蒙哥马利**

　　我是以不合格毕业生的身份被分配到当时条件最差、最遥远的印度边防小镇当士兵的。可是一件许多人认为可笑的没有太大意义的"考试",却让我来了个180度大转弯。

　　之后半个月的时间里,我利用跟着骡子运输的机会仔细观察。

　　这件小事令我深刻地认识到,在军事活动中,任何细小的观察都是十分重要的。于是我开始发奋学习,在学习中我又懂得了,军人的知识比武器更加重要。经过一段时间的努力,我迅速成为掌握知识最多和最善于观察的军官。

3. 下定了决心，就要达到目的

第一次世界大战之后，我已经很清楚地认识到，军事是一门需要终生研究的学问，要掌握它的全部奥秘，就必须把它放在首位，献身于它。没有人知道以后会怎么样，我也一样，但是我唯一知道的是我必须进参谋学院深造。

可恶！又落榜了！

一个偶然的机会让我结识了当时驻德国的英国占领军的酷爱打网球的总司令威廉·罗伯逊爵士。而网球正是我的强项。

年轻人，我好像见过你！

我叫蒙哥马利，就在您的司令部工作，职务二级参谋，军衔是中校。

你没有去过参谋学院？是因为战争吗？你完全够资格录取。

可我一个大人物也不认识……

我适时地开始诉苦,而我们的谈话产生了效果,那次网球聚会不久,录取名单上便有了伯纳德·劳·蒙哥马利,也就是我的名字。

确定了目标,就要努力抓住一切机遇!

录取通知

4. 和老对手的战争

我身经百战,几乎没有失误过。但是我要给你们讲的是,我和老对手的战争。

我的老对手就是隆美尔,他是德国大名鼎鼎的将领,因为擅长沙漠坦克战,被称为"沙漠之狐",和他打过仗的人提起他来就害怕。

我就是隆美尔!要签名吗?

我还是自觉退场吧!

是隆美尔!

哇!偶像!

但是我可不怕他,看我之后三次打败隆美尔的经过吧。

第一战——哈勒法战役

哈勒法战役中,我给隆美尔的非洲军团设计了一个英国军队从未想过的陷阱,使隆美尔的进攻落得搬起石头砸自己的脚的结果。

我利用哈勒法山的有利地形,进行严密周到的部署,使得隆美尔在进攻中不管进攻哪一个方向的阵地都陷入绝地,处于四面包围的困境。

隆美尔在德国大战略计划的影响下,不得不在人员、物资都严重短缺,且面临交通线过长等危险的状况下,进行抉择。隆美尔的性格让他选择了进攻,这完全在我的预料和掌控之下,可以说,战役一开始,隆美尔就输了。隆美尔在后方基地被轰炸以后,最终不得不撤退。

哈勒法战役是我在特定作战条件下进行的防御战的典范,是从北非沙漠传回英国的第一个捷报。这场战役的胜利,使得英国第8集团军的士气空前高涨,也为扭转北非战争局面的阿拉曼战役的胜利做出了巨大的贡献。

第二战——阿拉曼战役

很多人都说,我是一位谨慎小心,善于把战略战术联系起来考虑的军事家。的确,我亲自制订了消灭"非洲军团"的计划,并坚持每次出击前,在人力、物力等方面做好充分准备。而在进行真正的攻击之前,我特别组织了一支专门用来欺骗敌人的部队,这些家伙就是我的精英。

资金方面总是我出主意!
银行家

我只是来凑热闹的。哈哈哈!
魔术师

我擅长超写实作画!哈!
艺术家

最近我学会了炼金术!
药剂师

德国人很喜欢我的作品!哈!
剧作家

我常常到各地大学做演讲,借机散播谣言……
大学讲师

尽管这支部队人员构成复杂,但却具有惊人的伪装欺骗能力。

影响世界的他们——大军事家

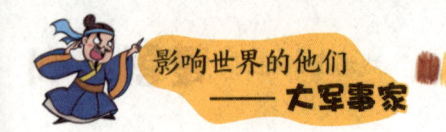

我让他们在南面制作了大量的模拟坦克、火炮和军用物资，故意暴露给德军的情报人员。为了让"演出"更逼真，这支部队铺设了一条长达30公里的模拟输油管，还专门修建了一条与输油管平行的模拟铁路，并在沿途建立了供水站。

英国人在南边堆放了大量军火。

调大部队到南面发动攻击，先发制人！

我军的保密工作做得十分出色，骗过了有"沙漠之狐"之称的隆美尔。等他把大部队调到南面，我指挥的部队从北面发起大规模进攻。由于隆美尔的主力在南面调不过来，英军在兵力特别是坦克数量上占到绝对优势。我率领第8集团军彻底击败了号称"沙漠之狐"的德国名将隆美尔所指挥的非洲军团，赢得了北非作战的一场决定性的胜利。

你们给我记住！

救命！

第三战——诺曼底登陆

1944年6月，再一次和隆美尔决战。由英、法、美等欧洲同盟国组成的强大军团将在诺曼底登陆。但是，隆美尔早在岸边部署了大量防御阵地。

盟军当然也不会掉以轻心，即使这样我们的进攻线还是出现了漏洞，不过那一天的德国人似乎错估了敌我形势，竟然没有组织起有效的反击。

再轻松这也是可怕的战争！

影响世界的他们
——大军事家

盟军在诺曼底登陆后，我把敌军的主力吸引到自己方面来，保证了美军的顺利突破和向纵深发展，而我军却由于敌军主力的顽强抵抗，付出了较大的代价，进展缓慢，特别是后来一场前所未有的风暴席卷了整个战场，让很多运送物资的船只直接沉没，不仅造成了经济损失，也为部队的供给带来沉重的压力，甚至有些部队不得不转入防御。

洛杉矶晨报 A版
盟军战况
勇敢的美国人和纳粹德国进行无畏抗争的同时，胆小的英国人却躲在弹坑里发抖！

美国人一向爱吹牛皮，瞧他们又曝出这样的新闻！虽然我们自己清楚，但经他们一吹，我国的媒体也开始议论纷纷了。

现在抢功对战局没有一点好处。

伟大的蒙哥马利将军，大家都希望您改变战略打击德军，给我们争点气吧，别太丢脸了！

在强大的舆论压力下，连首相丘吉尔也沉不住气了，来问我究竟怎么回事。所有这些，我都毫不介意，照常按照原本的计划行动，确保了诺曼底战役的胜利。在这里，我放弃了唾手可得的胜利，却承担了极为沉重的责任，我深深知道这一切都不是为了个人的荣誉。

战场上的雄狮 **蒙哥马利**

战争结束后，我因为打败了"沙漠之狐"隆美尔而成名，荣誉、地位、金钱和世人的敬仰、无数女性的爱慕之情如潮水般涌来，但是，我都不为所动。

> 对不起，我对贝蒂以外的女性不感兴趣。

上面说的贝蒂，就是我的妻子，可惜她在跟我结婚10年后病逝了。爱妻的死对我是一个沉重打击，我有很长一段时间陷于极度的痛苦之中。许多关心我的人纷纷为我重新寻找对象，我都谢绝了。连英国首相想做我的月下老人都未能如愿。

> 将军，整个英吉利都不希望你的后半生是孤独的。

> 作为一个军人，我永远忠于自己的祖国，作为一个男人，我永远不会背叛爱情。

我就是这么固执地过完了我的一辈子，我始终坚持了我的原则，所以我想我能充满骄傲和幸福地去天堂见我的妻子。

影响世界的他们
——大军事家

群星闪耀 更多大军事家

1. 评价不一的不败名将——吴起

吴起是我国战国初期的军事家、政治家、改革家，也是兵家的代表人物。

· 吴起出生于一个很富有的家庭，可是他年轻的时候为了求官，把家里的钱都花光了。

· 吴起担任将领的时候，他和普通士兵一起吃住，待遇也和普通士兵一样。

· 吴起一生经历过七十多场战争，打胜了六十多场，剩下的都是不分胜负。可以说他是真正的不败名将。

· 历史上对吴起的评价正反两面都有，说他是一个战神，但同时又有人说他冷血不孝。

吴起
（公元前440—前381）

直话直说的吴起

魏武侯是个能力很强的人，他的大臣没有谁能比得上他。这让魏武侯很高兴，可是吴起却告诉他："楚庄王当时也和您一样，可是他却非常忧郁。因为他觉得现在凭他的本事可以治理国家，但是大臣中没有谁能比得上他的话，那国家终将灭亡！因为这表示他的朝中没有人才了！现在看起来，楚庄王忧虑，而您却高兴。所以……"魏武侯听完之后恍然大悟，赶紧拱手向吴起拜了两次说："先生真是上天派来挽救我的过错的人。"

群星闪耀 **更多大军事家**

说起来简单做起来难的吴子兵法

吴起一生在鲁、魏、楚三国担任过职务,他通晓兵家、法家、儒家三家思想,也将这些思想很好地进行了结合、融会,把它们运用在军事和治国之中。他帮助鲁国击退了强大的齐国的入侵。可鲁国国君的多疑让吴起投奔魏国,很快,他为魏文侯训练了一支强大的军队,打下了秦国的河西之地。可惜魏文侯的后人听信小人谗言,最终逼吴起去了楚国。他在那里开始了大刀阔斧的改革,楚国的国力也变得越来越强大。

吴起的军事思想说起来简单,做起来却需要有极大的决心和掌控能力。他认为,兵不在多,但一定要平时守礼,战时威猛,并且绝对服从命令。

同时,他还认为要把军事和政治、教化结合起来。只有国内的政治清明、经济发展,才能保证有充足的战争储备。而只有搞好教化,人民才能够明白事理,有了明白事理的民众,才能更好地挑选将才。在这一切之后,才能真正地对军队进行训练。

吴起因为杀妻求将,以及不奔母丧的事,被众多人诟病,但是他对待自己的士兵却非常好。他严格管理军队,奖惩分明,抚恤和慰问牺牲将士的家属。在用兵方法上,他不主张穷兵黩武,认为要根据不同国家的地理条件、政治情况、人民的习俗、军队的素养以及兵士的特点来进行调整,这一切让他成就了没有败绩的传奇。而他的军事著作《吴子》也与《孙子》一起著称于世。

2. 才兼文武，出将入相的唐朝第一将——李靖

李靖是唐朝的著名军事家，他为唐王朝的建立和发展立下了赫赫战功。

- 李靖出生于官宦家庭，受到家庭熏陶，从小就有文武才略。
- 他在投到唐高祖李渊旗下之后，很被李世民欣赏，于是不久他就被招入李世民的幕府，为李世民出力。
- 唐高祖说李靖的本事非常大，韩信、白起、卫青、霍去病都比不上他。
- 李靖死后，因为他战功显赫，百姓为他修建了庙宇供奉，他也逐渐被神化了。

李靖
（571—649.7.2）

看人"火眼金睛"

李靖非常善于观察细节。唐太宗要他教给侯君集兵法，他总是有所保留。唐太宗很不理解，李靖说："我教他的兵法能够制服周围的敌人就行了，他想学完我的兵法，那是因为他有造反的心思。"后来有一次，侯君集在尚书省竟然骑马而过，没有下马，更加让李靖确定他有反心。唐太宗觉得李靖太小心眼了。过了几年之后，侯君集果然参与了太子谋反的事件，这让唐太宗很佩服李靖看人的本事。

群星闪耀 **更多大军事家**

三千人小队破定襄

李靖有着卓越的军事思想,能够准确地判断战局,大胆指挥和调动部队,被称为唐朝第一将。他写有《李靖六军镜》等多部兵书,可惜不少都失传了。

在李靖为唐朝南征北战的时候,东突厥一直是唐朝的心腹大患。李靖刚平定了江南,就被调往北方,抗击东突厥。626年,东突厥趁着唐太宗刚登基,国内局势不稳,直入中原,甚至逼得唐太宗亲临渭水桥与东突厥首领颉利可汗结盟,才暂时换得安稳。不过很快,东突厥发生内乱,唐太宗趁机命人率领大军分头出击,在这次行动中,李靖率领3 000人,从恶阳岭接近东突厥。

他的大胆举动让颉利可汗大为震惊和疑惑,生怕出击会中了唐军的埋伏。李靖也利用他们的疑惑,施展离间计,招降了可汗的心腹,然后在他的帮助下,一举攻入定襄城。虽然没有抓住颉利可汗,但是这次突击让东突厥军心大乱,剩下的军队得知可汗逃走后,很快就被打得一败涂地。颉利可汗为了赢得休养生息的时间,干脆假意向唐太宗投降。唐太宗也派出张公谨将军去受降,并且进行安抚,这一切被李靖看在眼里,他向张公谨点明了东突厥的小心思,并且建议进行突袭,彻底打垮东突厥。张公谨接受了他的建议,李靖就带人,趁着对方放松戒备的时候,一举消灭了东突厥。这让唐朝彻底除掉了西北边境的祸患,洗刷了唐太宗无奈结盟的耻辱。

影响世界的他们——大军事家

3. 西方人的战略之父——汉尼拔

汉尼拔是北非古国迦太基的名将、军事家，被西方人誉为战略之父。

- 汉尼拔出生在迦太基，他的父亲是迦太基的将领哈米尔卡。
- 汉尼拔从9岁的时候就立下誓言，要永远与古罗马为敌。
- 有人这样描述过战场上的汉尼拔："他总是第一个投入战斗，最后一个退出战场。"
- 汉尼拔的新月形战术帮助他为古罗马带来了历史上最惨烈的失败，古罗马有5万~7万人死亡和被俘。

汉尼拔·巴卡
（公元前247—前183）

破冰而出的汉尼拔通道

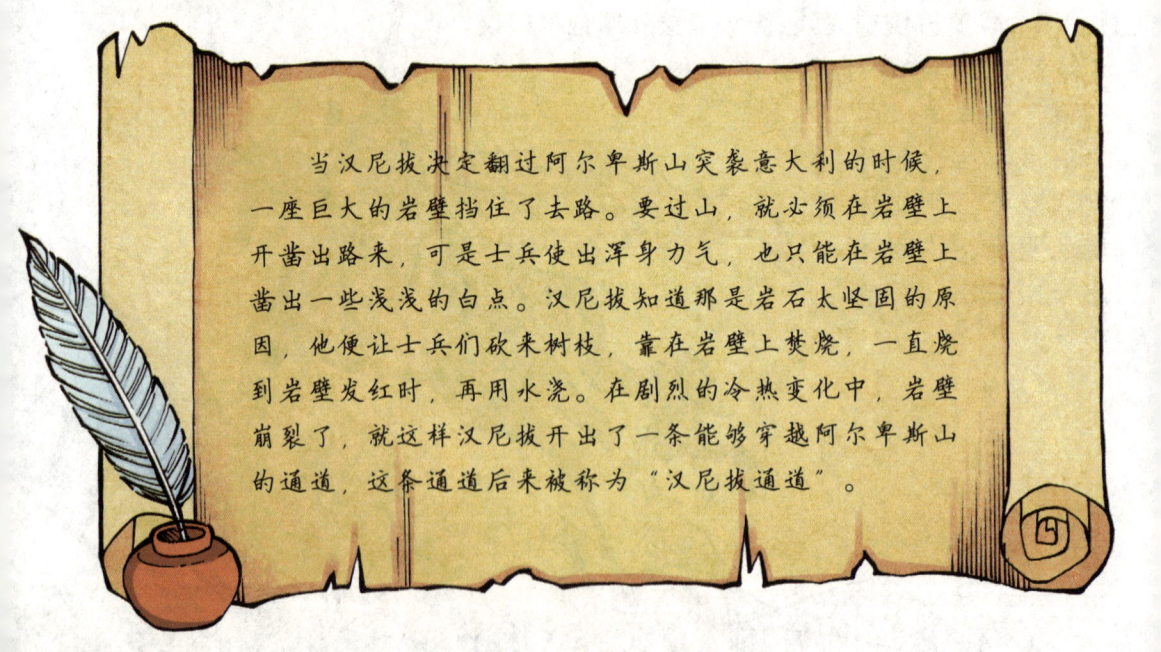

当汉尼拔决定翻过阿尔卑斯山突袭意大利的时候，一座巨大的岩壁挡住了去路。要过山，就必须在岩壁上开凿出路来，可是士兵使出浑身力气，也只能在岩壁上凿出一些浅浅的白点。汉尼拔知道那是岩石太坚固的原因，他便让士兵们砍来树枝，靠在岩壁上焚烧，一直烧到岩壁发红时，再用水浇。在剧烈的冷热变化中，岩壁崩裂了，就这样汉尼拔开出了一条能够穿越阿尔卑斯山的通道，这条通道后来被称为"汉尼拔通道"。

群星闪耀 **更多大军事家**

壮志未酬的迦太基将军

迦太基在当时被古罗马人称为布匿，所以古罗马与迦太基的战争也被称为布匿战争。在公元前264年到前241年的第一次布匿战争中迦太基失败了，汉尼拔在父亲的影响下，发誓要与古罗马势不两立。

长大后，汉尼拔凭借自己杰出的领导能力、指挥能力以及战术思想进行了积极的准备，在第二次布匿战争开始后，汉尼拔竟然乘坐大象翻越了冰雪覆盖的阿尔卑斯山，开始进攻意大利。这让古罗马军队原本的计划全部作废，只能慌里慌张地迎战。

汉尼拔精通多国语言，这为他和古罗马周边的国家结盟提供了极大的便利，他还大量使用间谍，分化古罗马和同盟国之间的关系，并取得了不错的效果。同时，他的间谍、信使在各国活动，搜集信息，这使得汉尼拔这个"外来者"在处理各国关系时游刃有余。

可惜汉尼拔的连连得胜，以及日益壮大的队伍让迦太基的当权者感到了威胁，因此停止对他提供援助。这让汉尼拔的很多政策和措施都无法继续下去，最终，汉尼拔的军队在公元前202年被古罗马军队击败，在回国后，因为受到古罗马人和自己国家政府的迫害，他最终服毒自杀。

4. 在实践中创造军事思想——成吉思汗

成吉思汗出生在漠北的草原地区，他是杰出的军事家，曾经带兵席卷了亚欧大陆。

· 成吉思是"海洋"的意思，"汗"是蒙古族最高统治者的称号。成吉思汗的名字叫孛儿只斤·铁木真。

· 铁木真刚被推举为乞颜部可汗时，经历了人生中第一场，也是唯一一场败仗。

· 因为蒙古族是马背上的民族，所以成吉思汗的军队也以速度著称。

· 成吉思汗的军队纵横驰骋于亚洲大陆，甚至向西打到了印度河流域，更是一路冲到了红海地区。

孛儿只斤·铁木真
（1162.5.31—1227.8.25）

飞鹰救主

有一次，成吉思汗带着自己心爱的猎鹰去打猎。在奔波了一天之后，成吉思汗渴极了，他看见周围正好有一小股山上流下的溪水，于是想去接一点来喝。可是谁想到，他接了三次水，三次都被自己的猎鹰打翻了水杯，还把他给抓伤了。成吉思汗生气极了，他一下子杀了猎鹰。这时，一条毒蛇突然从小溪里游了下来，成吉思汗这才恍然大悟，原来猎鹰是想告诉自己，不要喝被毒蛇污染的水。他后悔极了，只能带回猎鹰的尸体，厚葬了它。

让人闻风丧胆的"蒙古旋风"

铁木真的父亲是部落首领,他被杀后,铁木真和母亲就被部族抛弃。长大后的铁木真凭勇武和努力聚集起了自己的力量,迫害过他的贵族们组建起的十二部联军在他面前不堪一击。铁木真很快就扫荡了整个蒙古草原,1206年春天,贵族、诸王在斡难河的源头召开大会,为铁木真奉上了"成吉思汗"的尊号。他很快把统一的部族联盟改成了大蒙古帝国,随后称帝。

之后,在成吉思汗的率领下,他的军队开始了大规模的对外战争。成吉思汗的军事思想几乎都是从实战中归纳总结出来的。蒙古士兵的盔甲都是用较轻的皮革制成的,使战马的负担轻,骑手使用武器也更灵活。这让蒙古军队能更好地发挥擅长骑射、速度快的优势,以此成吉思汗创造出了"箭速传骑"的战法,大大加快了军队的调动速度,最大限度发挥了指挥官的作用,他的军队也因此被称为"蒙古旋风"。除了快攻,他还让人研制了攻城的投射炮。成吉思汗特别注意搜罗工匠,让军队在每一处都能很快制造出合适的武器,这使成吉思汗的军队成为战无不胜、攻无不克的代名词。他的攻击是毁灭性的,这让处在他进攻路线上的国家都提心吊胆,可是他的西征在客观上也促进了东西方文化的交流。

图书在版编目(CIP)数据

影响世界的他们：手绘名人故事：函套共8册 / 亚亚文；夏阳绘. — 北京：北京理工大学出版社，2019.9（2022.7重印）

ISBN 978-7-5682-7559-0

Ⅰ.①影… Ⅱ.①亚… ②夏… Ⅲ.①名人—生平事迹—世界—青少年读物 Ⅳ.①K811-49

中国版本图书馆CIP数据核字(2019)第190778号

出版发行 / 北京理工大学出版社有限责任公司
社　　址 / 北京市海淀区中关村南大街5号
邮　　编 / 100081
电　　话 / (010)68913389(编辑部)
网　　址 / http://www.bitpress.com.cn
经　　销 / 全国各地新华书店
印　　刷 / 湖北意康包装印务有限公司
开　　本 / 710毫米×1000毫米　1/16
印　　张 / 68
字　　数 / 1360千字
版　　次 / 2019年9月第1版　2022年7月第6次印刷
定　　价 / 200.00元(全8册)

责任编辑 / 张　萌
文案编辑 / 张　萌
责任校对 / 周瑞红
责任印制 / 边心超
责任制作 / 格林图书

图书出现印装质量问题，请拨打售后服务热线，本社负责调换

给孩子一部有温度的梦想之书

手绘名人故事

影响世界的他们

大企业家

亚亚/文　夏阳/绘

北京理工大学出版社
BEIJING INSTITUTE OF TECHNOLOGY PRESS

给孩子梦想起飞的翅膀

世界上每一只小鸟都要翱翔于蓝天，世界上每一个孩子都有属于自己的梦想。

每一个孩子都是与众不同的，每个孩子都是梦想家。在他们成长的过程中，梦想可能会折翼、会被误导，所以孩子们萌发的梦想更需要被细心呵护，需要被温柔地鼓励和引导。因此，一套好的成长之书，在孩子们的成长道路上扮演着重要的角色，发挥着潜移默化的作用。《影响世界的他们——手绘名人故事》丛书正是这样一套送给孩子的梦想之书。

这是一套给孩子带来正能量的、守候孩子梦想的书。在这里，孩子们会看到古今中外各个领域的名人故事，他们身上的坚强、勇敢、奋进的意志品格，是孩子们得以学习的榜样力量；他们身上的由于时代带来的局限，也是孩子们得以

不断深入思考的问题。

　　这是一套给孩子的有温度的、引人思考的梦想之书。理想不是冷冰冰的灌输和说教，在这里，孩子们能看到的不仅仅是名人们各种令人羡慕的成就，更有他们在成就的道路上遇到的挫折、打击以及他们做出的努力、他们得到的和失去的……

　　这是一套给孩子的轻松的、风趣的"朋友"之书。在这里，没有板起脸来的长篇大论，在这个名人们的"展览馆"里，他们如同一些经历丰富的"大朋友"，用他们的故事陪伴和启发着孩子们在追寻梦想的道路上前进。

　　心怀梦想的孩子更强大。守候孩子的梦想，就是守候我们的未来。愿这套书带给孩子们梦想起飞的翅膀，陪伴他们不断翱翔、快乐成长、实现梦想……

著名诗人、儿童文学作家　徐鲁

目录

8 征服世界的钢铁大王 卡内基

安德鲁·卡内基（1835.11.25—1919.8.11），美国人，是美国的"钢铁大王"，被公认为是引领美国钢铁业飞跃发展的工业领袖和最大贡献者。而他在去世前把几乎所有财富都捐赠给了社会，这让他成为美国人心目中的英雄。

24 解放女性的时尚女王 香奈儿

加布里埃·香奈儿（1883.8.19—1971.1.10），法国人，创立了经典品牌香奈儿。她完全靠着自己的努力建立了一个庞大的商业帝国，她对女装的大胆改革对后世影响深远，她也因此成为20世纪时尚界的重要人物之一。

38 卖炸鸡的上校 山德士

哈兰·山德士（1890.9.9—1980.12.16），美国人，创造了受人喜爱的肯德基品牌，发明了著名的"肯德基炸鸡"，开创了"肯德基快餐连锁"业务。可以说，他用一只鸡改变了人们的饮食世界。

54 神一样的投资商 巴菲特

沃伦·巴菲特（1930.8.30—），美国人，被誉为"股神"，主要从事股票交易、电子现货交易、基金交易。他是世界公认的最成功的投资商之一，在几代华尔街投资者的心目中拥有非同凡响的地位。

70 全球第一首席执行官 韦尔奇

杰克·韦尔奇（1935.11.19—），美国人，带领通用电气公司成为全球排名第一的业界领袖，发展并且创造了多种管理方式，为现代企业制定了众多标准，被誉为"全球第一CEO""美国当代最成功、最伟大的企业家"。

86 "苹果"帝国的缔造者 乔布斯

史蒂夫·乔布斯（1955.2.24—2011.10.5），美国人，苹果公司的创始人。他被认为是计算机业界与娱乐业界的标志性人物，他主导推出的众多电子产品深刻改变了现代人的生活方式。

100 软件王国的统治者 盖茨

比尔·盖茨（1955.10.28—），美国人，创立了著名的微软公司，是全球最大的电脑软件领导者和提供商。他是首屈一指的软件工程师，同时也是有名的企业家、慈善家、环保人士。

116 创业冒险家 马斯克

埃隆·马斯克（1971.6.28—），他拥有加拿大和美国的双重国籍，是一位有着强烈冒险精神的企业家、工程师。他拥有火箭公司、电动汽车公司以及太阳能公司。他的目标是帮助人类在其他行星上建立新的栖息地。

128 群星闪耀 更多大企业家

你，准备好了吗？

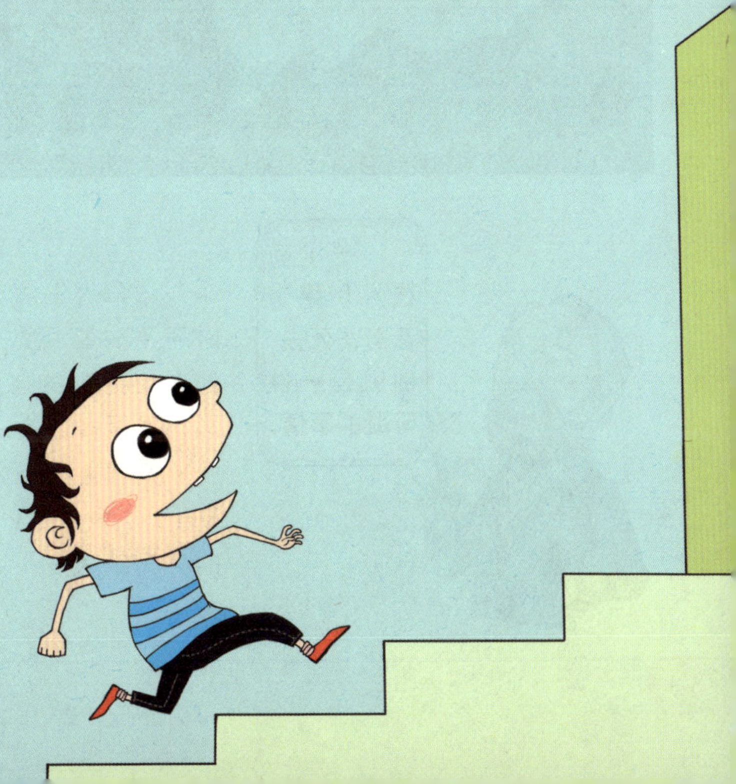

影响世界的他们——大企业家

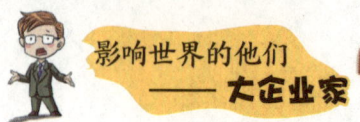

征服世界的钢铁大王 卡内基

在美国,他的名字是个传奇,在他生活的时代,他的一举一动能影响整个美国的金融行业。

> 一个有钱人如果带着财富死去,那就是一件可耻的事情。

这个人生活在19世纪后半叶的美国,那时有不少富可敌国的人,作为其中的一员,他对待财富的态度非常独特,而他的观念也影响了很多富人。这个人就是安德鲁·卡内基。

安德鲁·卡内基(1835年11月25日—1919年8月11日)从一个普通移民到美国的"钢铁大王"、世界首富,在美国工业史

征服世界的钢铁大王 **卡内基**

上写下了非常辉煌的一页，他被公认为是引领美国钢铁业飞跃发展的工业领袖和最大贡献者。在功成名就后，他将自己几乎全部的财产都捐献给了社会，给富人应该如何回馈社会作出了表率。

> 我的成功不属于我一个人，和我周围所有人的共同努力是分不开的。

> 你是我们心目中的英雄和奋斗的榜样！

关于这位钢铁大亨

- 他来自一个贫穷的苏格兰移民家庭，他当过小贩、做过童工，最终却成为当时美国最富有的人之一。

> 据说他的财富兑换成现在的美金大概有两千亿！

> 天啊！现在的全球首富也才只有一千多亿。

- 卡内基有一位非常好的妈妈，想让妈妈过得更好就是他最初努力赚钱的动力。
- 卡内基一家还在苏格兰的时候，生活过得还不错。但是，自从机器大量替代人力之后，卡内基一家的生活状况就越来越差，他们只得离开苏格兰，来

9

影响世界的他们——大企业家

你们也去美国吗?

是啊,工厂里都是机器,不需要这么多工人了。

到美国东海岸的纽约港,后又辗转到匹兹堡去碰碰运气。

· 卡内基很为自己的工人出身感到自豪。他曾被认为是世界上最有钱的人,但为了下一代他毫不吝惜自己的财富。

· 卡内基文笔不错,喜欢写作。他写过八本书,内容除了他最得意的经济,还包括随笔、游记等。

虽然我只上了四年学,但是我热爱写作!

写得很有意思!一点儿也不枯燥!

· 卡内基的名字来自他的爷爷,而个性则兼有爷爷和外公的优点。

我性情开朗、机智幽默、不屈不挠。

我非常乐观。天生好口才,是当地有名的演说家和政治家。

征服世界的钢铁大王 **卡内基**

- 天生的领导力让卡内基即使管理着几千名员工也丝毫不显得忙乱,所以他能够一边工作,一边享受生活。

海边度假

草地野餐

花园里的下午茶

一个人的音乐会

- 卡内基刚到美国的时候才十三岁,他的家境不好,而那个时代的美国也没有免费的公共图书馆供他借阅书籍进行学习。

好消息!

退役的詹姆士·安德森上校愿意将家中所藏的400册图书借给好学的青少年们。每个星期六可以到他家借一本书,下星期六归还后再换借另一本。

看到这个消息,卡内基开心极了!他立刻和自己一起当信差的小伙伴们来到安德森的家里,开始了他们的学习生活。从这个时候开始,他养成了爱读书的好习惯,并且从书本里学到了大量的知识。

11

影响世界的他们——大企业家

> 赶紧看完！今天要还书了！

正是这段经历，让卡内基认识到读书对孩子成长的重要性。成为钢铁大亨之后，他建立了大量的公共图书馆，并且取消了借阅人的年龄、阶层的限制，让所有人都能学习知识。

卡内基图书馆

- 当卡内基的事业到达巅峰时，他把自己的钢铁公司卖给了摩根，然后把自己赚来的钱全部用在慈善事业和倡导和平上。

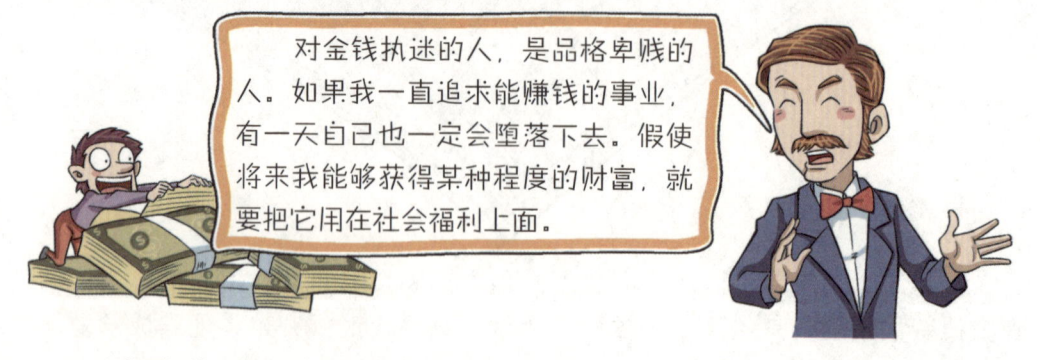

> 对金钱执迷的人，是品格卑贱的人。如果我一直追求能赚钱的事业，有一天自己也一定会堕落下去。假使将来我能够获得某种程度的财富，就要把它用在社会福利上面。

- 人们常说，卡内基集野心、才干和凶猛于一身，他象征了美国的一个时代。

钢铁大王与慈善事业

卡内基少年时代做过电报员、信使、铁路公司助理等工作。他工作非常努力,随着工作经历越来越丰富,他的眼界也越来越宽阔。

> 钢铁时代要到来了!我要赶上潮流!

> 早知道以后会被他超越,就不让他参观了!

卡内基利用自己在宾夕法尼亚铁路公司积累的经验和赚到的钱,以及在英国买到的钢铁制造专利,开办了自己的"联合制铁公司"。

> 钢铁产品太贵了,生产、运输都特别费钱,公司开多了会亏本的。

> 得找个更划算的方法!

影响世界的他们——大企业家

卡内基认为分散经营是当时钢铁产业无法扩大的一个严重问题，于是他想到了一体化经营。卡内基的钢铁公司在生产钢材时，还把炼制、钢材加工、运输、销售等别的环节也全都纳入自己的经营范围。很快，这种经营模式让卡内基的钢材制品成本一再降低，加上良好的质量，为他赢得了越来越多的客户。到19世纪末时，卡内基钢铁公司已经是世界上最大的钢铁企业。

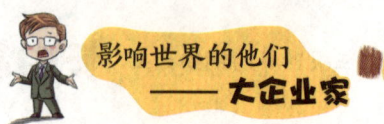

> 每个环节交给别人来做都要额外花钱，那我就把所有环节都收归旗下！

> 以前，全世界一大半钢铁都是我们生产的，现在一个卡内基就能顶我们所有人了！

> 我就是钢铁大王！谁也不是我的对手！

前面说过，卡内基晚年做了很多慈善活动，让我们看看他的慈善清单吧……

- 在华盛顿创立卡内基协会，主要用来发展科学、文学和美术事业。
- 在自己的第二故乡匹兹堡创办卡内基大学。在美、英各地创办各种学校和教育机构。
- 设立卡内基英雄基金，奖励或者救济在突发事件中为救助他人而牺牲或负伤的英雄及其家属。
- 设立大学教授退休基金，保障教育家的晚年生活，让他们可以专心进行学术研究。

征服世界的钢铁大王 **卡内基**

· 出资修建纽约的卡内基音乐厅。
· 设立卡内基国际和平基金会，专门资助为世界和平作出贡献的人们。
· 在各地出资修建卡内基图书馆。
· 设立卡内基基金会，这个基金会一直致力于世界和平，关怀青少年，帮助各国的弱势群体等。
……

很多人认为卡内基就是美国现代基金会的先驱，后来许多大富豪也都受到他的影响，将自己的财富用于慈善事业。

> 我号召大家捐出自己至少一半的财富。

> 赞同！

> 没问题。

> 我有自己的基金会。

"石油大王" 洛克菲勒　　发明家 诺贝尔　　"股神" 巴菲特　　微软领导人 比尔·盖茨

1919年，卡内基去世时，他没给自己的子女和妻子留下多少钱，各种捐款却高达3.5亿美金，这个在当时如同天文数字一般的捐赠几乎就是他所有的财产。

> 我们的家训就是靠自己的本事生活。

> 很好，这才是我们家的人该有的想法！

影响世界的他们——大企业家

钢铁帝国统治者的人生经验

1. 不能屈服于贫穷

我和弟弟都出生于苏格兰的丹弗姆林。爸爸手工纺织亚麻格子布,妈妈帮人缝鞋,虽然收入不高,但是我们一直过得很快乐。

我买了几台织布机,以后可以多赚点钱了!

太好了!

随着大工业时代的来临,爸爸的手工织布速度和质量都比不上大工厂,于是我们破产了。在姨妈的帮助下,我们全家移居到了美国宾夕法尼亚州的匹兹堡。

在这里,爸爸再次织起了桌布和餐巾,妈妈也重操旧业,而我和弟弟则在一旁帮忙。即使这样,我们的日子也过得相当清苦。

好饿啊。

饿了就睡觉吧,睡着就不饿了。

看到爸爸和妈妈如此辛苦,我开始四处找工作,争取为家里减轻负担。十三岁的我开始去纺织厂当童工,烧锅炉,帮人送信。我知道,贫穷不是我不学习的借口,所以无论多么困难,我都坚持在赚钱的同时进行自学。

征服世界的钢铁大王 **卡内基**

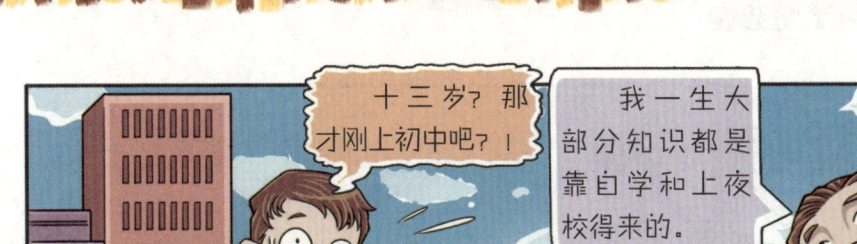

即使工作让我累得爬不起来,我也从来没有间断过学习。在这段时期我学到的知识,为我的进一步成长打下了坚实的基础。

2. 努力,从不停步

在我十三岁的时候,有一天,叔叔告诉我……

第二天,我穿上自己最好的一套衣服去了电报公司。

影响世界的他们
——大企业家

匹兹堡市区的街道你熟悉吗?

现在还不熟,但我保证一个星期内就背下来全部路线!

听到我的回答,大卫先生非常满意,他把这份工作交给了我。我也没有辜负他的信任,在半个月之内,我就对匹兹堡全部的路线都了如指掌了。

您的电报!

您的电报!

您好!您的电报!

我的努力赢得了公司上下的一致好评。一年后,我还成为管理信差的负责人!我一边送电报,一边在公司的电报房学习发电报。

好难啊……

别着急,你算学得快的了……

经过不停地学习,我很快就成为一名优秀的电报员。因此,我得到了宾夕法尼亚铁路公司西部分局局长——斯考特先生的欣赏!

征服世界的钢铁大王 **卡内基**

就这样，我不满二十岁就成为斯考特先生的私人电报员和秘书。我在这里一干就是十年，从小小的电报员一直做到了宾夕法尼亚铁路公司西部分局的局长。

3. 在成功的路上一定要重视合作

我想你们应该知道，我自己的事业就是建立了钢铁公司，这是因为我非常看好这个当时美国的新兴行业。

影响世界的他们——大企业家

在我和朋友们一起建立的公司里，我不是领导者，只是公司的最大股东。

一年给你一百万！来帮我管理公司吧！

没问题！

为啥不自己管？

乱花钱啊……

我没有直接对公司进行领导，是因为我有自知之明。

我可不知道怎样才能炼出好钢来！

我不擅长技术工作和管理大事小事，但是我善于用人，知道怎样跟人合作。

你要做什么就去做吧。我给钱。

太好了！

让优秀的人来为我干活是我最擅长的，哈哈哈！

征服世界的钢铁大王 **卡内基**

我不仅会请人来管理公司,也会在自己的公司里发掘人才。

发现能力出众者!

来!给你1%的股份!成为我的合伙人,一起管理公司吧!

我会努力提拔有能力的年轻人,对于能力特别出众的,我还会邀请他们做我的合伙人,因为我知道人才才是一个企业成功的关键。

救火啊!

别说了!乌鸦嘴!

就算有一天我的全部工厂被大火烧毁,但只要和我一起奋斗的这些人还在,不出一年,我就又会成为百万富翁。

我一直相信,合理用人,合理用自己,发挥别人的长处,也不埋没自己的优点,每个人都做自己最擅长的事情,成功就会来到。

卡内基的墓碑

埋葬在这里的人,懂得如何让比自己更优秀的人为他所用。

钢铁大王的钢铁世界

23

影响世界的他们——大企业家

解放女性的时尚女王 香奈儿

哇！这是谁？人漂亮！衣服也漂亮！

她就是大名鼎鼎的香奈儿啊！

这件衣服就是她本人设计的哦！

我不做时尚，我就是时尚。

哇！酷！

加布里埃·香奈儿是时代杂志评选的20世纪最具影响力的100位人物中唯一一位时尚设计师。她开创的香奈儿品牌给女性的衣着潮流、女性的自我意识带来了极大的改变，她的创意遍布服装、珠宝、手袋和香水等领域，而这个延续了一百多年的品牌继承了她"高雅、简约、精美"的设计理念，至今仍然是世界潮流的引领者之一。

解放女性的时尚女王 **香奈儿**

> 20世纪的法国，有三个人将名垂青史：戴高乐，毕加索，香奈儿。——法国前文化部长安德烈·马尔罗

成绩突出才能留名青史啊。

我们是跨国好朋友。

政治家 戴高乐　　　画家 毕加索　　　设计师和企业家 香奈儿

坎坷中前行

- 1883年，香奈儿出生在法国索米尔一个非常贫困的家庭。在她十二岁的时候，母亲因为患有结核病去世了，无力负担五个孩子生活的父亲作出了这样的决定……

你们去农场干活养活自己吧。

妈妈一定不会这么做……

你们去孤儿院吧。

- 香奈儿在孤儿院生活到了十八岁才离开。这家孤儿院是由修道院开设的，有很多非常严苛的规章制度，香奈儿在这里过着艰苦而枯燥的生活。不过，香奈儿在这里学到了对她的将来产生重要影响的技能——缝纫。

影响世界的他们——大企业家

· 二十二岁的时候,香奈儿白天在缝纫店做工,晚上在一个咖啡馆里卖唱,以此来维持自己的生活。而她的"可可"的外号也是这个时期得来的。

· 香奈儿渐渐认识到,服装设计才能发挥自己的天赋。

· 在两位爱慕者的帮助下,她开了一家女帽店,独特的设计让她的生意一下子就红火起来。

解放女性的时尚女王 **香奈儿**

"你前几个小时也是这么说的。"

"别动，再站一个小时就好。"

- 从帽子开始，香奈儿一步步进入高级定制女装的领域。
- 1914年，香奈儿已经拥有了两家时装店，正式创立了日后名声大噪的"香奈儿"品牌。
- 香奈儿没有接受过正规的裁缝训练，她甚至不会画服装和帽子的设计草稿，但是她有一套独特的工作方法。

- 在第二次世界大战之后，沉寂了一段时间的香奈儿凭着对女性服装的了解和对女性身体的关爱，七十一岁的她再度回到时尚舞台，并且大获成功。
- 香奈儿是个非常勤奋的人，她对工作永远充满热情。在她去世的前一天，她还在设计新的产品。

"这衣服是想让女人窒息吗！我要重新设计！"

"您的右手都不能动了，休息一下吧！"

"发布会可不会等我休息完了再开！"

27

影响世界的他们——大企业家

改变女装的香奈儿

女性服装经历了多次变化，发展到香奈儿生活的年代时……

> 色彩鲜艳，虽然很好看，但是看多了也会产生审美疲劳。

> 这让人眼花缭乱的帽子，感觉脖子要被压断了。

> 看看这腰！都是被胸衣勒的，随时都会窒息啊！

> 高档布料是很不错，可是太贵了。

> 我真不喜欢手里拿着包，什么事都干不了……

> 说实话，穿这身裙子只能坐着，不管干什么都不方便。

女性的服装设计依旧突出女性娇弱、温柔的一面，而复杂的衣裙更让女性行动不便。

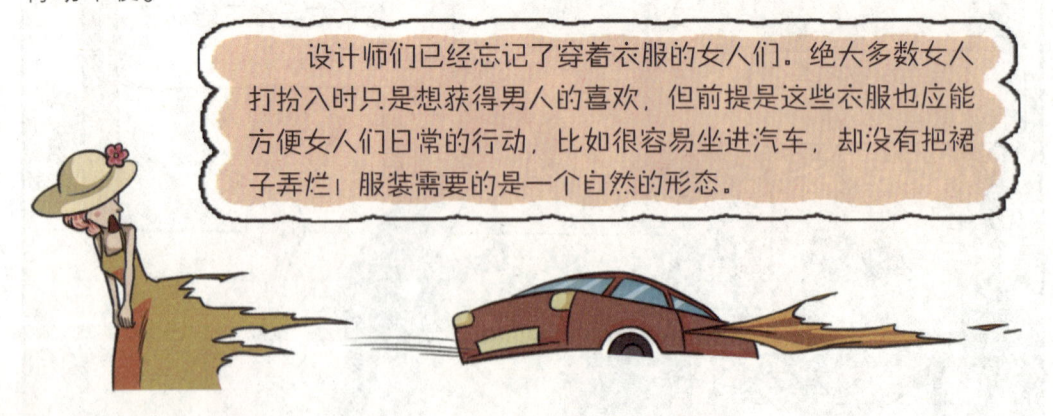

> 设计师们已经忘记了穿着衣服的女人们。绝大多数女人打扮入时只是想获得男人的喜欢，但前提是这些衣服也应能方便女人们日常的行动，比如很容易坐进汽车，却没有把裙子弄烂！服装需要的是一个自然的形态。

解放女性的时尚女王 **香奈儿**

对于那个时代的女性流行服装,香奈儿在设计上进行了大胆的改变。
- 在女性服装上使用了很多当时男装才会使用的布料和款式。

> 你是怎么想到用这种柔软的布料的?

> 因为便宜啊。

> 啊???

- 把女性的裙摆剪至膝盖,使人可以自由活动。

> 我……我要迈开大步!

> 剪短之后就方便多了!

- 摆脱了紧身胸衣。

> 虽然呼吸困难,但是……这……这样才好看……

> 自由呼吸太舒服了!

影响世界的他们——大企业家

香奈儿的女性指南

20世纪初的法国,香奈儿设计的服装和推崇的服装风格迅速发展成了一种风潮,成为女性能够独立的体现,并主宰了20世纪前二十年的女装流行风格。

> 我把身体还给了女人。

- 简洁的小黑裙

在以白色、浅色为女性美,黑色代表不吉利和诅咒的上流社会,香奈儿设计的没有一点杂色的小黑裙给当时的时尚界带来了极大的冲击。

在香奈儿之前也有不少款"纯黑"的裙子,然而只有她设计的小黑裙才有简洁大方的线条,能够让女性穿着舒适并且活动自如。她为裙子点缀的装饰品不多,却都恰到好处。这些因素让人们后来在提到"小黑裙"时,第一时间想到的就是经典优雅的香奈儿小黑裙。

> 她真美!

> 简直就是一只黑天鹅!

解放女性的时尚女王 **香奈儿**

- 干练裤装和简单草帽

20世纪初期，如果一个女性不穿束腰和宽大的裙子，不戴装饰复杂的帽子，会被认为不成体统，被别人指责，更别说穿着男装一样的服装骑马了。

> 通知
> 女性在骑自行车和骑马的时候穿裤子不违法。（其他时候则属于违法！）警长
> 1909年
> 1892年

> 瞧，以前是违法的。即使是在1920年，女人穿裤子也会被认为不够优雅。

香奈儿的设计非常实用，她为了让女性在骑马时更加安全，采用了裤装的设计。为了让帽子不被风吹走，设计了更加简单的草帽。

> 侧骑太危险了，我要安全第一！

> 女人就应该穿裙子，然后侧骑！张开腿骑马真粗鲁！

> 裤子真方便！我也想这么打扮！

随着女性解放运动的深入，女性逐渐摆脱了花瓶的定位，开始进入社会工作。香奈儿对女性服装的简化适应了女性当时的需求，因此香奈儿的衣服就成为时尚的代名词。

影响世界的他们
——大企业家

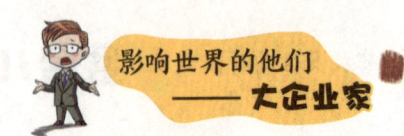

- 人造珠宝的使用

使用较为廉价,但更注重设计感的人造珠宝来作为装饰品,不仅大大增加了普通人的购买机会,也让珠宝设计者有了更大的发挥空间。

> 那你应该直接把几百万挂在脖子上。

> 珠宝就要值钱才能体现价值啊!

- 给手包装上背带

在奢侈品领域里,女式包一直都是被拿在手里的。而对于要解放女性身体的香奈儿来说,双手的解放也是非常重要的。

> 不行!加了背带那多难看啊!光是想想都不舒服!

> 背带使用金属链就好看又方便了嘛!

- 独特的香水

香奈儿在服装、配饰等方面进行了探索并获得成功后,又将目光转向了女性的第二层肌肤——香水。在香奈儿开始设计香水之前,欧洲的香水基本上是由专门的"香水世家"来进行研究和发售的。不过,香奈儿很不喜欢那些已有的香水。

解放女性的时尚女王 **香奈儿**

玫瑰花　　丁香花　　薰衣草

这些香水不是玫瑰花味、丁香花味就是薰衣草味。这是把女人当成移动花盆吗？

香奈儿和巴黎香水界的大师合作，推出了她理想中的香水——香奈儿5号。这款融合了花朵、植物等香味，并且会随着时间而改变的香水就像她其他的设计一样，优雅奢华的同时，又充满了勇敢的独立精神。

香奈儿用她的设计一再提醒女性和全社会，女性是拥有多种面貌的人，她们也是可以承担社会责任的人。香奈儿的服装可以颜色鲜艳、面料高档，但是它的线条却不会给女性带来负担，相反，能够让女性展现自信、开放以及女性线条的美。

我的设计理念很简单，女人需要独立和事业，也不能因此就丢掉美丽。

自立自强的香奈儿

1. 坚持做自己

我的少女时代并没有多少选择的余地，进入孤儿院，在孤儿院中受到的教育都不是我自己可以挑选的。在成年之后，人生的岔路口一个个地出现在我面前，从一个孤女到拥有自己的客户，开设自己的店面，受到全欧洲时尚界的追捧，这看似顺利的过程其实充满了各种艰难的选择。

影响世界的他们——大企业家

"瞧,找个人嫁了多好,什么都不用干了。"

"我宁愿去做缝纫女工养活自己。"

"你想要什么?衣服?珠宝?美食?"

"我想开一家帽子店。"

"多么简陋的帽子!"

"我相信这才是女帽合适的款式!"

"你不能按照现在的流行风格做衣服吗?"

"我拒绝,我有自己的审美!"

我始终认为保持个人的独立非常重要,然而在那个女性只能迎合男性的年代,要坚持自我选择非常痛苦。我有过人的才能,更有十足的信念,才能战胜拥有轻松生活的诱惑,选择独立前行的道路,而这种坚持让我得到了时尚女王的地位。

2. 坚韧不拔

1913年时，我借钱开了第一家服装店。此时虽然我因为制作帽子已经小有名气，不过却没多少人见过我设计的服装。为了向大家推销自己的服装，我和姑姑穿着我设计的衣服到镇上去当模特。由于请不起更多的人，在自己的店里我也要身兼多职。

你们老板在吗？营业员呢？

采购员，我送货来了！

让我看看模特穿上衣服的效果吧！

快让裁缝来帮我改一下衣服！

在！我在！都是我！我马上来！

你们的设计师好厉害！

好在努力没有白费，1914年，我在巴黎开设了第二家服装店。并且四年后，还清了借款。

3. 一切都可以用来进行创造

我喜欢观察生活，我会把所有看到的东西纳入自己的设计素材宝库中，很多大家常见的元素经过我的设计，也能焕发出耀眼的光彩。人们甚至认为，在枯燥的孤儿院生涯中，我的观察能力就比一般人强，走廊地面铺筑的星星和月亮的图案、精美的十字架等都可以从我的设计中看到，甚至连我的品牌——香奈儿著名的"双c"标志，也似乎来源于教堂彩色窗户上的几何图案。而对于这些小小的发现，我会说："时尚充斥在空气中，人们每时每刻都能感受到它的存在。"

香奈儿的高级时装定制沙龙

37

影响世界的他们——大企业家

卖炸鸡的上校 山德士

大家对哈兰·山德士这个名字不一定熟悉,不过,要是说起他经营的食品品牌,那就几乎无人不知了。瞧:

山德士是肯德基品牌的创始人,开创了肯德基快餐连锁企业。

看到我的标准微笑,你就马上可以吃到美味的食物了!

我最喜欢肯德基老爷爷了。

山德士和他的炸鸡

· 1890年9月9日,山德士出生在美国印第安纳州亨利维尔附近的一个农庄,家里还有一个弟弟和一个妹妹。

· 五岁的时候他的父亲去世,母亲每天忙于赚钱养家,山德士为了照顾弟弟和妹妹,只好自己做饭。

卖炸鸡的上校 **山德士**

好可怕的味道!

似乎没有奇怪的气味。

闻起来味道不错啊!

好吃的都是我的!

- 十二岁的时候，山德士的妈妈再婚了，可是山德士和继父的关系很不好。没多久，他就放弃了学业，离开家去附近的一个农场工作和生活。

我才不是因为和继父吵架而辍学，我只是不想学数学!

影响世界的他们——大企业家

- 年轻时的山德士做过很多工作,不过每份工作干的时间都不长。

> 我觉得我就是个倒霉鬼……

- 四十岁的时候,山德士在肯塔基州的一家加油站工作。也就是在这里,他重新捡起了小时候练就的做饭手艺。

KFC = Kentucky Fried Chicken
肯塔基州　　　炸　　　鸡

- 山德士的炸鸡店一下子就成了当地最火爆的食品店,肯塔基州州长为了感谢他对饮食行业作出的贡献,向他颁发了"上校"的头衔。从那个时候起,他在向别人介绍自己时都会以"山德士上校"自称。

> 我就是"鸡块上校"!我要用鸡块去占领大家的胃了!

卖炸鸡的上校 **山德士**

- 不过他这一次的事业因为种种原因破产了。

> 我不会就此放弃的！

> 哈兰·山德士！快来领救济金！

> 来了！

- 山德士最大的资本就是他的炸鸡秘方，他坚信自己的秘方可以让他东山再起。经过两年多的努力，一位名叫皮特·哈曼的餐馆老板终于向他伸出了橄榄枝。

> 有这么好吃的东西，我相信我可以和山德士先生一起获得成功！

- 山德士是个停不下来的人，八十多岁的时候他还在四处推销自己的炸鸡。

> 老爷子，您这么有钱，怎么还要这么勤奋的工作？

> 人们因闲散而生锈的，比精疲力竭者多多了。

- 山德士的生活十分朴素，晚年时他把大部分财富都捐给了慈善机构。

41

影响世界的他们——大企业家

关于肯德基

·肯德基的名字来源于肯塔基州,不过第一家正式的肯德基餐厅却诞生在美国犹他州的盐湖城,这家餐厅是前面提到的皮特·哈曼开的。

> 我卖了二十年炸鸡才有了这家店。

全世界第一家肯德基餐厅

·肯德基采用特许经营的模式发展。

> 我把我的秘密配方给你,你卖出一只炸鸡,给我5美分就可以了。

> 我怎么知道这些炸鸡有人买?

> 这办法可以考虑……

> 我们签约吧!

卖炸鸡的上校 山德士

- 有一次在接受电视台采访时,山德士穿着他的经典装扮出现,这套衣服和他的笑容成为肯德基的标志,这也是世界上最成功、最易识别的品牌标志之一。

> 后来我也出现了!

- 找山德士合作的人越来越多,然而山德士的年纪大了,不可能亲自去管理上千家店铺。最终,他把肯德基品牌转让给了其他人进行经营。

> 我相信你们会把我的炸鸡事业发扬光大!

> 我们一定会保留炸鸡地道的口味!

- 肯德基餐厅最有名的食物就是炸鸡。哈兰·山德士的炸鸡最初使用了十一种调味料,用这种配方做成的炸鸡,表面是一层松软入味的薄皮,里面的鸡肉鲜嫩可口,非常好吃。

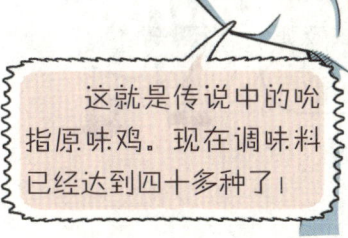

> 这就是传说中的吮指原味鸡。现在调味料已经达到四十多种了!

影响世界的他们——大企业家

· 从炸鸡的配方到容器，山德士都有严格的规定，这个规定当然也包括炸鸡用的原料——鸡。

> 排着队，站好了，看谁的身材标准。

> 2.5磅是标准，太胖或者太瘦的全都淘汰！

· 山德士会到各国的肯德基餐厅进行暗中检查，保证自己的品牌味道纯正。

> 呸呸呸，我的炸鸡怎么会这么难吃！这简直像贴墙纸的糨糊！

> 胡说！我要告你诽谤！

· 肯德基除了炸鸡也售卖汉堡、薯条、汽水等快餐食品。为了适应不同地区人的口味，肯德基餐厅在不同国家会推出一些有当地特色的食物。

> 我要保证，无论是在美国华盛顿，还是在日本东京，肯德基餐厅卖的炸鸡都和我亲手做出来的一样！

卖炸鸡的上校 山德士

到了中国不如换个口味！

英国　美国　德国　法国　中国　越南

・肯德基餐厅的发展速度非常快，从1952年开始到2012年，短短六十年时间就已经在世界各地拥有超过一万家餐厅，而且这个数字还在不断增加。现在，肯德基是世界上最大的炸鸡快餐连锁企业。

哈兰·山德士上校的微笑课堂

1. 有了想法就要行动起来

前面说过，我小时候的家境不是很富裕，爸爸去世后，妈妈每天要去离家很远的番茄罐头厂上班，没法照顾我们，于是年龄最大的我只能挑起照顾弟弟、妹妹的重担。

为了弟弟、妹妹，我每天绞尽脑汁地研究做饭的方法。后来，我一个人只用面包、蔬菜和肉就可以做二十多道菜！

就算家里穷，食物的营养也要均衡，面包、蔬菜和肉都要有！

哥哥真厉害！

影响世界的他们——大企业家

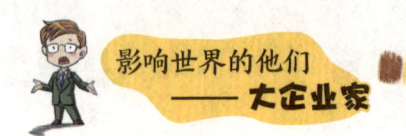

后来我一个人在外面闯荡，格林伍德的农场是我职业生涯的开始，虽然辛苦一点，但至少能维持个人温饱。此后，我可以说什么活儿都干过……

我是一个粉刷匠，整天粉刷忙……

讨厌，我们不需要保险！

清炉灰啦！

犯罪嫌疑人#￥#@￥%#%……

别想逃票！

我也有自己的轮渡公司了。

您看这轮胎多结实！买一个吧！

我的任务是去古巴！

我就这样不停地换着工作，到了四十岁的时候，我在肯塔基州的一个加油站得到了一份工作。那个时候的加油站可不像现在什么都有，长途旅行的司机们每次来加油站都会抱怨只能忍着饥饿开车。

卖炸鸡的上校 **山德士**

"就没有好吃又方便携带的食物吗……"

"我已经啃了三天干面包了！"

"我可以做点好吃的卖给他们，这样他们就会多来我的加油站了！"

想到就立刻去做，我在加油站的小厨房里做饭菜来招揽顾客，果然大受欢迎，在所有的食物中，炸鸡是最受欢迎的。

"先生，请问要加多少油？"

"不加油，我是来吃炸鸡的！"

？？？

为吃炸鸡而来的客人越来越多，我完全没想到会发生这种情况。

"我要单独开一家店卖炸鸡！"

瞧，我也许一直在经历失败，但只要不停下前进的脚步，总有成功的时候。

47

影响世界的他们——大企业家

> 我的成功得益于我的行动力，只要是你真正想做的，无论年龄多大，开始努力就有希望。

2. 努力尝试改进，做到更好

虽然生意不错，但是我并没有因此满足。因为……

这样混乱的环境让我感到自己非常缺乏管理知识，于是我专门跑去学习了饭店旅店业管理课程。为了让客人等待的时间大大缩短，最需要改进的是制作炸鸡的时间。

卖炸鸡的上校 **山德士**

　　为了缩短制作时间，我试过很多办法和工具，可惜效果都不理想。最后在参加一次展会的时候，我找到了炸鸡最好的伙伴，那就是压力锅！

　　我用压力锅进行了一系列实验。毕竟用压力锅做食物的速度比普通锅要快很多，不管是时间、压力还是用油的量都会有很大的不同。

不好！油放多了！

轰！

你这是做吃的还是做炸弹啊？

不过我最终找到了合适的办法。

就是这个压力！15分钟就可以炸好一锅！

　　就这样，我能够快速地给客人供应美味的炸鸡了！

　　越来越多的人来我的店里吃炸鸡，一位当时非常有名的美食评论家也来到了我的店里，他不仅对我的食物赞不绝口，还在自己写的《美食探险》里特别推荐了我的店！

影响世界的他们——大企业家

山德士的咖啡小屋
· 如果要去坎伯兰瀑布和大烟山旅游，这里很适合中途休息！
· 除了圣诞节，全年无休。
· 24小时营业。
· 炸鸡和汉堡都非常好吃。

有了这篇介绍，来的人更多了！

只有不断改进，才能保持我的竞争力！

3. 坚持不懈，就能胜利

我发展事业时经历过很多挫折。前面提到过的那家小餐厅，在我把它扩建成可以容纳142人的大餐厅后不久……

着火了？那好像是我家的方向！

我的餐厅！

有了客人们的支持，很快我就重建了这家餐厅。然而好景不长，几年之后，"二战"爆发，美国宣布参战。

从现在开始，石油由政府分配，不能自己想怎么加就怎么加！

政府来分配石油，那么加油站就没必要存在了，那些来加油的时候顺便买食物的司机也不会再来这里。没多久……

我们要修路，这条路要穿过你的餐厅。你换个地方开餐厅吧。

我哪有钱换地方，这家餐厅的东西都是借钱买的！

这我可不管。

我现在就是流动炸鸡销售车老板兼推销员了！

六十六岁的我开始带着炸鸡秘方四处游说，经历了一千多次拒绝之后才找到了合作伙伴，从这时开始，在五年时间里，我靠着我的配方，在美国和加拿大发展了四百多家连锁店！至于后来，你们都看到了，全世界的每一个角落，都有肯德基餐厅，还有始终微笑着的我。

我四十岁才开始做自己喜欢的事，五十多岁变得一无所有，六十多岁重新创业，我从不放弃，最终获得了成功！所以大家一定要相信，坚持就能胜利！

肯德基的超级厨房

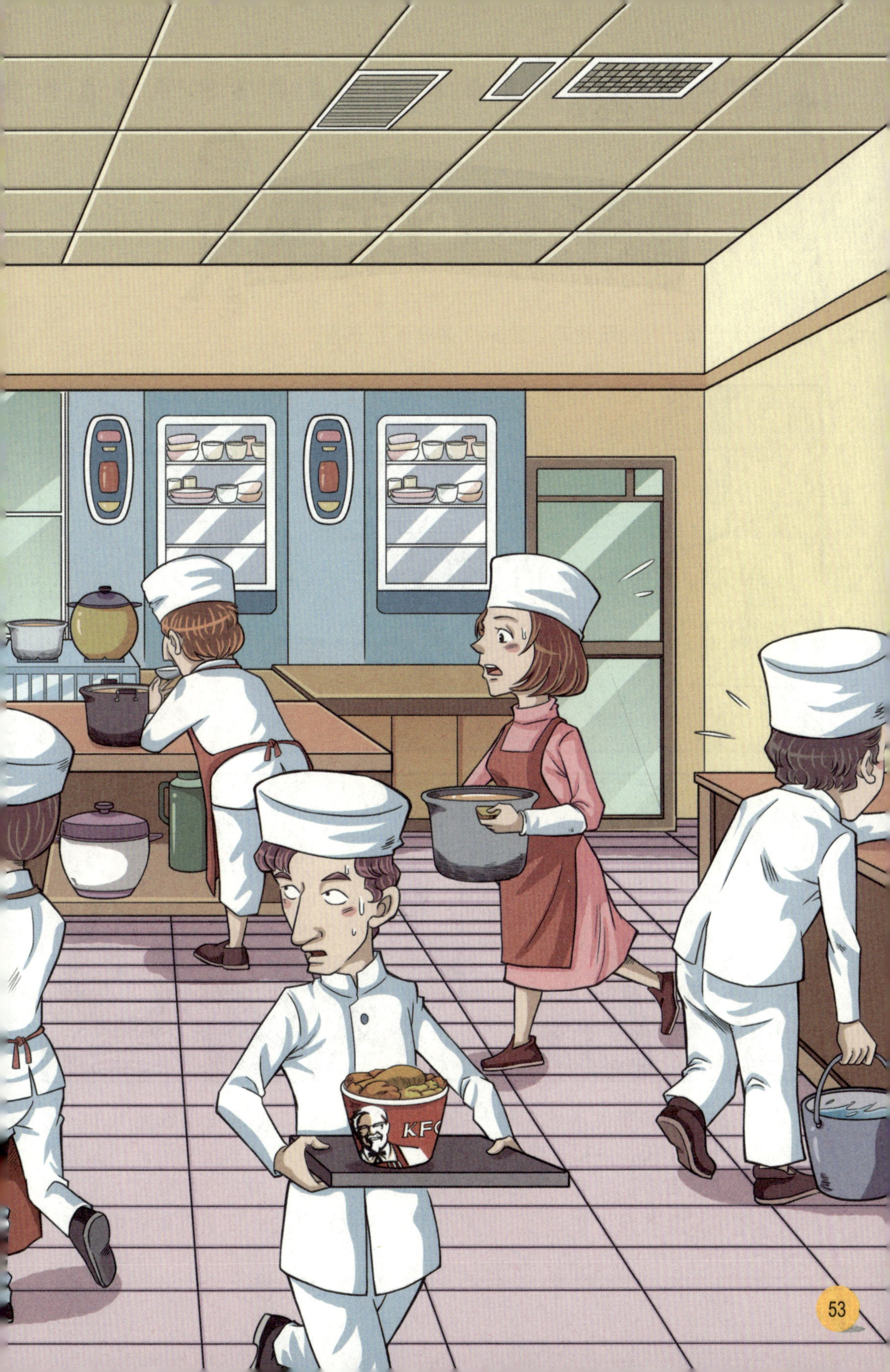

影响世界的他们——大企业家

神一样的投资商 巴菲特

说到世界上的经济活动，股票交易是不可不提的。

> 我是用脑子，而不是用这些高科技参与股票投资。

> 你们问我是谁？

> 股神！他就是股神！

"股神"的名字叫沃伦·巴菲特，1930年出生，他是美国伯克希尔·哈撒韦公司的董事长，主要从事股票交易、电子现货交易、基金交易。他的资产已经达到了九百多亿美元，在福布斯富豪榜上一直处于前五名的位置。他是世界公认的最成功的投资商之一，在几代华尔街投资者的心目中有着非同一般的地位。

神一样的投资商 **巴菲特**

华尔街是美国的资本市场乃至金融服务业的代名词。

我们都从巴菲特身上学到了很多东西。

人们甚至愿意付一大笔钱买下和他共进午餐的机会，只为了能得到和他谈话的机会。

我只是想和偶像见个面，吃顿饭！

希望得到成为亿万富翁的秘诀！

听君一席话，胜读十年书！

关于这位"投资之神"

- 巴菲特的父亲是一位股票经纪人，也许受到父亲的影响，巴菲特在五岁时就非常有商业头脑了。

这孩子真厉害。

我的口香糖今天只卖5美分一包。

55

影响世界的他们——大企业家

・巴菲特喜欢阅读，还对数字特别敏感，他十岁时就能背出美国任何一个城市的人口数字，计算数学题更是他的一大爱好。

> 我最喜欢的玩具就是爸爸的计算器！

也许是因为这些爱好，1941年，年仅十一岁的巴菲特购买了平生第一张股票，正式开始炒股。

・除了口香糖，他还卖别人用过的高尔夫球。到了十六岁时，他一边做报童赚钱，一边做起了一门生意。

> 看，我买了一台旧游戏机，可以靠出租它赚钱了！

> 你从哪里找到的！？

> 这是我做过的最棒的生意，是我事业的巅峰期。哈哈哈。

・巴菲特转学几次后考入哥伦比亚大学商学院，得到了被誉为"华尔街教父"的本杰明・格雷厄姆的教导。1951年，年轻的巴菲特得到了自己的老师执教二十二年来唯一给出的A+成绩，带着哥伦比亚大学经济学硕士学位证书顺利毕业。

- 巴菲特不爱开会，不爱制定统一规则，只要员工和下属公司能保证盈利，每个公司的管理方式可以完全不同。

- 巴菲特的办公室非常简单，没有电脑，一切工作都靠新闻、报纸以及他的大脑来完成。

影响世界的他们
——大企业家

- 巴菲特很喜欢投资，他的很多投资都和自己爱吃的东西有关。

> 我爱喝可口可乐，所以我投资了可口可乐。我爱吃冰激凌，所以我收购了DQ冰激凌公司。我还爱吃汉堡，爱吃巧克力，爱喝啤酒……

> 明白了！爱吃什么就投资什么！

- 他的生活很简朴，他对衣着、住所、食物都没有太高的要求。

住了五十多年

旧毛衣

每天的早餐，心情一般就吃2.6元的，心情好一点就吃3.17元的。

亿万富翁

- 如果你认为他是吝啬鬼，那就大错特错了。2006年，沃伦·巴菲特签署捐款意向书，正式决定向五个慈善基金会捐出其个人财富的85%，约合375亿美元，这是迄今为止世界上最大的一笔慈善捐款。

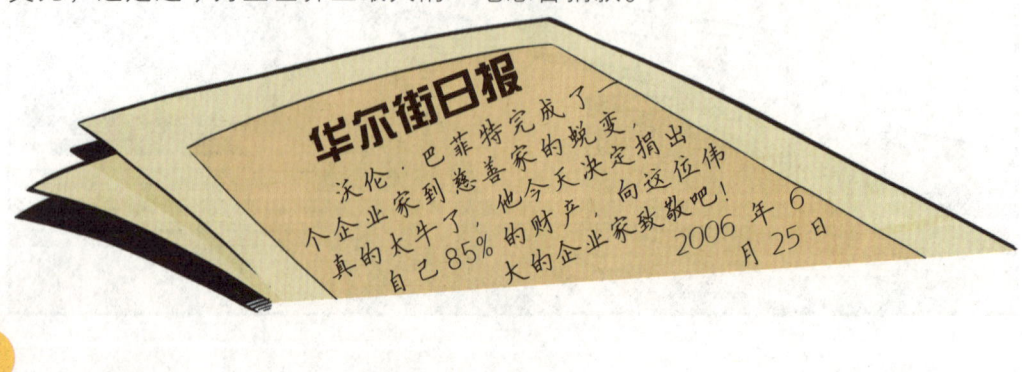

华尔街日报

沃伦·巴菲特完成了一个企业家到慈善家的蜕变，真的太牛了，他今天决定捐出自己85%的财产，向这位伟大的企业家致敬吧！

2006年6月25日

不仅如此，2010年时他还联合比尔·盖茨等40位最富有的人发起了"捐赠承诺"。

承诺书

我们将把自己至少50%的财产捐献给慈善事业。

巴隆·希尔顿　　戴维·洛克菲勒　　陈颂雄夫妇

保罗·艾伦　　沃伦·巴菲特

迈克尔·布隆伯格　　拉里·埃里森

比尔·盖茨和梅琳达·盖茨夫妇

伟大的投资商人和他的公司

巴菲特非常神奇，在他五十多年的投资生涯里，几乎没失手过。

不可思议，他就是个奇迹。

只是几乎，并不是绝对……

他似乎能轻易找出别人无法发现的投资时机，甚至经常在所有人都不看好的情况下作出能最终得到巨大利益的选择。

有拜我的时间，不如去分析一下公司情况。

每天拜拜股神巴菲特，就能赚钱了！

影响世界的他们——大企业家

巴菲特到底是怎么"成神"的？下面我们就来看一看吧……

1956年，二十六岁的巴菲特在故乡奥马哈成立了巴菲特合伙人公司。他的一些亲戚和朋友合起来投了十万多美元给他进行商业投资。

> 作为总合伙人，我也投了100美元！

> 你这钱连个零头都不到，也好意思说……

除了朋友之外，巴菲特还四处寻找投资人，他在那个时候虽然还没有任何业绩，不过对于公司运作有一套独特的要求。

> ·不要问我的股票怎么买的，买了多少，买了哪些。
> ·不要过问公司的任何事情。
> ·每年最后一天发表总结，投资人决定继续投资或者拿回投资。

> 这些条款太夸张了！

这些并不是全部，巴菲特还规定每个合伙人最多只能拿4%的利润，剩下的其中四分之一归他所有，四分之三继续留在公司作为投资资金。

> 这些规定的前提都是我能赚大钱！如果业绩不好或者一般，那么我一毛钱也不要。

神一样的投资商 **巴菲特**

巴菲特运用他的智慧、努力、耐心,很快就在市场不好的情况下赚了很多钱,这让投资人看到了他的能力,人们开始愿意把自己的钱交给他管理。

> 哇,听说这小子很厉害。

> 快来投资吧!我可以帮你赚钱!

> 我要试试投资吗?

1962年时,巴菲特合伙人公司的资本已经达到了720万美元,其中巴菲特个人的资产则从100美元变成了100万美元。他的生意越做越大,得到的投资也越来越多。两年后,巴菲特的个人财富就达到400万美元,而此时他掌管的资金已高达2200万美元。虽然这时巴菲特已经得到了投资者极大的信任,不过他的一些决定还是会招来质疑。

> 你为什么要收购伯克希尔·哈撒韦纺织公司?你疯了吗!这破公司就像个废品!买它干什么?

> 又不相信我了……

61

影响世界的他们——大企业家

1968年，巴菲特公司的股票取得了增长46%的好成绩，而同时期整个股市的平均增长率只有9%。

> 呃……以后我再也不说你疯了……

> 哼……

巴菲特的钱越来越多，但是他的心情却好不起来。在仔细分析股市后，就在他掌管的资金上升到1亿多美元的时候，巴菲特通知合伙人，他要隐退了。

> 这个合伙人公司从现在开始解散，大家把自己的钱拿走吧。

> 现在不是大家都在赚钱吗？搞不懂你的想法……

很快，股票普遍比之前下降了50%甚至更多，这种情况持续了好几年。在所有人都觉得很难赚钱的时候，巴菲特却认为机会来了！他精挑细选了一些便宜的股票买了回来，随后十几年，整个市场慢慢变好，这些股票的价格也开始飙升。至于巴菲特从中赚到了多少，大概只有他自己才知道。

> 股票便宜的时候就是我大量买进的时候！

巴菲特的能力大家都看在眼里，他的公司受到很多人关注，公司本身的股值比最初上涨了2000倍！

普通人也许会关注股票一两个月甚至几天之内的变化，巴菲特关心的则是自己购买的股票五年、十年甚至十几年、几十年的变化。

股票之神的成功之道

1. 生活中有很多好老师

我在美国内华达州的奥马哈市出生，在我还不满十六岁的时候，我就卖过口香糖、汽水、爆米花、高尔夫球、报纸、杂志、邮票，等等。

从十一岁开始，我就通过买卖股票赚钱了，因此我是一边赚钱一边读书的。为了更好地学习商业知识来赚钱，我考大学的时候选择了财务和商业管理专业。

我的大学生活多姿多彩，不过我并不太喜欢老师们的教学，这时，我看到了一本书——本杰明·格雷厄姆所著的《聪明的投资者》。

影响世界的他们
——大企业家

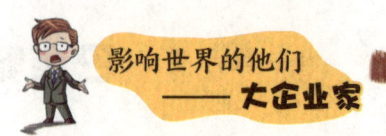

这本书的作者就是投资之神！

我要去当作者的学生！

我很快考入了哥伦比亚大学，投入了本杰明·格雷厄姆老师的门下，从他那里我学到了丰富的投资知识和诀窍。

哦哦！所以要分析公司的长期情况！不要只看今天涨了或明天跌了！

投资＝保本/赚钱
投机＝赌博
我们要投资！不要投机！

我带着从老师那里学到的最大的本领——分析、分析、再分析，回到家乡创办了自己的公司。不久，我遇上了另一位亦师亦友的好伙伴——查理·芒格。

我觉得每次赚一点钱就可以了。

我还是想找大生意，一次赚一大笔钱。

64

我从芒格那里学到的最好的办法就是……

用好价格买一家普通公司 进化⇒ 用合理的价格买一个好公司

就这样,在一个又一个老师的帮助下,我的事业渐渐到达了巅峰。

2. 耐心是怎样炼成的

《华盛顿邮报》是美国的一家全国性的报纸,由于这家报纸报道了不少重大事件,所以知名度很高。不过在1973年的时候,《华盛顿邮报》由于得罪了美国政府,公司的情况变得很差。

一千万!我要买《华盛顿邮报》的股票!

你脑子又不清醒了吧……

说不过你……

不,我来跟你仔细分析#¥%¥…%&%*&%&……

影响世界的他们——大企业家

事实上，在我刚买完《华盛顿邮报》的股票之后，我和这家报纸的总裁，也是最大的股东——凯瑟琳·格雷厄姆女士进行了一场谈话。

以后除非您允许，我不会再购买您公司的股票了。

谢谢您的理解。

通过这次谈话，我认识到这家公司除了本身有着极大的竞争优势之外，还有一个出色的领导者，这使我即使在公司情况最差时也依旧对它信心满满。

在凯瑟琳的领导下，从1976年开始，《华盛顿邮报》的股票价格开始上涨，到了2014年的时候，我获得了超过十亿美元的收益，这简直是一个天文数字。

华盛顿邮报股价变化及巴菲特购买时机

巴菲特购买18%股份

1998年收益达到最高

2004年股价达到最高

巴菲特退出

足够的耐心和漫长的等待才能获得最大的回报，我不仅从《华盛顿邮报》获得了金钱，还和总裁成为好朋友。

3. 不熟的股票不要买

有一句老话是：生意不熟不要做。这是让大家做自己最了解和最擅长的事，这样才能降低失败的风险。而我也有一句话：不熟的股票不要买。

2000年年初的时候，大家像着了魔一样投入网络、科技等股票的怀抱。

神一样的投资商 **巴菲特**

> 高科技公司股票很抢手，快点买！！！

纽约时报

高科技时代到来了！

> 我分析不出来这些公司是怎么赚钱的，不买。

我的决定招来了不少人的质疑。

> 这么好的机会他都不出手，想什么呢？

> 他已经落伍了，"股神"徒有其名。

> 我要保证收益，而不是赶潮流。

面对大家的批评，我依然坚持自己的想法。没过几年……

股市，崩盘！
高科技公司破产大潮到来？

我躲过了这场股市动荡，还在别的领域赚了一笔。这下子，人们再也不说我是个赶不上潮流的人了。有了我这几十年的投资和人生经历，我想告诉你们的经验可以归纳为两个字：专注。只有专注于自己喜欢的工作，才能获得成功。

巴菲特在纽约证券交易所

纽约证券交易所里每天进行着数不清的股票交易，而巴菲特十一岁时就从这里学到了一个道理：那就是不管经济怎么不景气，只要能够提供人们需要的东西，就能赚钱。这个认知让他给自己定下了三十五岁之前成为百万富翁的目标，而他做到了。

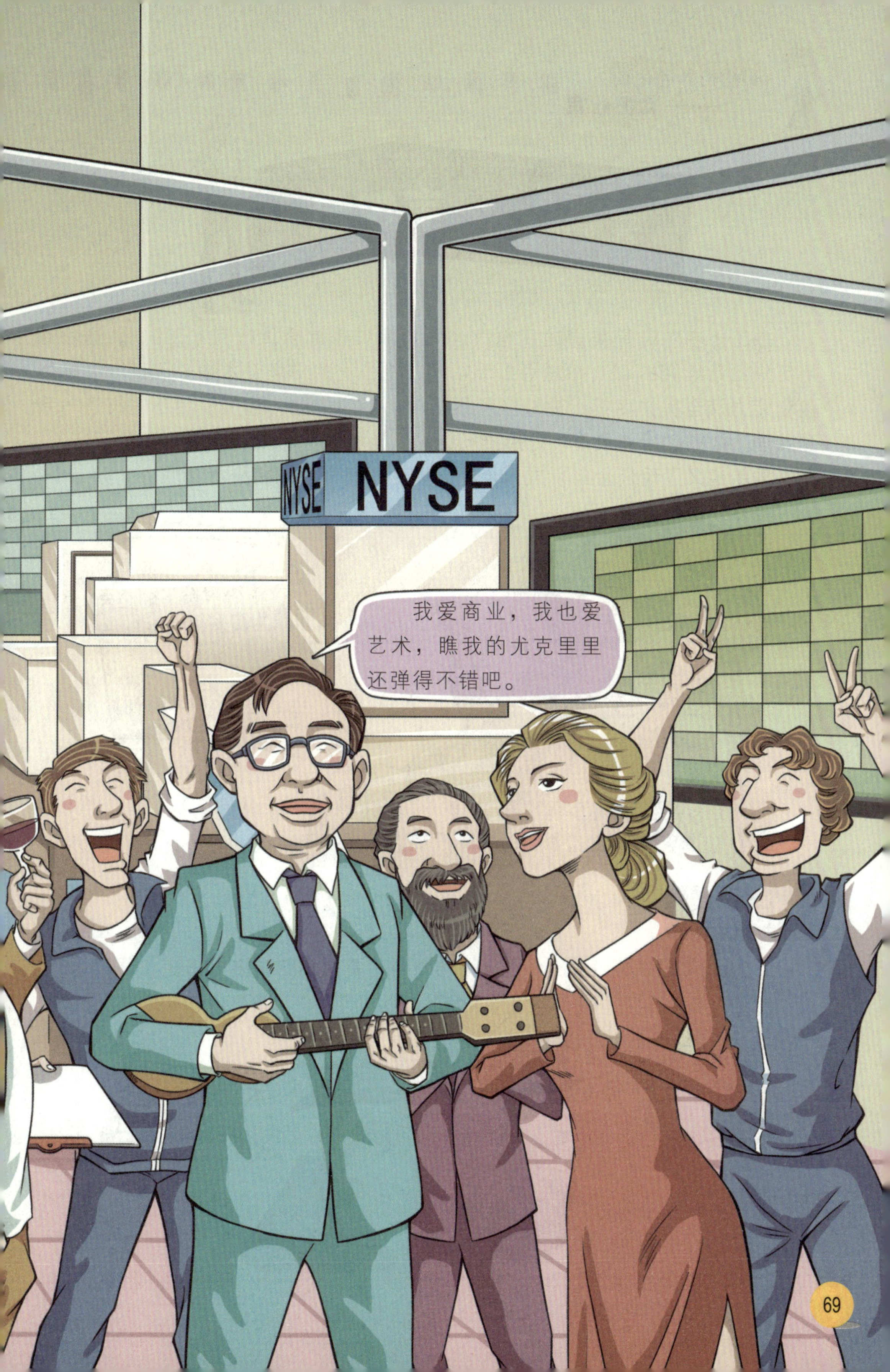
NYSE
NYSE
我爱商业，我也爱艺术，瞧我的尤克里里还弹得不错吧。

影响世界的他们——大企业家

全球第一首席执行官 韦尔奇

杰克·韦尔奇是美国通用电气公司董事长兼首席执行官（CEO）。这位通用历史上最年轻的CEO在短短二十年间，使公司的市场资本增长了三十多倍，盈利能力从全美排名第十变成了世界第一。不仅如此，他上任后还进行了一系列管理方面的创新和改革，他所推行的"六西格玛"标准、全球化和电子商务，几乎重新定义了现代企业，成为全球众多企业家学习的榜样。

> 韦尔奇留下的公司将成为日新月异的美国经济的代名词。
> ——《商业周刊》

最受尊敬的CEO

世纪经理

全球第一CEO

美国当代最成功最伟大的企业家

少年生涯

- 1935年11月19日，杰克·韦尔奇在美国马萨诸塞州出生了。

老杰克！你老婆给你生了个儿子！

太好了！

我的票！

全球第一首席执行官 **韦尔奇**

- 韦尔奇是家里的独生子。

> 独生子在我们这个时代可是非常少见的!

> 孩子太多养不起啊。

- 韦尔奇的个子不高,还有口吃的毛病,因此他一直比较自卑。不过母亲的教育让他渐渐自信起来。

> 我、我、这样,太、太难和人交、交、交朋友了。

> 不要逃避!只有面对现实,坚持与别人沟通,让别人了解你,你才会交到朋友,也才能主宰自己的命运!

> 我觉得母亲就是我的商业管理启蒙老师。

- 韦尔奇的母亲虽然只有一个孩子,但是她既不严苛,也不溺爱,而是用一种循序渐进的方式帮助自己的儿子提高能力和意志力。
- 母亲对韦尔奇有很大的影响,他甚至认为,自己的很多商业管理方面的理论和方法都可以在母亲对自己的教育上找到根源。

影响世界的他们——大企业家

- 韦尔奇的父亲是一位铁路售票员，他经常把乘客不要的报纸带回家，韦尔奇因此从小就喜欢看报纸，直到现在他还保持着这个爱好。

> 这是今天乘客看完的报纸！

> 又有报纸看了！

- 韦尔奇有很多项体育爱好。

> 比赛好忙！

曲棍球

> 第一投手就是我！

棒球

> 跑得不够快，我只能坐冷板凳了……

美式足球

> 我现在是队长哦！

冰球

> 看来不要求快速奔跑的运动最适合我！

高尔夫球

这些运动不仅锻炼了韦尔奇的体魄，也让他对团队合作有了很深的领悟。特别是担任过球队队长的经历，让他体会到了领导在一个团队中的重要性，这些都为他日后管理公司打下了良好的基础。

- 韦尔奇的父亲把高尔夫介绍给了他，这项运动成为韦尔奇成年后最大的爱好。

全球第一首席执行官 韦尔奇

- 韦尔奇做过很多工作，报童、钻床操作工、高尔夫球童，他还卖过鞋。

这鞋太奇怪了！

您穿这双鞋非常好看！

真的？那我买了！

你真会卖东西……

我要从小学习赚钱之道！

- 到了要读大学的年纪，韦尔奇很快选定了他的专业——化学工程师。要问他为什么选这个专业……

我喜欢化学，工程师的名字听起来很不错。

工程

化学

- 就这样，韦尔奇在1960年拿到了化工博士的学位，之后选择了通用电

影响世界的他们——大企业家

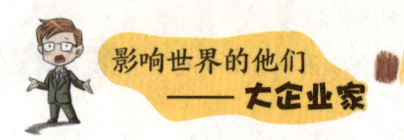

气公司作为他大学毕业后的第一家任职单位,这里也是他最后退休的地方。

> 作为公司曾经的CEO,我想我有责任给大家介绍一下我们的公司!

通用电气公司简称GE,是由发明大王托马斯·爱迪生创立的爱迪生电灯公司在1892年时和它最大的竞争者——汤姆森·休斯顿电气公司合并成立的,现在它是世界上最大的集制造、技术和服务为一体的多元化跨国公司。

基础设施
工业
医疗
商务金融
消费者金融
NBC环球

> 我们公司的产品从天上到地上无所不包!

> 我怎么从来没听说过这个公司?

> 因为我们经营的产品,大部分是发动机、导航系统之类的……你们很难看到机器内部零件的品牌吧……

全球第一首席执行官 韦尔奇

在通用电气公司中,韦尔奇从研究塑料做起,最终当上 CEO。在他大刀阔斧的改革下,这家拥有百年历史的公司真正成为商业界的领袖。

大展拳脚

1960年10月17日,我开始了在通用电气公司的职业生涯。

> 我的目标?嗯……工作六年后能比现在多拿点工资!

> 多么"远大"的目标……

这一年我才二十四岁,一进公司就遇上了麻烦事。由于公司没有提供住所,我和妻子只能住在一个小木屋里。

> 房东太太,请把暖气开大一点!

> 多穿件毛衣!

我向公司寻求过帮助,却没得到回应,这让我多少有点不满。不过我认为只要好好工作,就一定能够改变现在的生活。

机会来得很快,我接到的是要为一种化工新材料 PPO 建立一个工厂。我和同事们用一年的时间,圆满地完成了这个任务。

不过到了发放奖金时……

每天下午去工地也能拿这么多！ 1000美元

1000美元

我每天只能睡一个小时……

我每天早出晚归…… 1000美元

我是总策划…… 1000美元

我选了块地方建厂！ 1000美元

不公平的做法让我觉得这家公司毫无发展前途。不过，我所展现出来的能力也不是完全没人看见，就在我准备辞职时，一位部门负责人对我进行了劝说，最终我决定留下，继续开发PPO这个项目。

我带领着同事们不停地进行实验，最终让PPO变成了高强度、易塑形且不怕高温的材料。为了让这种材料得到大规模应用，我从工程师变成了"推销员""广告商"。

说了4个小时……你赢了……我留下！

我们的产品比瓷器好！不但好看，还轻便、便宜、砸不坏！

有这种好东西？

好厉害！

哇！我要把家里的东西换成这个！

这种材料在制造业大受欢迎，甚至引发了一场材料革命！我也因此成为公司中最年轻的总经理，并且得到了竞选董事长的机会。

董事长候选人都要经过一段时间的观察。

要多久？

8年。

8，年？？？？

在通用电气公司里，我认为我最大的优点就是拥有相当不错的专业技术，同时性格非常外向。

我喜欢和人打交道。

我喜欢运动，不怕竞争。

我还有强烈的好胜心！

我的很多做事方法给公司带来了前所未有的朝气和活力。

不好的传统？打破！

我们要合作！不要单打独斗！

影响世界的他们——大企业家

很多人并不看好我,他们觉得我缺乏耐心,说话粗鲁,有时候还很冒失。

> 老板……你连文件都能差点弄错……

> 唉……还好你及时发现……

冒失的毛病在我正式当上董事长后,也时不时地给我带来"惊喜",不过,好在我的优点远远多于我的缺点。

经过漫长的等待,1979年1月底,时任董事长雷吉分别把每一个董事长候选人叫到他的办公室……

> 到底会说什么呢……

雷吉并没有告诉我任何关于最后结果的信息,只是给了我一个问题。

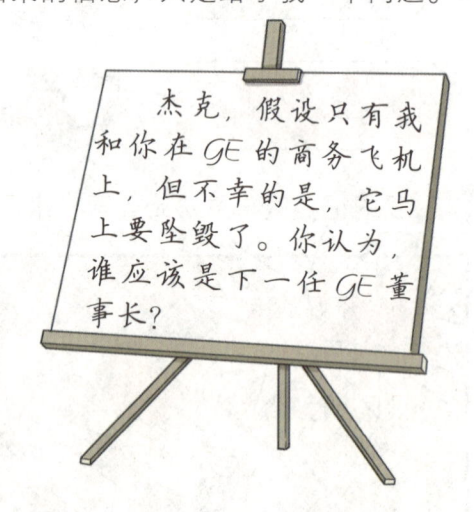

> 杰克,假设只有我和你在GE的商务飞机上,但不幸的是,它马上要坠毁了。你认为,谁应该是下一任GE董事长?

虽然我很不愿意回答这个问题,不过在雷吉的坚持下,我还是挑选了其他合适的董事长人选以及可以协助董事长的人选。从雷吉的表情上,我完全看不出来这些人选到底好还是不好。就这样,在回答完这个莫名其妙的问题后,我回到了日常工作中……

全球第一首席执行官 **韦尔奇**

> 为什么要挑4月1号！这到底是开玩笑还是真的？！

尊敬的杰克·韦尔奇先生：

我们一致（有人并不情愿！！！）决定推选您作为下一任董事长和首席执行官。正式就职时间是今年的4月1日！

通用电气公司董事会

经过一年多的角逐，我最终得到了通用电气公司董事长的职位！

韦尔奇的管理故事

1. 直面现实

不管是生活还是工作，我一直认为承认现实才是真正前进的第一步。

> 我们今年能接到3个订单！新建3个核反应堆，一定能赚大钱！

> 很多人并不能做到这一点，例如……

订单数
去年：0
前年：0
今年预计：3

核电是GE公司的一个看起来很有前景的部门，可是这个部门一直在亏钱。两年前，因为有别的核反应堆发生过事故，所以不管是民众还是政府都不信任核电了，我们公司的核电部门也整整有两年没接到订单。在这种情况下，我完全不明白为什么这位经理会认为今年能拿到3份订单。

影响世界的他们——大企业家

面对现实吧！未来几年你们也不会有订单的！

我……我知道了……

订单数
去年：0
前年：0
今年预计：80

在我"面对现实"的强烈建议下，这位经理终于重新制订了计划。

根据计划，他们在五年内裁减了95%的员工，并把所有人都安排到了研发新技术的工作中。没过多久，这个部门的收入就大大增加。跟我的预想一样，后来二十年中他们一共只接到了4个订单，并且全部需要的都是他们的新技术！

不要欺骗自己，自欺欺人只会得出荒谬的结论。认清现实，才能作出合理的判断，制订出正确的计划。

2. 无边界

有了明确的目标和正确的计划之后，还需要所有人通力合作才能做到最好。我对于合作有着自己独特的见解。

很多公司里面都会划分很多个管理层级，这虽然在管理上可以清楚地规定各自的责任，但是同时也限制了员工们的创造力。这样一来，不管什么建议和新方法都需要一层层上报，再经过一层层审批，这会大大影响问题的解决速度。

于是我提出了"无边界"的想法。我理想的无边界公司中，大门口的安保人员可以直接给我这个董事长提意见，不同部门之间也可以互相提出建议和意见，国内和国外的公司之间需要互相学习优点，并指出对方的缺点。只有这样，才能让每个人都对公司有归属感和主人翁精神，才能发挥他们最大的价值。

为了做到这一点，简化管理部门的数量是很有必要的。

从当上董事长开始，我就对管理体制进行了改革：一边减少管理层级，一边慢慢撤换高层的管理人员。这种行为招来了不少非议，因为很多人会因此丢掉工作。

不过这样做对于整个公司发展的好处很快就显现了出来，至少一份文件要找16个人签名同意，才能最终得到执行的情况彻底消失了。

除了减少层级，我还以会议形式让员工和领导能够真诚地沟通，并且互相学习。整个公司的氛围变得越来越像一个互相讨论解决问题的"大学校"。

每个部门、每个人提出的问题都能很快得到解决，这不仅大大提高了效率，也让员工感受到自己的意见真的会得到重视，他们也越来越敢于打破界限，对"边界"外的事情提出富有创造力的想法。这让我非常高兴，因为对我来说，领导公司的优秀人物固然重要，但是普通员工才是推动公司前进的主要动力。

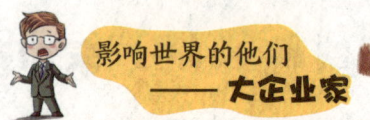

让所有人都说话，每个人就能从别人身上获取智慧，得到的智慧越多，水准就会提升得越高。这就是无边界管理最积极的地方。

"无边界"很容易带来混乱，为了避免发生错误，让客户满意，我的要求是达到六西格玛标准！也就是说，做一百万件事只允许有3.4次错误！

7西格玛 = 0次失误／百万次操作
6西格玛 = 3.4次失误／百万次操作
5西格玛 = 230次失误／百万次操作
4西格玛 = 6210次失误／百万次操作
3西格玛 = 66800次失误／百万次操作
2西格玛 = 308000次失误／百万次操作
1西格玛 = 690000次失误／百万次操作

等级7只有神仙才能做到吧……

这种方法不是我最先提出的，但是我让六西格玛标准成为大家公认的可以提高企业业绩和竞争力的管理模式。

3. 奖惩分明

所有人都可以很努力，可是每个人的能力不一样，擅长的领域也不一样，所以我坚持认为一定要对员工进行"区别对待"。区别对待的方法很简单，每隔一段时间，每个团队的负责人要对自己的团队作出评级，由他们挑出最好的20%、一般的70%和最差的10%的员工。

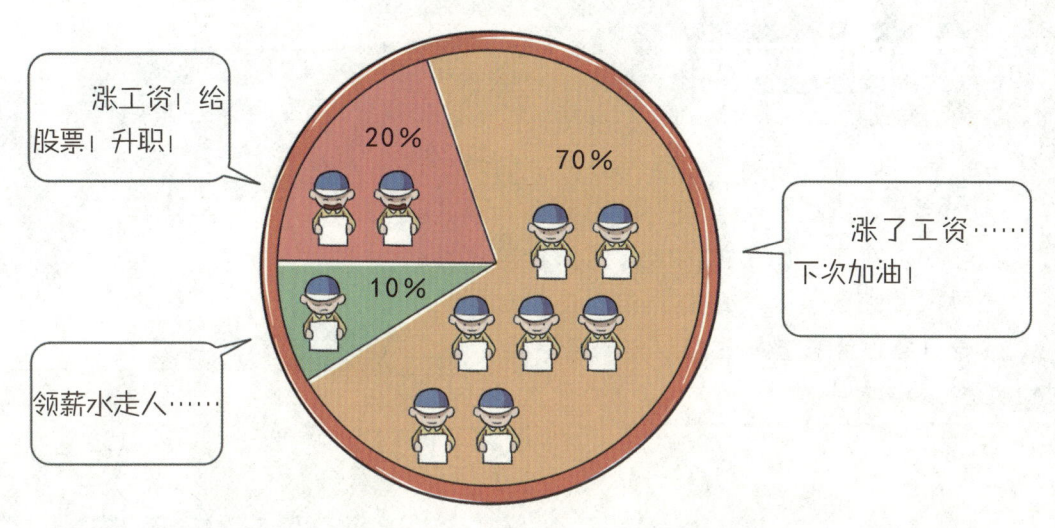

这个做法非常不近人情，但只有这样才能让真正有能力的人脱颖而出，让有更大发展潜力的员工更加有动力。

4. 居安思危

通用电气公司在我执掌的初期就获得了很大成功，不过经营环境已经越来越差。我并不是危言耸听，还记得我说过的直面现实吗？所有成本都在上升，再加上亚洲国家廉价产品的冲击，这些都促使我大刀阔斧地对公司进行改革，以适应未来更加激烈的竞争。我想要公司变得更好，在各方面都争当第一！

事实证明，我的行动让公司在所有方面都更上一层楼，公司盈利能力从美国第十变成了全球第一！

韦尔奇的高尔夫球赛

　　通用电气公司每年都会举办不少高尔夫球赛，有时候所有高级管理人员和董事会成员都会参加。在享受比赛的同时，他们会用一种轻松的态度来解决公司事务。韦尔奇和其他公司领导见面也经常选择在高尔夫球场上。

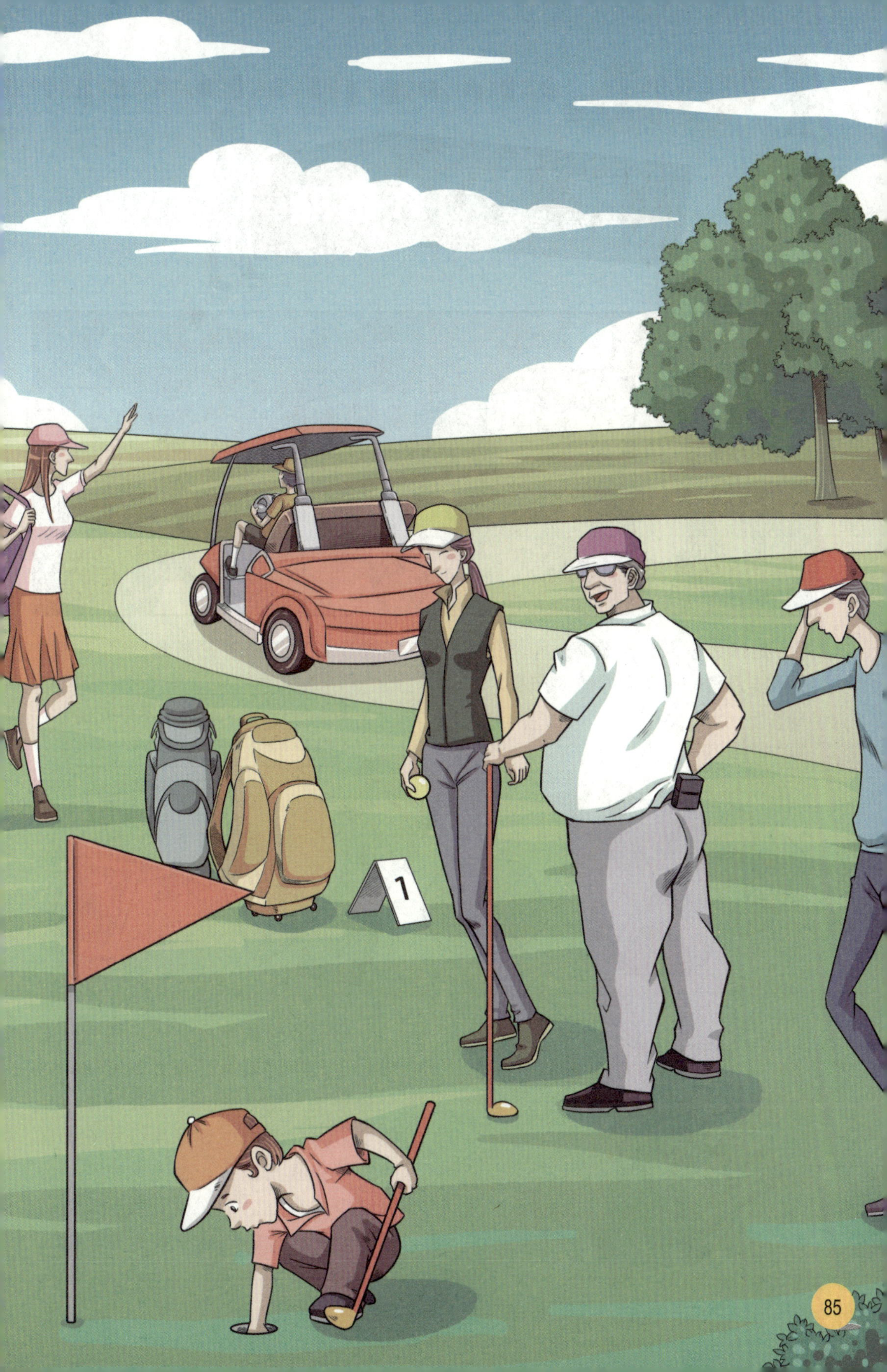
1

影响世界的他们——大企业家

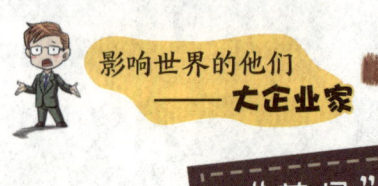

"苹果"帝国的缔造者 乔布斯

我要第一个买到!

这么晚了还排队?

新的苹果要开卖了。

是什么东西这么有魔力,能够让粉丝们彻夜排队购买?这就是世界知名的高科技公司——苹果公司的产品。

这个"苹果"不是吃的苹果啦。

苹果?高科技?

人活着就是为了改变世界!

苹果公司的产品让人们的生活在短短十几年间就有了极大的变化,这个公司的创始人之一——乔布斯以他的创造力和激情,让苹果公司在多年的竞争中独占鳌头,他是这家公司不可缺少的存在。下面就让我们来好好了解一下这位美国高科技企业家吧。

戏剧化的一生

· 1955年2月24日，史蒂夫·乔布斯出生在美国旧金山。他的亲生母亲因为家人的反对，在不得已的情况下，把小乔布斯送给别人领养。

> 我希望你们一定要送他读大学！

> 我们一定做到！

> 虽然我们不是很富有……

> 不过我们会好好待你的！

· 乔布斯的养父母不仅在生活上给乔布斯创造了最好的环境，而且为了让他去更好的学校读书，他们甚至拿出家里所有的积蓄换住房、交学费。

· 乔布斯一家住在美国的"硅谷"附近，这个地区浓厚的科技气氛对少年乔布斯有着极大的影响。

影响世界的他们
—— 大企业家

- 乔布斯的养父热爱机械和汽车，他会进行修理和改装。

> 这个地方别人又看不见，为什么要做得这么精细？
> 要做就要做到完美！

汽车内部的电子零件成了小乔布斯的电子科技"启蒙老师"。

- 乔布斯小时候喜欢搞恶作剧。

> 为什么学校里这么多宠物？
> 今天不是"带宠物上学日"吗？
> 明日请带宠物来学校。
> 嘿嘿嘿，果然被骗了。

HP9100A 世界第一台台式科学计算器

- 乔布斯的很多邻居都是科技公司的工程师，从他们那里乔布斯了解到了各种各样很酷的东西，比如太阳能光伏电池、雷达，还有当时惠普开发的"小型"计算机。这台接近40斤重的9100A第一次让他感受到了电脑这种高科技产品的魅力。

"苹果"帝国的缔造者 乔布斯

- 上初中时，乔布斯认识了史蒂夫·沃兹尼亚克，两个人从此成了好朋友。

> 我叫史蒂夫。
> 我喜欢文学！
> 我喜欢音乐。
> 我喜欢电子学！
> 我还喜欢恶作剧！

他们俩经常和同伴们在车库里研究科技产品，也就是在这里，他们决定创立一家公司，这就是后来的苹果电脑公司。

> 从明天开始，我们要成立一家公司！
> 大半夜的吵死了！
> 好啊！好啊！
> 让不让人睡觉了？

- 乔布斯喜欢创新，对喜欢的东西却非常"保守"。

> 这件衬衫不错啊……
> 我身上这件衬衫，给我拿100件一样的！

- 乔布斯平时会用冥想的方式让自己平静下来。

影响世界的他们——大企业家

- 乔布斯绝大多数时候只吃蔬菜和水果。

- 乔布斯大学时非常喜欢书法课，在这里他的艺术审美得到了极大的满足和提高。

- 乔布斯的生活非常简朴，家里除了必要的家具之外几乎什么都没有。

"苹果"帝国的缔造者 **乔布斯**

- 乔布斯曾经成立过动画工作室,并在 1995 年推出全球首部完全由电脑制作完成的长篇剧情动画片。
- 乔布斯不仅是个企业家,还是一位大发明家,他作为发明人注册的专利有三百多种,其中有上百种是在他 2011 年去世后获得的!

不停创新的苹果公司

- 苹果公司的诞生,乔布斯的好朋友史蒂夫·沃兹尼亚克是不可缺少的。

> 嗨,我、我发明了苹果电脑。

> 可惜你只想把你的发明免费送人。

史蒂夫·沃兹尼亚克十二岁时就获得了电子博览会的最高奖,上大学时就开始为电脑公司编写程序,还制作过可以免费打电话的"蓝盒子",到了 1975 年,他终于设计出了第一台没有灯泡和开关,只需要按下键盘就能看到结果的电脑。

> 这不是电路板吗?

> 这已经比我现在使用的方便多了!

不过沃兹尼亚克只是把自己的发明当作一种爱好,他甚至会免费把设计图送给别人。乔布斯却从这些发明中看到了商机。

影响世界的他们——大企业家

> 我们可以做好电脑然后拿来卖钱！

> 他们可以照着设计图自己组装一台啊。

> 我们不止没时间，我们连图都看不懂……

> 大多数人没这个时间！

> 呃……

就这样，在沃兹尼亚克发明了那台电脑一年之后，在乔布斯的大力推动下，两人筹到了一些钱，和另一个朋友一起，创办了一家公司。

> 给公司取个名字吧。

> 好啊！

> 矩阵电脑公司？

> 太老土了……

> 执行科技电脑公司？

> 太怪了……

> ……个人电脑股份有限公司？

> 你是懒得想了吧！

"苹果"帝国的缔造者 乔布斯

- 1976年4月1日，苹果公司正式成立了！
- 苹果公司出品的第二款电脑，在十几年间都是美国教育系统推荐使用的标准电脑，甚至现在很多地方还在使用这种电脑。
- 苹果公司开发的数码音乐播放器，配合独家的网络付费音乐下载系统，一下子成为当时全球占有率最大的便携式音乐播放器。 
- 苹果公司发布了可以直接用手指在屏幕上进行操作的手机，这成为后来所有智能手机的标准。

影响世界的他们——大企业家

- 对于苹果公司来说，乔布斯也许不是产品的设计者或者发明者，然而靠智慧和眼光他把各种发明创造融合在一起，在他的带领下，苹果公司的员工才能发挥出最大的能力，突破自己，不断创新，给世界带来一次又一次的变化。

"苹果"标志的变化史

苹果公司的标志和它的名字一样也很有特点。让我们来看看苹果公司标志的变化历程吧。

1976年　1977年　1998年　1998年　2001年　2008年

不少人认为"被咬了一口的苹果"是为了向计算机科学之父、人工智能之父——艾伦·图灵致敬，因为图灵正是死于一个毒苹果。还有人认为这个标志

"苹果"帝国的缔造者 乔布斯

是来源于《圣经》中人类祖先吃了象征智慧的苹果，才有了自己的思想。不过，苹果标志的设计者是这么想的……

我设计好了！

这是个樱桃吗？

为了不让人认成其他圆形的水果，我让它被咬了一口。

就……就这么简单？

乔布斯的创业故事

1. 决定不做什么很重要

有一段时间，我因为一些争执离开了苹果公司，后来在苹果公司陷入困难时，我回来了。回来之后，我做的第一件事就是改革。

我们的电脑现在有多少个型号？

这是目前麦金塔电脑的版本型号，其他的我再去拿……

对我来说，大多数产品都没有本质区别，70%的开发项目都要取消。

我们只需要专注把这四种产品做到极致就行。

台式	消费级
便携式	专业级

这种方法太粗暴了！

终于不用做那些无聊的东西了！

为了专注这些产品，苹果公司放弃了打印机、服务器等领域的产品。在我回归后的第一年，这些改革奏效了，苹果公司开发出了专业级的台式和便携式电脑，以及普通人可以用的消费级台式和便携式电脑，并且扭亏为盈。

2. 主动出击，寻找机会

在苹果公司刚成立的时候，我就向不少人展示了公司的产品。

看啊！我们的新设计是最棒的！

你们让我印象深刻，以后保持联系吧。

好，好的……

我的积极主动带来了一笔 50 台电脑的订单，那位客户甚至表示，只要我们做出组装好的电脑产品，他会出 10 倍的价钱购买。

3. 细节决定一切

我对于细节的要求非常高。

这些严格要求也体现在苹果公司的手机发布会上，不管是演讲稿的色调、聚光灯的角度还是幻灯片的选择都要精挑细选，我相信，正是这份对细节的极致追求，才能让苹果公司无论是产品质量还是外观设计都一直保持着极高的水准。

乔布斯的苹果发布会

乔布斯对自己的公司进行了一种神秘化的包装，为了保持这种神秘感，乔布斯在每次开发布会之前都会做大量的保密工作，在第一代苹果手机发布之前，他甚至把整个发布会会场完全封锁了！这种包装让苹果手机始终在大众心中有一种神秘感和新鲜感，这也是他作为商业奇才的一大突出特点。

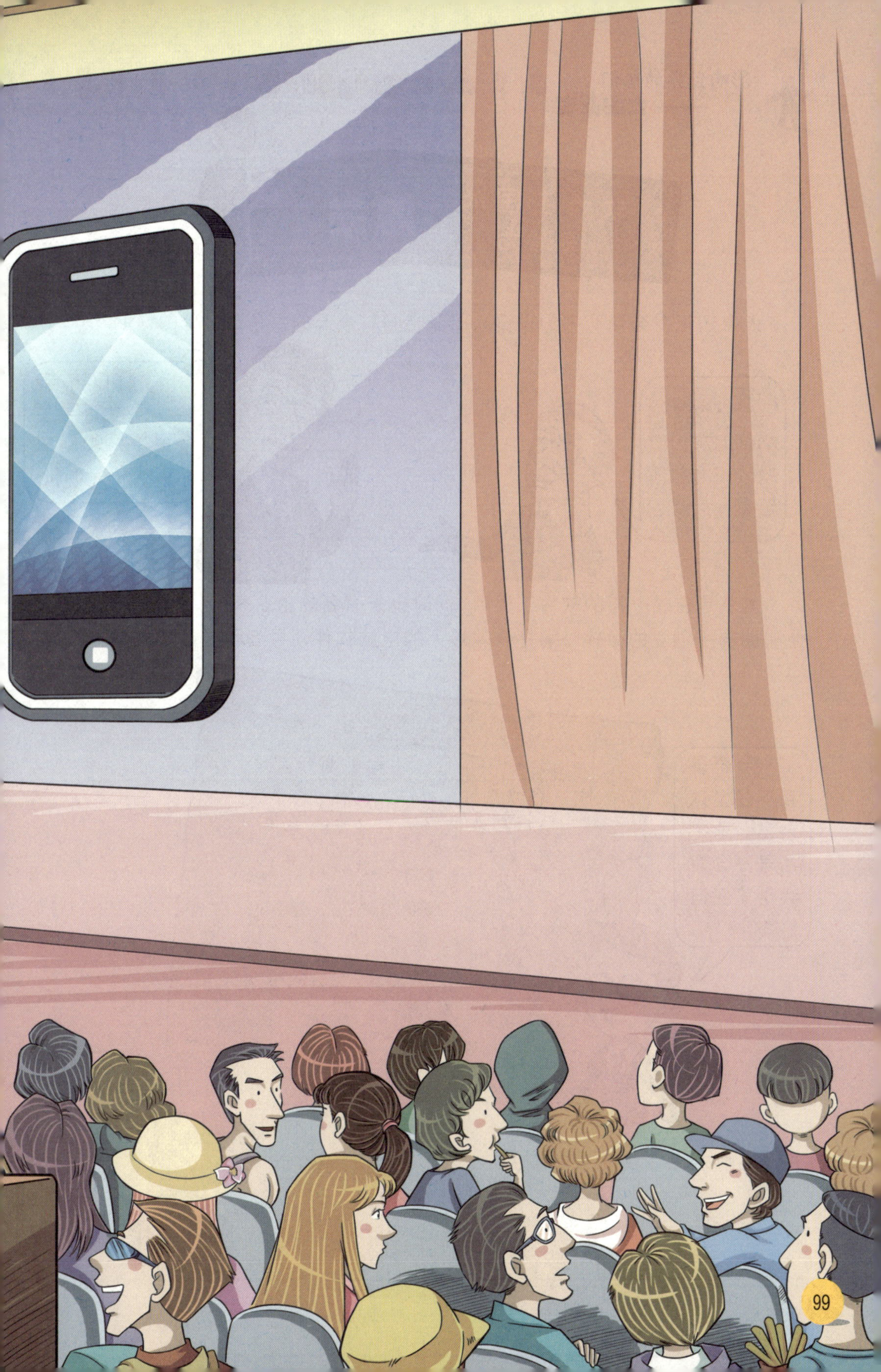

影响世界的他们——大企业家

软件王国的统治者 盖茨

大家还记得全球有名的投资人巴菲特吗？今天的主角正是他的好朋友！

> 这位是我的好朋友，微软公司的前任董事长。

> HELLO！我是威廉·亨利·盖茨三世，大家一般叫我比尔·盖茨。

盖茨是首屈一指的软件工程师，同时也是有名的企业家、慈善家、环保人士。他和朋友所创立的微软公司是全球最大的电脑软件领导者和提供商。

> 我希望我不是全球首富，这个名号不会为我带来任何好处。

福布斯全球亿万富翁排行榜

2000年 第一：比尔·盖茨
2001年 第一：比尔·盖茨
2002年 第一：比尔·盖茨
2003年 第一：比尔·盖茨
2004年 第一：比尔·盖茨
2005年 第一：比尔·盖茨
2006年 第一：比尔·盖茨
2007年 第一：比尔·盖茨
……
2012年 第一：比尔·盖茨
……
2015年 第一：比尔·盖茨
2016年 第一：比尔·盖茨

软件王国的统治者 **盖茨**

关于这位软件王国的大富豪

• 盖茨十三岁时就开始做电脑程序设计。十七岁的时候，他卖掉了第一个电脑编程作品。

> 来，4200美元，你的这个时间表格系统学校买了！

> 我的第一笔收入！

• 盖茨学习成绩非常好。他在SAT测试中得到了1590的高分，还获得过美国高中毕业生的最高荣誉——"美国优秀学生奖学金"。

> SAT相当于美国人的高考，满分1600分。

> 那你几乎就是满分了啊！

• 盖茨的家庭环境很好。

> 家境很重要，但是自己的努力也是不可缺少的。

母亲：曾任华盛顿大学校董事、全国联合劝募协会主席、第一洲际银行公司主管等。

父亲：律师。

外公：曾任国家银行行长。

影响世界的他们——大企业家

· 盖茨最感兴趣的事是和电脑打交道。他有时候在电脑前一坐就是几十小时，饭都很少去吃，更别提抽出时间来洗澡和打扮自己了。

你这几天吃饭了吗？

这比萨就没动过啊！

你几天没洗澡了？

不知道……

你是人，不是电脑。你要洗澡，要吃饭。

· 他工作起来经常忘记时间。

天哪！盖茨先生倒下了！

软件王国的统治者 **盖茨**

- 盖茨一旦开始全神贯注地思考问题，就会不自觉地摇摆自己的身体。

据说盖茨的这个习惯从小就有，就连他小时候玩木马都会摇来晃去，似乎这样才能让他更加专心。

- 盖茨非常喜欢读书，他每年都要看50本左右的书。
- 盖茨作为一个名人，也有自己的偶像。

影响世界的他们——大企业家

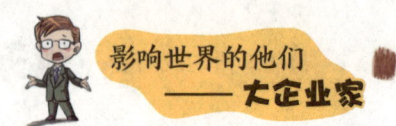

您作为名人，自己有没有崇拜的人呢？

当然有！我最喜欢的名人是我的妻子梅琳达，还有我的好友巴菲特以及摇滚明星、U2乐队主唱博诺。

· 盖茨和"股神"巴菲特是一对年龄相差二十五岁的好朋友。盖茨听说过巴菲特的名气和本事，但是……

巴菲特先生仅仅是依靠买卖股票发家，并没有什么实际本领，我不觉得我们有什么共同之处。

不过，1991年，盖茨在参加一场科技晚宴时，正式和巴菲特见了面，并且进行了交谈。

巴菲特先生是个谦逊、有趣的人，他对这个世界有着清晰而深刻的看法。我们俩已经是朋友了！

软件王国的统治者 **盖茨**

- 作为老板，他只要求员工按时完成工作，至于过程则并不在意……

边听歌边工作

看完杂志再工作

白天睡觉晚上工作

带上玩偶工作

- 盖茨和妻子梅琳达，一起为慈善事业作出了巨大贡献。他们的基金会帮助贫困地区的妇女和儿童，建立图书馆，还在医药研究上投入了大量资金。

我们是致力于消除不平等现象的乐天行动派！

影响世界的他们
——大企业家

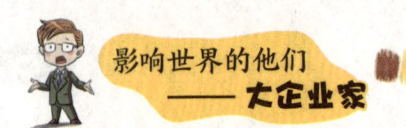

改变世界的"微软"

盖茨创造了微软公司,微软的系统和软件应用非常广泛,打开我们的电脑,大部分都会出现微软的标志。

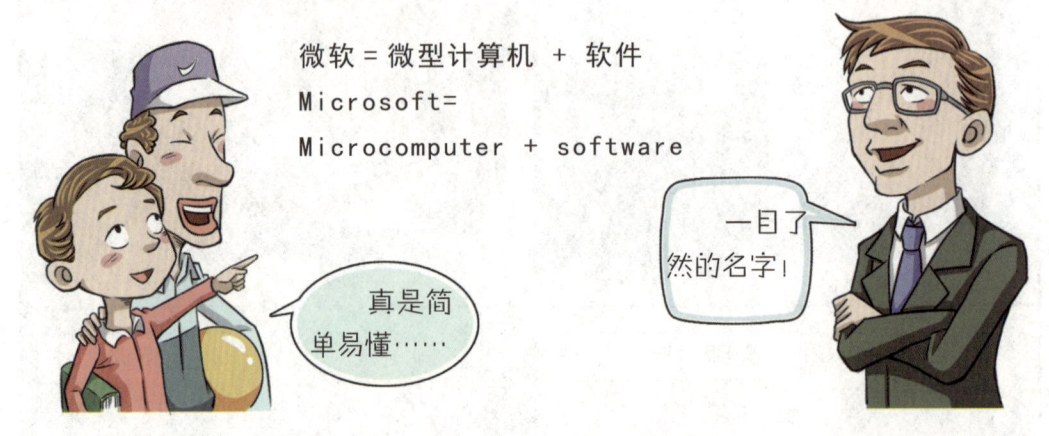

微软 = 微型计算机 + 软件
Microsoft =
Microcomputer + software

真是简单易懂……

一目了然的名字!

电脑在刚发明的时候体积非常大,使用起来也很困难,而微型电脑发明之后,这种工具进入了普通人的生活。当然,要想使用电脑,就需要软件和系统的帮助。

电脑在说什么?

#ㄚ#%#……%¢

不懂……

软件能帮助电脑快速理解我们想要干什么。我的系统最重要的特点就是简单方便!

微软公司的WINDOWS系统在市场上取得了极大的成功,成为人们使用最多的电脑系统。除了系统之外,微软公司还开发了著名的office办公软件,它们有文字处理、制作表格、文件演示等多种功能,为办公人员提供了很大帮助,因此受到了大众的青睐。

软件王国的统治者 **盖茨**

我们的软件和系统是捆绑出售的。

你们这是搞垄断！

无所谓，反正好用就可以了！

微软很快成为世界上数一数二的科技公司，不过，盖茨还有更伟大的构想，那就是让大家的生活都在微软的掌握之中。

给我干活！哈哈哈哈！

不是这种掌握！而是帮助大家的生活实现科技化！

现在，微软公司在全球七八十个国家都有业务，员工更是多达十万人。不论是作为软件设计者，还是作为企业家，盖茨无疑都获得了巨大的成功。

你可能也在使用微软公司开发的系统和软件吧！

107

影响世界的他们
——大企业家

成功企业家的理想课堂

1. 做自己最感兴趣的事

1955年10月28日，我出生在美国华盛顿州西雅图市。在这里的湖滨中学，我见到了日后对我非常重要的"伙伴"——电脑。

在那个时候，电脑还不叫电脑，叫计算机，而且我们不能想用就用，学校的计算机是按照使用时间向电脑提供方支付资金的！

站住！给钱！学校的电脑使用时间都被你用完了！

我会用电脑赚钱还你的！

我不仅找出了学校使用的软件存在的漏洞，还自己编出了好用的程序！

你现在用的程序有好多漏洞。

这小孩子真厉害！

就这样，我的才能从中学时就开始展现出来。这一切都和我对编写计算机运行程序的强烈兴趣是分不开的。

在我考进哈佛大学之后，这份兴趣让我取得了成功。

2. 机不可失，牢牢抓住

自从我喜欢上计算机这个高科技产品，我就时时刻刻在关注着它的发展。我的好朋友保罗也和我一样。有一天，我们俩一起在看杂志……

> 兴趣是最好的老师！

> 高科技时代要来了！！！！

第一台微型计算机已经成功研制出来了

电脑再也不需要占用一间房，只需要一张桌。

到人们都能使用这种计算机时，那么大家就会需要更简单方便的程序！

> 这是什么鬼念头！

> 你疯了？

> 我要退学，专门开发电脑软件。

> 冷静点！你读的可是哈佛！

虽然保罗支持我的想法，可我的爸爸始终不看好我，他甚至还请了事业有成的朋友来劝阻我。没想到的是……

最后，我成功退学创业，和IBM公司合作，一下子就赚了不少钱。有时候抓住机会会付出不小的代价，可是我始终坚信：机会是不等人的。

3. 比起最好，最合适更重要

我刚创立公司时，同伴们对于技术研究和做推销都非常有热情，但是在公司管理方面就没那么得心应手了。

> 太乱了！我们必须找个事无巨细的总管式秘书。

我在收到的简历里精挑细选，发现大部分来应聘的秘书虽然漂亮，却没有总管公司的经验。挑来挑去，我终于找到了一位……

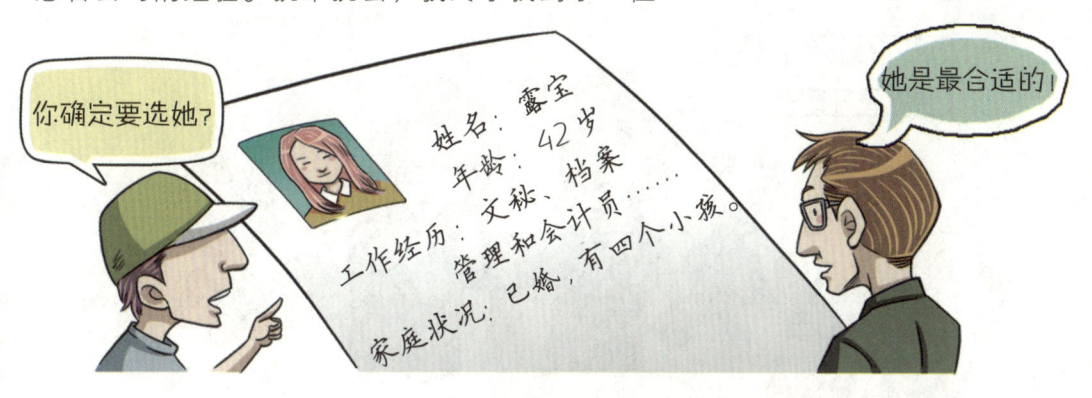

> 你确定要选她？

姓名：露宝
年龄：42岁
工作经历：文秘、档案管理和会计员……
家庭状况：已婚，有四个小孩。

> 她是最合适的！

露宝在得知公司的创立人是个只有二十一岁的年轻男孩时非常惊讶，不过她马上意识到，这意味着这家公司会遇上更多的困难和麻烦，以及更多普通公司的秘书很难考虑到的情况，想到这些，她马上明白了自己应该做的事情。

> 我真的被选中了吗？

影响世界的他们——大企业家

露宝不仅给公司制定了细致的规章制度，还在生活上非常关心大家。

> 他们习惯下午和晚上工作，上午睡觉……

> 今天醒了有饭吃！

她甚至还会帮我的客户打消掉对年轻人的不信任。露宝在公司里就像母亲一样关心和照顾着大家。

> 我和微软的成功离不开露宝。

4. 事业的好伙伴

好的事业和好的伙伴是分不开的，我创立微软公司有两位不可或缺的人物，瞧，他们来了。

> 我们仨就是传说中的死党。

> 嗨，我就是支持比尔退学的那个人。

> HELLO，我是比尔的大学室友。

保罗·艾伦　　　　　　　　　　　　　　　史蒂夫·鲍尔默

软件王国的统治者 **盖茨**

保罗也是微软公司的创始人之一。公司刚成立时，他负责开发新技术，而我则是销售员、律师、商务谈判和总裁。我们合作得很愉快，但是我们其实更加愿意安静地和电脑待在一起。

> 我们不想出门，只想编程序。

> 所以你们需要我！

史蒂夫和我们爱好相同，他性格外向，在学生时代就是校园里的风云人物。

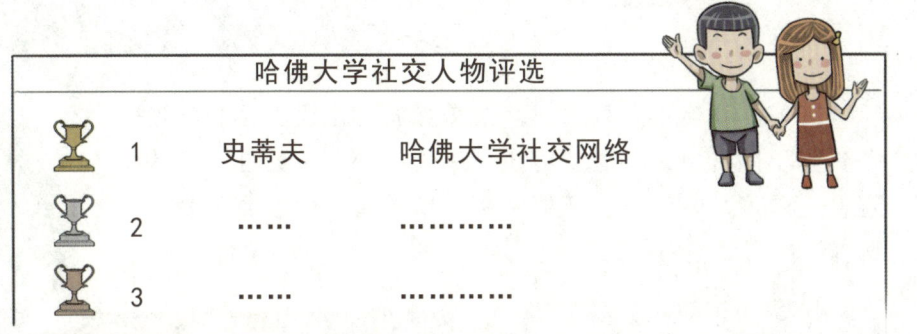

哈佛大学社交人物评选		
🏆 1	史蒂夫	哈佛大学社交网络
🏆 2	……	……………
🏆 3	……	……………

自从史蒂夫到了公司，他建立了庞大的全球销售网络，和人谈判的事情都交给他，这也给他的嗓子造成了很大负担，他甚至因为过度用嗓而需要动手术。

> 别担心，只要我能说话，谈判就能成功。

> 你，你太好了……

有这么好的事业伙伴，是我的幸运。当然，还有数以万计的微软公司同事，没有他们，就没有我今天的成功，就没有微软公司的成功。

盖茨的智能化豪宅

小型实验室一般的客房

盖茨的豪宅不仅周边环境风景如画，里面的高科技设备更是不同凡响。不管访客走到哪里，都可以处在适宜的温度、湿度、灯光下，还能听到喜欢的音乐，看到喜爱的画作。

巨无霸鱼缸

厨房

豪车

豪华的私人图书馆

影响世界的他们——大企业家

创业冒险家 马斯克

我要进军宇宙啦!

他不是卖车的吗?

他不是做软件的吗?

我好像在哪部电视剧里见过他……

以上这些都是他。

我的目标是要找到生命的意义和万物存在的目的。想想看,地球的资源是有限的,人类总有一天要面临生存问题。为了解决这个问题,我需要研究各种各样的学问,只有这样才能找到办法让整个人类都得到延续和发展!

创业冒险家 **马斯克**

他就是埃隆·马斯克，一位工程师和企业家。他是太空探索技术公司的首席执行官兼首席技术官，特斯拉汽车公司的首席执行官兼产品架构师，主要开发家用光伏发电项目的太阳城公司的董事会主席。

关于马斯克的少年时代

- 1971年6月28日，马斯克出生在南非共和国的比勒陀利亚。

> 南非是个有多元文化的国家，我小时候是生活在城市里的。

- 马斯克的父亲是一位机电工程师，母亲是模特、作家、营养师。

- 马斯克也许是受到了父亲的影响，对科学技术一直非常感兴趣。他十岁时向父亲借了一笔钱，凑上自己的零花钱，买了人生中的第一台电脑和一本编程教科书。依靠自学，他很快就学会了编程，并且在十二岁时，开发出了一款太空游戏

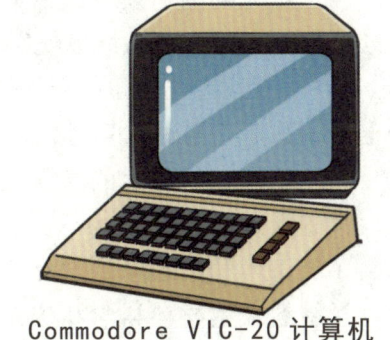

Commodore VIC-20 计算机

软件，以500美元的价格卖给了一家杂志社。

简单的宇宙机战游戏，但是很好玩！

- 马斯克从十几岁开始，坚持每天阅读。他的涉猎范围非常广，最初喜欢看科幻小说，当然还有他最感兴趣的编程教科书，慢慢地，他开始看哲学、宗教方面的书，然后是物理、工程、产品设计、商业、技术、能源等领域的书籍。

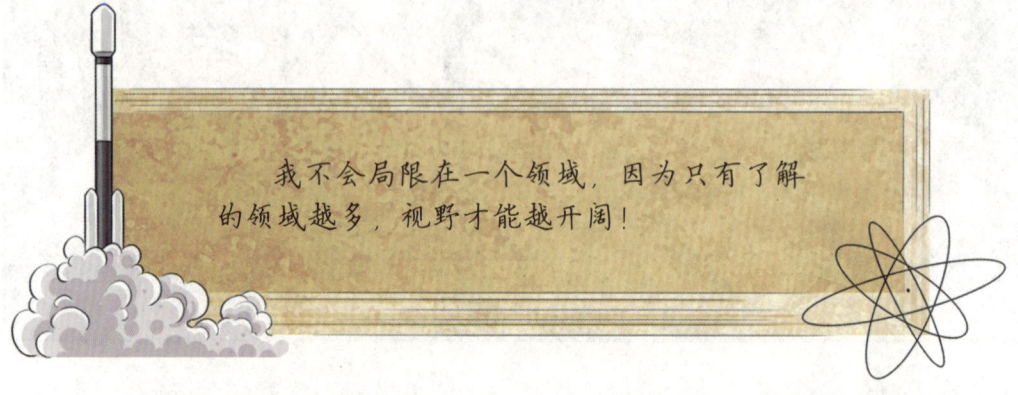

> 我不会局限在一个领域，因为只有了解的领域越多，视野才能越开阔！

- 少年时期的马斯克因为太过聪明，经常被别人嫉妒，甚至有的同学会为此欺负他。不过好在马斯克懂得如何反击，让他能够在校园霸凌中保护自己。
- 马斯克高中毕业时，他的父母已经离婚，母亲离开了南非回到了加拿大。十七岁的马斯克经过认真考虑，一个人前往加拿大，希望能有更大的发展。
- 马斯克在加拿大的皇后大学就读，后来依靠奖学金转入了美国宾夕法尼亚大学的沃顿商学院。他不仅用一年时间读完了原本需要两年的经济课程，还拿到了经济学和物理学的学士学位。之后，他出于对物理学的喜爱准备去斯坦福大学继续攻读材料科学和应用物理硕士。在大学期间，马斯克接触到了更多感兴趣的东西,他开始把目光投向了互联网、清洁能源、太空这三个影响人类未来发展的领域。

精彩的职业生涯

前面说到,马斯克在拿到了两个学士学位后准备继续读书……

> 我决定不读书了,我要去创业。

> 啊?刚开学了两天……

- 1995年,马斯克和自己的兄弟创立了一家互联网公司Zip2。这时的他们只有一间小小的办公室、一台电脑和2000美元。这家公司四年后以超过3亿美元的价格被康柏电脑公司收购。马斯克赚到了一大笔钱。

- 继Zip2之后,马斯克又和别人一起创办了贝宝(Paypal),这是全球第一个网上第三方安全支付的工具和平台,利用这个软件,全球的用户都可以快速、便利、安全地进行交易。

> 开始工作!

> 一周没睡觉了,你怎么还这么精神……

可以说，这个系统开启了世界电子支付的时代。

不还价！

我的工作看起来很简单，不过为全世界带来了很大的便利。

行，我就要这个了！

好的！我马上发货！

Paypal

鞋收到了，很漂亮！

那当然，这双鞋可是限量版的！

便宜点吧……

2002年，电子商务网站易贝易趣以15亿美元的价格收购了贝宝。这是马斯克的又一次巨大的成功。

- 马斯克在从事商业工作的同时，还时不时地去拍电影，演电视剧。

看！我正在自己演自己！

- 马斯克感兴趣的行业都是面向未来的新兴行业。2004年，马斯克向世界知名的电动汽车公司特斯拉投入巨资，成为这个公司的董事长。他决定设计研发"属于未来的车辆"。他在这个公司也取得了巨大的成功。
- 2006年，马斯克又投资了1000万美元和别人一起创办了太阳能光伏发电企业——太阳城公司。这家公司在六年后，成为美国最大的太阳能公司。2016年时，太阳城公司被马斯克的电动汽车公司收购。

创业冒险家 **马斯克**

> 太阳城公司不是你堂弟的吗?

> 对啊,我们这叫强强联合!

• 马斯克早在卖出贝宝的时候,就建立了太空探索技术公司,也就是现在大名鼎鼎的 SpaceX。这家属于马斯克的个人太空运输公司现在已经成为世界上最成功的私人航天公司。

• 马斯克在每个领域都迅速获得了巨大的成功,他为什么能够有那么多新想法?他是怎样解决遇到的难题的?其实,马斯克的方法有很多,不过他对科学方法推崇备至。

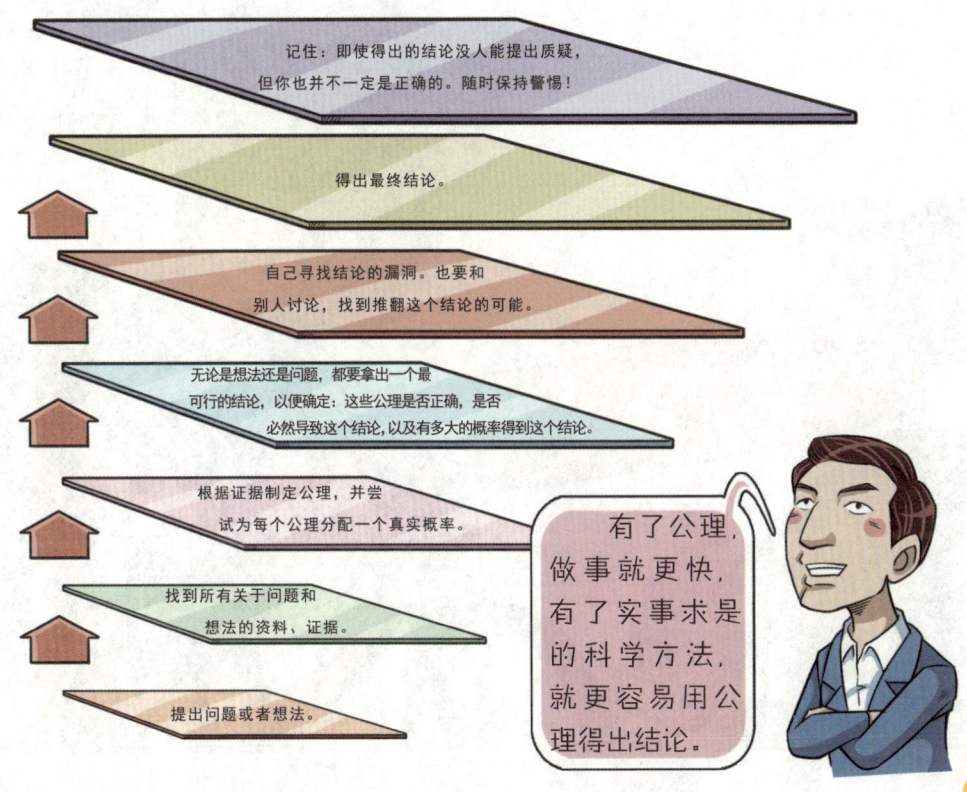

记住:即使得出的结论没人能提出质疑,但你也并不一定是正确的。随时保持警惕!

得出最终结论。

自己寻找结论的漏洞。也要和别人讨论,找到推翻这个结论的可能。

无论是想法还是问题,都要拿出一个最可行的结论,以便确定:这些公理是否正确,是否必然导致这个结论,以及有多大的概率得到这个结论。

根据证据制定公理,并尝试为每个公理分配一个真实概率。

找到所有关于问题和想法的资料、证据。

提出问题或者想法。

> 有了公理,做事就更快,有了实事求是的科学方法,就更容易用公理得出结论。

121

影响世界的他们——大企业家

马斯克的创业故事

很多人说，马斯克不停地赚钱是因为他有着远大的梦想。他自己也说过，到人类可以在火星上生存的那一天，大概才是他最高兴的时候。不论这个科幻感十足的理想到底能不能实现，马斯克在创业的道路上，的确经历过不少拥有超人般意志力和冒险精神才能完成的事情。现在让他自己来给你们讲一讲吧。

1. 绝不半途而废

前面提到过，我在开始创业时进入的第一个行业就是互联网，那时我主要的精力都投到了编写程序和经营方面，不过我过人的地方可绝不仅仅是在网络世界。当时，我的公司里不少人都非常喜欢山地自行车运动，有一次，他们组织了一次海边的山路骑行活动，并邀请了我来参加。

这条路非常陡峭，而且天气炎热，即使对于这些骑行爱好者来说也很有挑战性。等组织者结束行程到达山顶的时候，看见不少人都累得筋疲力尽，甚至连东西都吃不下去。

> 我对这个没什么兴趣……不过公司活动还是得参加……

而这时,大家连我的影子都还没看见,由于我不熟悉地形,也很少骑行……

马斯克不会直接回家了吧?

过了很久……

来了!

瞧,这就是我,只要参与某件事,那么一定会坚持到终点。

2. 打消质疑的最好办法是拿出成果

在我投资特斯拉电动汽车公司时,很多人都认为这是在浪费钱。

电动车?速度慢,跑不远,外形又丑,投资这种东西干什么?

我把所有的钱都投入了研发,就在所有人都觉得特斯拉要倒闭的时候,特斯拉敞篷跑车——一款能抓住每个人眼球的跑车被开发了出来。

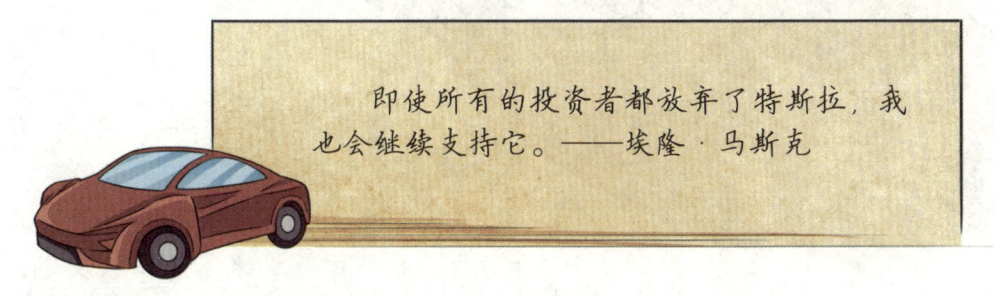

即使所有的投资者都放弃了特斯拉,我也会继续支持它。——埃隆·马斯克

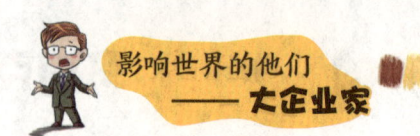

接踵而至的是另一波质疑，人们觉得就算能制造出昂贵的限量跑车，如果无法普及就不能代表电动车时代的到来。

我不会用语言去反驳这些质疑，只是投入了新一轮的研究，做出了普通家庭用的房车。用我自己的话来说，不管设计多么好看，只有拿出实实在在的产品，才是最有说服力的。

3. 永不放弃的太空梦想

我曾经在国际宇航大会的演讲中说过："人类只有移民到宇宙中才能够延续下去。所以我要研发出廉价的火箭和飞船，让人们未来花买一栋房子的钱就能走出地球。"

正因为有这个理想，我才成立了SpaceX。听到我开了一家私人航天公司的人，要么认为我只是觉得好玩，一旦意识到制造火箭的难度就会离开这个行业，要么等着嘲笑我失败时的丢脸模样。而我的朋友甚至找了一大堆火箭爆炸的影片给我看，就为了让我打消制造火箭的念头。

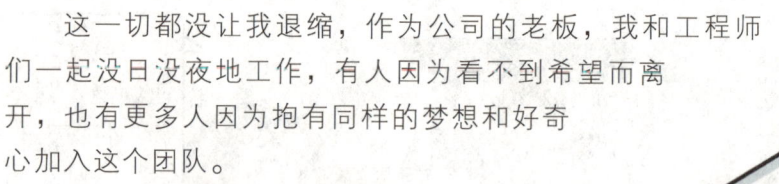

这一切都没让我退缩，作为公司的老板，我和工程师们一起没日没夜地工作，有人因为看不到希望而离开，也有更多人因为抱有同样的梦想和好奇心加入这个团队。

我之前赚到的钱，在经历了三次火箭发射失败之后几乎被耗得一干二净，剩下的钱仅够再进行一次发射。我几乎站在了悬崖的最边缘。经过各种努力，终于在2008年9月，我的团队迎来了第四次发射。

创业冒险家 **马斯克**

　　而这一次，花费了六年多的时间，投入了大量金钱的火箭终于顺利飞入宇宙，把测试物品准确地送进了轨道！

　　在这之后，我的太空公司渐渐走上了正轨，我们接到了世界各地的订单。就连美国国家航空航天局也主动和我们签订了数十亿美元的运输太空物资和宇航员的合同。

　　几年后，SpaceX研发的猎鹰9号火箭成功带着龙号太空船和国际空间站进行对接后安全返回地球。这是全球有史以来首次由私人企业发射到太空，并能顺利折返的飞船。

　　在这之后，我们又开发出"重型猎鹰"运载火箭。这款现在世界上运载能力最大的火箭，带着一辆红色的特斯拉电动汽车，在万众瞩目中飞进了太空。我说过："将所有的未来赌在火箭和电动车上很冒险，但如果不这么投入，才是最大的冒险，因为成功的希望为零。"我在冒险的旅程中不停地给周围的人带来惊吓和惊喜，至于这趟冒险旅程的终点，我相信会是充满了理想和梦幻的未来。

> 现在世界上掌握航天器发射回收技术的只有这三个国家和我的公司。

125

马斯克理想中的火星城市

127

影响世界的他们——大企业家

群星闪耀 更多大企业家

1. 铁路大亨——范德比尔特

范德比尔特是著名的航运、铁路、金融巨头,美国历史上的第二大富豪。

- 他出生在纽约斯坦顿岛的一个农场里。
- 二十三岁时范德比尔特就已经拥有了自己的帆驳船运输船队。随着事业的发展,人们给他取了个绰号——船长。
- 在对铁路业进行投资的五十年后,他成为美国铁路业的巨头。
- 他给自己树立过一个用10万吨铜制作的纪念碑,可惜的是现在只有纪念碑中央的雕像保存了下来。

科尼利尔斯·范德比尔特
(1794.5.27—1877.1.4)

付出努力才能得到回报

范德比尔特十六岁时觉得可以靠船运赚钱,于是他向母亲借了100美元购买了一艘帆驳船。在当时,这是非常大的一笔钱。他的母亲告诉他,如果在四周之内,他能把一块几乎有四个足球场那么大的荒地清理干净并且种上作物,她才会给他钱。范德比尔特没有被这苛刻的条件吓倒,他一边自己干活,一边组织邻居家的小朋友们来帮忙,从而及时地完成了这个任务。他的商业人生也从这100美元正式开始了。

群星闪耀 **更多大企业家**

一生不停地奋斗

从小,范德比尔特就是个争强好胜的孩子,他在码头工作时看到帆驳船是运输的主力,于是向妈妈借了100美元购买了属于自己的船只。靠着努力奋斗的精神,很快范德比尔特就赚到了很多钱。不过他并没有就此满足,当他发现蒸汽船才是未来趋势的时候,他果断卖掉了自己的船队,去别人的公司从头开始学习蒸汽船的知识。虽然这次学习花费了他很长的时间,不过他得到了另一次机会,到了四十多岁时,他已经建立了自己的蒸汽船航运业的王国。

范德比尔特也许永远不会停下自己奋斗的脚步,在他五十多岁时,他又看到了新的未来——铁路。不过这一次他已经不需要自己亲自驾驶火车赚钱了,他的目光转向了火车的轨道——铁路。他不是铁路的修建者,而是经营者。

他精明而冷酷地在市场上拼搏,哈林铁路、哈德逊铁路以及纽约中央铁路被他收入囊中,后来他陆陆续续又收购了十几条铁路,这使原先分散在不同人手里的铁路被整合了起来,在这个过程中,纽约中央铁路公司建立了起来。随后,范德比尔特主导建成的纽约中央火车站把各地的几条主要铁路线连接在了一起,这个交通枢纽让大片地区的物资流通变得顺畅无比,经济也随之有了极大的发展,而范德比尔特也成为当之无愧的铁路大亨。当时的媒体对他充满了溢美之词,《华尔街日报》声称,范德比尔特铸造的铁路王国让他成为运输界伟大的国王!

影响世界的他们——大企业家

2. 石油帝国的统治者——洛克菲勒

约翰·戴维森·洛克菲勒是美国慈善家、资本家，创立了标准石油公司，是19世纪第一个亿万富翁。

· 洛克菲勒从小就是个讲究方法、小心谨慎的孩子，他沉默寡言，不太爱说话。

· 他在十六岁时得到了他的第一份工作——助理簿记员。

· 他所创立的标准石油公司，是世界上最早出现、最大规模的跨国公司之一。

· 洛克菲勒在晚年时将大部分财产捐给了慈善与研究事业，这些资金主要被用在教育和医药领域。

约翰·戴维森·洛克菲勒
（1839.7.8—1937.5.23）

失误 ≠ 失败

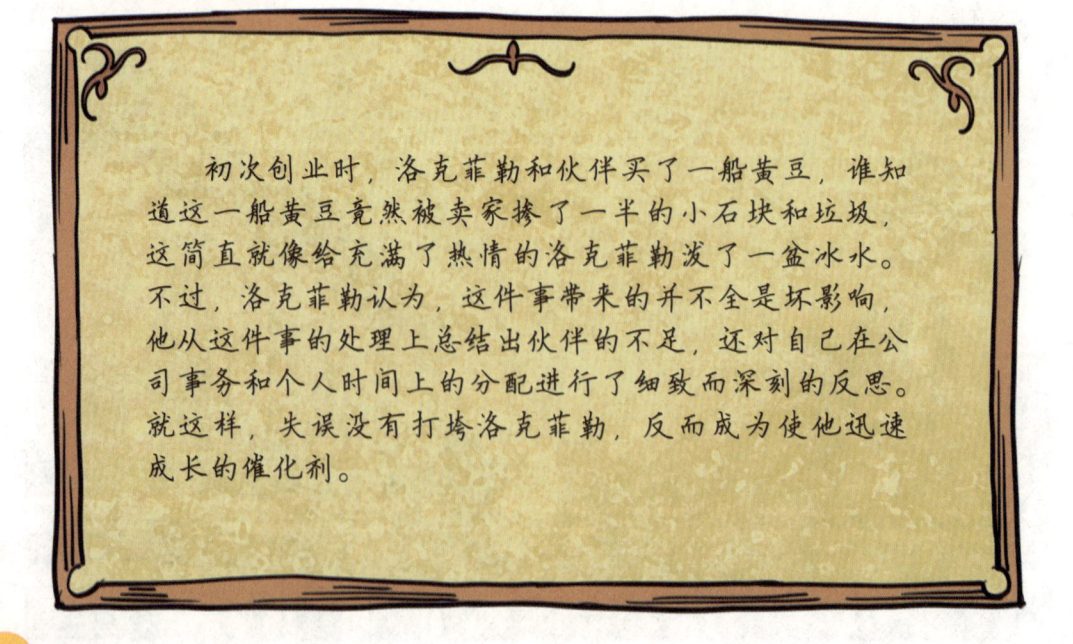

初次创业时，洛克菲勒和伙伴买了一船黄豆，谁知道这一船黄豆竟然被卖家掺了一半的小石块和垃圾，这简直就像给充满了热情的洛克菲勒泼了一盆冰水。不过，洛克菲勒认为，这件事带来的并不全是坏影响，他从这件事的处理上总结出伙伴的不足，还对自己在公司事务和个人时间上的分配进行了细致而深刻的反思。就这样，失误没有打垮洛克菲勒，反而成为使他迅速成长的催化剂。

群星闪耀 **更多大企业家**

石油王国的建立史

　　1839 年，洛克菲勒出生在一个并不富裕的家庭里，他高中还没毕业，就作出了放弃继续读书的决定，开始工作。十六岁的洛克菲勒工作了三年后，和同学克拉克一起开始经营农产品转售的生意。同时，他们见证了世界上第一口油井的诞生，以及无数人为了石油而疯狂的样子。看到这个场面，洛克菲勒非常冷静地判断：开采石油的人太多，炼油的人太少，几年后能赚钱的肯定不是开发石油，而是石油提炼。1863 年，洛克菲勒、克拉克与安德鲁斯一起投资石油提炼行业。历史证明，洛克菲勒的判断是非常准确的。

　　没过几年，这家公司经历了一次合伙人的变动。1867 年，以洛克菲勒、安德鲁斯和弗拉格勒三人为核心的炼油公司诞生，这家公司也成为未来的标准石油公司的前身。在这之后，洛克菲勒运用他的智慧和决断力，凭借高质量的产品，一年后便带领公司成为世界上最大的炼油商。

　　不过洛克菲勒并不满足于此，他一边经营着自己的公司，一边寻找合作伙伴。三年后，三十岁的洛克菲勒和几个投资者一起创立了标准石油公司，而现在著名的美孚石油公司正是它的继承者。他的公司如同一头猛兽，将所有的小石油公司一一吃掉，一步步扩大自己的领地。

　　随着公司的发展，到了 19 世纪 80 年代，洛克菲勒的公司合并了四十多家厂商，掌握了整个美国 80% 的炼油工业和 90% 的油管生意。可以说，他一步步建立了真正属于自己的石油帝国。

3. 日本国产汽车之父——丰田喜一郎

丰田喜一郎是丰田汽车公司的创始人，也是日本汽车工业的先驱。

- 他的父亲丰田佐吉是丰田集团的开创者，也是日本有名的发明家。
- 他相信"百忍千锻事遂全"，意思是：只要坚韧不拔，千锤百炼，就一定会成就一番事业。
- 当他刚提出制造汽车的想法时，整个家族都表示反对。
- 即使身患重病，他也依旧坚持工作。
- 他有一个制造飞机的梦想，希望以后人人都可以用飞机代步。

丰田喜一郎
（1894.11.6—1952.3.27）

带头辞职的总经理

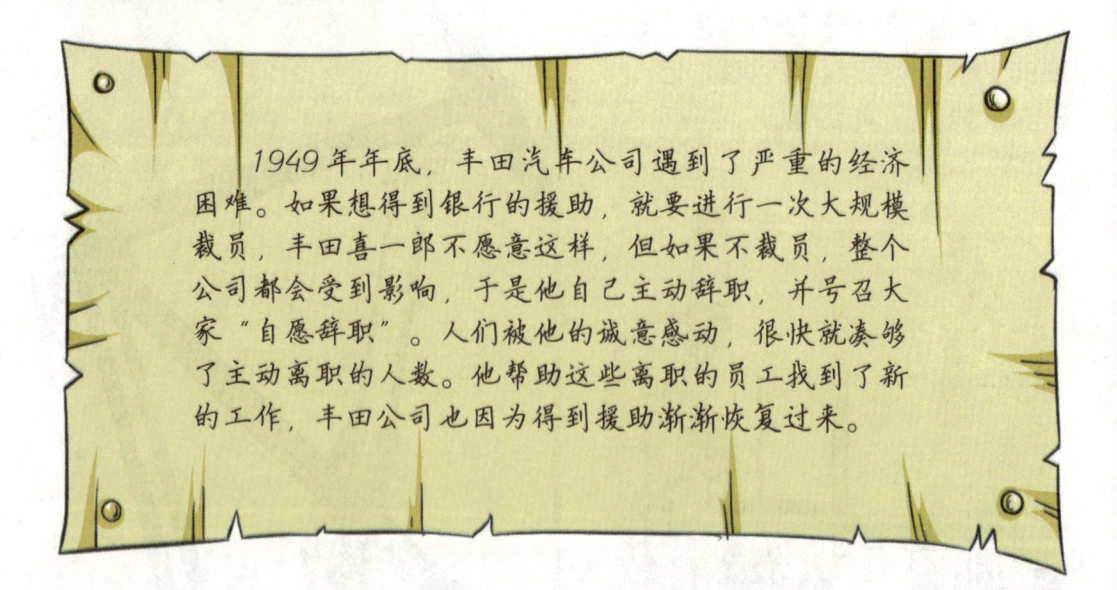

1949年年底，丰田汽车公司遇到了严重的经济困难。如果想得到银行的援助，就要进行一次大规模裁员，丰田喜一郎不愿意这样，但如果不裁员，整个公司都会受到影响。于是他自己主动辞职，并号召大家"自愿辞职"。人们被他的诚意感动，很快就凑够了主动离职的人数。他帮助这些离职的员工找到了新的工作，丰田公司也因为得到援助渐渐恢复过来。

群星闪耀 **更多大企业家**

为了人民和国家而造车

　　丰田喜一郎的父亲靠着自己发明的自动织布机创立了丰田集团。也许是受到父亲的影响，丰田喜一郎小时候就对机械很感兴趣，他长大后选择了学习机械制造。不过，在他回到丰田集团工作后，却一心想制造汽车。

　　他通过考察欧美汽车行业的情况，认识到汽车能给人带来极大的便利，也能带动社会的发展，而当时外国汽车完全占据了日本的汽车市场。面对这种情况，丰田喜一郎认为："如果不能发展国产汽车工业，不能实现国产车的批量生产的话，人民的生活质量就永远不会得到真正的提高。"

　　从此，他把所有的精力都投到了汽车制造中。1933年，在他的一再请求下，丰田公司终于设立了汽车部。丰田喜一郎在拆装、研究、分析、测绘国外汽车的过程中，对汽车的内部构造和原理有了更加深刻的认识。他提出了公司的发展方向：丰田汽车一定要符合日本的具体情况。他的精神鼓舞了公司的员工，他们都宣誓：愿意和丰田喜一郎一起，为建立日本的汽车工业而献身。

　　在对公司的管理上，丰田喜一郎制定了著名的"提合理化建议"的制度。在这种制度的影响下，不仅公司可以收集到大量的发明方案，还能大大提高员工的参与意识和劳动热情。最了解工作情况的员工提出的意见能最快速地解决问题，提高效率。这个制度在丰田喜一郎去世后，得到了不断的发展和完善，帮助丰田公司不停地向前发展。

影响世界的他们——大企业家

4. 经营之神——松下幸之助

松下幸之助是日本跨国公司松下电器的创始人。

- 他小时候只上过四年小学，然后就离开家去给人当学徒了。
- 他的经营哲学是：要细心倾听他人的意见。
- 为了增强公司的凝聚力，他创作了专属于松下电器公司的歌曲《梦想未来》。
- 七十岁时，他获得了早稻田大学的荣誉法学博士学位。
- "终身雇佣制"的管理制度就是由松下幸之助首创的。

松下幸之助
（1894.11.27—1989.4.27）

70分用人法则

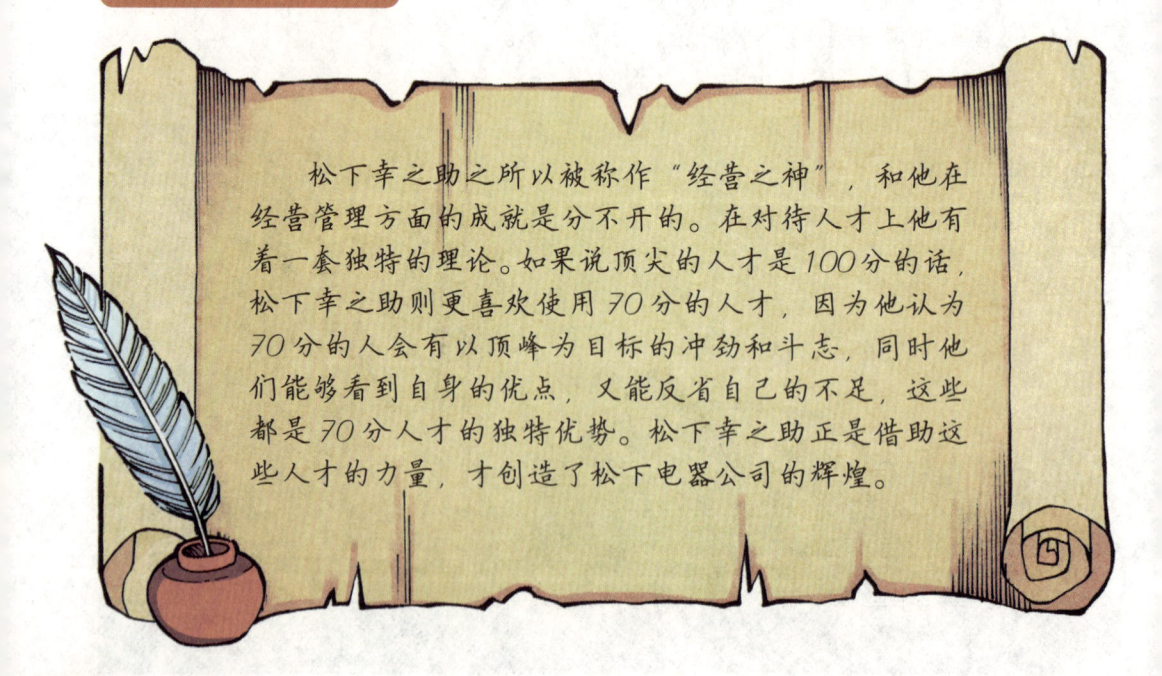

松下幸之助之所以被称作"经营之神"，和他在经营管理方面的成就是分不开的。在对待人才上他有着一套独特的理论。如果说顶尖的人才是100分的话，松下幸之助则更喜欢使用70分的人才，因为他认为70分的人会有以顶峰为目标的冲劲和斗志，同时他们能够看到自身的优点，又能反省自己的不足，这些都是70分人才的独特优势。松下幸之助正是借助这些人才的力量，才创造了松下电器公司的辉煌。

群星闪耀　**更多大企业家**

"经营之神"的经营之道

二十三岁时，松下幸之助建立了"松下电器制作所"，他和员工一起努力创新，连续推出了先进的配线器具、电熨斗、无故障收音机、电子管、真空管等一个又一个成功的产品，他在三十岁时就成为日本收入最高的人。

松下幸之助作为一个商人，从不否认赚钱的重要性，毕竟一个企业只有赚钱才能生存和发展。但同时，他认为一个企业存在的目的不能仅仅是赚钱，赚钱只是为了创造企业能够更好地履行社会责任所需要的条件，对于一个企业来说，在实现自己发展的同时，帮助社会迈向繁荣才是正道。在日本经济陷入危机的时候，他主动站出来号召大家用消费刺激经济发展。他用行动实践着自己的经营理念。

松下幸之助提出："松下员工在达到预定的退休年龄之前，不用担心失业，企业也绝对不会解雇任何一个'松下人'。"这就是"终身雇佣制度"。这种制度并不能单纯地理解为"永不解雇"，实行这种制度的公司经常会从大学生开始培训，这样可以确保员工能够适应公司的各种要求，并且员工和公司之间也会结成一种家庭式的关系，双方会更加信任，也会有更加一致的目标。松下幸之助提出的这种模式被无数企业效仿，这种制度更是为战后的日本经济腾飞作出了巨大贡献。

图书在版编目（CIP）数据

影响世界的他们：手绘名人故事：函套共8册 / 亚亚文；夏阳绘. — 北京：北京理工大学出版社，2019.9（2022.7重印）

ISBN 978-7-5682-7559-0

Ⅰ.①影… Ⅱ.①亚… ②夏… Ⅲ.①名人-生平事迹-世界-青少年读物 Ⅳ.①K811-49

中国版本图书馆CIP数据核字(2019)第190778号

出版发行 / 北京理工大学出版社有限责任公司
社　　址 / 北京市海淀区中关村南大街5号
邮　　编 / 100081
电　　话 / (010)68913389(编辑部)
网　　址 / http://www.bitpress.com.cn
经　　销 / 全国各地新华书店
印　　刷 / 湖北意康包装印务有限公司
开　　本 / 710毫米×1000毫米　1/16
印　　张 / 68
字　　数 / 1360千字
版　　次 / 2019年9月第1版　2022年7月第6次印刷
定　　价 / 200.00元(全8册)

责任编辑 / 张　萌
文案编辑 / 张　萌
责任校对 / 周瑞红
责任印制 / 边心超
责任制作 / 格林图书

图书出现印装质量问题，请拨打售后服务热线，本社负责调换

给孩子一部有温度的梦想之书

手绘名人故事

影响世界的他们

大思想家

亚亚/文　夏阳/绘

北京理工大学出版社
BEIJING INSTITUTE OF TECHNOLOGY PRESS

给孩子梦想起飞的翅膀

　　世界上每一只小鸟都要翱翔于蓝天，世界上每一个孩子都有属于自己的梦想。

　　每一个孩子都是与众不同的，每个孩子都是梦想家。在他们成长的过程中，梦想可能会折翼、会被误导，所以孩子们萌发的梦想更需要被细心呵护，需要被温柔地鼓励和引导。因此，一套好的成长之书，在孩子们的成长道路上扮演着重要的角色，发挥着潜移默化的作用。《影响世界的他们——手绘名人故事》丛书正是这样一套送给孩子的梦想之书。

　　这是一套给孩子带来正能量的、守候孩子梦想的书。在这里，孩子们会看到古今中外各个领域的名人故事，他们身上的坚强、勇敢、奋进的意志品格，是孩子们得以学习的榜样力量；他们身上的由于时代带来的局限，也是孩子们得以

不断深入思考的问题。

　　这是一套给孩子的有温度的、引人思考的梦想之书。理想不是冷冰冰的灌输和说教，在这里，孩子们能看到的不仅仅是名人们各种令人羡慕的成就，更有他们在成就的道路上遇到的挫折、打击以及他们做出的努力、他们得到的和失去的……

　　这是一套给孩子的轻松的、风趣的"朋友"之书。在这里，没有板起脸来的长篇大论，在这个名人们的"展览馆"里，他们如同一些经历丰富的"大朋友"，用他们的故事陪伴和启发着孩子们在追寻梦想的道路上前进。

　　心怀梦想的孩子更强大。守候孩子的梦想，就是守候我们的未来。愿这套书带给孩子们梦想起飞的翅膀，陪伴他们不断翱翔、快乐成长、实现梦想……

著名诗人、儿童文学作家　徐鲁

目录

8 道家学派创始人 **老子**

老子（约前571—约前471），是我国古代伟大的思想家、哲学家、文学家和史学家，道家学派的创始人和主要代表人物。

24 儒家学派创始人 **孔子**

孔子（前551—前479），我国春秋时期的思想家、教育家、政治家，是当时社会上的最博学者之一，他被后世尊为孔圣人、至圣先师、万世师表。

40 墨家学派创始人 **墨子**

墨子（约前476—约前390），出生于春秋末年战国初期，是我国著名的思想家、教育家、科学家、军事家。

56 西方哲学的奠基者 **苏格拉底**

苏格拉底（前469—前399），古希腊著名的思想家、哲学家、教育家。与弟子柏拉图、柏拉图的弟子亚里士多德一起被称为"希腊三贤"。

74 法国大革命的思想先驱 卢梭

让·雅克·卢梭（1712.6.28—1778.7.2），法国18世纪伟大的启蒙思想家、哲学家、教育家、文学家。他的《社会契约论》成为法国大革命的理论指导。

86 德国古典哲学创始人 康德

伊曼努尔·康德（1724.4.22—1804.2.12），德国著名的哲学家、作家。他的"三大批判"对后世哲学产生了深远的影响。

100 马克思主义创始人 马克思

卡尔·海因里希·马克思（1818.5.5—1883.3.14），德国伟大的思想家、政治家、哲学家、经济学家、革命家和社会学家。

116 女权主义思想家 波伏娃

西蒙娜·德·波伏娃（1908.1.9—1986.4.14），法国存在主义作家，女权运动的创始人之一。她的《第二性》为世界女权主义运动提供了理论依据。

128 群星闪耀 更多大思想家

你，准备好了吗？

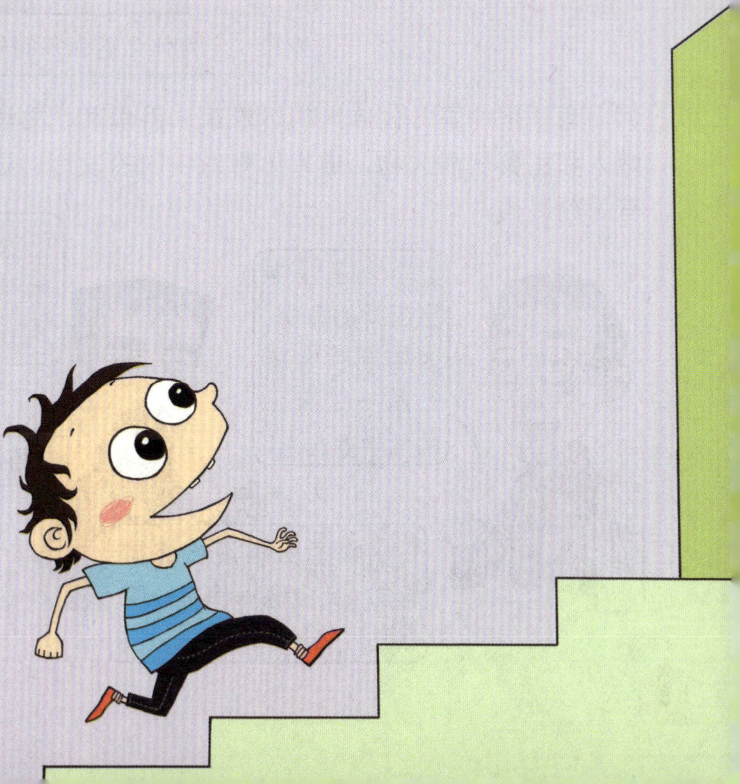

影响世界的他们——大思想家

道家学派创始人 老子

今天我们要介绍一位名字非常有个性的大思想家，他就是"老子"。我们先来看看他的相关资料吧！

大家好呀！

姓名	李耳
字	聃、伯阳
籍贯	楚国苦县厉乡曲仁里 今河南鹿邑/安徽涡阳
出生时间	公元前571年
去世时间	公元前471年

因为我们还在继续研究……

为什么这么多问号？

老子是中国古代伟大的思想家、哲学家、文学家和史学家，道家学派的创始人和主要代表人物，道家思想对中国的政治、思想、科技、文化、艺术等都有深刻影响。

胡适：老子是中国哲学的鼻祖，是中国哲学史上第一位真正的哲学家。

鲁迅：中国如果没有道家思想，就会像一棵某些深根已经烂掉了的大树。

英国科学家 李约瑟：不读《老子》一书，就不知中国文化，不知人生真谛。

道家学派创始人 **老子**

下面让我们一起来看看老子的故事，了解一下他的人生和思想吧！

关于这位传奇的大思想家

· 老子的身世有众多版本。最离奇的一个版本是，有一天一个叫理氏的年轻女子在河边洗衣服，忽然看见河里漂来了两个长在一起的李子，看起来就像两只耳朵一样。理氏正好又热又渴，便将这个李子吃了下去。谁知道，回家后却发现自己有了身孕。

> 我只是吃了个李子，怎么就怀孕了？

> 毕竟这是个神话故事。

这个孩子在她肚子里待了八十一年，到她变成了白发苍苍的老婆婆时，孩子出生了，这是个一生下来就白眉白发，甚至还有点白胡子的男孩。

> 孩子，你这长相也太……

> 淡定……

> 我是理氏，吃了长得像耳朵的李子生了你，我家那边还有棵李子树，你不如就叫李耳吧。

> 很有含义的名字……

另一个版本里，老子的母亲怀胎的时间比普通人长了一些，而刚生下来的老子长了一头白发，他的耳朵还特别大，所以才取名叫李耳。

影响世界的他们
——大思想家

- 据说老子从小就非常聪明好学，所以他的老师在教给他所有本事后，推荐他去了周朝的都城洛邑。
- 老子在洛邑担任守藏室的史官，相当于现在的国家图书馆管理员。

- 据记载，孔子听说老子是个非常有学识的人，不止一次去拜见过老子。
- 老子在做官时非常想把母亲接来一起生活，可是母亲不愿意离开故乡。

- 在治理国家方面，老子提倡"无为而治"。"无为而治"是指君主不要过多用个人的喜好去干预人民的生活，充分发挥百姓的创造力才能实现真正的辉煌，也就是"以无为而有为"。

道家学派创始人 **老子**

> 这小偷手都断了，真可怜。关一天就放了吧。

> 断了手怎么了！抓回来！死刑！

> 到底要怎么判刑！

- 老子的支持者们根据他的学说发展了道教，在道教中老子被尊为道教始祖。老子本人和他骑的大青牛也被纳入了神仙谱。

> 我不是太上老君，我也不抓鬼，我只是热爱思考人生。我感兴趣的是人和社会，不是神仙鬼怪。

> 我只是一头牛，对吃人没兴趣，更不是怪物……

- 老子对于社会、人生、自然、宇宙等都有自己独到的思考和见解，以他的学说为基础，后世的人们加以继承和发展，形成了道家学派。

- 老子的著作留存到现在的只有一本《道德经》。不过他凭着这本小书就坐上了全球超级畅销书作家的宝座！

> 道可道，非常道！我也喜欢这句，这个道的意思是￥#@#@%#￥%……

> Yes! I think "The Way that can be told of is not an Unvarying Way" means #$@#%$……

> 你们这样也能沟通？

影响世界的他们
——大思想家

老子出关和《道德经》

春秋末期，周王朝越来越衰弱，各大诸侯都想趁机一统天下，所以到处战乱不断，老子对这个局面完全绝望了，就想找一个没人打扰的地方去隐居。

往东走，是大海，老子大概不想去当个航海家，于是他一路向西，经过一道道关卡，到了秦国的边境时，他被人在函谷关拦了下来。

原来，函谷关守关的长官——尹喜，这天突然看见有一团紫气从东方冉冉飘移过来，他立刻觉得这是吉祥的预兆！不多久，果然就见到风骨非凡、仙风道骨的老子骑着青牛慢慢接近了关口。

道家学派创始人 **老子**

尹喜的修养与学识都很高，当然也听说过老子的大名，他高兴地向老子请教了很多问题，甚至陪着老子云游了一段时间。在旅程中，尹喜觉得老子的学识深远广博，思想深刻明晰，在得知老子这次出关可能再也不回来后，尹喜千方百计希望老子能给世人留下点什么。

您的智慧如此深广，为什么不写本书呢？

写书很累啊……

请先生一定要写点什么！否则我不会放您过关的！

先生这次离开就不会再回来了……这可不行。

你这是威胁！

面对尹喜的"威胁"，老子实在没办法，于是他把自己的一些想法写成了一册小书，然后飘然离开了，这就是后世著名的《道德经》。

明明老子是从我这里离开周朝的，出名的却是你。

反正要去你那儿必须先经过我！

大散关

函谷关

影响世界的他们——大思想家

史书上对老子著书的记载不算详细，这和老子的思想倒是不谋而合，毕竟，他不主动写书，才会让《道德经》在尹喜坚决的请求下出现。

《道德经》到底是一部什么样的书？

《道德经》和《易经》《论语》一起被认为是对中国人影响最深远的三部思想巨著。其中《道德经》也叫《老子》，分为上篇《德经》和下篇《道经》，最初不分章，后来被分为81章，37章之前为《道经》，第38章之后是《德经》。《道德经》全文只有五千字左右，却字字珠玑，包含了无穷无尽的智慧。

> 老子的隽语，像粉碎的宝石，不需装饰便可闪耀。
> ——林语堂

> 我一生读书为学，得益最大的莫过于老子和黑格尔的辩证法。我认为，老子的"反者道之动"这五个字，抵得上黑格尔的千言万语。
> ——钱钟书

《道德经》具体讲了什么呢？

> 就是讲的"道"和"德"嘛……

> 不要说废话！

简单来说，《道德经》中最重要的一个观念就是"道"。

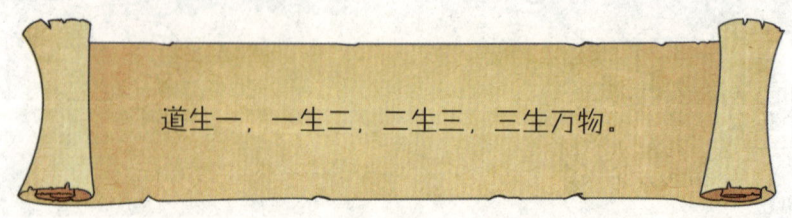

道生一，一生二，二生三，三生万物。

道家学派创始人 **老子**

老子以"道"解释宇宙万物的演变。"道"到底是什么？

> 道没有形状，也没有声音，看不见摸不着。但是它永恒存在，并且它是世界上所有事物变化的规律，具有无穷的创造力。

> 看不见摸不着……

> 但是存在……

> 道就是最小的微粒！这句话类似于原子组成分子，分子组成物质……

> 道就是上帝！就是天神！

> 道肯定是一个数学概念！你看一、二、三和万物＃￥#％￥……

> 你们解释之后更难懂了……

老子在《道德经》中对"道"的属性进行了一番描述。

> 人法地，地法天，天法道，道法自然。

> 这个"法"可不是法术的意思。

> 法的意思是效法、遵循。

大自然有它的一套固定运行准则，亿万年来都没有改变。而"道"也和自然一样，或者说，"道"就是自然的这套准则。它是生物的生老病死、它是植物的发芽开花、它是江河的无尽奔腾、它是天上繁星的动驻明灭。

学习《道德经》的可不只中国人。早在唐朝，玄奘法师就带着梵文版《道德经》到了现在的印度地区。从16世纪开始，《道德经》就被翻译成了拉丁文、法文、

影响世界的他们——大思想家

德文、英文、日文等30多种文字，许多外国人也对道德经青睐有加呢！

俄国大作家 托尔斯泰：老子对我的影响是巨大的，《道德经》是我最喜欢的书之一。

德国哲学家 海德格尔：这么伟大的书，我要试着翻译一下！

披头士乐队：我们要用《道德经》编首歌曲，就叫《内心之光》！

人们一直在对《道德经》进行解读和诠释。现在各种外文版的《道德经》已有接近500种，几乎每年还有一到两种新的译本问世。

为什么要出新译本？

看那边……

我的理解才是正确的！

不管，我就按照我的理解出书！

我是中文专家！

据联合国教科文组织统计，被译成外国文字发行量最多的文化名著，除了《圣经》以外就是《道德经》。可见，老子对世界也产生了极大影响。

道家学派创始人 **老子**

《道德经》除了内容博大精深，一字千言之外，它的文学价值也非常高。在说明道理的时候，《道德经》运用了丰富的修辞方式，使词句准确、生动，富有说理性和感染力。而且整篇文章的句式整齐，读起来朗朗上口，可以让我们在文字的音韵之美中体味深刻的哲理。

不得不说，《道德经》不仅是中国民族气质的重要组成部分，它还如同一颗明星，始终在世界思想文化的宇宙中大放光芒。

听老子讲故事

1. 软和硬的故事

有一次，我听说我的老师病了，于是去探望他。

老师……

老师躺在床上，看起来非常痛苦。我想了想，于是直接问："您病成这样了，有什么遗言要留给弟子的吗？"我们都是讲究顺其自然的人，我和老师之间一向是有话直说，老师听了我的话，也欣慰地开始了他的"最后一课"。

"我先问你，经过故乡要下车步行，你知道这里面的道理吗？"

我认真地回答："我知道。经过故乡要下车步行，就是说不要忘本，不要忘了你从哪里来。"

那里就是我美丽的故乡……

影响世界的他们——大思想家

老师又问我"经过乔木的时候要小步走过去"的意思。我回答他：意思是如果看到年纪大的人一定要尊敬他。接着老师问了最后一个问题，他张开嘴说："我的舌头还在吗？"我答道："在。""那么我的牙齿呢？"我摇了摇头。老师便对我说："你知道我让你看舌头和牙齿的意思吗？"

> 牙齿比舌头坚硬，一般人都会觉得坚硬的更牢固长久，柔软的更软弱易坏。

> 我很强！

> 疼！

老师的话让我突然明白了！"您要说的是舌头还在，是因为它的柔软。牙齿没有了就是因为它太过刚强！"牙齿虽然比舌头坚硬，可是只会以硬碰硬，不懂变通。舌头虽然柔软，但是灵活多变，做人也一样！换个思路的话，"柔软"的力量也是强大的！老师见我完全明白了，很高兴："天下的事理都在这里面了，我再也没有什么可以教你的了。"

> 天下莫柔弱于水，而攻坚强者莫之能胜。
>
> 译文：天下的事物，没有比水更柔弱的，但攻击坚强的东西，没有什么能胜得过水。

2. 变化之道

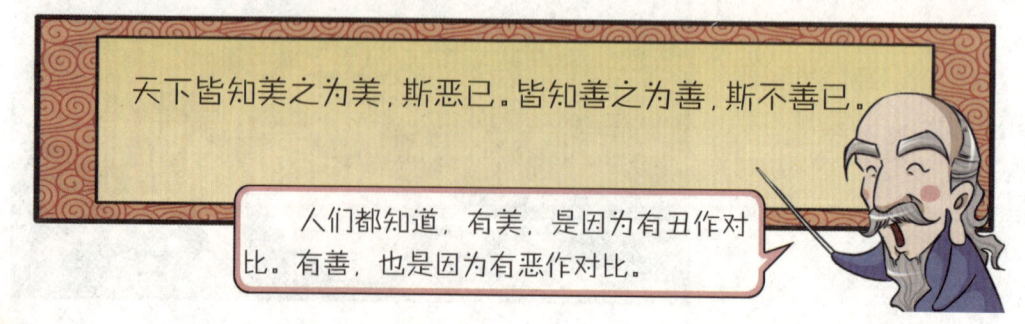

> 天下皆知美之为美，斯恶已。皆知善之为善，斯不善已。

> 人们都知道，有美，是因为有丑作对比。有善，也是因为有恶作对比。

道家学派创始人 **老子**

> 你成绩很好，也是因为有我这种成绩差的作对比。
>
> 哈哈哈哈。
>
> ……

在我看来，万事万物都有它们的对立面，美和丑、善和恶、好和坏……而这些对立的事物也一直在互相转化。后世有一个大家都很熟悉的故事正好可以说明我的观点，那就是——塞翁失马，焉知非福。

这个故事很简单。战国时期有一位老人，名叫塞翁。有一天，他的一匹马丢了，别人怕他着急，都来安慰他，谁知他却笑着说："也许并不是坏事。"果然，没过几天，那匹马领着另一匹高大健壮的马回来了！邻居们都高兴地来祝贺他，谁知他却一点也不高兴，反而愁眉苦脸地说："'天上掉馅饼'不一定是好事啊……"邻居们都觉得他这个人实在是太奇怪了。

塞翁的儿子非常喜欢新来的那匹马，经常骑着它出门游玩。有一天，他骑得太快，一下子从马上摔了下来，摔断了腿。邻居们又来安慰塞翁不要太难过，谁知塞翁反而说："他的命还在，也许这就是福气了。"没过多久，战争爆发了，塞翁的儿子因为瘸腿不需要去前线战斗，所以留在家里，性命无忧。

> 祸兮，福之所倚；福兮，祸之所伏。
>
> 译文：灾祸啊，幸福依傍在它的里面；幸福啊，灾祸隐藏在它的里面。

这个故事用一连串巧合告诉我们，在一定条件下，"好事"和"坏事"是会相互转换的，不论遇上了什么事情，都不要沉溺在激动或者颓丧中，而要积极考虑以后的发展可能性，才能冷静地面对和解决事情。

影响世界的他们——大思想家

3. 砖头和石头的较量

我那时候算是个名人,经常有人来找我请教问题,也有觉得不服气来和我一较高下的。比如这位鹤发童颜的老翁,他那天来找我,先讲了他的一生……

然后他很得意地说:"我活了一百零六岁,一直都是轻松度日。我的同龄人活着的时候,要么辛苦耕种,要么去给贵族修建宫殿赚点小钱,到死连个像样的坟墓都没有。而我吃吃喝喝,也不干活,却活得好好的。我是不是可以嘲笑他们忙了一辈子,只换来一个早死呢?"

道家学派创始人 **老子**

听了老翁的话，我微笑着捡起了一块砖头和一块石头。

石头和砖头，你觉得哪个更好？

当然砖头更好。石头大小、形状各异，砖头则很整齐，用来盖房子更省事儿。

那么石头和砖头，谁的寿命长呢？

当然是石头！

咦……哪里不对劲儿……

可以看出来，大部分人在判断人、事、物的好坏、价值时，最大的标准就是它对人们和社会是否有所贡献。古往今来，有巨大的贡献的人会被整个社会铭记，努力生活的普通人也会被家人和朋友记住。

因为自己活得久就去嘲笑别人，就像石头嘲笑砖头一样，到底应不应该，还是你自己判断吧……

这……这……

老子的图书管理员生活

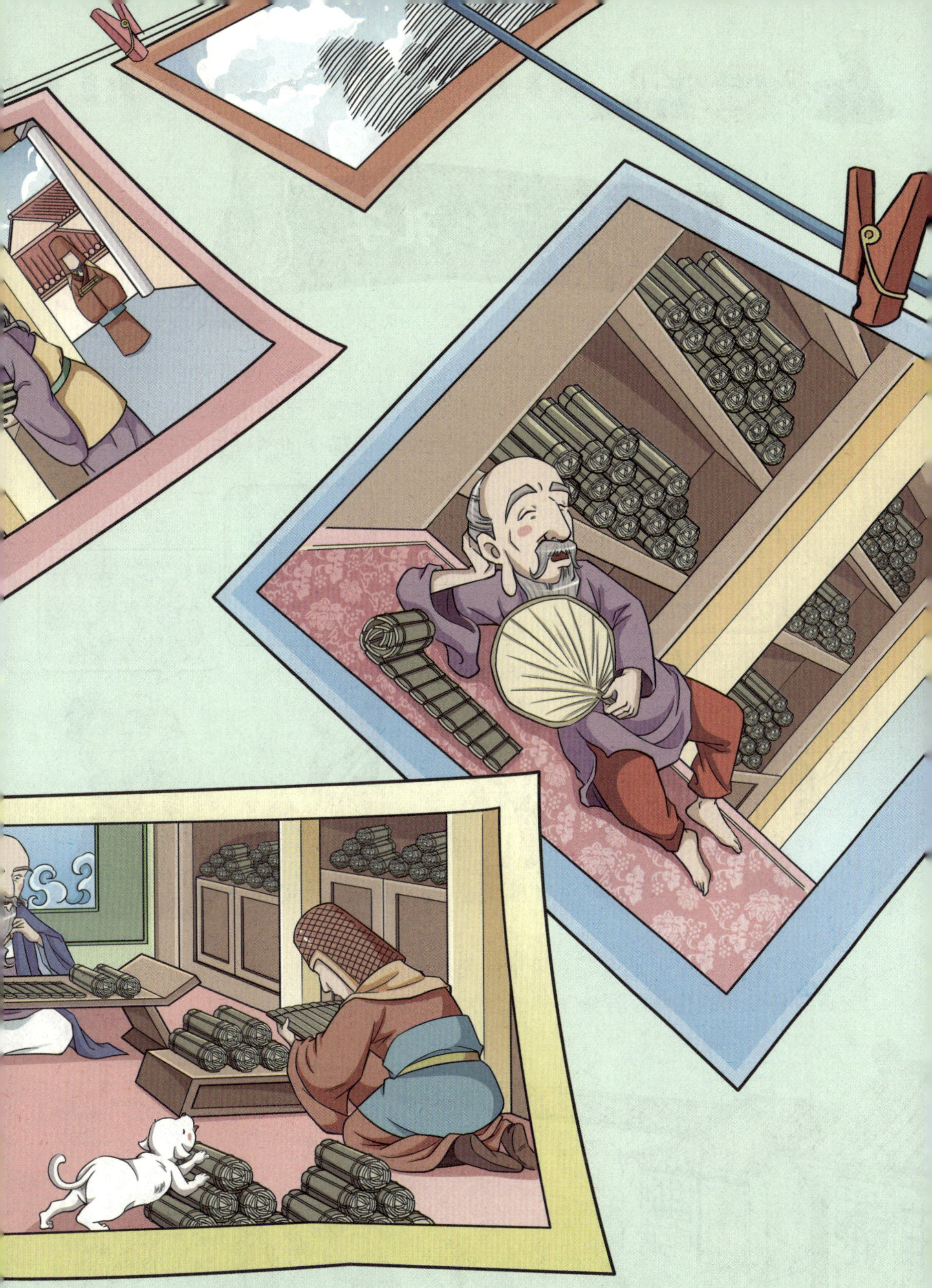

影响世界的他们
——大思想家

儒家学派创始人 孔子

在我国春秋末期,有一位当时社会上有名的博学者,他是思想家、教育家、政治家,被后世尊为孔圣人、至圣先师、万世师表。他的思想对我国和东亚很多国家都有深远的影响。他是联合国教科文组织确认的"世界十大文化名人"中唯一的中国人。

> 他怎么可以一个人当这么多"家"啊?

> 他是儒家思想的创始人,所以是思想家!

> 他可是有三千弟子啊!教育家当之无愧。

> 他经常给我出谋划策,算是政治家了!

> 不管我是什么家,都是在宣传我的主张!

现在,全国各地还有非常隆重的纪念他的祭祀仪式。接下来请大家走近我们今天的主角,详细了解这位大思想家——孔子。

儒家学派创始人 **孔子**

关于这位有着超级影响的文化名人孔子

- 公元前551年9月28日,孔子出生于鲁国的国都陬邑,即现在的山东曲阜。
- 孔子名丘,字仲尼,汉族。据说他的父亲名叫叔梁纥,为逃避宋国战乱,流亡到了鲁国后和孔子的母亲结婚。可惜他在孔子三岁的时候就去世了。

> 周朝宋国君主的后代。
>
> 能文能武。
>
> 鲁国三虎将之一。
>
> 身高十尺。

- 孔子道德高尚,品格端正,被认为是接近完美的圣人。
- 根据《史记》的记载,孔子的个子非常高。具体有多高呢?我国古代的尺寸长度经常有变化,这也造成不同时代人们所说的孔子身高是不同的。

孔子长九尺有六寸，人皆谓之“长人”而异之。
——《史记·孔子世家》

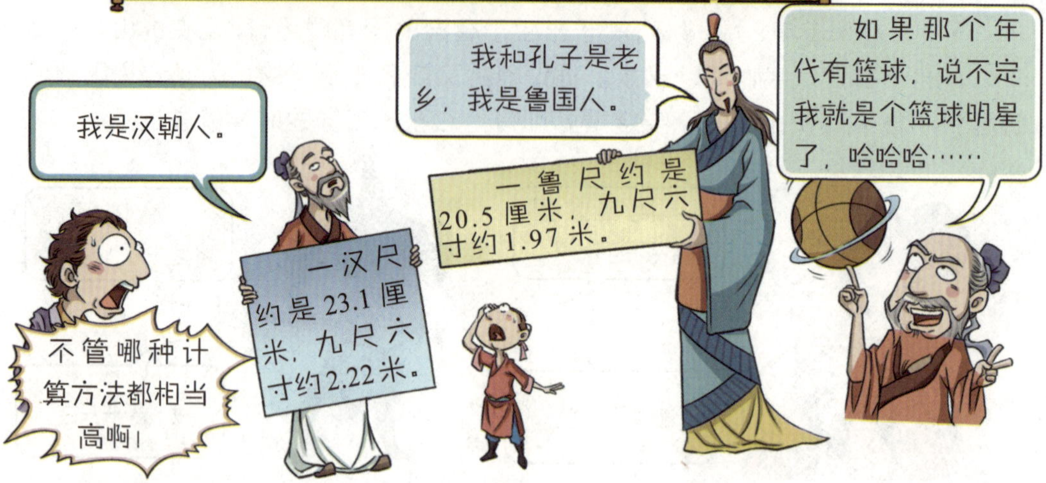

· 孔子的儿子叫孔鲤，孙子孔伋是儒家经典《中庸》的作者。

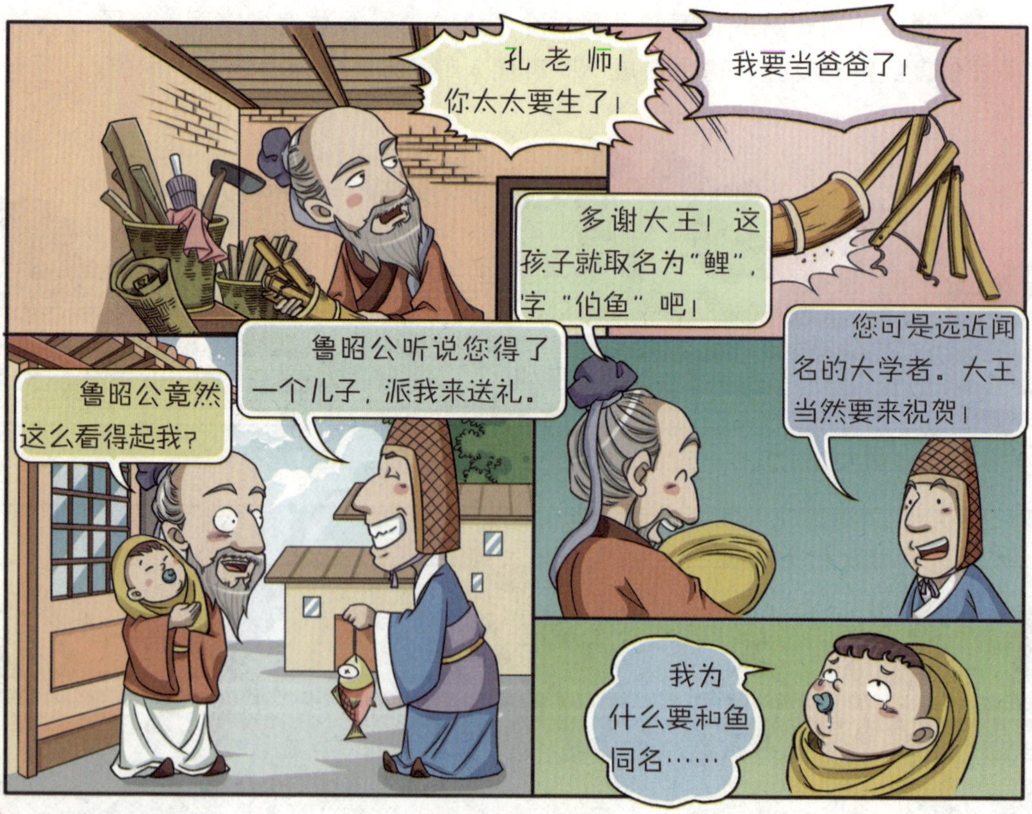

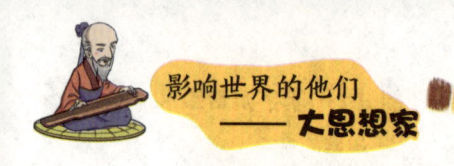

儒家学派创始人 **孔子**

· 相传孔子门下有三千弟子，其中七十二位高徒被称为七十二贤人。他是我国历史上第一位以教师为职业的人，也是他开创了私人讲学的风气。

作为一名光荣的人民教师，我的学生真不少，先给你们介绍一下"孔门十哲"吧。

德行

老师经常夸我有君子之德。

孝行、正派、气量也都是美德。

颜回

闵损、冉耕、冉雍

政事

我多才多艺，尤其擅长理财。

我敢对老师提出批评，也勇于改正错误。

仲由

冉求

言语

我是个善于思考和提问的"话痨"。

我担任过鲁国、卫国的丞相，还是儒商之祖。"君子爱财，取之有道"是我的名言。

宰予

端木赐

文学

我主要在南方传播老师的学说。

我很具有独创性，并且提倡不断在实践中学习和提高自己。

言偃

卜商

27

影响世界的他们——大思想家

- 孔子创立了儒家学派。

我们要克己,我们要爱人。但是……

克己≠任人打骂
爱人≠纵容他人的错误

- 春秋时期,因为诸侯争霸,天下大乱。孔子认为,只有恢复周礼,天下才能重回安宁。于是,他带着众多弟子开始在各个国家间推行自己的政治主张,可惜没有一个诸侯愿意采纳。孔子最终失望地回到了鲁国。

你接受我的学说比送东西好多了……

这点东西不成敬意……

谢谢。

- 儒家要求学生掌握六种基本才能:礼、乐、射、御、书、数。相当于礼节、音乐、射箭技术、驾车技术、识字和书法以及数学。这六种被称为儒家六艺。
- 老年时,孔子修订了鲁国的国史《春秋》。这部书的编年体体例为史学三大体例之一。修订这部书时孔子所使用的记述手法也被人们称为春秋笔法。

儒家学派创始人 **孔子**

春秋笔法到底是什么？

就是在记录历史事件的时候，仔细挑选用词，让这些词表现我的想法。

写史书应该客观，不加入自己的观点吧？

这个吗……只能说你们称赞我也好怪罪我也好，我的想法都在这部《春秋》里了。

· 孔子很重视饮食，他在挑选原料、烹饪食物、饮食礼仪和饮食原则上都提出了建议和要求。根据这些建议和要求制作的形式精美、风味独特的饮食就是"孔府菜"。

海米珍珠笋

一品锅

一品豆腐

寿字鸭羹

食不厌精，脍不厌细。

· 孔子把自己学习和修养的过程描述为："吾十有五而志于学，三十而立，四十而不惑，五十而知天命，六十而耳顺，七十而从心所欲，不逾矩。"
· 公元前479年4月11日，孔子安然走完了一生，他的弟子把孔子的言语、行为等集中成册，完成了中国古典文学中的经典语录体书籍——《论语》。

伟大的思想家孔子

我们前面说了，孔子是儒家学派的创始人，那么，什么是儒家学派？春秋时期，"儒"是对学者的尊称，孔子这位大学者创立的学派，自然就被称为"儒

影响世界的他们——大思想家

> 我们要当君子儒，不能当小人儒啊。

家学派"了。儒家学派的核心就是"礼"和"仁"。在治国方略上，孔子主张"德治""礼治"，就是用道德和礼教来治理国家。这不仅要求统治者自己的道德水平高，还要求统治者把长期垄断的"德"和"礼"也教给百姓，打破贵族和庶民之间的重要界限。

> 荒唐，老百姓要懂什么礼，听我们的话就够了。

> 应该是国家为老百姓存在！要以德服人！

> 百姓如果懂得道德和礼就不会犯罪了！

> 真受不了你这奇怪的理论！

"仁"更是儒家学说中重要的概念，它的含义主要有两点：一是在行为上，孔子认为能够克制自己，不任性妄为，不管做什么都要有"礼"，有"礼"就能"仁"。二是在表现上，真正的"仁"者，对自己严格，对别人宽容有爱。可惜，孔子的想法在当时并不受欢迎，我们一起看看这些统治者都是怎么想的吧。

> 国家是我的，我想怎么做就怎么做！

> 孔子很厉害，可就算太阳从西边出来，国家也不是围着老百姓转的。

> 孔子想法很好，就是不太现实。

> 我支持孔子的理想，只不过别在我的国家折腾。

儒家学派创始人 **孔子**

孔子去世几百年后，西汉时期的思想家董仲舒向汉武帝提出了这样的建议。

> 统一管理天下，罢黜百家，独尊儒术！
>
> ——董仲舒
>
> 这个建议不错！
>
> ——汉武帝

后来，汉武帝接受了董仲舒的建议，以儒家学派为尊。

> 万世之师名不虚传。
>
> 我只是归纳总结了人类美好的品质和生活幸福的要求。

在现代社会中，孔子学说提倡的"仁"和"礼"所包含的人道主义精神以及对社会秩序的要求也是有极大意义的。

到了孔子晚年，其思想又有了进一步的发展，他称之为"大同"。

> 大同世界里，所有的人不分彼此、不分年龄，大人都有合适的工作和归宿，孩子都能获得温暖与关怀，孤独的人与残疾者都有所依靠。路不拾遗，夜不闭户，统治者也是大家选出的贤能之人。多么美好……

孔子大讲堂

1. 不同对象解决方法也不同

有一天，我的学生子路来问了我一个问题。

影响世界的他们——大思想家

听到有道理的话就照着做可以吗?

你先去问问父亲、兄长的意见再行动。

过了没多久,另一个学生冉有也来问我同样的问题。

听到有道理的话就照着做可以吗?

觉得有道理就照着做吧!

同样是我的学生的公西华很纳闷。他思考了很久,终于……

先生,为什么同一个问题,子路和冉有得到的答案不同?

冉有为人懦弱,所以要让他直接行动。子路干劲太足,所以他要三思而后行。

这就是因材施教,用不同的方法处理不同情况,才能有事半功倍的效果。

2. 做人从小学起

我认为教育要从小做起,从我做起。有一年的秋天,天气非常冷。还是少年的我冷得发抖了还在学习,妈妈很心疼,一直让我去休息。我一边答应着一边站起身,拿起俎和豆(当时祭祀、宴会时盛肉类等食品的器具)出了屋门。

儒家学派创始人 **孔子**

> 外面风大，不要去院子玩了吧。

> 你行大礼干什么呢？冻坏了妈妈会心疼的！

> 妈妈，我这是在祭祀神灵，行大礼呢！

> 我要抓紧每分每秒学礼，这样长大才能更好地为人处世。

妈妈又感动又惊讶。在这个礼崩乐坏的年代，我的举止让她非常骄傲！

当然，我对自己的孩子的教育也从来不耽误。有一次我正在看书，看见我的儿子从外面回来了。

> 儿子，你的《诗经》学完了吗？

> 还，还没……

> 我马上去学！

> 不学《诗经》，怎么能好好说话呢？

> 在做一个成功的人之前，先要做一个好人。

还有一次，我的儿子又玩得忘记了读书。我严厉地告诉他，只有学了《礼经》，才能更好地做人。他乖乖回去学习了。我的严厉并没有白费，虽然我的儿子谈不上出众，但是他有平和的心态、善良的为人，还给我教育出了厉害的孙子孔伋。这一点连我也比不上他啊！

3. 三人行必有我师

我周游列国时，有一次，一些在用土围"城"玩耍的孩子挡住了我的路。

影响世界的他们
——大思想家

你们看见马车为什么不躲开呀?

真是个笨问题。

这个小孩的态度让我不太高兴,谁知他接着说:"您怎么连只有车子避城,不能城避车子的道理也不知道呢?"我一下子被他问住了!询问之下,我得知他叫项橐,才七岁!我不甘心输给一个小孩,于是我又想了很多问题来考考他。

什么山上没有石头?什么水里没有鱼?什么门没有门闩?什么车没有车轮?什么牛不生犊?什么马不产驹?什么刀没有环?什么火没有烟?什么男人没有妻子?什么女人没有丈夫?什么时候白天短?什么时候白天长?什么东西有雄无雌?什么树没有树枝?什么城没有官员……

土山上没有石头;井水中没有鱼;无门扇的门没有门闩;用人抬的轿子没有车轮;泥牛不生犊;木马不产驹;砍刀上没有环;萤火虫的火没有烟;男神仙没有妻子;仙女没有丈夫;冬天白日短;夏天白日长;孤雄没有雌;枯死的树木没有树枝;空城里没有官员……

还没等我惊讶完,项橐就开始反问我:"鹅和鸭为什么能浮在水面上?鸿雁和仙鹤为什么善于鸣叫?松柏为什么冬夏常青?"我当然不甘示弱:"鹅和鸭浮在水面上,是因为脚是方的;鸿雁和仙鹤善于鸣叫,是因为它们的脖子长;松柏冬夏常青,是因为它们的树心坚实。""不对!"项橐大声说:"龟鳖能浮在水面上,难道是因为它们的脚方吗?青蛙善于鸣叫,难道是因为它们的脖子长吗？胡竹冬夏常青是因为它们的茎心坚实吗？"我彻底服了！我赶紧拱手道："后生可畏，后生可畏！你确实比我懂得多，可以做我的老师了。"

"三人行，必有我师"是说别人肯定有值得我学习的地方。我看到项橐对我的态度不够礼貌，我会进行自省，而他的博学则值得我努力学习。

4. 学习一定要勤奋

"学而不厌"出自《论语》，意思是说学习时不能满足。在学习方面，我是非常勤奋的。我曾经跟随老师学习弹奏《文王操》。练了很久之后……

就这样，又过了一段时间后……

影响世界的他们
—— 大思想家

练习到后来，我弹奏时可以让人感觉看到了文王！怎么样，这就是勤奋的力量！当然，关于我的勤奋故事不止一个，"韦编三绝"可能大家会更熟悉。

> 看，竹简用丝线编联的叫"丝编"，用麻绳编联的叫"绳编"，用熟牛皮绳编联的叫"韦编"。当然，熟牛皮绳是最结实的！

我老年的时候对《周易》很感兴趣，于是开始攻读这本书。我一边看书，一边给它做附注，因为书的内容很难懂，所以我会翻来覆去地读。

因为翻看的次数太多，导致编书的绳子也断了好几次。人们根据这个故事就创造出"韦编三绝"这个成语来形容人们勤奋读书。

> 现在的书本很难韦编三绝了，不过大家可以以"把书翻坏"为目标努力！

> 我还是看电子书吧，既学到知识又能保护书籍。

5. 知之为知之，不知为不知

有一天，我到东方游历，见到两个小孩在争辩……

一个小孩子说:"我认为太阳刚刚升起的时候离人近,而正午的时候离人远。"另一个小孩子则认为正好相反。

我问他们为什么,一个小孩子说:"太阳刚出来时像车轮一样大,到了中午时就像盘子一般小了,这不是远小近大的道理吗?"另一个小孩子说:"太阳刚出来时凉爽,到了中午的时候就像热水一样,这不是近的就感觉热,远的就觉得凉的道理吗?"

在知识的海洋里,只有抱着诚实的态度,才能找到自己需要的东西。我不论何时都抱着"知之为知之,不知为不知"的想法,通过这种实事求是的谨慎态度,我才能了解自己的不足,然后努力填补自己的空白。

孔子讲学，三千弟子

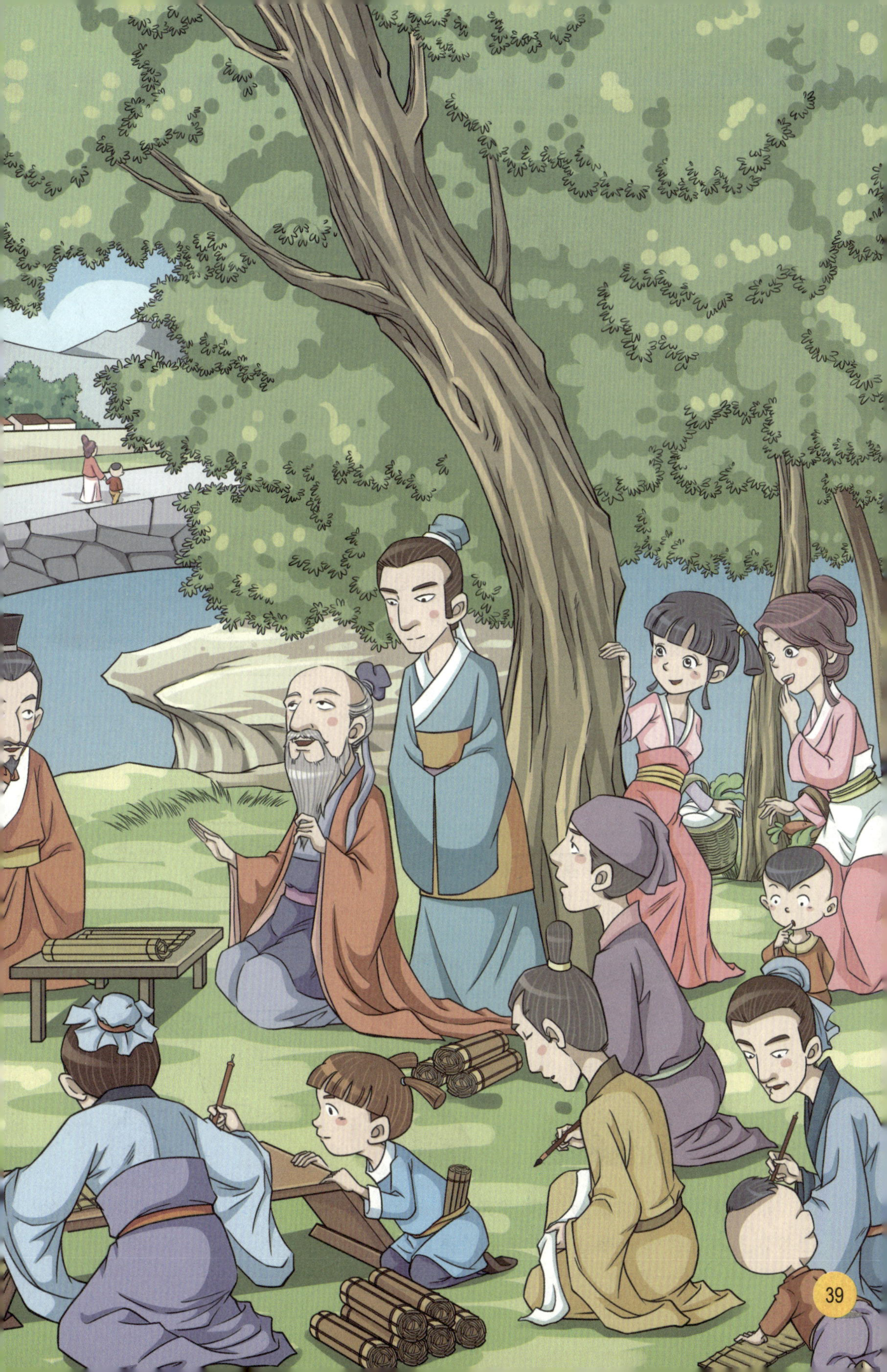

影响世界的他们——大思想家

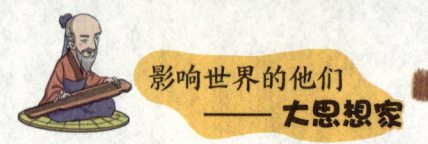

墨家学派创始人 墨子

在春秋战国时期，我国涌现出一大批知识分子，他们在治理国家、为人处世等各方面都有不同的看法，他们形成的不同思想流派大约有上千家，真正有影响的大约只有十家，而墨子正是这十家之中的佼佼者。

墨子，名翟，出生于春秋末年战国初期，是一位著名的思想家、教育家、科学家、军事家。他是墨家学派的创始人，有《墨子》一书传世。不过他到底是什么时候出生的？是哪国人呢？

> 有记载他从鲁国去别的地方，应该是鲁国人吧？

> 他是宋国大夫，大夫这职位都是父传子的，所以肯定是宋国人啊！

> 反正都属于中国。

现在大家一般认为他是宋国人，而他的出生和去世时间，由于没有准确的记载，所以通过他的事迹来推测应该是约公元前476—约公元前390年。

墨家学派创始人 **墨子**

那时，孔子是"圣人"，老子是"神仙"，影响力和这二位不相上下的墨子则是我国历史上唯一一个农民出身的思想家。墨子始终为弱者和百姓们说话，这在整个中国文明史上都是很少见的。我国科学家为了纪念他在科学上的成就，将 2016 年 8 月 16 日发射的一颗量子科学实验卫星命名为墨子号。

我就知道我有上天的时候！

关于这位平易近人的大思想家

- 墨子的先祖是殷商的王室，不过到了他父亲那一辈，已经完全变成了平民。
- 墨子曾经是儒家学说的拥护者，他小时候就认真学习儒家学说，但是，渐渐地他的观点和偶像发生了分歧，于是，他自己创立了墨家学派。

这些礼的步骤太麻烦了！

穷人活着都困难，为什么要把钱花在死人身上？

影响世界的他们——大思想家

- 墨子创立的学说叫作墨家学说，为宣传自己的主张，墨子的足迹东到齐、鲁，北到郑、卫，南到楚、越。
- 墨家学说比较受平民百姓欢迎，当时甚至有"天下学者非儒即墨"的说法。
- 墨子提出了十大主张：尚贤、尚同、兼爱、非攻、节用、节葬、天志、明鬼、非乐、非命。其中最有名的是"兼爱、非攻"。

- 墨子以"兼爱"为根据，提出了一个"七不"准则：大国不攻打小国，强国不欺侮弱国，人多的不伤害人少的，狡诈的不欺骗愚笨的，尊贵的不鄙视卑贱的，富足的不无视贫困的，年轻力壮的不抢夺年老衰弱的。
- 墨家的纪律非常严格，曾经一位墨家的"巨子"（首领）的儿子杀了人，他遵守墨家的纪律，在儿子已经被赦免的情况下还是让儿子为死者偿命了。

墨家学派创始人 **墨子**

- 如果墨家学派的人当了官，他必须拿出一部分工资来作为整个学派的活动经费，做到"有财相分"。
- 信奉墨家学说的官员遇上不采纳墨家学说的君主怎么办呢？直接辞职！
- 墨家弟子不光要学习墨家学说，还要亲身实践。为了实现非攻的主张，弟子们要时刻准备着投入到守御弱国的任务中。

- 墨子精通手工技艺，手艺可比巧匠公输班，也就是我们常说的鲁班。
- 墨子的弟子要学的东西简直五花八门。墨子不仅要弟子学习文化知识，还强调动手能力，所学知识要能和生活结合，他的学校大概可以说是我国历史上第一个"职业技术学校"了！

要学习舌战群雄。

要学习制作工具。

要学习种田。

要学习军事知识。

43

不过要学的内容绝对不包括音乐……

- 对于人性，不同于"性本善"或者"性本恶"，墨子提出了"素丝说"。
- 墨家的教育方法非常与众不同。

一是"扣则鸣，虽不扣必鸣"，就是说不敲钟的话钟就不会响，但是作为教育者，就算不被"敲"也要积极主动去教育别人。

二是"古之善者则述之，今之善者则作之，欲善之益多也"，意思是说要继承古代好的东西并创造出新的好东西，这样好的东西才能越来越多。

三是"合其志功而观焉"，就是说要从动机和结果两方面来评判人的行为。在当时，这种逻辑性、实用性相结合的评判标准在思想性上有着深刻突破。

墨家学派创始人 **墨子**

- 墨家经典的名称也是《墨子》，一般认为这本书是由墨子本人和他的弟子以及再传弟子编写的。这本书中阐明了墨家学派的政治、哲学思想，还涉及逻辑学、军事学、工程学、力学、几何学、光学等内容，可以说是一本先秦时期的科学技术大全。

影响世界的他们——大思想家

多才多艺的墨子

墨子认为国家战争、百姓争斗都是因为大家不相爱，只要能够"兼爱"，大家彼此相爱就可以解决问题。不过墨子也知道现实很残酷……

> 我要称霸，就要抢地盘！

> 你的地盘已经很大了！

> 啊？你说什么？我的地盘很小？

很多时候，墨子做了许多努力，依然不能阻止战争的发生，为此，他会去帮助那些小国想出最好的防御办法，这就是从"兼爱"的思想中衍生的"非攻"。关于这些防御办法，后面他会进行详细说明的。

墨子是一位思想家，但也不仅仅是思想家。墨子研究的东西相当多，可以说只有你想不到，没有他做不到的，让我们一起来瞧瞧他还有哪些本事吧。

· 数学方面

墨子是我国历史上第一个从理性高度对待数学问题的科学家。他给出了一系列数学概念的命题和定义，这些命题和定义都具有高度的抽象性和严密性。

> 什么是圆，什么是直线，什么是正方形，这些我都给出了定义。

· 物理方面

在物理学方面，墨子给出了力的定义，并且提出了物体在运动时"动"和"止"的概念，这和现代意义上的阻力非常相似！他还研究过光学，进行过小孔成像的实验，研究过凹面镜和凸面镜，以及声音的传播等，

墨家学派创始人 **墨子**

虽然他的理论并不完善，但是他可以说是我国科学研究的先驱。

- 机械制造方面

墨子为了能够推广自己"非攻"的理念，帮助小国抵抗侵略，他不仅熟悉所有的兵器、机械和工程建筑的制造技术，还开发出不少新技术。他曾经花了三年时间造出来一种能够飞行的木鸟，人们认为这就是最初的风筝。不过比起木鸟，墨子更愿意给百姓们制造生产工具。他最得意的弟子可以在一天之内造出载重上百斤的车子。

> 墨子关于光学的研究，比我们所知的希腊的研究更早。

英国科学技术家 李约瑟

> 这比风筝有用多了。

- 逻辑学方面

墨子在逻辑学方面的研究成果非常突出。虽然墨子的逻辑体系不够严密，但是他认为思维逻辑必须从实际出发，进行归纳和提炼，找出方法后再运用到实际生活中去，这在春秋战国时期是具有先进性的。

> 学习知识不能光靠看和听。整理、综合、分析、推论······

> 知，知道了。

影响世界的他们
——大思想家

墨子讲课时间

1. 如何做人是和环境、教育有关的

我小时候接受的是儒家教育，然而我越学习越觉得儒家学说不适合我。特别是手工制作和发明创造竟然被称作"奇技淫巧"，我不赞同。我认为，手工技艺的发明创造更能给百姓生活带来方便，这大概是因为我从小就生活在百姓之中，而我看待事情的方式更多地受到了生活环境的影响。

有一次，我去了染布坊，看见工匠们的劳作，我不由得把曾经的经历和染布这件事结合起来……

> 原本白色的丝会跟着染料的颜色来变化……

人性的善恶和染丝一样，人性原本是不分善恶的"素丝"，周围的环境和教育就是"染缸"，人性最终如何，要看"染缸"里的颜色如何……

墨家学派创始人 **墨子**

> 染于苍则苍，染于黄则黄，所入者变，其色亦变。

为了让大家得到更好的教育、拥有更好的生活环境，我们努力地在各地进行教育。能够主动脱离不好的环境需要很多思考和勇气，不过自主选择的权利和能力正是我们人和丝不一样的地方啊！

2. 集中精力，尽最大的努力

楚国是个强国，楚王也很有野心，这一年，楚国为了攻打宋国请公输班造了一些攻城用的武器。我得知消息后，连着走了十天十夜的路，鞋子都磨破了好几双，总算在开战前赶到了楚国。

我到达楚国后第一件事就是去见公输班。

北方有人欺负我，我想让您杀掉他。

我不杀人。

那我给您十锭金子。

我是讲道义的人，绝不能平白无故杀人。

影响世界的他们——大思想家

听到公输班这么说,我对他说:"我听说您造了云梯准备去攻打宋国。攻打一个无罪的国家不能说仁爱。楚国地广人稀,如今去别国杀人,争夺自己并不缺少的土地,不能说聪明。明白道理却不据理力争,是不忠诚。争论也达不到目的是不够坚强。说为了道义不杀人,却造了武器去杀更多的人,这是不明白事理!"公输班被我说服了,可是他并不能决定战争打不打。

于是他带我去见了楚王。我给楚王讲了一个例子……

从前有个人,他非常富有。

不过……

谁这么坏!竟然偷我这个乞丐的衣服和食物!

您认为这个人怎么样?

这人一定患了偷窃病!

墨家学派创始人 **墨子**

"楚国的土地是宋国的十倍,就好比华丽的车子和破车子。楚国的动物种类丰富,宋国是个连野鸡、兔子、鲫鱼都没有的地方,这就好像大餐和一个馒头。楚国有各种名贵的树种,宋国连大树都没几棵,这就好像锦绣衣裳和粗布衣服。我认为大王要去攻打宋国,正和这个患偷窃病的人一样。"

……但是公输班都给我造好云梯了,我不打宋国这钱就白花了。

有我在,你打不赢的。我可以和公输班来一次模拟作战。

于是,楚王马上召来公输班。我用衣带围成城墙,找来小竹片代表守城的器械。公输班用不同方法一次次攻城,我则描述出我的守城工具,配合战术一次又一次地挡住了他。公输班的办法都用完了,我的守城办法还绰绰有余。

我也知道你要怎么对付我,可是我也不说。

我知道怎么对付你了,可是我不说。

什么办法?你们还是都说了吧!

他的办法就是杀了我!

影响世界的他们——大思想家

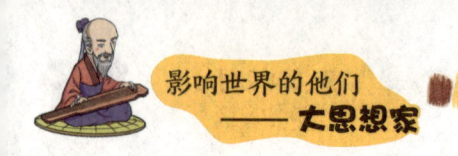

虽然知道了公输班的想法，不过我并不怕他和楚王杀了我，因为我早派学生带上防守器械在宋国等着了。楚王看我已经安排了这么多，觉得即使去攻打宋国也没有必胜的把握，于是取消了攻打计划。

虽然过程很曲折，还有生命危险，但是在我的努力下，得到了最好的结果。

不打仗了！

3. 不要轻易放弃

要推行墨家的政治主张，我会去各个国家进行"自我推销"，各国的君主表面上对我很恭敬，实际上并不喜欢我。

楚王：我给你封地，封你做大官！

那我能实行非攻的政策吗？

越王：来我们越国，我给你更多封地！

我什么都不要，你不发动战争我就去。

呃……这个我们从长计议吧……

那不行。

我还是待在家里吧。

如果为了封地和俸禄我就放弃坚持，那永远无法完成我的理想，我的理念和思想也不会被这么多人知道了。

4. 快马也要加鞭

我对我的学生要求非常高，我对喜欢的学生要求会更严格。耕柱是个非常聪明的学生，但他不够努力，我希望他能变得更好，所以对他特别严格。可是，有一天他来问我，是不是因为他比别人差，所以我"故意挑他的毛病"。于是……

"我批评你，是认为你是一匹快马，只不过要鞭策你才能力求上进。"耕柱明白了之后，比之前更加发奋，再也不用我整日督促了。后来人们在形容快上加快的时候也会用这个故事衍生出来的成语——快马加鞭。

墨子工作室

55

西方哲学的奠基者 苏格拉底

苏格拉底（公元前469—公元前399），古希腊著名的思想家、哲学家、教育家。他提倡对人类自我的研究，提出精神和物质的区分，还以辩证的方式深入研究事物的本质。苏格拉底毕生都在从事免费的教育工作，他的学生，以及学生的学生都成为西方思想史上赫赫有名的人物。

苏格拉底： 我喜欢通过提问来引导大家的思路。

柏拉图： 我很喜欢老师的这种方式！

亚里士多德： 我爱我的老师，也爱我的师祖，不过我最爱的还是真理！

真理

这师徒三人被并称为"希腊三贤"，他们在思想上大有联系，又坚持着各自的理念作出了成绩。让我们跟着苏格拉底来了解一下他们的故事吧。

哲学界的偶像天团

三人组中的师祖——苏格拉底当然要被第一个介绍：

- 苏格拉底出生于古希腊的雅典，他的爸爸是一名石匠，妈妈是助产士。

我的母亲帮别人生下肚子里的宝宝，我要帮别人生下头脑里的宝宝，成为一名思想助产士。

西方哲学的奠基者 苏格拉底

· 苏格拉底长了扁扁的鼻子、厚嘴唇，个子不高，还有个大肚子。

· 苏格拉底出生前，古希腊就在进行一场和波斯帝国的战争，这场打了将近半个世纪的仗直到公元前449年才以古希腊的胜利落下帷幕。古希腊在这场胜利后充满了活力，文化交流也更加丰富。这种环境使年轻的苏格拉底能更方便地和各地到来的智者探讨问题，也有了更多自由辩论的机会。

> 我这叫狮子鼻！

> 希腊果然是最强的！

> 我要去那里实现政治目标！

> 那里诗人肯定也多！

· 苏格拉底大约三十六岁时，见到了著名的智者普罗泰戈拉，他们就各种重要的社会人事和哲学问题进行了"讨论"……

> 德性当然可以教！我家里有事，今天先放过你！

> 好了好了。

> 德性怎么教？得了！别跑！继续辩论！

影响世界的他们——大思想家

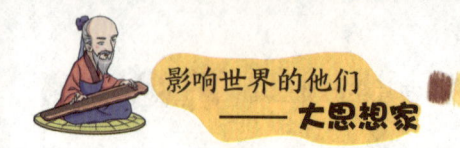

· 苏格拉底喜欢室外,他会在市场、运动场、街头等公众场合与人谈论问题。

什么是虔诚?

什么是美德?

关心学习,不要关心吃和穿!

什么是勇气?

什么是新衣服?

什么是……

· 在雅典与斯巴达进行战争时,苏格拉底曾三次参军作战,他表现得顽强勇敢,还救过一位将军的命。

· 苏格拉底是个很幽默的人。

你能成为哲学家也有我的功劳!

是,是,多谢我的太太赞西佩……

为什么说苏格拉底这位脾气火爆的太太对他成为哲学家有很大帮助呢?

西方哲学的奠基者 **苏格拉底**

有话好好说！不要咬人！

如果你娶了一个好妻子，你会有一个幸福的家庭。

如果你娶了……你会成为一个哲学家。

有一次，苏格拉底和妻子又争执了起来，结果……

您……真幽默。

我早就知道，打雷过后一定会下雨。

苏格拉底认为，他既然能忍受妻子的坏脾气，大概和任何人谈话都能做到心平气和了。这种转换思维的方式，也许在他的哲学生涯中起到了正面作用。

59

影响世界的他们——大思想家

- 四十岁左右时,苏格拉底已经被认为是当时最有智慧的人。
- 在苏格拉底七十岁时,他被指控蔑视神明、带坏青年和反对民主等并判处死刑。

怎么能因为年轻人更喜欢听你讲课就指责你!

这是污蔑!

都是借口!

不过没关系,越狱计划我们已经订好了!

你疯了!?

我不走。

有法必依,即使执行法律的人犯错,我也要维护法律条款的尊严。

你太正直了……

苏格拉底喝下了毒酒,直到生命的最后一刻,他都还在谈论哲学问题。

- 苏格拉底认为直接教学比写书好,所以他没有留下任何著作,不过好在他的学生色诺芬和柏拉图记录了很多和他的对话,让后人得以了解这位伟大的思想家。

那么，苏格拉底的得意门生柏拉图又是怎样的一个人呢？

- 柏拉图出生于公元前 427 年，去世于公元前 347 年。和他的老师一样是古希腊伟大的哲学家，也是西方哲学乃至整个西方文化最伟大的哲学家和思想家之一。当然，他和他的老师的观点有不少差别，比如他对于政治的观点就很激进。
- 他是西方客观唯心主义的创始人。
- 柏拉图出生于一个贵族家庭，受到了良好的教育。
- 柏拉图是个不折不扣的帅哥。

> 我名字的意思是"平坦，宽阔"。就和我的身体一样！

> 老师是绝对实力派，那我就是偶像实力派。

> 我认可这个评价……

- 柏拉图大约二十岁开始跟着苏格拉底学习，他应该是苏格拉底最有名的学生。
- 老师苏格拉底的死让他对政府非常失望。

> 我连老师最后一面都没法去见！

> 我再也不想当政治家了，我也许应该去教几个学生……

影响世界的他们——大思想家

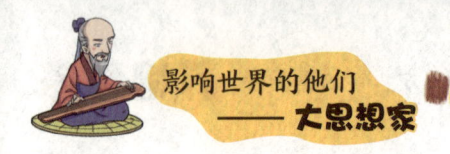

- 据说柏拉图曾经参加过两届奥运会,并获得过两次格斗项目的冠军!
- 公元前 387 年,柏拉图创办了阿卡德米学园,这是西方最早的高等学校之一。这所学校最与众不同的,就是设置了不少科学课程。

> 不懂几何的人不准入园!

> 还好我是全才……

柏拉图的学校培养出了很多优秀人才,当然,最有名的就是亚里士多德了。

> 亚里士多德是古希腊哲学家中最博学的人物。

马克思

> 他是古代的黑格尔。

恩格斯

> 可惜不能当面讨论哲学了。

黑格尔

西方哲学的奠基者 **苏格拉底**

亚里士多德除了哲学、政治、社会，对生物、物理、教育等也有研究。他被公认为世界古代史上最伟大的哲学家、科学家和教育家之一，而他的著作被称作是古代的百科全书。

· 公元前 384 年，亚里士多德出生于古希腊的斯塔吉拉一个富裕的家庭。

> 爸爸是御医，研究的东西好多，我要向他学习。

· 亚里士多德在十七岁时进入了阿卡德米学园，在这里学习了二十年之久，直到柏拉图去世才离开。

> 柏拉图校长去世了，我也不想继续待在学校了。

· 年轻的亚里士多德很喜欢看书，他甚至自己建立了一个图书室。

· 亚里士多德有柏拉图当老师，他自己也是赫赫有名的军事家——亚历山大大帝的老师。而这位学生除给老师提供研究经费、人员外，在征战中也不忘帮老师搜集资料。

> 亚历山大大帝又给您送标本来了！

> 没地方堆了！

63

影响世界的他们——大思想家

· 亚里士多德的《诗学》是西方美学史上第一部最为系统的美学和艺术理论著作。

· 亚里士多德在雅典办了一所叫吕克昂的学校。因为他的教学方式是和学生们在林荫大道上一边散步一边讨论哲理,所以被人们称作"逍遥学派"。

师徒三人行的思想拼盘

研究宇宙和世界又不能拯救国家,我要研究人类本身!

什么是正义?什么是非正义?
什么是勇敢?什么是怯懦?
什么是诚实?什么是虚伪?
什么是智慧?
知识是怎样得来的?
什么是国家?
具有什么品质的人才能治理好国家?
治国人才应该如何培养?
……

· 苏格拉底的"伦理哲学"

在苏格拉底以前,希腊哲学主要研究宇宙的本源是什么,世界是由什么构成等"自然哲学"问题。而苏格拉底认为自然和宇宙都是多变的,不变、永恒、确定的真理只能从自我中找到。所以他把研究的目光投向人类自身品质,以及人与人之间的关系等这些伦理问题,人们称之为"伦理哲学"。因为研究内容的转变,人们说苏格拉底的研究使哲学"从天上回到了人间",这可以说是整个西方哲学史研究内容的大转向。

西方哲学的奠基者 苏格拉底

苏格拉底认为哲学就是"爱智慧",哲学家就是"热爱智慧的人"。

因为我无知,所以我热爱智慧。而你们认为我比别人知道得多,不过是我知道自己的无知。

无知!

知道得多

在苏格拉底的思想体系中,知识=道德,一切不道德的行为或者犯罪都是因为无知。这种无知指的是心灵对于智慧、勇敢、节制和正义等美德的概念的混淆。苏格拉底强调灵魂和物质的区别,他还认为万事万物的存在都有各自的目的,这让他的不少观点受到神以及其他超自然力量的影响,不过他的思想在当时为哲学开辟了一条全新的道路。

- 柏拉图的理想国

柏拉图全面继承了苏格拉底的伦理思想体系,并把一些苏格拉底没明确说明的部分进行了系统化、理论化的思考和定义。

柏拉图把一系列的思考和认识都写进了《理想国》这本书中。《理想国》共分十卷,与柏拉图大多数著作一样,以苏格拉底和别人的对话作为主要形式。这部"哲学大全"以理念论为基础,建立了一个系统的理想国家方案。它探讨了哲学、政治、伦理道德、教育、文艺等各方面的问题,可以说是当时希腊各门学科、社会文化的综合。

来来来!我给你讲讲一个完美国家是什么样的!

影响世界的他们——大思想家

保卫国家的武士阶层

我有绝对权力！就算我骗你们，只要是为了国家也是没问题的！

我负责保卫国家，别的不管。

受过严格哲学教育的统治阶层

平民阶层

你太看不起我们了！

你们听话就行。

在《理想国》中，柏拉图认为一个好的国家应该具备智慧、勇敢、自制、正义这四种德行。其中智慧是指少数人才明白的治国道理，勇敢则是指保家卫国的卫士们，而自制则要求百姓们听统治者的话。这三者都达成了，那么正义也就来到了。只可惜这三个阶层完全不平等。

为了能够培育出"有智慧的人"，柏拉图设计了一套理想的教育课程。

周一	哲学/算术	平面几何	立体几何	天文学	声学/生物学	政治
周二	哲学/算术	平面几何	立体几何	天文学	声学/生物学	法律
周三	哲学/算术	平面几何	立体几何	天文学	声学/音乐	
周四	哲学/算术	平面几何	立体几何	天文学	声学/体育	
周五	哲学/算术	平面几何	立体几何	天文学	声学/社会学	历史
周六	哲学/算术	平面几何	立体几何	天文学	声学/心理学	美学
周日	哲学/算术	平面几何	立体几何	天文学		

脑子不够用了。

重点是思辨！不是死记硬背！

《理想国》中论述了一整套极其理想化、阶级概念浓厚的治国方式和生活情况,由于书中柏拉图的理论是古希腊哲学第一个完整的、成熟的理论体系,因此这本书也成为反映西方政治思想传统的最具代表性的作品。

· 用思想引领西方哲学的亚里士多德

在哲学方面,亚里士多德几乎对哲学的每个学科都作出了贡献。

除哲学之外,他还开创了物理学、气象学、行星天文学、生物学等许多现代自然科学的雏形,在他之后的两千多年间,他对于自然、宇宙等的理解都在科学界占据着绝对的主流地位。

亚里士多德还提出了一些非常科学的研究方法,其中逻辑学的三段论至今仍是学术界的首选。

在教育方面,亚里士多德提出的"教育应该由法律规定,这是国家的事业。

影响世界的他们
——大思想家

忽视教育必然危及国本。""儿童教育应该按照年龄划分阶段"等思想都大大超越了他的时代。即使亚里士多德在很多问题上因为时代的局限有不少错误,也并不影响他对西方文化产生深刻的影响。

> 我们要解释整个世界和社会的运行!

> 在我之后,大家都放弃了提出完整的世界体系。

> 精力有限,研究社会和世界的一个方面就好。

苏格拉底、柏拉图和亚里士多德,这三位的思想一脉相承,又各有发展。他们三人的思想包罗万象,让我们来看几个小故事,更深入地感受一下他们的智慧吧。

最牛师徒的故事会

1. 辩论得真知

我是苏格拉底,我回答问题的方式很特别,但是非常有用。

第一步:诘问

> 什么是善行?

> 盗窃,欺骗,把人当奴隶贩卖,这几种行为是善行还是恶行?

> 是恶行。

西方哲学的奠基者 **苏格拉底**

第二步：定义

欺骗敌人是恶行吗？

如果偷朋友东西是恶行，那么你偷了朋友准备用来自杀的工具，这是恶行吗？

是善行。

不是。不过，我指的是朋友。

如果说对朋友行骗是恶行，那么在战争中，军队的统帅为了鼓舞士气，对士兵说援军就要到了，但实际上并无援军，这种欺骗是恶行吗？

这是善行。

第三步：助产术

我知道了！善恶都是相对的，我们要根据情况来判断！#@￥@#%#……#%……

瞧，你已经知道什么是善行了。

这三步中，我会通过反复的提问，引导提问者自己得出明确的定义和概念，就像一个助产士一样帮助别人产生新思想。这种教学方法使人主动地去分析、思考问题，用辩证的方法证明真理是具体的，具有相对性，在一定条件下还可以向反面转化。这一认识论在欧洲思想史上具有巨大的意义，大家下次遇上问题时不妨也试一试我的这种方式哦。

2. 心怀梦想，把握现在

我的学生柏拉图记录过这样一个故事。一天，柏拉图问我什么是爱情，我没有直接回答他，而是带着他来到了一块麦田前。

> 你去摘一个最大的麦穗回来，但是中途不许走回头路。

> 这也太简单了。

柏拉图一边往前走，一边挑挑拣拣……

> 这个不够大。

> 这个也不够大。

> 什么？这就走到头了？！

最终，他垂头丧气地回到了我面前……

> 我老是想着前面也许有更大的，所以一个麦穗也没有要。等走到尽头，才发现我早就见过最大的麦穗并且错过了它。

> 这就是爱情啊……

我在回答什么是爱情，也在讲解人生道理。大家要树立远大的理想，然而追寻梦想时也要不失时机地把握眼前的"麦穗"，否则就可能一事无成。

3. 爱老师，更爱真理

柏拉图的学生亚里士多德很尊敬他，不过他爱他的老师，他更爱真理。他对于学到的知识从不盲从。"理念"可以说是柏拉图最著名的观点了，他认为万事万物都有一个"理念"，这个理念就是脑子里的一个形象，而现实世界就是按这个形象画出来的一幅画。亚里士多德对这个观点提出了直接的质疑。

亚里士多德在《形而上学》这本书的开头写道："凡愿解惑的人宜先好好地怀疑；由怀疑而发为思考，这引向问题的解答。人们若不见'结'，也无从进而解脱那'结'。"这是希望大家在学习知识时不要害怕怀疑权威，因为这种怀疑不是无理由的反对，而是深思熟虑后解开"结"的过程。事实上，亚里士多德就是在解开柏拉图的"结"的基础上建立起自己的哲学观点的，从而将古希腊哲学推到繁荣的顶点，为人类文化作出了杰出贡献。

师徒三人行

苏格拉底、柏拉图和亚里士多德生活的时代为他们创作出丰富的哲学思想创造了良好的条件，他们又反过来用自己的哲学思想引领着后人一步步向着未来迈进。

73

影响世界的他们——大思想家

法国大革命的思想先驱 卢梭

这都是我。

法国18世纪伟大的启蒙思想家、哲学家、教育家、文学家，浪漫主义文学流派的开创者，杰出的民主政论家，法国大革命的思想先驱。

从来没有受过专业的教育。情绪化。曾认为艺术和科学会败坏人的品德。和朋友们老是吵架。在世时，被众多国家驱赶。

卢梭充满了理想主义的思想影响了众多后来者。人们从他的著作中吸收营养，在他去世后为他筑起雕像，以纪念这位"自由的奠基人"。

> 伏尔泰结束了一个旧时代，而卢梭开创了一个新时代。

德国作家 歌德

> 有什么能证明这位三百岁的思想家的现代性呢？可以说他是生态学的创始人，占领华尔街运动的先驱和徒步旅行的鼻祖。

瑞士历史学家 丹尼尔·法尔科

> 卢梭是我写小说的第一位老师，他也是教我讲真话的启蒙老师。

巴金

法国大革命的思想先驱 **卢梭**

理想主义的一生

- 1712年6月28日,让·雅克·卢梭出生于瑞士日内瓦。他的家庭环境一般,爸爸是一个钟表匠,而妈妈在卢梭出生后第十天就去世了。

> 妈妈不在了,我们要怎么办啊……

- 卢梭的父亲是个非常有正义感的人,有一次他和一个名叫戈迪耶的人发生了争执,对方仗着和议会的关系,要把卢梭的父亲送进监狱。

> 按照法律,他应该和我一起入狱!

> 穷小子说什么法律,乖乖坐牢去吧!

卢梭的父亲没办法,只好离开了日内瓦,也离开了年仅十岁的卢梭。

> 我不能认罪。认罪失去的不仅是自由,还有荣誉。

> 以后你就跟着舅舅过吧……

75

影响世界的他们
——大思想家

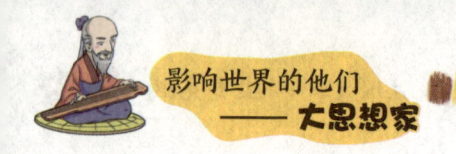

- 卢梭和舅舅的儿子成为好朋友，他们俩一起被送到包塞，在朗拜尔西埃牧师家里学习拉丁文以及别的科目。

上午（拉丁文，祷告，吃饭）
下午（睡午觉，去野外运动，看书）

老师一家都是好人，虽然跟着他学不到什么东西……

- 卢梭从十三岁开始就不得不为自己的生活奔波，他当过家庭教师、书记员、秘书，也当过学徒、杂役，后来长期靠为人抄写乐谱赚钱。

- 1741年，卢梭在巴黎靠抄写乐谱为生。经过长时间的自学，他不仅写出了大受欢迎的歌剧作品，还写出了《音乐记谱法》《现代音乐论》等文章。

这个用1、2、3、4、5来代替do、re、mi、fa、so的记谱法不错！用来演唱很方便。

谢谢夸奖！

- 三十八岁时，卢梭因为参加了一个征文比赛而名声大噪。

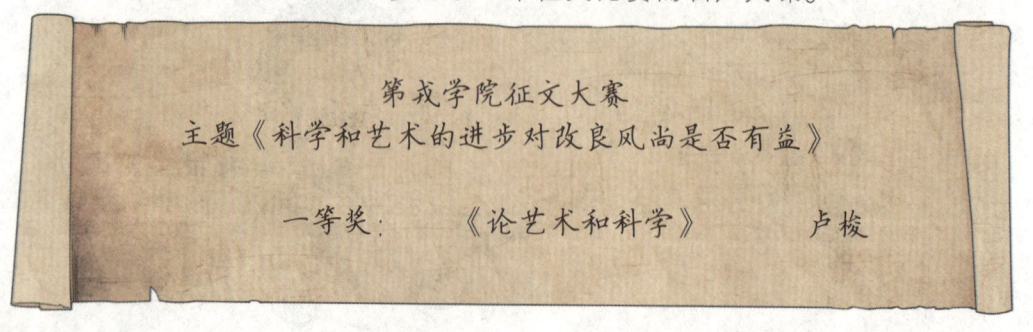

第戎学院征文大赛
主题《科学和艺术的进步对改良风尚是否有益》

一等奖： 《论艺术和科学》 卢梭

法国大革命的思想先驱 **卢梭**

• 1757年，卢梭写出了富有哲学意义的教育小说《爱弥儿》。这本小说讲述了爱弥儿的一生，贯穿全书的"如何让一个孩子成长为理想中的人"的教育方法让很多上流社会的母亲直接把这本书当作了育儿宝典。

夫人！养孩子这种事情我来就好了！

《爱弥儿》说了，我们不能把孩子扔给保姆，要自己来养！

• 就在写《爱弥儿》的同时，卢梭也在准备《社会契约论》，这本书比《爱弥儿》引起的反响更大，卢梭甚至因为这本书不得不四处逃亡。

禁止！禁止！什么天赋民权！权利都是我们的！

• 卢梭的思想除了让权贵愤怒，也得不到他那些有钱朋友的支持，后来卢梭几乎和所有同时期的思想家都决裂了。

要推翻一切，世界才能变好！

你就是和那些什么都不懂的老百姓混在一起才变得这么激烈。

77

影响世界的他们——大思想家

· 1761年，卢梭创作了一本书信体的爱情小说《新爱洛绮丝》，人们把这部书看作浪漫主义文学创立的标志。

· 晚年时，卢梭花了四年的时间给自己写了一本自传，名叫《忏悔录》。这本自传毫无保留地剖析了自己，同时又记录了当时整个社会底层人民的生活，可以说凝结了他的心血，也成为唯一以自传形式闻名于世的文学名著。

· 1778年，病痛缠身的卢梭离开了这个世界。后来，他的遗体以隆重的仪式被移葬到了巴黎先贤祠。

……这只手中的火炬象征着卢梭的思想点燃了革命的燎原烈火。

法国大革命的"理论之父"

提到卢梭，那么就不得不提到《社会契约论》，而提到《社会契约论》，那么就必然要提到法国大革命和启蒙运动。

名称：启蒙运动
发生时间：17—18世纪
作用：有力批判了封建专制主义、宗教愚昧及特权主义，宣传了自由、民主和平等的思想。
涉及领域：覆盖了各个知识领域，如自然科学、哲学、伦理学、政治学、经济学、历史学、文学、教育学，等等。
代表人物：伏尔泰、孟德斯鸠、卢梭、狄德罗等。
典型思想：天赋人权、君主立宪、三权分立、主权在民等。

法国大革命的思想先驱 卢梭

卢梭对法国封建社会进行了极其激烈的批判，这一点在《社会契约论》中也表现得淋漓尽致。

没有卢梭，也就没有法国大革命。

大革命后来的残酷杀戮也都是因为卢梭！

反正都是我死后的事情了……

《社会契约论》，也被叫作《民约论》或者《政治权利原理》，在这本书中，卢梭毫不客气地指出当时法国社会的种种弊病根源不在于人，而在于社会制度。

权利属于人民！我们要向专制暴君、贵族及腐化僧侣问罪，向不合理的封建制度开战！

在《社会契约论》里，卢梭提出了一种在当时看来非常新颖也大胆的观念。他认为，每个人的力量是微薄的，集合起来才能作出更大的成就，让每个人都生活得更快乐，也更安全，而这个集合体就是国家。因此……

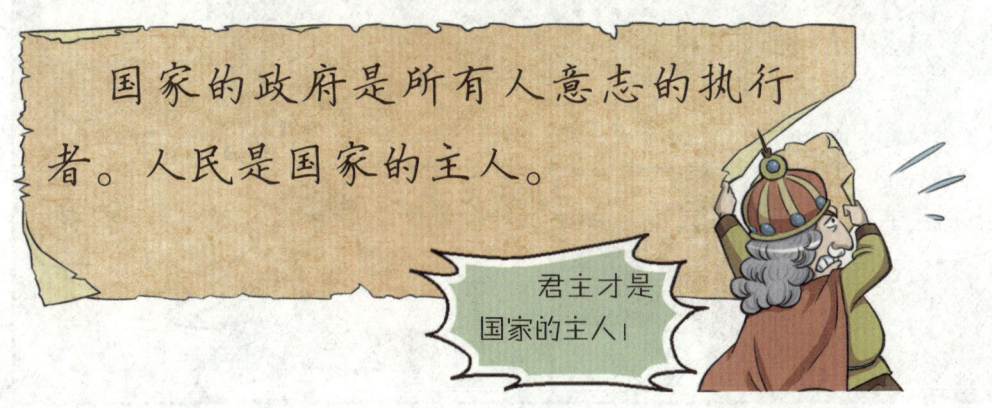

国家的政府是所有人意志的执行者。人民是国家的主人。

君主才是国家的主人！

影响世界的他们
——大思想家

　　这部书中提出了振聋发聩的"主权在民"的主张，因此它的出版受到了各国政府的重重阻挠。这部书鼓舞了人民推翻旧的封建体制的勇气，也直接为不久以后问世的美国《独立宣言》、美国宪法、美国权利法案、法国《人权宣言》及法国大革命时期的三部宪法奠定了理论基础。

卢梭的教育故事

1. 爱读书的孩子和父亲

　　我曾经在自己的小说体教育名著《爱弥儿》中说过，培育孩子最重要的是按照他们的自然天性来培养品格，这正好是我从小接受的教育方式。

我爱看书!

爸爸我也爱看书!

　　我和爸爸都非常喜欢读书，我们俩经常吃完晚饭就开始看书，并且还会边看边朗读。

我今天只看两段!
22:00

24:00
看完这章就去睡。

看完这一行就去睡!
3:00

6:00
天亮了，来不及睡觉了!

80

法国大革命的思想先驱 **卢梭**

在父亲的影响以及自己的兴趣下,我七岁时就将家里的书都看完了。父亲也很鼓励我的这种爱好,还会让我外出借书回来读。这种阅读的兴趣也陪伴了我的一生。

> 阅读是非常不错的兴趣,可以帮助我了解人与人是怎么相处的,也能不出门就知道世界上各种不同的观点。

2. 不撒谎的孩子

在父亲离开后,由舅舅来照顾我。不过舅舅因为工作关系,把我和他自己的儿子都寄宿在了之前提过的朗拜尔西埃牧师家里。我们在这里生活的时候,牧师和他的女儿都很照顾我们。

有一天,女仆把几把朗拜尔西埃小姐的拢梳放在厨房的砂石板上烤。过了一会儿,等她回来拿的时候,却发现一把拢梳的一边梳齿断了!女仆赶紧把这件事告诉了牧师和小姐。一把梳子不值钱,但是故意弄坏东西这件事让大家很生气。那么到底是谁弄坏的呢?

嫌疑人

他们查问了一下,发现当时我正在厨房隔壁的一间屋子里看书。于是小小的我成了最大的嫌疑者。

影响世界的他们——大思想家

你快点承认吧!

不是我!

他们认定是我弄坏了梳子,所以我的否认被他们当成撒谎!他们一次又一次让我"认错",甚至体罚我,可是我非常倔强。

卢梭,你就认错吧,你认错了他们就不会打你了。

我没错,我也不会认错!如果为了让身体好过一点就说谎,那我才是真的错了。

这是我第一次遇到的不公正对待,身体上的痛苦激发了我对受到不公正对待的人甚至动物的同情。

你为什么要打这只公鸡?

法国大革命的思想先驱 **卢梭**

> 它欺负那群小鸡!我要保护弱小!

> 哇,好有正义感的小孩子。

因为自己明白受冤枉的心情,我变得更能体会弱小者的处境,这种心境一直保持到我成年,后来我的作品中也体现出这种对弱者的同情和对公正的坚持。

3. 自由的剧作家

我在巴黎定居之后,写出的歌剧《乡村卜师》取得了很大的成功。那个时候连国王都非常喜欢我的作品。

> 我代表国王让你去见他。以后国王会给你发工资,你专门为王室写歌剧就行。

> 我拒绝。如果拿了这笔钱,我只能按照国王的喜好写剧本,再也不能独立创作了。我剧里的真理、自由、勇气都完蛋了。

> 你是傻子吧!那可是一大笔钱!

我那个时候非常穷,拿了这笔钱就能过上衣食无忧的生活,然而在金钱和自由之间,我毫不犹豫地选择了自由。

我想,这种选择可以让你们看到我在创作的高山上不断攀登直到顶峰的毅力和勇气,以及追求永恒而不是一时的满足和安逸的决心。

法国大革命·攻占巴士底狱

法国大革命并不是我一个人的功劳，和我同时期的朋友们一起提出的民主、自由、平等思想给了人民思想上的启蒙，我们用笔和人民站在一起。

影响世界的他们——大思想家

德国古典哲学创始人 康德

德国历史上有这样一位先生,他几乎一生都没有离开过自己的出生城市,在那里,他提出了正负数理论和星云假说,写出了影响整个近代西方哲学、开启了德国古典哲学的巨著。他是谁?

> 在哲学这条路上,一个思想家无论来自何方和走向何方,都必须通过一座桥,这座桥的名字就叫康德。
> —— 苏联文艺理论家 戈洛索夫克尔

> 我的哲学成就太有名了,弄得没人知道我的科学研究成果。人太有才了真没办法。
> —— 康德

康德的全名是伊曼努尔·康德,他是德国著名的哲学家、作家,德国古典哲学创始人。他在前人的基础上进行了研究和反思,形成了一套自己的哲学思想体系。尤其他对人的自由和权利的实现及维护,私法和公法等法哲学问题进行了深入的探讨,完成了古典法哲学向现代法哲学的转变,对后代法哲学的发展产生了革命性的影响。

> 康德在近代哲学上恰似一个处于贮水池地位的人。可以这样说,康德以前的哲学皆流向康德,而康德以后的哲学又是从康德这里流出的。
> —— 日本哲学家 安倍能成

> 他是近代社会第一大哲学家!
> —— 梁启超

德国古典哲学创始人 康德

关于康德

- 1724年4月22日，康德出生在东普鲁士的首府哥尼斯堡，也就是现在俄罗斯的加里宁格勒。

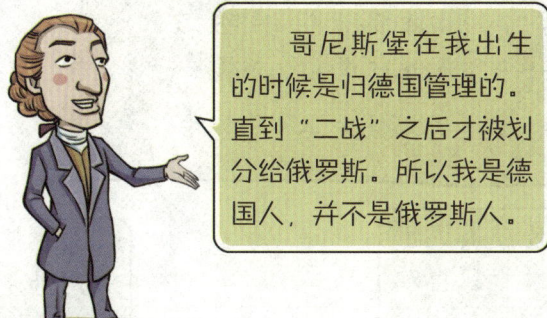

> 哥尼斯堡在我出生的时候是归德国管理的，直到"二战"之后才被划分给俄罗斯。所以我是德国人，并不是俄罗斯人。

- 康德的家庭并不富裕。他的父母都是非常正直、谦虚、善良的人，父母这些美好的品质给康德带来了很好的影响。
- 也许因为家境不太好的关系，康德即使在成年后身材也很瘦小，身高仅1.57米，人们因此称呼他为"身材矮小的硕士"，同时因为他很注意穿着，因此也被称为"穿着雅致的硕士"。

> 做一个时髦的蠢人比做一个不时髦的蠢人要好。

- 康德的父母有一位好朋友名叫舒尔茨，他不理会别人对工人家庭的歧视，不仅经常资助康德家，还帮助小康德进入了腓特烈中学进行学习。小康德在学校里尽自己所能地学习知识。这所学校学习的宗教内容很多，而且管理严格到严酷的地步，这些都对康德日后的教育观念产生了极大影响。

影响世界的他们——大思想家

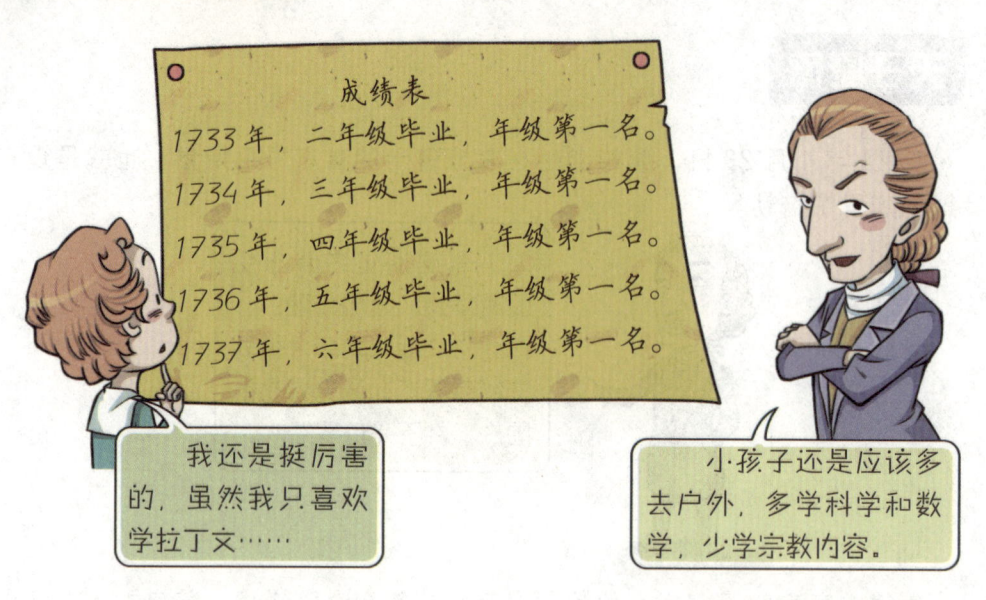

成绩表
1733年，二年级毕业，年级第一名。
1734年，三年级毕业，年级第一名。
1735年，四年级毕业，年级第一名。
1736年，五年级毕业，年级第一名。
1737年，六年级毕业，年级第一名。

> 我还是挺厉害的，虽然我只喜欢学拉丁文……

> 小孩子还是应该多去户外，多学科学和数学，少学宗教内容。

- 1740年，康德在哥尼斯堡大学开始学习哲学以及自然科学等免费科目的课程，为了学习收费课程，康德在大学里开始用做家教、和人打赌的方式赚钱来补贴学费。由于他不仅对学业认真，还愿意辅导低年级的同学，因此在他毕业之前就已经成为很多人的"老师"。

> 来打一局，输了的帮我交学费。

> 不，不来了。没人赢得了你啊……

- 1748年，二十四岁的康德大学毕业了。他的父母都已经去世，家里还有两个妹妹和一个弟弟需要照顾，于是他决定去做家庭教师，一边赚钱一边研究。
- 1755年，康德发表了《宇宙发展史概论》，提出了关于太阳系起源的星云假说。因此他获得了硕士学位，并在三个月后获得了哥尼斯堡大学私人助教

德国古典哲学创始人 **康德**

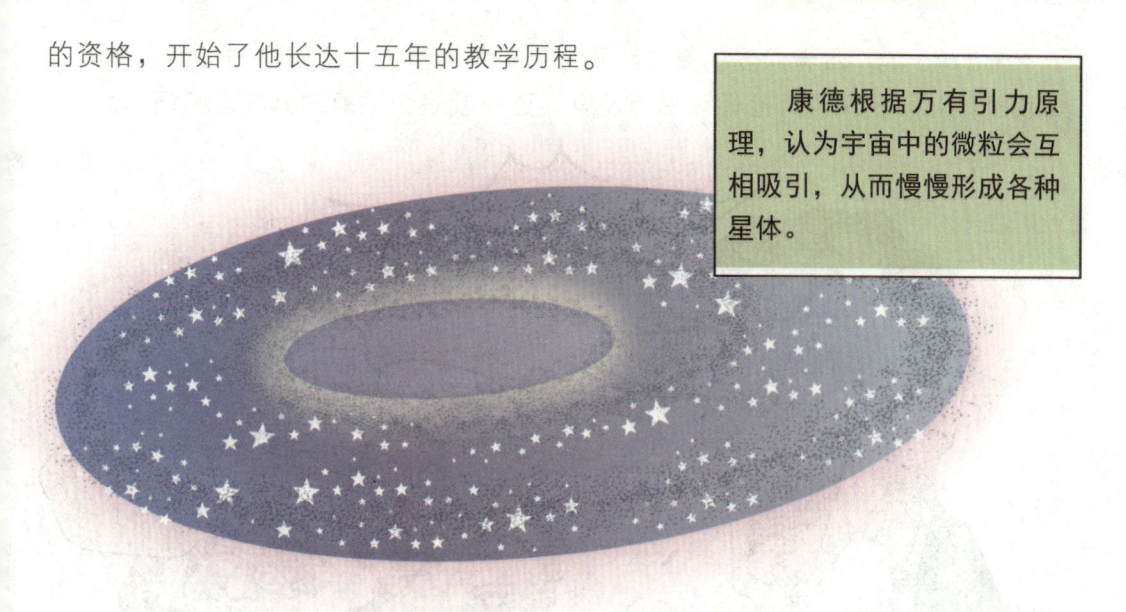

的资格,开始了他长达十五年的教学历程。

> 康德根据万有引力原理,认为宇宙中的微粒会互相吸引,从而慢慢形成各种星体。

- 康德在担任助教的时候是没有工资的,他只能靠学生的听课费来维持生活,不过他仍旧坚定地待在哥尼斯堡大学。
- 康德的住所非常简朴,屋子里唯一的装饰就是卢梭的肖像画。

曾经的我——

什么知识都不懂?鄙视你们。

不知道啊?什么意思?

现在的我——

我消除了对普通人的偏见,这都是你的功劳!

我的学说不能帮人学到知识,那我比普通人更没用!

89

影响世界的他们——大思想家

· 1770年，四十六岁的康德终于成为哥尼斯堡大学逻辑学与形而上学的正式教授，但很多人认为他什么书都没有写过，就是个平庸的大学老师而已。

我的老师马上就会出版一部哲学大作！你们看完了肯定会被吓到的！

哈哈哈哈！

那我们就等着了！

说什么梦话呢！

虽然康德的学生和朋友都相信他的能力，但是他的写书计划却一拖再拖。

现在写作的都是外行！您为什么不写？！您为什么沉默？！您在睡觉吗？！康德，告诉我，您为什么沉默？

这时，康德已经在为"三大批判"做准备工作了。为了让大家好理解，他不停调整书中的理论，花的时间自然也越来越多。

德国古典哲学创始人 康德

十年的沉默之后，康德终于在1781年发表了"三大批判"中的第一部——《纯粹理性批判》。

从这本书的出现起，德国开始了一次精神革命。在这本书面前，德国每一种思想的正当性都必须受到考验。

继续，还有两本！

接下来康德在1788年出版的第二批判——《实践理性批判》，以及两年后出版的第三批判——《判断力批判》，一起给德国，甚至整个欧洲的哲学界都带来了强烈的震动和冲击。

· 康德几乎一辈子都待在出生地，他所有的著作也都是在自己的家乡完成的。

· 1804年2月，康德去世了。当时天气冷得连墓地都无法挖开，就好像上天都不舍得他的离去。半个月后天气转暖，康德才被下葬。在此期间，哥尼斯堡的居民排着长队来为这个城市的最伟大的儿子送别。

有两种东西，我对它们的思考越深沉和持久，它们在我心灵中唤起的惊奇和敬畏就越日新月异，不断增长，这就是我头上的星空和心中的道德定律。

1724－1804

91

"三大批判"

康德虽然一直生活在哥尼斯堡,但是他对外界的信息非常关注。在他生活的年代,卢梭提出的民主思想成为法国大革命的思想动力,几乎改变了整个世界的政治面貌,牛顿定律则从自然科学开始改变了人们认识世界的方式。

卢梭和牛顿都对旧有的学说进行了剖析和批判,然后提出了更加精炼、简洁的理论。这两个人的精神和学说为康德从自然科学转而研究哲学,并且结合两者之长提供了强大的动力和助力。

> 1770年 自然科学
> 哲学
> 我会好好学习和发扬他们的批判精神。

在哲学这条路上,康德从1781年开始到1790年陆续出版了他的"三大批判"。这三本书的出版也标志着康德哲学体系的完成。

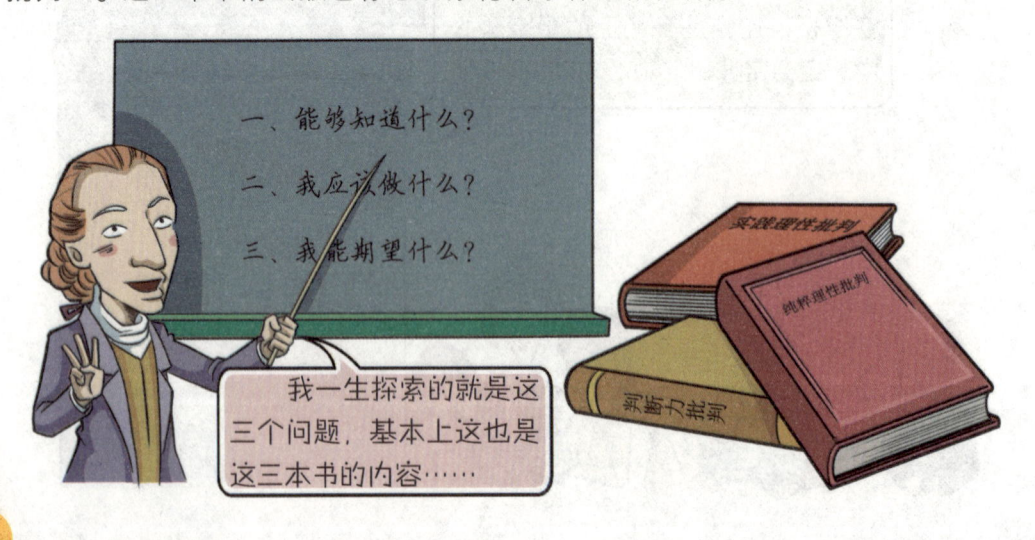

> 一、能够知道什么?
> 二、我应该做什么?
> 三、我能期望什么?
>
> 我一生探索的就是这三个问题,基本上这也是这三本书的内容……

纯粹理性批判
实践理性批判
判断力批判

德国古典哲学创始人 **康德**

康德的书里有很多抽象理论描述以及逻辑推导，即便是哲学研究者都很难看懂。因此这些书出版后，康德的名气大了，但是却并没有获得大众的喝彩。

> 这本欧洲有史以来最重要的书，竟没有引起什么反响！

> 《纯粹理性批判》里面的句子太长了，我一个指头按住句子的一个部分，十个指头用完了一句话还没完！

康德的著作提出了很多哲学观点，最重要的是他提出了一些值得永久性思考和研究的话题。康德开创的德国古典哲学吸收了前人的成果，把哲学思维提升到了一个新的水平。

……德意志民族不是个……举案……它一旦走上……末它就会坚韧不拔地把这条道……

……德国被康德引……学变成了一件民族的事业，一群出色的思想家突然出现在德国的国土上，就像用魔法呼唤出来的……

……思想放在自己面前，解剖它，并且把它……最细致的纤维。所以他的《纯粹理性批判》可以说是一个精神的解剖学的课……本人……那里始终保持冷静……的外科……生那样无动于衷……

黑格尔　康德　谢林　费希特

影响世界的他们——大思想家

"无趣"康德的有趣时光

1. 守时是一种好品德

我是个非常守时的人,在这方面有个很出名的故事。有一次,我计划到珀芬小镇去拜访朋友威廉,于是我告诉威廉,我会在3月2日上午11点钟前到他家。到了约定好的那天,我一大早就乘着马车出发了。谁知……

> 先生,桥坏了,马车过不去了!

> 不是吧!现在已经10点了!

现在想从别的桥过河至少要花两小时,即使想修桥,一时之间也找不到够长、够结实的木板。这怎么办?突然,我看到附近有一间小屋子……

> 请问多少钱您愿意卖这屋子?

> 您要这么个破屋子干什么?

我以200元的价格买下了这间屋子之后,对准备离开的主人说:"我不需要这间屋子,我只需要几块长木板。"

德国古典哲学创始人 **康德**

农夫带着两个儿子很快就修好了桥,我在10点50分时赶到了朋友家。威廉听说了这件事情后非常感慨,不过我觉得:守时不管是对陌生人,还是对朋友,都是一种基本的礼貌。

2. 康德与邻居的故事

我是个很爱安静的人,不过不凑巧的是,我的邻居养了一只按时打鸣的公鸡。我花了很大价钱把公鸡买下来,准备杀掉它。谁知……

没办法,我只得放过了这只大公鸡,还要把鸡养在自己家,并且每天忍受公鸡就在自己窗户下打鸣的吵闹声!

影响世界的他们——大思想家

六十三岁的时候，我搬进了新家，可住进去之后才发现书房竟然正对着城市监狱，而当时监狱里的犯人每天要唱三遍圣歌。

> 谁唱得最卖力，谁就能减刑。

> 环境再吵，为了写作也要想法克服！

谁也没办法让犯人不唱歌。最终，我只得紧闭书房的窗户，然后在犯人的圣歌声中，完成了《实践理性批判》和《判断力批判》两本书。

3. 自律生活与劳逸结合

我不仅对别人守时，对自己也很守时。几十年来，我都按照固定的时间表生活。每天下午4点，我会出门去小菩提树路散步，走八个来回，绝不少走，但是也绝不多走。听说我去世后，这条路被命名为了"哲学家之路"。

德国古典哲学创始人 **康德**

由于我总是在教堂报时的钟声响起时出来散步,有一次,我看书入迷了没有出来,邻居们都不知道报时的钟声到底准不准了。

> 教堂可能出错,康德先生的时间不会出错……吧?

> 那我们怎么确定时间?

> 什么!康德先生没出现吗?

虽然我把一生都献给了哲学,不过我也有着丰富的娱乐生活,打牌、听戏、听音乐会……我还特别喜欢邀请朋友一起吃饭。我不仅对食物和酒的味道要求很高,甚至还会请厨师告诉我美食的做法呢。

> 你问得这么仔细,不如再写一部《烹饪术批判》吧。

> 好提议!

当然,我可没时间去写一本《烹饪术批判》,否则大概我在哲学家、作家之外,又要加上一个美食家的头衔了。

晚上10:00—凌晨4:45：睡觉

凌晨4:45—早晨7:00：喝茶、备课

早晨7:00—早晨9:00：在一楼教室上课

早晨9:00—中午12:45：写作，三大批判都完成于这个时间段

康德的一天

下午 1：00—下午 4：00：与友人共进午餐

中午 12：45：下楼待客

下午 4：00—下午 5：00：散步

下午 5：00—晚上 10：00：看书

影响世界的他们——大思想家

马克思主义创始人 马克思

马克思是德国伟大的思想家、政治家、哲学家、经济学家、革命家和社会学家。他和最好的朋友恩格斯一起创立了马克思主义学说，这门学说被认为是指引全世界劳动人民为实现社会主义和共产主义伟大理想而进行斗争的理论武器和行动指南。他本人也被称作"全世界无产阶级和劳动人民的伟大导师"。

1999年，英国广播公司发起"千年最伟大思想家"调查，马克思荣登榜首。

2005年，英国广播公司又开展了"古今最伟大哲学家"投票，马克思再次名列第一。

> 想要理解18世纪以来席卷全球的巨大变迁，马克思的分析始终是必要的核心。

社会学家 安东尼·吉登斯

追求真理的一生

· 1818年5月5日，卡尔·海因里希·马克思出生在德意志邦联普鲁士王国莱茵省特里尔城的一个律师家庭。

祖父的职业 律师

父亲的职业 律师

> 看来我长大了也要当律师。

马克思主义创始人 **马克思**

· 马克思的父亲是个思想非常活跃的人，他知识面广，热爱文学作品，不少哲学家的著作甚至能全篇背诵。在父亲的影响下，小马克思也热爱阅读，并且练就了好口才。

马克思的好口才不仅让他得到了妹妹们的喜爱，长大后也让他在演讲和辩论时吸引了众人的目光。

影响世界的他们——大思想家

马克思的女儿曾经在他五十岁时问过他两个问题……

> 您喜欢做的事是什么?
> 啃书本。
>
> 您喜爱的诗人是谁?
> 埃斯库罗斯、莎士比亚、歌德。

- 1830年10月,马克思进入特里尔中学。这里的校长维滕巴赫对文学、哲学都很有研究,他的观点也对马克思有很大影响。

> 如果我们选择了最能为人类而工作的职业,那么,重担就不能把我们压倒,因为这是为大家作出的牺牲;那时我们所享受的就不是可怜的、有限的、自私的乐趣,我们的幸福将属于千百万人,我们的事业将悄然无声地存在下去,但是它会永远发挥作用,而面对我们的骨灰,高尚的人们将洒下热泪。
> ——马克思 高中毕业论文《青年在选择职业时的考虑》

才十七岁啊!竟然就有这么高远的理想!

- 中学毕业后,马克思进入了波恩大学,后来转学到了柏林大学。

好好学法律,毕业了和我一样当律师!

可我更喜欢哲学和历史……而且我想当老师……

马克思主义创始人 **马克思**

- 在读大学时，马克思就立志要创立一种抽象的哲学体系。在长时间被抽象和具体问题之间的差距困扰后，他从黑格尔的学说中得到了启发。
- 1841年，马克思拿到了柏林大学的毕业证书，然后向哲学大师黑格尔任教过的耶拿大学提交了博士论文，并且顺利拿到了哲学博士的学位。
- 毕业后马克思进入了《莱茵报》报社，凭借着年轻的冲劲和深厚的文字功底，很快当上了主编。然而他为了给穷人说话，就当时的"林木盗窃法"进行了大量的辩论，这个行为惹怒了普鲁士政府，后来报纸被查封，印刷也被迫停止，马克思不得已之下辞去了主编的职务。不过他并没有就此停下写作，而是继续向报社投稿，发表自己对社会各种事情的意见。
- 就在报社工作期间，马克思认识了恩格斯。1844年8月，恩格斯第一次和马克思见面。两人一见如故，从此建立了深厚的友谊。

马克思和恩格斯两人对很多观点的看法都一拍即合。他们为了阐述辩证唯物主义和历史唯物主义的一些重要原理合作写了《神圣家族》。一年后，两人又合作写了对历史唯物主义进行第一次系统阐述的《德意志意识形态》，这本

影响世界的他们——大思想家

书和马克思的《关于费尔巴哈提纲》一起，成为马克思主义的第一块基石。

· 1866年9月，马克思在日内瓦召开的国际工人代表大会上明确提出了"八小时工作制"的口号。

> 八小时工作、八小时休息、八小时归我们自己！

> 大家一直在争取，我的工作就是通过立法的形式保证这种权利！

· 马克思对自己要求太高，导致他在写作时患有严重的"拖延症"。

> 要是隔一个月重看我自己写的一些东西，我就会感到不满意，于是又得全部改写。

马克思的好朋友也非常清楚他的这个"毛病"……

> 稿子拖了一个月了！

> 让我改最后一次！

104

马克思主义创始人 **马克思**

> 这话你说了几百次了！
>
> 我不满意的东西宁愿烧掉！！
>
> 真想求你哪怕就稍微马虎一次也好……你过于严谨了……

- 马克思几乎把当时受过高等教育的人能够接触到的所有书籍全都读过了，为了保证自己作品内容的准确性，有些书他还要读上不止一遍，并且做详细的读书笔记。从这些作品中他也吸取了很多优点，从而让他的作品文笔优美，内容思想性强。

- 马克思主义的精髓就是无产阶级专政，还包含"通过暴力革命粉碎资产阶级专政，建立无产阶级专政"的内容，这让当时大多数统治者都不欢迎马克思。

根据马克思自己的记忆：1843年他离开了祖国普鲁士，住在了巴黎。两年后，在普鲁士政府的坚决要求下，他被驱逐出法国。随后他去往比利时，普鲁士政府又要求比利时内阁驱逐他。无可奈何的马克思只得请求退出普鲁士国籍。从此，他成了一位真正的"世界公民"，只可惜他死后也无法回到祖国，至今仍埋葬在伦敦的海格特公墓里。

> 我要脱离普鲁士国籍！

影响世界的他们——大思想家

马克思的两大著作

马克思知识渊博，对政治、经济、宗教、哲学、文学、史学、自然科学等都进行过深入的研究，也写出了不少著作，其中最著名的就是《共产党宣言》和《资本论》。我们先来讲一讲《共产党宣言》的来历。

1847年6月的伦敦，一个政党成立了，这就是共产主义者同盟。他们决定以共产主义思想为指导，让全世界无产者联合起来，为推翻资产阶级，建立无产阶级统治，消灭旧的以阶级对立为基础的资产阶级社会和建立无阶级、无私有制的新社会而努力。马克思和恩格斯一起加入了这个组织。

> 怎么办？

> 我们还缺个宣言啊……

> 拉我加入就为了写这个吗？

> 写文章好困难……

最后，马克思和好朋友恩格斯一起起草了《共产党宣言》作为同盟纲领。

- 消灭私有制
- 推翻资产阶级统治，由无产阶级夺取政权
- 夺取资产阶级的全部资本，把一切生产工具集中在无产阶级手里，并且尽可能快地增加生产力的总量
- 实行免费教育
- ……

> 我们只有用暴力推翻全部现存的社会制度才能达到目标。

马克思主义创始人 **马克思**

1848年2月24日，《共产党宣言》正式出版。这篇世界最显要的政治短文之一的文章标志着马克思主义的诞生。

随着革命的发展，马克思认识到《共产党宣言》中有一些观点跟不上时代了，甚至有些观点是错误的。他把自己学说的命运同社会现实紧密地结合起来，根据不同国家、不同时期的情况对文章进行了很多次修改。马克思和恩格斯还在不同时期以及不同国家再版时给文章写了不同的序言。他们确保《共产党宣言》能够紧跟时代，甚至引领时代。

> 要根据形势，用发展的眼光看问题。1848年的斗争方法，今天在一些方面都已经过时了。

马克思主义和风起云涌的工人运动相辅相成，马克思主义给工人运动提供了理论的支持和指导，而工人运动又给马克思主义带来实践的成果。在不断的斗争之后，很多国家不得不开始进行社会改革，使工人阶级和劳动人民的利益得到一定程度的保障。

> 要支付退休金！

> 从来就没有什么救世主，也不靠神仙皇帝！要创造人类的幸福，全靠我们自己！……

> 我们要休息！

> 八小时工作制！

反对剥削

1917年11月7日，以马克思主义为指导的俄国十月革命的胜利，更是直接改变了世界格局，让世界在资本主义国家之外，还出现了社会主义国家。

影响世界的他们——大思想家

马克思生活的时代，接连不断的经济危机让人们为了生活苦苦挣扎，这让马克思格外关注资本主义社会中的经济发展规律。而在马克思的研究中，有一个非常重要的概念，那就是剩余价值。

丝线 20 元 + 女工工资 10 元 = 漂亮的地毯 100 元

100-20=80

我竟然只能拿到 10 元钱？

剩余价值的情况非常复杂，我也只能简单进行说明。

以这个概念为中心，马克思写出了《资本论》。

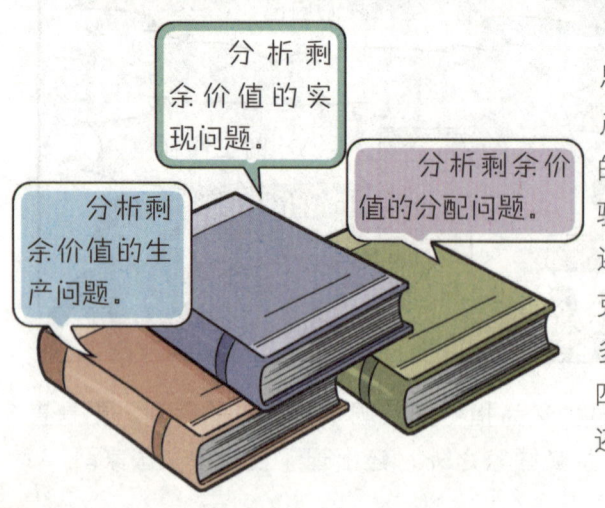

分析剩余价值的实现问题。

分析剩余价值的分配问题。

分析剩余价值的生产问题。

《资本论》全书共三卷，马克思在书中深刻分析了资本主义的生产方式，揭示了资本主义社会发展的规律，并使唯物史观得到了科学验证和进一步的发展。《资本论》还引用了大量的历史资料，据说马克思为了写《资本论》，读了两千多本经济学方面的书籍，收集四千多种报纸杂志。除了阅读，他还要对资料进行摘录、整理。

马克思主义创始人 **马克思**

> 我的天哪，你真能写，这有多少本了？

> 一百多本吧。除了手稿，其实大部分都是提纲和读书心得。

为了写作《资本论》，马克思在二十多年中几乎每天都坚持到大英博物馆的阅览室去查阅资料。

> 这人几乎每天早上9点准时来看书啊。

> 真是最勤奋的读者！

在图书馆抓紧一切时间，在家里马克思也是废寝忘食，甚至嘴里还在嚼着食物就又回书房工作了。就这样，1867年9月14日，第一卷《资本论》终于正式出版。而剩下的两卷，在他去世后才最终出版。这部著作跨越了经济、政治、哲学等多个领域，成为全世界无产阶级运动的思想指导，而且也在一直由资产阶级统治的政治经济学领域作出了划时代的贡献，成为经典的无产阶级的政治经济学代表。

> 为了让工人能只上八小时班，我可以每天工作十八小时！

109

影响世界的他们
——大思想家

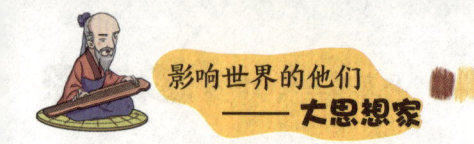

马克思的有情世界

1. 至死不渝的爱情

我的妻子叫燕妮·冯·威斯特华伦，燕妮出身贵族，受到良好的教育，还很有主见。她被称作"特利尔最美丽的姑娘"，很多贵族子弟都希望能得到她的青睐。不过燕妮不顾传统的社会观念，和我这个不同阶级的孩子恋爱，甚至瞒着自己的父母答应了我的求婚，而那年我才十八岁。

我朋友的妹妹的儿子的朋友的上司的#%￥￥#%非常适合你！

要找个地位高的！

要有钱的！

门当户对

当然，这桩婚事因为我与政府之间的矛盾一拖再拖，直到1843年6月，我才和苦等了七年的燕妮正式结婚。婚后不久，她就和我一起踏上了流亡的旅途。我对共产主义事业的贡献越大，有钱有权的人就越恨我。他们不停地驱赶我们，我和燕妮不得不四处转移，生活压力也越来越大。

床就抵债了！明天再来找你！

请您至少把孩子的床留下来吧。

即使这样,燕妮也从没想过离开我。

> 请问你过得这么苦,为什么还会继续和马克思在一起呢?

> 因为我们不仅是朋友、恋人,更是同志、战友,我们俩就是不可分离的灵魂伴侣!

1881年12月2日,六十七岁的燕妮离开了这个世界。她去世的那天,恩格斯说:"摩尔(马克思的别名)也死了。"两年后的3月14日,我在无尽的思念中追随燕妮而去。人们把我们俩一起安葬在了英国的海格特公墓里。

2. 志同道合的友情

我最好的朋友就是恩格斯,我们俩年纪差不多。恩格斯非常欣赏我的想法和主张。我们只要一见面,就夜以继日地讨论社会、经济各方面的问题,然后把两人的经验一起进行梳理和总结。

> 理论非常重要!

> 了解实际情况也很重要。

我四处流亡时还要写书,根本无法长时间工作,渐渐坐吃山空。看到我们一家人的生活极度困难,恩格斯干脆担任起了赞助人的角色。

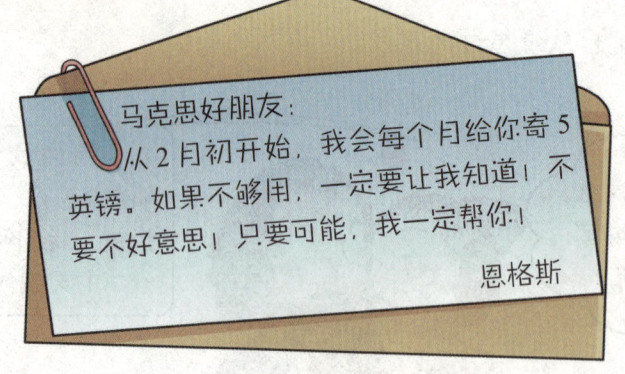

影响世界的他们——大思想家

> 马克思好朋友：
> 从2月初开始，我会每个月给你寄5英镑。如果不够用，一定要让我知道！不要不好意思！只要可能，我一定帮你！
>
> 恩格斯

恩格斯为了更好地赚钱，干脆迁居曼彻斯特，去欧门-恩格斯公司开始经商。可以说，正是恩格斯长期无私的援助，我才能专心于创作和研究。

> 我欠他太多了。为了帮我，他才会在赚钱上浪费才华。

> 好朋友！这是我应该做的！

就这样，恩格斯通过书信和我研究讨论国际工人运动的理论和策略，以及军事、语言学等各种学术问题。直到1870年，恩格斯才终于摆脱了商人的身份搬到伦敦，我们俩终于可以一起领导工人协会的工作，直接交流各种见闻、看法了。在我快离开这个世界前，《资本论》的第二、三卷还没有整理，后来这些书稿的整理、出版的工作全部由恩格斯承担起来。这些书籍不仅是我的心血，也是我和恩格斯共同的信仰和追求的结晶，更是伟大友谊的象征。

> 但是老马啊，你的字真的很难认……

> 我不会让好朋友的心血被埋没！

3. 对全世界苦难人民的同情

我一直对底层的劳动人民充满了同情。随着工业革命的发展，很多人失去了工作，没有钱购买食物，不得已之下，他们去森林里拾枯树枝生火取暖，采野果充饥，然而……

> 枯树枝也是我家的，还敢偷果子，我要把你们送进监狱！

> 进监狱至少有饭吃……

当时，类似的事件频繁发生，可是普鲁士统治者只想着把这些可怜人当成小偷重判。于是大学刚毕业的我写出了《关于林木盗窃法的辩论》，对立法机关偏袒富人的利益进行了谴责，还提出了解决的办法。此时我的观点还稍显稚嫩，然而已经走出了为无产阶级利益抗争的第一步。面对攻击，我没有退缩，未来几十年，我也将一直奋斗在为实现人类平等而战斗的第一线。

> 如果你们好好改善社会福利，帮助他们就业，就不会有人愿意靠野果和枯树枝过日子的。你们只顾着富人的利益，剥夺贫民捡拾枯枝的权利。我认为应该这么改革¥%¥%¥……

> 你家里不是很有钱吗，为什么站在穷鬼那边！

马克思对工人的演讲

115

影响世界的他们
——大思想家

女权主义思想家 波伏娃

在世界思想史上，几乎见不到女性的身影，而我们今天要介绍的就是一位女性思想家——西蒙娜·德·波伏娃。她是法国存在主义作家，女权运动的创始人之一。她所写的社会学著作《第二性》对于女性本质的深刻解说在当时引起了很大争议，她特立独行的爱情生活也被人们拿来当作谈资，然而在周遭的嘈杂声中，她依然保持着自己的步调，行走在文学家和思想家的道路上。

> 她的一生、她的作品和她的斗争导致法国及整个世界女性和男性的醒觉。

法国前总统 密特朗

> 她为全世界的妇女打开了一道门。她的《第二性》改变了全世界亿万人的命运。

美国女权运动家 凯特·米列特

> 我倒是更希望我的书能尽快过时，只有这样才意味着女性的处境好起来了。

波伏娃

波澜起伏的一生

- 1908年1月9日，波伏娃出生于巴黎一个非常保守的富裕家庭，她的父亲是一位律师，母亲来自一个富裕的家庭。不过她出生没多久，家里就发生了变故，因此，波伏娃的少女时代过得并不富足。
- 小波伏娃不仅要学习写作、英文、钢琴，还会跟着父亲练习戏剧。
- 波伏娃从小就是个很有主见的女孩，这和她家里保守的宗教信仰环境形成

> 我要发表一项个人"独立宣言"！我绝不让我的生命屈从于他人的意志！

女权主义思想家 **波伏娃**

了很大反差。她不仅拒绝信教，也拒绝父母对她事业和婚姻的安排。

- 波伏娃在十七岁时进入索邦大学学习文学、哲学和数学。一年后，她以优良的评语拿到了文学学位证书，两年后，她以第一名的成绩获得了哲学学位证书。在二十一岁参加哲学教师资格考试时，她认识了未来相伴一生的灵魂伴侣，也就是日后著名的存在主义哲学家——萨特。

- "二战"爆发后，波伏娃和参军的萨特暂时分开。不过萨特即便在参战期间，也通过一封封书信向她表达爱慕之情。

- 1943年，热爱文学的波伏娃写出了小说《女宾》。可惜的是，这本小说和她的其他文章一样，被人怀疑是萨特代笔的，这让波伏娃非常痛苦。

- 波伏娃一边成长，一边开始深入思考"如果自己是男性，那么成长经历就会完全不一样"的问题。她从1948年开始在《现代》杂志上连载自己思考的结果，然后在第二年，她把所有发表的内容整理成书，正式出版。

这本书就是《第二性》。

《第二性》中运用存在主义对女性进行了分析，新颖的定义和解析理论让这套书一下子引来了各界的激烈反应。

巴黎竞赛报

《第二性》真是一本伟大的书！

西蒙娜·德·波伏娃不仅是文学家，也是出现在历史上的第一位女性哲学家。

- 《第二性》给波伏娃带来了争论，但是也让她摆脱了"萨特的女人"的身份，终于成为存在主义作家西蒙娜·德·波伏娃。
- 1954年，波伏娃的长篇小说《名士风流》获得法国龚古尔文学奖。
- 1955年9月，波伏娃和萨特一起接受邀请来到了中国，他们在这里待了两个月。波伏娃在两年后发表了《长征：中国纪行》一书。

女权主义思想家 **波伏娃**

- 1986年4月14日，七十八岁的波伏娃在巴黎科尚医院去世。波伏娃去世后，和萨特一起，葬在巴黎蒙帕纳斯公墓。

波伏娃的女性讲座

想要认识和了解波伏娃，最好的途径之一是读她的书，而她的成名作《第二性》无疑是最合适的选择。

这本书被称作有史以来讨论妇女的最健全、最理智、最充满智慧的一本书，甚至被尊为西方女性的"圣经"。

影响世界的他们——大思想家

《第二性》中谈到的女性的社会地位、爱情、婚姻等对很多人来说并不新鲜，不过波伏娃把对社会中形形色色女性的观察和神话、历史、文学等各领域中的女性形象结合起来进行了哲学的思考。她在书中从社会历史的方方面面对女性生活的现状，以及形成原因作出了深刻分析，在女性的社会地位问题上，提出了更高意义上的平等理论。

其实"第二性"原本是一个哲学概念，简单来说，"第一性"是指看得见、摸得着，即客观存在的物质。而看不见、摸不着的意识，因为是看到物质后才有的，是被动的，所以被称作"第二性"。

物质决定精神。存在决定意识。没有存在就不会有意识产生。

波伏娃提出了一个非常重要的理论，那就是：定义和区分女人的参照物是

女权主义思想家 **波伏娃**

男人，而定义和区分男人的参照物却不是女人。他是主体，而她则是他者、附属。

> 他者又是什么？

> 你们可以简单理解为主体是第一，他者是第二。第一决定第二。

波伏娃身处一个动荡的年代，连续的两次世界大战、工人运动、女权运动……部分女性开始参与到公共生活中，有人认为这些女人不是"女人"，而是"问题"。波伏娃认为要解决"问题"，首先就要知道"问题"是什么，也就是"女人是什么"。正是在这种思考之下，波伏娃发现了传统女性定义的偏差。

已知：

> 我是父亲的女儿。

> 我是丈夫的妻子。

> 我是孩子的妈妈。

求问：

> 我是谁？

波伏娃发现，人们一直都是以男性为主体对女性进行定义，不论是历史、文化、宗教还是别的领域，女性都是男性的影子，而女性研究也只集中在她们的生活状况、心理状况、喜好问题上。波伏娃把和女人有关的一切放在哲学层面作为主体来分析和研究，不仅极大发展了女权主义理论，也对哲学有很大的贡献。

存在主义女性主义

强调对女性"内在性"的超越，企图摆脱"他者"和"他性"状态，使女性主体意识得以树立，使女性成为一个自由的主体，实现自身的价值。

《第二性》分为两卷：第一卷用大量文学的例子来分析女性的处境；第二卷则从存在主义的哲学理论出发，研究女性在出生、青春期、恋爱、结婚、生育、衰老各个阶段，以及在农民、工人、明星或知识分子等各个阶层中的真实处境。

> 社会认同的"女人"不是天生的，是整个文明教育下逐渐形成的。

> 能举例说明吗？

> 例如性格如果可以分类，那么只会有温柔、坚韧等分别，而不会有女性性格、男性性格。"女性性格"就是男性以自我为参考，给女性定下的标准。

> 哦……

她还在书中探讨了女性独立的可能性。

> 自食其力，这并不是生活目的本身，但是，只有先做到自食其力，才能达到坚实的人格独立。

波伏娃在进行哲学论证时，会大量引用精神分析学家、生物学家、生理学家、

女权主义思想家 波伏娃

性学家、批评家、经济学家、东方学家等的作品作为证据，这些材料不仅有力地支持了书中的观点，更增加了文章的趣味性。她的这本《第二性》，虽然并没有提出多少女权运动的行动纲领，却有着重要的理论价值。

成就自我的小秘密

1. 想要达成自己的目标，就要坚定

我还在读中学的时候，父亲就想让我嫁人。不过我早就决定从事文学和哲学方面的工作，因此我拼命顶住了来自父亲的压力，继续自己的学业。

> 是的！
> 你要去参加哲学教师资格考试？
> 这么难吗？
> 那做好要重考五六次的准备吧……

1929年，二十一岁的我在大、中学哲学教师资格考试中获得了第二名！

> 历史上第九个通过考试的女性。
> 有史以来最年轻的资格获得者！

当时女性的受教育水平远远落后于男性，可以说，如果没有强大的毅力和坚定向前的信念，我是无法完成目标的。

2. 独立自主很重要

我和萨特的爱情中最让世人感到惊奇的就是我们两人都非常独立。

> 我们不住在一起,一辈子也没住在一起。

> 不过我们会分享我们的经历,绝不隐瞒。

这种既亲近,又各自有着自我空间的生活方式,被称作"契约式爱情"。

> 你不觉得孤独吗?

> 偶尔会,不过爱情只是我人生的一部分。

通过感情生活,让我对女性地位有了更多了解。那时,女性受教育的机会很少,女性爱学习也会惹来非议。于是我认为:很多女性只喜欢恋爱是因为她们没有受教育,不知道世界上还有很多可以去做的事情,爱情成了她们唯一改变自己无聊处境的机会。而我用自己的一生证明:独立自主的女性才能够得到更多生活和精神的自由。

3. 学会合作

虽然我强调独立，但是我并不反对人和人之间的交流。

我想说我们完全是相互影响的。不管是在文学上还是在生活上，我们总是共同作决定，彼此都在影响对方。

我觉得说成互相渗透也不错。

人们总是觉得我这个女人是受到萨特哲学思想的影响，其实我和萨特是彼此作品的审阅者与批判者，萨特还说他的作品是需要我签发"许可证"的。我了解自己的优势，也知道并承认自己的弱势，所以我才能根据自己的情况，通过和别人的合作来发挥优势，弥补不足。

波伏娃	提出新观点	萨特
波伏娃	把握理论精髓	萨特
波伏娃	构建自己的理论体系	萨特
波伏娃	吸收和运用	萨特

合作让我们的成功指数永远满格！

波伏娃参加女权主义游行

波伏娃在老年时积极投身妇女运动,她的《第二性》可以说正是20世纪六七十年代女权主义大规模兴起的原因。现代女性受到这本书的启蒙,越来越认识到所处的不平等环境,从而走出家庭,开始争取自己的权利。

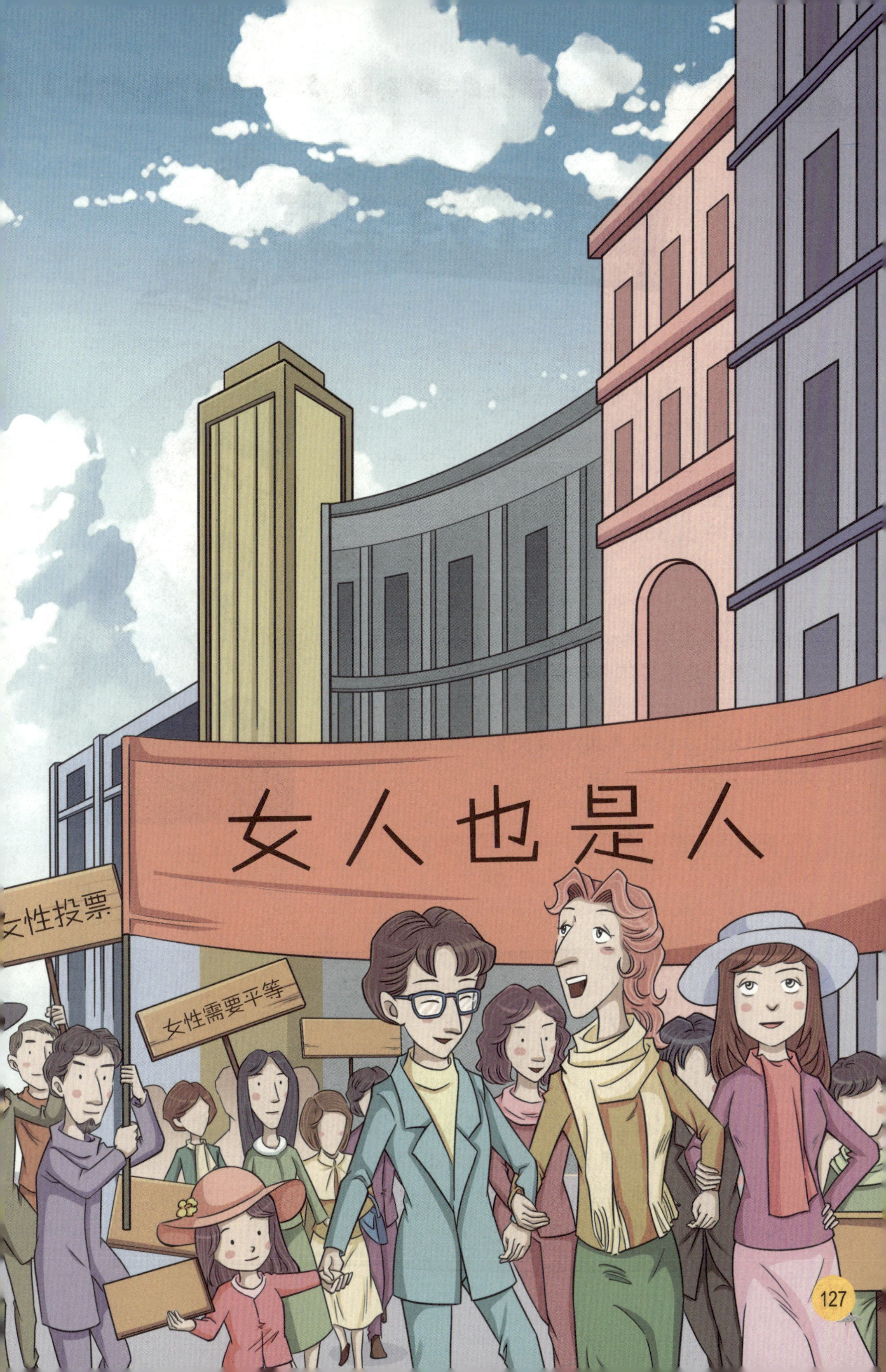
女人也是人
女性投票
女性需要平等

群星闪耀 更多大思想家

1. 文武全能的思想家——王守仁

王守仁是明代著名的思想家、文学家、哲学家和军事家。

- 王守仁从小就关心国事，十五岁的时候就给皇帝写过治国建议。
- 王守仁不仅写得一手好文章，还能带兵打仗。
- 王守仁创立的心学，在明朝晚期的时候成为主流学说之一，并且传播到东亚其他国家，特别是给日本带来了较大的影响。
- 王守仁十分重视儿童教育，提倡顺应儿童的天性、根据儿童的接受能力制定教育计划。

不为做官为做圣贤而读书

王守仁
（1472.10.31—1529.1.9）

十一岁时，有一天王守仁问自己的老师："什么是人生的第一大事？"老师觉得这个问题非常值得讨论，认真思考了一下后作出回答："我觉得是读书做大官。"王守仁却显然不满意，他说："我认为不是这样。"老师觉得很好奇，问道："你的看法是？"王守仁表示："我觉得第一大事是读书做圣贤。"老师听了他的话不由得有些羞愧，同时也觉得小小年纪的王守仁就有这么高远的理想非常值得赞赏。

群星闪耀 **更多大思想家**

关注儿童教育的心学大师

王守仁出身于浙江余姚一个显赫的家庭，因为他曾经在会稽山阳明洞居住，自号阳明子，所以人们也叫他王阳明，或者阳明先生。

他精通儒家、佛家、道家学说，在政治腐败、社会动荡的明朝后期提出了"知行合一"的心学。"知"，主要指人的道德意识和思想意念。"行"，主要指人的道德践履和实际行动。王守仁所谓的"知行合一"包含两个方面的意思：一是知中有行，行中有知。这是说平时的行为动作中包含了个人的想法，都是个人的自觉行动。二是以知为行，知决定行。这是说让道德来指导人的行为，按照道德的要求去行动才能达到有"良知"的目的。在对成人的德行进行研究的同时，王守仁也十分重视儿童教育。他在《训蒙大意》一文中，提出了不少非常超前的教育理念。他认为儿童教育必须顺应孩子的性情，要根据孩子的能力来进行教育，而不是一股脑全塞给孩子。王守仁还认为教学的重点不在于多，而在于留下余地，让孩子能够用自己的能力去探索剩下的知识，这样才能在学习中体会到成功的乐趣，乐于接受教育，而不会因为学习艰苦变得厌学。因为王守仁为人清廉正直，又能著书立说，还能领兵打仗建立功勋，所以他被人称作是集立德、立功、立言于一身的死而不朽的"三不朽"人物。

2. 法学理论的奠基人——孟德斯鸠

孟德斯鸠是法国启蒙思想家、律师，西方国家学说以及法学理论的奠基人。

· 孟德斯鸠出生于一个贵族世家。

· 1716年孟德斯鸠得到了男爵的封号。

· 孟德斯鸠用"波尔·马多"的笔名发表了名著《波斯人信札》，这本书为18世纪的法国文学所特具的哲理小说体裁奠定了基础。

· 孟德斯鸠曾被选为波尔多科学院院士、法国科学院院士、英国皇家学会会员、柏林皇家科学院院士。

· 孟德斯鸠与伏尔泰、卢梭合称"法兰西启蒙运动三剑侠"。

查理·路易·德·色贡达·孟德斯鸠
（1689.1.18—1755.2.10）

说到做到的庭长

孟德斯鸠在很年轻的时候就成为波尔多高等法院的庭长，他每天都会接触到大量的案件，并且签署最后的判决，这里面有不少判决让他感到自己并不是在进行司法判决，而是进入了各种利益的角斗场。他慢慢开始反思自己从事的这份工作，并且公开表示了批判。最终，就像他在《波斯人信札》中说的："当我认识到什么是恶的时候，我远离它……并揭露它……"在十一年后，孟德斯鸠坚定地离开了那个腐败的官场。

群星闪耀　**更多大思想家**

影响全世界的"三权分立"

　　孟德斯鸠在担任波尔多高等法院庭长的时候，处理过各种案件，因此他对当时的社会矛盾和现状有着非常深入的了解。后来他辞去了官职，开始在欧洲四处游历，考察其他国家的政治制度，学习各国思想家的见解。就这样准备了二十年，孟德斯鸠终于在1748年出版了自己最重要、也是影响最大的著作《论法的精神》。

　　《论法的精神》是一部综合性的政治学著作，在政治、法律、经济等方面提出了很多理论。经济学方面，孟德斯鸠主张尊重私人财产权，大力发展工业和商业，减轻赋税，废除奴隶制。法律方面，他对封建制度下的残酷刑法进行了深刻批判。政治方面，他把政体分成了共和、君主、专制三种，并指出了每种政体的原则，并且表达了他对共和政体的向往和对专制政体的批判。而他在这本书中最重要的一点则是明确提出了"三权分立"学说，也就是要按立法、行政、司法三权分立的原则组成国家。只有这三种权力相互制约、相互协调才能避免权力的滥用，从而建设一个更好的社会环境。

　　这部书出版后受到了极大的欢迎，短短两年间就重印了二十一次！并且被誉为西方自亚里士多德以后最重要的政治理论书。书中追求自由、主张法治、实行分权的理论对世界范围的资产阶级革命都产生了很大影响，甚至几百年后的今天，大部分资本主义国家依旧按照书中的分权理论在构建国家的政体。

3. 德国国家哲学的阐述者——黑格尔

黑格尔是德国 19 世纪唯心论哲学的代表人物之一，他对德国的国家哲学作了最系统、最丰富和最完整的阐述。

· 黑格尔出生在德国巴登－符腾堡公国首府斯图加特一个官吏家庭。

· 黑格尔年轻的时候正好遇上法国大革命，因此他深受卢梭思想的影响。

· 黑格尔担任过柏林大学，也就是现在的柏林洪堡大学的校长。

· 《哲学史讲演录》《美学讲演录》和《宗教哲学讲演录》都是在黑格尔去世后，人们根据他在柏林大学的讲稿整理而成的。

格奥尔格·威廉·弗里德里希·黑格尔
（1770.8.27—1831.11.14）

马车越空，噪声越大

黑格尔小时候和父亲一同到林间散步。走着走着，父子俩突然听到不远处传来马车的声音，黑格尔的父亲说来的马车应该是一辆空车。黑格尔非常惊讶："我们都没看见马车，您是怎么知道的？"父亲答道："因为马车越空，噪声就越大。"后来等马车来到面前一看，果然是一辆空车。父亲的那句话深深印在黑格尔的脑海中。 以后，每当他和人交谈时，都会让自己先思考再发表意见，以免变成夸夸其谈、自以为是的"空马车"。

群星闪耀 **更多大思想家**

争议声中的哲学代表

黑格尔十八岁就在图宾根大学学习神学，几年后，他拿到了博士学位，还取得了大学任教的资格。不过他不想继续研究神学，于是离开大学来到了瑞士的伯恩。在这里，他在卡尔将军家里当家庭教师。这位将军家的藏书数量多种类也多，黑格尔花了两年时间一边教书，一边将绝大部分藏书都阅读了一遍，这给黑格尔在哲学、社会科学、政治、经济等方面打下了坚实的基础。

1800年开始，黑格尔和谢林一起创办了《哲学杂志》，并且在七年后出版了他的第一部哲学著作《精神现象学》。随后他又用了八年的时间写出了《逻辑学》，加上1817年出版的《哲学全书》，这些著作将他的哲学体系完整地呈现在了世人面前。黑格尔理论中的唯心主义，彻底的逻辑主义，认为世袭制是国家制度的顶峰，以及认为自己的哲学就是绝对真理等思想让很多人无法认同，甚至黑格尔的追随者也因为对他的宗教思想的不同理解而争论重重。

不过黑格尔把辩证法运用到整个世界，这种大胆而惊人的方式也为他的学说带来了众多支持者。通过辩证法分析，他认为自然、历史和精神世界都是在不断运动、变化和发展的，后来这种方法被马克思和恩格斯进行了批判的继承。恩格斯更认为黑格尔的这种思想使近代德国的哲学达到了顶峰，因为黑格尔是德国古典哲学的集大成者，并且有着百科全书一般的丰富性。现代哲学几乎所有流派都会和黑格尔的思想有千丝万缕的联系，他的学说以不同的方式启发着人们的思想。

影响世界的他们——大思想家

4. 西方现代哲学的开创者——尼采

尼采是德国著名的哲学家、语言学家、文化评论家、诗人、思想家，他被认为是西方现代哲学的开创者。

- 尼采两岁半才学会说第一句话。
- 在开始研究哲学前，尼采是一名文字学家，并且担任过大学古典语文学教授。
- 尼采热爱音乐、诗歌，尤其喜欢巴赫、贝多芬和古希腊诗人的作品。
- 尼采对于后世哲学的发展影响极大，尤其是存在主义与后现代主义。
- 1869年，尼采放弃了普鲁士国籍，从此以后他变成了一个无国籍人士。

弗里德里希·威廉·尼采
（1844.10.15—1900.8.25）

弱者与强者的混合体

尼采无疑是个天才，然而他也一直受到病痛的折磨。从1876年开始，死亡就时刻威胁着尼采，他一年之中三分之二的时间都在生病，几年之后他的眼睛也几乎失明。然而在这前后短短的十年间，尼采出版了《悲剧的诞生》《不合时宜的沉思》《人性的，太人性的》以及《查拉图斯特拉如是说》等一系列不朽著作，他用自己病弱的身体靠着强大的意志力完成了超人才能完成的事情。

群星闪耀 **更多大思想家**

哲学界的超人

尼采出身于一个乡村牧师家庭。在他五岁时，父亲和弟弟就接连去世，这让尼采从小就体会到了生命的无常。他这么形容自己的童年生活："那一切本属于其他孩子童年的阳光并不能照在我身上，我已经过早地学会成熟的思考。"

尼采年轻的时候对音乐、艺术、语言等更有兴趣。到了大学之后，一本叔本华的《作为意志和表象的世界》才为他打开了哲学的大门。

1872年，尼采以《悲剧的诞生》开始了他一系列哲学著作的发表。他的著作提倡"权力意志"说，鼓吹"超人"哲学，被视为现代非理性主义思潮的先驱。尼采哲学观中最重要的一点就是：哲学的使命就是要关注人生，给生命一种解释，探讨生命的意义。对尼采来说，哲学思索是生活，生活就是哲学思索。他对现代文明只有物质财富的增长和人们精神的颓废提出了明确的反对，他还对理性哲学和宗教道德进行了彻底的批判，而他希望建立一个"强力的意志"，用人类最理想的形态，也就是"超人"来代替神。这种对人的极端肯定和对生命的热爱为后世的哲学家提供了与传统哲学截然不同的道路。

尼采的哲学表达方式也和以往的哲学家都不同，比起推论和体系，他的书中更多的是频频出现的警句和格言。种种的与众不同以及长久的精神疾病都为尼采披上了神秘的外衣。他的一生就像他推崇的一样：身为一个脆弱的人，却会永远和痛苦对抗，永远不放弃对生命的热爱。

图书在版编目（CIP）数据

影响世界的他们：手绘名人故事：函套共8册 / 亚亚文；夏阳绘. — 北京：北京理工大学出版社，2019.9（2022.7重印）

ISBN 978-7-5682-7559-0

Ⅰ.①影… Ⅱ.①亚… ②夏… Ⅲ.①名人－生平事迹－世界－青少年读物 Ⅳ.①K811-49

中国版本图书馆CIP数据核字(2019)第190778号

出版发行 / 北京理工大学出版社有限责任公司
社　　址 / 北京市海淀区中关村南大街5号
邮　　编 / 100081
电　　话 / (010)68913389（编辑部）
网　　址 / http://www.bitpress.com.cn
经　　销 / 全国各地新华书店
印　　刷 / 湖北意康包装印务有限公司
开　　本 / 710毫米×1000毫米　1/16
印　　张 / 68
字　　数 / 1360千字
版　　次 / 2019年9月第1版　2022年7月第6次印刷
定　　价 / 200.00元（全8册）

责任编辑 / 张　萌
文案编辑 / 张　萌
责任校对 / 周瑞红
责任印制 / 边心超
责任制作 / 格林图书

图书出现印装质量问题，请拨打售后服务热线，本社负责调换

给孩子一部有温度的梦想之书

手绘名人故事

影响世界的他们

大文学家

亚亚/文　夏阳/绘

北京理工大学出版社
BEIJING INSTITUTE OF TECHNOLOGY PRESS

给孩子梦想起飞的翅膀

世界上每一只小鸟都要翱翔于蓝天,世界上每一个孩子都有属于自己的梦想。

每一个孩子都是与众不同的,每个孩子都是梦想家。在他们成长的过程中,梦想可能会折翼、会被误导,所以孩子们萌发的梦想更需要被细心呵护,需要被温柔地鼓励和引导。因此,一套好的成长之书,在孩子们的成长道路上扮演着重要的角色,发挥着潜移默化的作用。《影响世界的他们——手绘名人故事》丛书正是这样一套送给孩子的梦想之书。

这是一套给孩子带来正能量的、守候孩子梦想的书。在这里,孩子们会看到古今中外各个领域的名人故事,他们身上的坚强、勇敢、奋进的意志品格,是孩子们得以学习的榜样力量;他们身上的由于时代带来的局限,也是孩子们得以

不断深入思考的问题。

这是一套给孩子的有温度的、引人思考的梦想之书。理想不是冷冰冰的灌输和说教，在这里，孩子们能看到的不仅仅是名人们各种令人羡慕的成就，更有他们在成就的道路上遇到的挫折、打击以及他们做出的努力、他们得到的和失去的……

这是一套给孩子的轻松的、风趣的"朋友"之书。在这里，没有板起脸来的长篇大论，在这个名人们的"展览馆"里，他们如同一些经历丰富的"大朋友"，用他们的故事陪伴和启发着孩子们在追寻梦想的道路上前进。

心怀梦想的孩子更强大。守候孩子的梦想，就是守候我们的未来。愿这套书带给孩子们梦想起飞的翅膀，陪伴他们不断翱翔、快乐成长、实现梦想……

著名诗人、儿童文学作家 徐鲁

目录

8 文学史上的丰碑 曹雪芹

曹雪芹，清代小说家、著名文学家，其代表作《红楼梦》是我国最宝贵的文化遗产之一，代表着我国古典小说的最高成就，是极具思想性、艺术性的伟大作品。

20 坚强的硬汉作家 海明威

欧内斯特·米勒尔·海明威，美国小说家，被认为是20世纪最著名的小说家之一，其代表作《老人与海》获得了诺贝尔文学奖。他被誉为美利坚民族的精神丰碑，是新闻体小说的创始人。

38 最有成就的侦探小说之父 柯南·道尔

阿瑟·柯南·道尔，英国杰出的侦探小说家、剧作家，其代表作有《血字的研究》《空屋》等，因成功塑造了侦探人物——夏洛克·福尔摩斯而成为侦探小说历史上最重要的小说家之一。

54 现代小说之父 塞万提斯

塞万提斯·萨维德拉，西班牙小说家、剧作家、诗人，被誉为西班牙文学世界最伟大的作家。其作品《堂吉诃德》达到了西班牙古典艺术的高峰，也是世界上翻译版本最多的文学作品之一。

68 最伟大的戏剧天才 **莎士比亚**

莎士比亚，英国文艺复兴时期伟大的剧作家、诗人，欧洲文艺复兴时期人文主义文学的集大成者。其代表作有《哈姆雷特》《威尼斯商人》《仲夏夜之梦》等。

86 豪放豁达的文学家 **苏轼**

苏轼，字子瞻，又字和仲，号东坡居士，眉州眉山人，中国北宋文豪，"三苏"之一，"唐宋八大家"之一。其代表作有《东坡七集》《东坡乐府》等。

100 最杰出的神话故事小说家 **吴承恩**

吴承恩，字汝忠，号射阳山人，淮安府山阳县（今江苏省淮安市楚州区）人，中国明代杰出的小说家。其代表作有《西游记》《射阳集》《春秋列传序》等。

114 性格怪怪的大文学家 **郑板桥**

郑板桥，清朝官员、学者、书法家，"扬州八怪"之一。其诗、书、画均旷世独立，世称"三绝"，擅画兰、竹、石、松、菊等植物，其中以画竹成就最为突出。著有《板桥全集》。

128 群星闪耀 **更多大文学家**

你，准备好了吗？

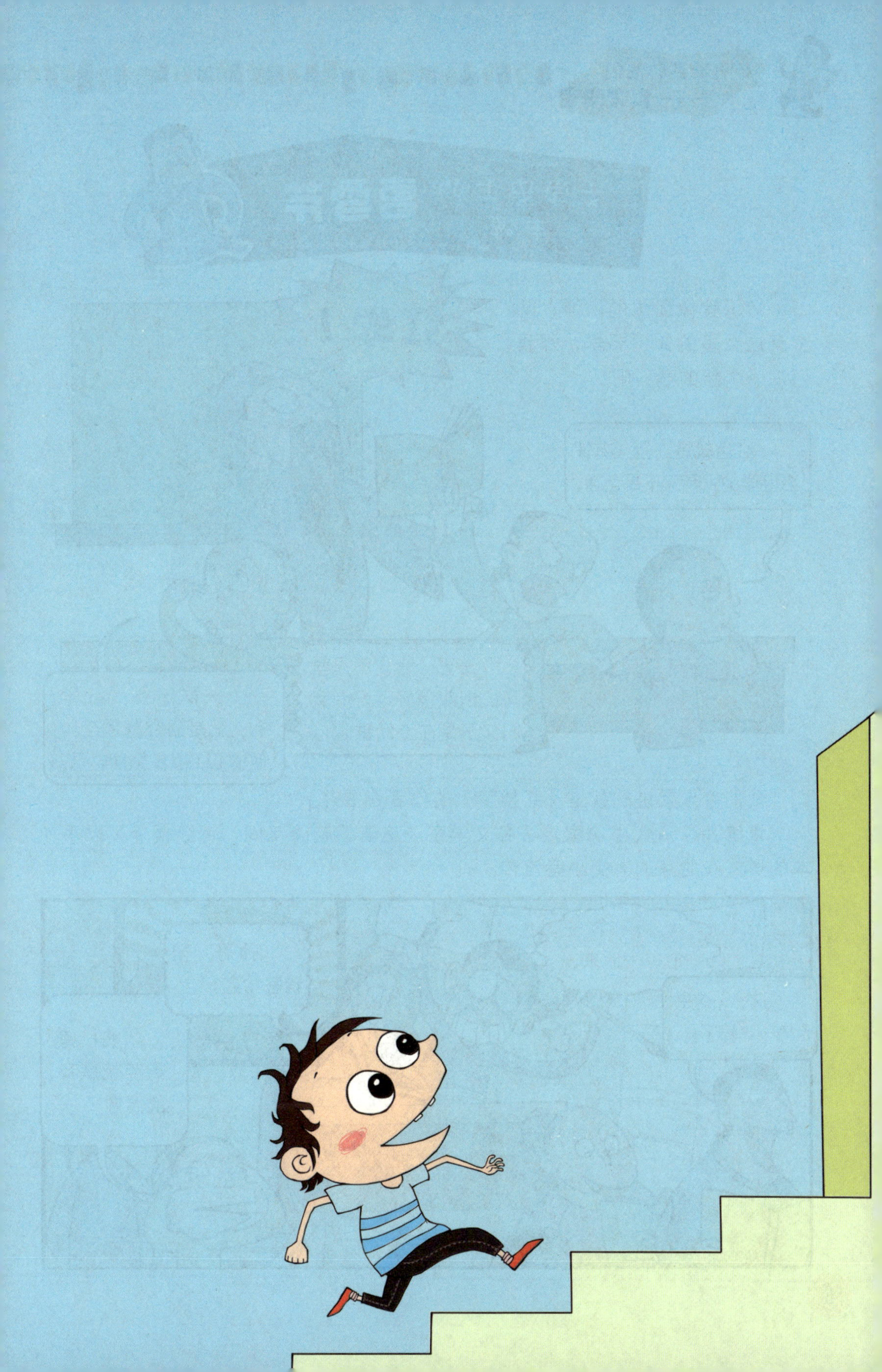

影响世界的他们——大文学家

文学史上的丰碑 曹雪芹

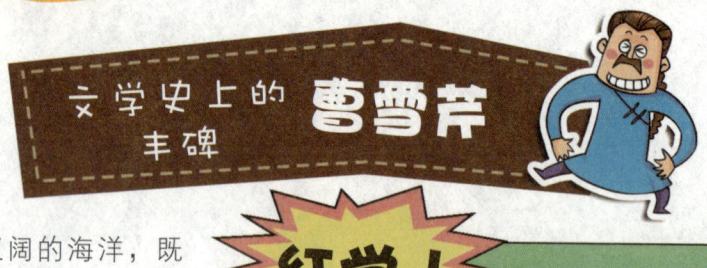

知识就像辽阔的海洋，既然有这么多的知识要学，那我们讲一个新的学科吧！

红学！

红色就是红色，有什么好学的？我又不是色盲。

笨蛋，肯定不是学习认识颜色好不好，我们又不是在上幼稚园！

一群笨蛋，红学啊，就是研究曹雪芹和他的《红楼梦》的学问。

我们今天要讲的就是《红楼梦》的作者曹雪芹。

曹雪芹，清代小说家，著名文学家。在清朝乾隆年间，《红楼梦》以手抄本的形式在北京的大街小巷流传。

这……这书太棒……棒了！

一个一个……地来。

帅哥，帮我签个名！

噢！曹雪芹就是我的偶像……

文学史上的丰碑 **曹雪芹**

不过这本书在当时却被官方列为禁书,为此,皇帝和他妈妈还吵了一架。

> 皇帝,你听好了,我坚决不同意你禁这书!

> 无论怎么说,禁书就是禁书。

可是,无论怎么禁止,这本书还是在民间流传开来,越来越有名,如果排个畅销书排行榜的话,肯定是第一位的,可以让很多出版商发大财。

慢慢的,曹雪芹和他的《红楼梦》名声更大了。

说起曹雪芹,他就是一个谜一样的人

• 生于一个大家庭。

曹雪芹的爷爷是曹寅,这是毫无疑问的。曹寅童年时代的伙伴可是有来头的,那就是大名鼎鼎的康熙皇帝。康熙小时候,曹寅陪着他读书,所以,曹寅和康熙皇帝的感情很好。后来,康熙派曹寅去南京当了个大官。曹寅死了以后,康熙还让他的儿子继续当官,但是,曹寅的儿子不久也死了。康熙很伤心,想让曹家后继有人,于是,他就找到了曹寅的侄子,让其做曹寅的第二个儿子,来继承这个官职。

影响世界的他们——大文学家

那么提问！曹寅的第一个儿子是曹雪芹的爸爸，还是过继来的第二个儿子是曹雪芹的爸爸呢？

这一切只能用猜的，目前谁也不能肯定，但是唯一肯定的，他的爷爷是曹寅没错儿。

- 他的样子。

曹雪芹长得身宽体胖，有一身黑黑的皮肤和一个大脑袋。

这人叫什么来着？

曹雪芹？

我哪有这么黑！！

在曹雪芹所处的时代，也就是清朝的时候，大家都认为写诗论词才是真正的学问，写小说、写戏曲都是逗人玩的娱乐，不是什么值得重视的学问。

人和人的差距咋就这么大呢？

所以，关于小说家的记载也相对较少，使曹雪芹给我们留下了很多谜一样的故事。当然，也有解开的一些谜底。譬如：

- 曹雪芹出生在富贵家族，但是后来家族败落了，直到他死去，都是在贫穷中度过的。
- 他是个爱喝酒的人。
- 他性格豪放，脾气不太好，暴躁，有点傲慢，讨厌世俗的东西。
- 他会做风筝。
- 他是个写小说的高手，文学史上丰碑似的人物。
- 他留下了我国最宝贵的文化遗产，也是世界上公认的伟大的作品《红楼梦》。

曹雪芹和他的《红楼梦》

曹雪芹满腹才学，诗词绘画样样精通。但是，他最伟大的成就还是他的小说，他一辈子就写了这一部小说，但是就这一部小说，代表着我国古典小说的最高成就。这部小说就是《红楼梦》。

《红楼梦》反映的是清代康熙、雍正、乾隆时代的社会生活画面，正是历史上所谓的"康乾盛世"，其实在王朝鼎盛的背后存在着种种的矛盾，也隐藏着重重的危机。当时政治腐朽，封建剥削加重。各族人民的反抗斗争日益激烈，统治阶级内部的矛盾也日见明显。

曹雪芹的《红楼梦》，是以自己和亲戚家庭的败落为创作素材的，因此带有一定的回忆性质；但他创作的《红楼梦》是小说而不是自传，不能把《红楼梦》作为曹雪芹的自传看待。

那么让我们来看看这本书吧，这是一个发生在大家族贾家的故事，里面还有一个很凄美的爱情故事哦。

影响世界的他们——大文学家

《红楼梦》人物图

贾宝玉：我是贾宝玉，生来就含着一块石头，我从小就跟这些姐姐妹妹们一起生活。

袭人：我是袭人，宝玉的大丫鬟。"宝玉，你就别再惹林姑娘了。"

林黛玉：哼！他就知道和别的女孩子玩，宝姑娘你干吗要为他说话。

薛宝钗：林妹妹，别生气，别去理那小子。

晴雯：袭人总是那么贴着宝玉，有什么了不起的。

妙玉："香篆销金鼎，脂冰腻玉盆。"

史湘云："寒塘渡鹤影"的后面……

12

探春
迎春，你说我憋屈吗，家里有个不懂事的娘，害得大家都看不起我！
迎春
探春，你也别生气了，日子总要过，过一天算一天吧。
惜春
元春姐姐，你看他们吵起来了。
元春
我待在皇宫里面，倒是想看看家人吵架……
贾母
凤姐儿，咱们快去怡红院看看宝玉。
王熙凤
老祖宗看您高兴的，慢点慢点。
宝琴
香菱，我们去找姐姐吧，可这大观园真是大，好难找。
香菱
宝琴小姐，我想他们应该是在宝兄弟那里吧。
刘姥姥
我的天哪！这是神仙住的地方吧！

怎么样，这一大家子人够多吧！这还不算什么，曹雪芹可是描写人物的高手，就《红楼梦》这一本书，就有几百个人物出现，并且每个人物都性格分明，角色各有特色。还有，曹雪芹对金石珠玉、诗词书画、医学、建筑、烹饪、印染技术，甚至女性保养品、化妆品等学问都很精通，再加上他出身富贵，见过很多大场面，所以他写起这样的豪门生活，是那么真实和细腻。

贾府的饮食起居

贾府的园林建筑

贾府的车轿排场

《红楼梦》这本书所涉及的知识面非常广泛，可以说，曹雪芹就是一部活动的百科全书。

《红楼梦》歌颂了年轻人的爱情，但是，爱情只是一个线索，书中揭露了封建社会官官相护，不拿老百姓的生命当回事的黑暗统治，还批判了封建贵族家庭浪费奢华的生活。正是由于骄奢淫逸，才导致了四大家族的败落。

薛蟠

大魔王薛蟠又来了！快跑啊！

刘姥姥

用了这么多鸡肉只是为了做出好吃的茄子啊！

文学史上的丰碑 **曹雪芹**

曹雪芹死后，他的小说《红楼梦》广为流传，但是有人说他病了，没有写完，也有人说，他写完了，弄丢了。很多人都想接着写《红楼梦》。后来，高鹗整理编集了我们现在看到的一百二十回的版本，不过很多人认为后四十回是高鹗续写的，并不是曹雪芹的原作。

哈喽，臭小子，别捣乱了，你简直是帮倒忙！

高鹗

《红楼梦》经过后世反复地传抄、出版，传播很广，是我国和世界文学史上的最杰出的小说之一。

曹雪芹的人生课堂

1. 富贵公子的童年

说起我的小时候，那过的可是富得流油的日子，我算是标准的官富后代。我们家是大家族，从曾祖父开始，就担任江宁织造（这可是个好差事，就是专门给皇帝家提供丝织品）。到了我爷爷的时候，我家更是兴旺发达。因为爷爷和康熙皇帝是一起长大的，他俩是关系很好的哥们儿。

康熙皇帝还是婴儿的时候，我的曾祖母就是他的奶妈。

我爷爷小时候，一直陪着康熙去上课。

快点快点！

15

我是真正的皇亲国戚，我的两个姑妈都是王妃。

皇亲国戚你好！

皇帝六次下江南，四次都住我们家。

自己人，不用客气了！

我的爷爷也是风雅之人，写诗歌、写剧本、写词，都难不倒他。在爷爷的影响下，我很喜欢看书，不过爷爷让我看的《四书》《五经》我一点也不喜欢，我更喜欢看戏文、小说、美食、养生、茶道、织造等方面的书，爷爷很反对我看那些书，也反对我和一些唱戏的人交朋友，但是我很喜欢戏曲，也想学习戏曲。有一次，家里请来了戏班，他们画着五色的油彩，穿上戏装表演。因为很好看，我就偷偷地模仿了一下，结果被爷爷抓住了，差点被打屁股，最后我被关了起来。爷爷虽然对我很严厉，但是教会了我很多的知识，从爷爷那里，我学会了很多。

咿～呀～喔！

2. 落魄了的公子哥

荣华富贵，就像梦一样，醒来后真可怕。康熙皇帝死了，他的儿子雍正当了皇帝。雍正以为我们家是反对他做皇帝的，就找了个理由开除了我的爸爸，还没收了我们全部的家产。我们在江宁实在生活不下去了，就回到了北京老家。我们家变穷了，日子很不好过，不久，爸爸去世了，生活越来越困难。我不得不去一个贵族学校当老师。孩子们很调皮，我从来没有过过这样的生活，心里很难受。

文学史上的丰碑 曹雪芹

同学，今天……

出去玩了！

后来，我又应聘到朝廷的书院里当画师。

喂喂喂，新来的，把水给我端来！

哈哈哈哈

新来的，今天别画了，带我的狗去散步！

新来的，会说笑话吗？就知道画？

新来的，你不知道这里的规矩吗？要随叫随到。

痛苦的人生啊……

虽然画师的工资还是挺高的，但我还是辞职了。我虽然很穷，但还是要有志气的。

于是，我搬到了北京西郊的一个小村子里，靠卖画为生，收入少得可怜，家人一天到晚只能喝稀饭，勉强过日子。

还好，我那个时候有一对好朋友，他们是兄弟俩，叫作敦诚、敦敏。

在我穷困潦倒的时候,我接触到了很多穷苦的老百姓,想到我家以前的生活,感慨万千。这样的经历让我有了写小说的念头。

3. 十年光阴,非常辛苦

我开始写小说了,但是没时间画画了,没有收入来源,日子更是辛苦。

老妈,这才5月,他干吗撕8月的日历?

可能是太穷了买不起纸吧。

虽然有这么多的磨难,但我从来没有放弃过写小说,我一边写一边修改,那些不能让我满意的文字,都是直接涂掉,重新再写。

朋友们看过我的小说,评价还不错。敦诚和敦敏还有其他看过的朋友,总是迫不及待地问我接下来要写什么。每当我讲情节的时候,他们都听得很高兴。我们就这样,几个下酒菜、几壶老酒,就能谈一个晚上,和朋友们相处,是我难得的幸福时光。

时间在苦难中显得很漫长,一部《红楼梦》,我写了十年。

日子是没有回头路可走的,我的人生里富贵过,贫穷过,我把我的人生体验写了一本小说,这已经让我很满足了。

文学史上的丰碑 **曹雪芹**

曹雪芹故居

这是我最艰苦的时候住的房子，看看多么简陋啊！

影响世界的他们——大文学家

坚强的硬汉作家 海明威

在一个暴风雨过后的宁静午后

看！有条船！

是圣地亚哥回来了吗？

我胜利了！

虽然鲨鱼抢走了我的胜利果实，但我战胜了猎物，我没有被打败！

这就是著名的《老人与海》，1954年诺贝尔文学奖获奖作品。而它的作者就是这里的主角——海明威，一个坚强、刚硬，拥有无限人格魅力的人！

欧内斯特·米勒尔·海明威，美国小说家。他的代表作有《老人与海》《太阳照样升起》《永别了，武器》《丧钟为谁而鸣》等，而凭借《老人与海》，他获得了1953年的普利策奖及1954年的诺贝尔文学奖。海明威的写作风格简洁，一向以"文坛硬汉"著称。海明威被誉为美利坚民族的精神丰碑，并且是新闻体小说的创始人，他对美国文学及20世纪文学的发展有极深远的影响。

说真的，人们常说我就是"美国精神"的代表，我想这不无道理。

坚强的硬汉作家 **海明威**

在海明威的作品中诞生了很多名言，充满了激励人的力量：
- 一个人并不是生来要被打败的。你尽可以把他消灭掉，可就是打不败他。
- 我多希望在我只爱她一个人时就死去。
- 没有失败，只有战死。
- 青年人要有老年人的沉着，老年人应有青年人的精神。
- 只向老人低头。
- 每个人都不是一座孤岛，一个人必须是这世界上最坚固的岛屿，然后才能成为大陆的一部分。

然而1961年7月2日，这位伟大的文学巨匠却在爱达荷州凯彻姆的家中开枪自杀了。这是在他获得诺贝尔文学奖的7年之后。

没有人知道他为什么自杀，他留给人们的只有无限的悲痛和无尽的猜测。

他的墓志铭，这样写道：

我是客人，你不能因为死了就不站起来迎接我！

恕我不能站起来！
1899～1961

影响世界的他们
——大文学家

海明威的死，让整个世界极为震惊。

纽约时报

在这个总统死了都不会举国哀痛的国家，海明威何以能令全国上下"沉浸在哀痛之中"？就凭他独特的作品，就凭他那硬汉精神！海明威本人及其笔下的人物影响了整整一代甚至几代美国人，人们争相模仿他和他作品中的人物。他就是美国精神的化身。人们在为这种精神哭泣。

让我们来看看一些大人物对海明威的死有什么看法：

几乎没有哪个美国人比海明威对美国人民的感情和态度产生过更大的影响。

美国总统：约翰·肯尼迪

他坚韧，不吝惜人生；他坚韧，不吝惜自己。……值得我们庆幸的是，他给了自己足够的时间显示了他的伟大。

大诗人弗罗斯特

古巴革命领导人：菲特尔·卡斯特罗

看来以后我只能与悬挂在办公室里的海明威的照片长谈了。

干得好，我也打算这么来一发！

著名斗牛士：胡安·贝尔蒙德

关于这位硬汉作家

- 不顾爸爸的反对参了军,并参加了第一次世界大战,在意大利战场受了重伤,那个时候只有18岁。

> 别给我缺胳少腿地回来!
>
> 不会的!
>
> 少了一块儿膝盖,不算缺胳膊少腿吧?

- 获得意大利政府颁发的十字军勋章和勇敢勋章。
- 晚上经常失眠,必须开灯睡觉。

> 我一点儿也不怕黑,我只是失眠!

- 受许多人喜欢,有很多粉丝,就像大明星一样。
- 做过记者,在西班牙采访世界斗牛王比赛,反而自己成为焦点。

- 有次坐飞机，差点儿没命，还好命大，有惊无险。

- 1961年7月2日清晨，海明威身穿睡裤、浴衣，进入地下室。他拿出了枪和一盒子弹，然后，到了门厅。他把两发子弹装进了猎枪，慢慢张开嘴巴，把枪头塞进去，扣动了扳机……

海明威的《老人与海》

> 我试图塑造一位真正的老人，一个真正的孩子，一片真正的海，一条真正的鱼和一条真正的鲨鱼。
>
> TIMES

这是海明威在《时代》杂志上说的一句话，我们就从这里开始，谈谈《老人与海》这篇小说。这是为海明威赢得了巨大荣誉的中篇小说，海明威凭借它获得了1954年的诺贝尔文学奖。

这是一场悲壮的人与自然惊心动魄的搏斗。

故事的主人公就是这个叫作圣地亚哥的老头。

我会捕到世界上最大的鱼的！

影响世界的他们——大文学家

老头已经出海好几天了,但是一条鱼都没有捕到,眼看着暴风雨就要来了,似乎只能放弃捕鱼,赶紧回家。

他尽力了,但是他什么也没有得到,这是命运对他开的玩笑。

很多人遇到这种灾难性的困难,往往沮丧、倦怠。然而老人选择的是向命运挑战,他继续开向大海,他对着大海怒吼,对着太阳怒吼。

哦,露丝!

噢,杰克!

啊~呜喔 呜喔~嗷呜喔呜喔~!

因为他有着不畏困难、永不放弃的精神,他终于等到了一条大鱼。

这未免太大了吧!

坚强的硬汉作家 **海明威**

面对这条堪称鱼王的巨大马林鱼，老人毫不退缩地与之展开搏斗。这是一场你死我活的斗争，老人与大鱼缠斗了两天两夜，双手都血肉模糊了，却丝毫不休息。他没有放弃，不愿意做失败者，他用最后一丝力气与大鱼搏斗，直到胜利为止。

> 虽然不知道为什么要这么拼命，但是我好像打败它了。

在回家的路上，他遇到了鲨鱼的围攻。

他已经失去了战斗的力气。只得拼死继续保卫着他的战利品，但最终还是失败了。他带着破烂的小船、仅剩下白骨的大鱼和疲劳的身体回到家。一个失败了的胜利者回来了。

> 有完没完？有完没完！

> 情节需要，这是情节需要！

> 无论如何，我至少战胜了自己！

影响世界的他们——大文学家

老人每取得一点胜利都付出了惨重的代价,虽然最后他仍然失败了,但是,从另外一种意义上来说,老人还是一个胜利者。因为,老人不屈服于命运,无论在多么艰苦卓绝的环境里,老人都凭着自己的勇气、毅力和智慧进行了奋勇的抗争。大马林鱼的鱼肉虽然没有保住,但他捍卫了"人的灵魂的尊严,显示了一个人的能耐可以到达什么程度",是一个胜利的失败者、一个失败的英雄。这样一个"硬汉子"形象,正是典型的海明威式的小说人物。

> 我们都是最著名的硬汉!

小说中的大海和鲨鱼象征着与人作对的社会与自然力量,而老人在与之进行的殊死搏斗中,表现了无与伦比的力量和勇气,不失人的尊严,虽败犹荣,精神上并没有被打败。

> 这就是我所说的那句话:"你尽可以把他消灭掉,但你就是打不败他!"我就是要塑造这样一个人,一个令人肃然起敬的伟大的人。

硬汉作家的成长之路

1. 我的童年

1899年7月21日上午8点，天气不错，我出生于美国伊利诺伊州芝加哥市的奥克帕克。我生下来时体重有8斤多，是个胖胖的婴儿，身长59厘米。我是爸爸妈妈的第二个孩子，但是是他们的第一个儿子，我有个大姐，名叫玛西琳；大妹叫玛德琳，二妹叫珊妮，三妹叫娥苏拉，四妹叫卡洛儿，年纪最小的是莱彻斯特·克莱伦斯，是我唯一的弟弟。

影响世界的他们——大文学家

在我7个月大时，我们一家到了密歇根瓦隆湖，在那里建了一所农舍。我的名字来自母亲的家族，欧内斯特是我外祖父的名字，而米勒则是外祖父的弟弟的名字。

> 我的童年就是在这所湖边的农舍中度过的，我在那里吃、睡，尽情在大自然中玩乐。

小时候，每当我听到故事时，总会不断模仿故事中我喜欢的人物角色。为了好好模仿，我甚至对缝纫也很有兴趣。

> 我喜爱模仿！

妈妈希望我学音乐，而我更喜欢爸爸的兴趣，如打猎、钓鱼，在森林中和湖泊旁露营等。所以，我成了爸爸的跟屁虫，我喜欢和爸爸在一起。我热爱大自然，一直到我老的时候，我都喜欢到没有人的地方去旅行。

儿时的我常常和爸爸一起到处冒险

我在1913年9月到1917年6月间在奥克帕克及河畔森林高中接受教育。我的学习成绩和体育都很好；我会拳击、足球，在班里，我的语言能力也特别好。

初中的时候，我就开始发表文章，这是我第一次的写作经验，高中的时候，我就在校报做编辑了。

我觉得我还可以再抢救一下~

我们的王储被杀啦！宣战！宣战！

不过，没过多久，第一次世界大战爆发了。

18岁的时候，我放弃了上学，去一家报社当记者，开始了我的写作生涯。不过爸爸非常反对我的决定，他一直希望我和姐姐一起去念大学。

我当时工作的《堪城星报》，是非常厉害的一家报社，我是年龄最小的员工，虽然我在《堪城星报》仅仅工作了6个月（1917年10月17日—1918年4月30日），但由于这家报社在当时的地位很重要，雇用了很多才华横溢的记者，而每个记者几乎都有同一个梦想——写小说。在这种氛围下，我和他们的接触为我打开了一扇新大门，我渐渐有了写小说的念头。

影响世界的他们
——大文学家

2. 坚持下来才有收获

我开始很勤奋地写作，可是结果并没我想得那么好，一次又一次的退稿，让我厌倦透顶。

> 别整天在那儿瞎写，你需要工作！

> 快给我出去找工作！

于是，我只好从家里搬了出来。在接下来的日子里，我不停地写作，那个时候，我满脑子就是写啊写啊写啊，可是，一件倒霉的事儿发生了。

> 不好意思，老公，我干了一件会让你生气的事。

> 什么事？说吧，反正你也没少让我生气。

> 我在火车站弄丢了你的皮箱。

> 那是我全部的手稿啊！

一切都没了，我觉得很沮丧，可是我不能放弃，振作了一下，我又写了新的作品，可是新作品依然被退稿了。

我虽然还是很难过，但也习惯了这种退稿的日子，渐渐的这些也打击不了我了，我相信我自己的写作风格，我不能在半路退出。

正是因为这样的坚持不懈，到我终于成功的那一天，我很感谢这些困难的日子对我的磨炼。

坚强的硬汉作家 **海明威**

刚开始是这样的

这是什么？我要的是文学作品，这只是新闻稿吧？

我成功以后……

能拿到诺贝尔奖我感到很高兴！

我当年退掉了他全部的稿子！

3. 站着写的作家

我有一个习惯……

对，就这样写！

是的，我站着写，而且用一只脚站着。我采用这种姿势，使我处于一种紧张状态，迫使我尽可能简短地表达我的思想。如果你要问我简洁风格的秘诀在哪里，我就会非常简洁地回答你："站着写！"

影响世界的他们
——大文学家

每天早晨 6 点半,我便聚精会神地站着写作,一直写到中午 12 点半,通常一次写作不超过 6 小时,偶尔延长 2 小时。

我喜欢用铅笔写作,便于修改。

> 不知道是谁说的,我写作时一天用了 20 支铅笔。在这里我严正声明一下,最多的时候,我也只用了 7 支铅笔。

铅笔终结者

我在写作的同时,还要抽空读点书,譬如莎士比亚的剧作,以及其他著名作家的巨著;此外还精心研究奥地利作曲家莫扎特、西班牙油画家戈雅、法国现代派画家谢赞勒的作品。

我觉得,我向画家学到的东西跟向文学家学到的东西一样多。因为不同画家的作品会带给人不同的心灵震撼与美感。

> 你们是我学习的榜样!

我还很注意学习音乐作品基调的和谐和旋律的配合。所以,我的小说有情景交融、浓淡适宜、语言简洁清新、独创一格的风格,跟这些也是很有关系的。

4. 修改到出版前的最后一分钟

对待写作,我的态度是严肃而认真的,我十分重视对作品的修改。我每天开始写作时,先把前一天写的读一遍,写到哪里就改到哪里。

全书写完后先从头到尾改一遍；草稿请人家打字排版后再改一遍；最后在出版之前再改一遍。我认为这样三次大修改是写好一本书的必要条件。

我的长篇小说《永别了，武器》的初稿写了6个月，中间还经历了手稿被偷重写，加上重写后的修改、出版前的修改，最后一共改了39次我才觉得可以了。

> 《丧钟为谁而鸣》的创作花了17个月，成稿后天天都在修改，出版前我连续修改了96个小时，没有离开过房间。

我主张"去掉废话"，把一切华而不实的词句删去，最终取得了成功。我终于实现了自己的梦想，当上了一名作家。

> 作为一名作家，我讲得已经太多了。作家应当把自己要说的话写下来，而不是说出来。

海明威的世界冒险

- 获得诺贝尔文学奖
- 在西伯利亚的冰原冒险
- 在欧洲参加过第一次世界大战
- 观看西班牙斗牛
- 在中国面见抗日领导
- 在乞力马扎罗山麓打猎
- 拍摄

在加拿大的湖泊钓鱼

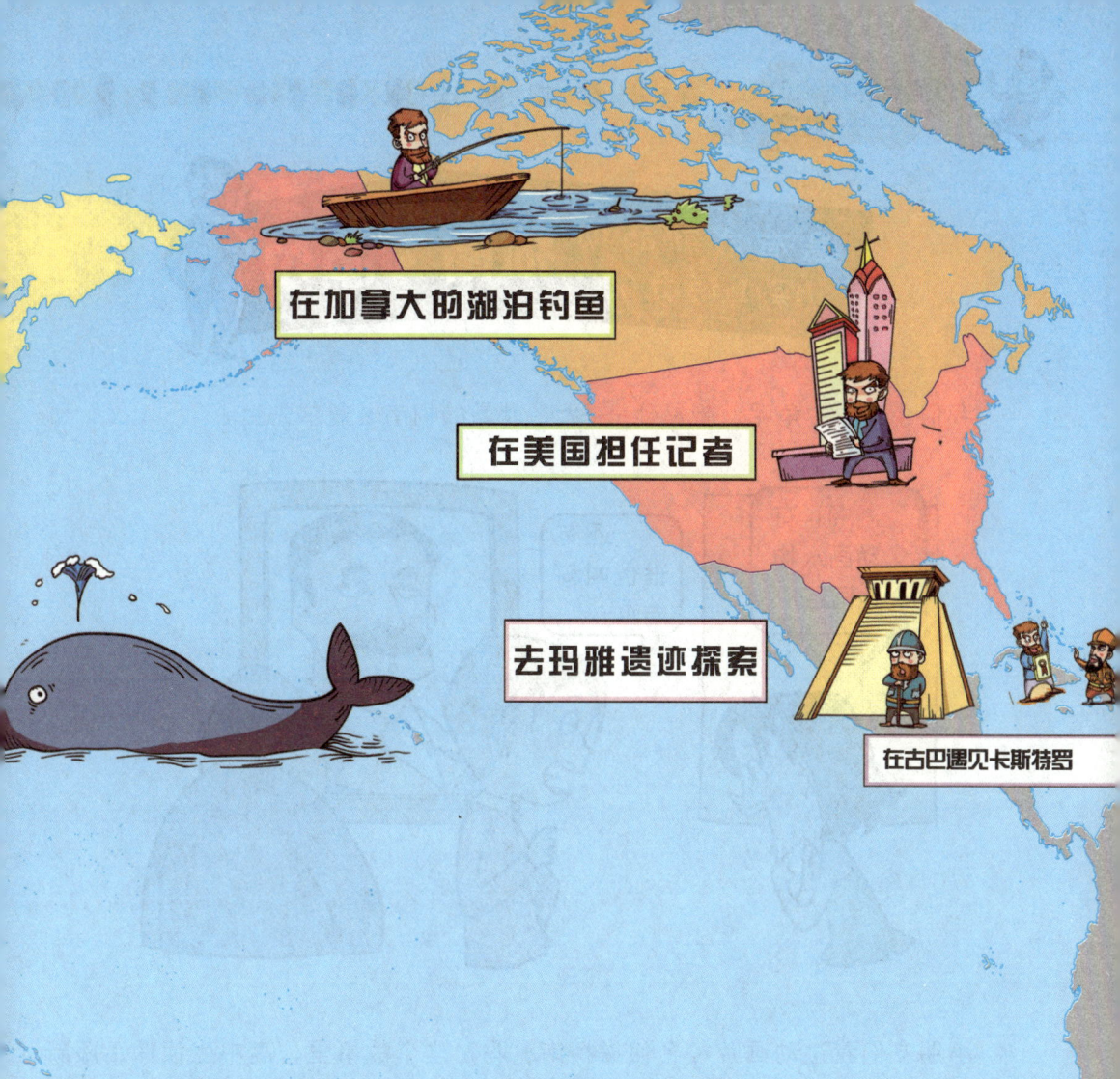

在美国担任记者

去玛雅遗迹探索

在古巴遇见卡斯特罗

的风光

影响世界的他们——大文学家

最有成就的侦探小说之父 柯南·道尔

我们今天的主角呢,就是他——大名鼎鼎的柯南·道尔先生。

啊!有个动画人物和他同名!

还有谁也叫柯南吗?

小朋友们看过动画片《名侦探柯南》吗?这个故事里,高中生侦探工藤新一被穿黑衣的坏人灌下了神秘药水,一下子变成了小孩子,在情急之下给自己取了个名字叫作柯南,而工藤新一选择这个名字的原因,就是他崇拜的偶像叫作柯南·道尔。

那么究竟这个柯南·道尔是谁呢?让我们来看看吧:

他可以说是现代侦探悬疑小说老祖宗级别的人物。因成功地塑造了侦探人物——夏洛克·福尔摩斯,而成为侦探小说历史上最重要的小说家之一。除此之外,他还曾写过戏剧、诗歌,以及多部其他类型的小说,如科幻、历史、爱情等。

嗯?这人是我的创造者?看来得好好调查下才行。

最有成就的侦探小说之父 柯南·道尔

关于这个最有成就的大作家

• 他很爱给妈妈写信,现存的他写的一千多封信大部分都是给妈妈的,从 8 岁上寄宿学校一直到妈妈去世,写了 60 多年。

这孩子真孝顺,天天给我写信。

不过这也有点太多了……

• 爸爸是个公务员,也是个有点名气的画家,喜欢喝酒,喝醉的时候很可怕。

你这个疯子,又喝醉了来吓人啊!

• 他在维也纳学习眼科,当过几年医生,经营过小诊所。

维也纳,那是音乐殿堂啊。

原来我去错了地方,怪不得我的病人那么少。算了,我还是转行写点东西吧。

医生怎么还没来?

• 19 世纪末,英国在南非的布尔战争中遭到了全世界的谴责,作为一个英

国人，他写了一本名为《在南非的战争：起源与行为》的小册子，为英国辩护。这本书被翻译成多种文字发行，有很大影响。柯南·道尔相信正是由于这本书使他在1902年被封为爵士。

·后来两次参选议员，都落选了。

·他还创造了一个旅游景点，那就是福尔摩斯的办公地点——伦敦贝克街221号B。

·因为让自己小说中的人物死了，引起了大规模的读者抗议。

·因为写侦探小说太有名了，所以很多读者认为他就是个破案专家，还有人觉得可以拿他吓坏人哦。

最有成就的侦探小说之父

柯南·道尔一共写了60个关于福尔摩斯的故事，56个短篇和4个中篇。福尔摩斯一直都是第一主角。

柯南·道尔的小说画面感非常强，对人物的心理描写非常细腻，情节设置充满了扣人心弦的矛盾和陷阱，吸引人的侦探故事让读者仿佛在看电影。

最有成就的侦探小说之父 柯南·道尔

> 他的小说非常有趣，我最喜欢探案过程。

> 写得有意思极了，连做梦我都在看柯南的书呢！

> 每个周末我都得去书店看看，有没有柯南的最新作品。

> 谁要是没看过柯南的书，我觉得一定是外星人！

　　的确，柯南·道尔的小说就是这么棒。他的短篇小说《托特的指环》，围绕着古埃及文化中死亡与永生的主题，给我们呈现了一个奇幻的世界，同时也是后来好莱坞木乃伊类型片的重要创作源泉之一。

　　《失落的世界》（创作于1912年）更是一部跨时代的作品，故事讲述了一个探险队到南美洲一个高原上探险，而在这个高原上依然生存着一些史前生物，不得不说，这部小说对现代的古兽、恐龙类型的冒险故事和电影有很大启发。

> 昨天看了您写的《失落的世界》大受启发！我决定把它拍成电影！一定会红遍全球！

> 啊！要拍电影了！

> 一定要看首场！

> 呵呵！过奖！过奖！你们真热情！

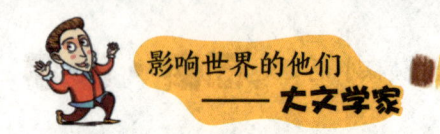

侦探小说家和他的福尔摩斯

1. 福尔摩斯诞生记，老师对我的影响

我9岁的时候，去了天主教学校，后来又离开了。1876—1881年，我去爱丁堡大学学习医学。刚毕业的时候，我在船上当医生。后来，我自己在朴茨茅斯开了家诊所，诊所的生意不好，一切都不太顺利。我感受到了孤独、寂寞和无聊，开始用读小说来消磨时间。

在我靠读小说来打发无聊的日子里，我突然想到一个念头——写小说，特别是破案的小说，因为我现在读的，正是爱伦·坡的破案小说。

在我有这个想法的时候，我还想到了一个人，那就是我的大学老师，约瑟夫·贝尔教授。

给我固定器！

是哪个啊？

从那以后，我就开始跟随并观察这位老师，就像在我的小说里，华生跟随福尔摩斯一样。后来，我在我的一本书《真实的福尔摩斯》中也说到，我确实是根据自己的老师贝尔的形象来创作福尔摩斯的。

如果老师做侦探，一定会把这有趣而无序的行当改造成近于严密科学的事业。

后来，我在贝尔老师的诊所里当接待员，工作就是把病号领到医生面前。而我也越来越佩服贝尔老师，他总是在病人开口之前就能判断出病人的病情，

最有成就的侦探小说之父 柯南·道尔

以及他们的习惯、职业、住地、民族，等等。还记得有一次……

你今天从南城来，穿过高尔夫球场，一路散步，很快活吧？

今天下了一场暴雨，所以高尔夫球场上的红泥粘在靴子上了。别处是没有这种泥土的。

类似这样的例子后来在我的小说中有很多，这都是老师给我带来的灵感。关于我这位老师的趣事，还有很多很多。

一个周末的夜晚，一帮英国绅士打猎回来后，在一个酒馆里聊天。

看来来了不少人呢。

一般人都会看，却不会观察。其实只要一眼，就可以从一个人的脸上看出他的国籍，从手上看出他的职业；其余一切，也可以从他的步伐、举止、表链装饰物以及粘在衣服上的线头看出来。

哼哼哼，我真是太聪明了！

他是谁……

能这么说话的，除了我的老师贝尔，没有别人了。我把贝尔老师的这一套理论全都运用在了福尔摩斯，也就是我小说的大主角身上！这有时候让福尔摩斯看人的本领就像一个巫师一样。

影响世界的他们——大文学家

关于这一切，书中的华生也曾经怀疑过福尔摩斯的这种本事，说：

> 我倒愿意试一试把他关进地下火车的三等车厢里，叫他把同车人的职业一个个都说出来。我愿跟他打个赌，一千对一的赌注都行。

对此福尔摩斯的回答是：

> 华生，那你就输定了。

还有，1888年8—11月，在伦敦白教堂地区出现了一件震惊全英国的连环杀人案，这个后来被称作"开膛手杰克"的杀手用残忍的手段杀死了5名妓女，警方却始终无法把他捉拿归案。贝尔老师和这个案件有什么关系呢？

美国东北伊利诺伊大学的伊利·立波教授写了一本《贝尔传》，他经过考证得到了一些证据，他说：当时远在爱丁堡的贝尔和他的朋友们也对这个案子进行了分析，经过对杀人案的分析，贝尔指出了"开膛手杰克"的具体身份。他把杀手的名字放进一个信封里送给了爱丁堡警察局，由他们转交给伦敦警方。具体细节没有被披露，但伦敦警方收到名字后连环杀人事件就停止了。如果真是如此，那贝尔老师可真是个神探了。

据说贝尔老师一生之中侦破了许多重大案件，但每次破案后，他总是默默地躲在角落里，从不张扬——福尔摩斯也完美地继承了这一品质。贝尔老师一直干到64岁才退休。1911年，这位现代刑事鉴定学的奠基人在家中安详辞世。所以，很多人都说福尔摩斯就是我的老师贝尔，这种说法也得到了大家的认可。

2. 爸爸对我的影响

和众多猜测的我的老师一样，很多人还在猜这个问题。

> 听说福尔摩斯的原型是柯南的爸爸？难道柯南的爸爸也是医生和大侦探？

我的爸爸查尔斯·道尔是爱丁堡的一个小公务员，后来因为酗酒丢了工作，在家里生活贫穷的时候，他又患上了癫痫病。

1889年我发表《四签名》的时候，这一年我的爸爸被关进收容所进行戒酒治疗，后来精神失常，孤独地死在收容所里，爸爸死前我都没见到他。

我很少提我的爸爸，书中的福尔摩斯也一样，有人说这是我把对爸爸的观感投射到了文章中的角色身上。我并不知道这有没有道理，不过在《四签名》中我对福尔摩斯有一段这样的描述：

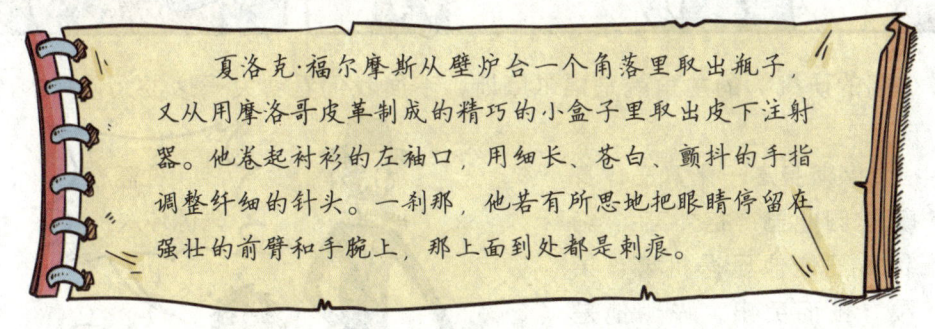

> 夏洛克·福尔摩斯从壁炉台一个角落里取出瓶子，又从用摩洛哥皮革制成的精巧的小盒子里取出皮下注射器。他卷起衬衫的左袖口，用细长、苍白、颤抖的手指调整纤细的针头。一刹那，他若有所思地把眼睛停留在强壮的前臂和手腕上，那上面到处都是刺痕。

很多人说我的童年和少年时期心理上总是有极大的不安全感，因为记忆中对爸爸的酗酒和精神异常印象太过深刻。而我让福尔摩斯的习惯中多了依赖药物这一条，也许正是因为我的爸爸是个酒鬼，这让我对"上瘾"行为有了深切的认识以及印象，无意识地让他出现在了角色身上。不过这一切都是大家对角色和我的分析，至于我到底怎么想的，就让我自己知道吧！

3. 我的第一部侦探小说《血字的研究》

当我写作这部作品时，我还只有28岁，最初的时候，很多人认为我顶多算一个侦探小说爱好者。

> 一起让人害怕的谋杀案，一个顶级聪明的侦探，凶手假装是车夫，当他们相遇了……

> 这不是《血字的研究》吗？我早看过了。

> 又不是所有人都看过了！

《血字的研究》的主角就是福尔摩斯，下面我们看看关于这位大侦探的简介吧！

• 福尔摩斯身高一米八三，身体非常瘦，因此显得格外高；细长的鹰钩鼻子使他显得机警、果断；下颚方正而突出，说明他是个非常有毅力的人。

• 他是个很聪明的家伙，一旦接到案子，会立刻变成一只追逐猎物的猎犬，开始锁定目标，将整个事件抽丝剥茧、层层过滤，直到最后真相大白。

• 有着丰富的法律和地质知识，化学和解剖学更是他的拿手好戏。

> 你看起来像坏人！

> 这是线索吗？

最有成就的侦探小说之父 **柯南·道尔**

- 他也有缺点，譬如当他遇上关于哲学、天文学、思想政治等学科时，就像一个不想上课的孩子，脑袋里一片空白。

- 擅长破案，很认真，不会放弃任何一点破案的机会。

- 爱听音乐，这是他放松的方式之一。

吃完了再工作吧……

- 经常拿着烟斗与手杖，喜欢把事情弄得戏剧化，外出时经常戴黑色礼帽。福尔摩斯那严谨的推理、丰富的想象力为众人所知，也让世界为之倾倒。

影响世界的他们
——大文学家

• 有一个不错的搭档。华生是非常好的助手和好伙伴、好朋友。甚至有人猜测华生就是我，福尔摩斯就是我的老师，我很乐意让他们猜个高兴。

说回《血字的研究》，刚开始的时候，我根本没想过这本小说会让福尔摩斯出名，因为一封又一封的退稿信，让我伤透脑筋。

不好意思，柯南先生，这小说不长不短的，不好发表！

对不起，作者先生，你这小说不符合我们杂志的风格。

不好意思……

退稿的编辑们都很客气，可还是非常无情。后来，好不容易有人愿意出版了，并付给了我25英镑的报酬。这本书让人们注意到了我，于是，我又写了《四签名》，这次，信件就像雪花片一样涌来，人们喜欢这些小说！我也和我的福尔摩斯一起，成了名人了。

对不起，我不是来看病的，是来求合影的。

我也不是，我要求签名。

就这样，我的诊所继续不下去了，这儿仿佛成了福尔摩斯的交流场合，我想我应该当专业作家了，就关了诊所，安心地写作。那个时候，我34岁。

还有一个小插曲，就是在《血字的研究》再版的时候，书中的福尔摩斯和他的助手华生的画像是我爸爸画的，他也因此走红了一把。

4. 我也像福尔摩斯那样破案

福尔摩斯在书中破案，我在现实生活中也干了一回。

"伦敦贝克街221号B"是我小说里福尔摩斯的办公室所在地，后来这里成了旅游景点。但是当时，在福尔摩斯出名后，很多人喜欢写信到这里。

1906年，我收到了一封信，一名叫乔治的英印混血律师被指控发送恐吓信以及虐待动物。虽然这名律师被逮捕后，依然有动物被虐待，警方却一口咬定这名律师有罪。我读了乔治的信，又经过一系列的调查，我发现警方的证据不足。

警方所找到的证据之一是剃须刀，但这刀上没有任何血迹。

发现乔治的裤子上的泥土，和犯罪现场的泥土完全不一样。

乔治的衣服上有马毛和血痕，其实是警察用乔治的衣服包过这些东西。

乔治是个近视眼，又散光，想深夜跑到田野残害动物，还要逃避警察的监视，非常困难。

当我公布这份调查结果时，全国都轰动了。几乎所有人都站在了我这边，大家觉得乔治是冤枉的，都希望可以重审，给乔治一个申冤的机会。

也许真正的凶手感到了害怕，竟然给我写了恐吓信，这正好给了我一个机

会，让我可以鉴定他的笔迹。

不久，我就找到了嫌疑人，是个屠夫。

于是，我想了个办法……

> 你的店铺生意真好，这些肉看起来也都很新鲜和美味啊。

> 是的，附近的人都来我这里，还有人开车来呢！

> 那你帮我写个地址吧，我好多介绍些人来。

> 好的，给你，常来啊！

经过科学的鉴定，发现所有的相关证据的笔迹都和这个屠夫的一样，乔治洗脱了罪名，而大家也因此觉得我和福尔摩斯一样，是个破案专家。

当然，最令我骄傲的是，1907年英国建立了刑事上诉法庭。因此可以说我不但帮助了乔治，还间接协助建立了一套冤案申诉机制。

> 哈哈！别想冤枉好人！

> 柯南·道尔我恨你！

5. 死而复生的福尔摩斯

从开始写作福尔摩斯，我几乎没有休息过，福尔摩斯几乎占据了我全部的时间，我实在太累了。

1891年11月，我给妈妈写了一封信，对她说："我考虑杀掉福尔摩斯……把他干掉，一了百了。他占据了我太多的时间。"可是妈妈很反对，她甚至说："你要是妈妈的好儿子，就不要让福尔摩斯死掉。"可是我的愿望太强烈了，1893年12月，在《最后一案》中，我让福尔摩斯和他的死敌莫里亚蒂教授一起葬身莱辛巴赫瀑布。我万万没想到，很多读者不仅取消订阅了我的连载小说杂志，更有甚者跑到我家里，砸碎了我家的玻璃。甚至我的妈妈也向我抗议，要求我让福尔摩斯复活。

无奈之下，我在1903年发表了《空屋》，让福尔摩斯死里逃生，并接着写了更多的福尔摩斯小说。

人们提到我时，总是说到福尔摩斯，大家都快忘记了我叫柯南·道尔。没有我，怎么会有福尔摩斯这个家伙，他给我带来了声誉和不少麻烦，不过，我会一直为我笔下的大神探，以及我这个创造者骄傲的。

福尔摩斯的侦探术

通过步伐及脚印推测身高、年龄

利用电报获得资料

A Study In Scarlet

通过写在墙上的字的高度推测身高

在报纸上登失物招领广告

以动物实验的方法来检验毒物

利用烟灰来判断香烟的种类

John H. Watson

我们来一起找出各种线索吧。

现代小说之父 塞万提斯

大家有没有读过这样一本小说,主角是一个疯子骑士和他的傻瓜仆人?

这就是西方文学史上的第一部现代小说——《堂吉诃德》。它是文艺复兴时期的现实主义杰作,这部伟大的作品的作者、现代小说之父,被誉为是西班牙文学世界最伟大的作家,他就是塞万提斯。

> 我就是作者塞万提斯。如果你喜欢这部作品,希望多多把我的书推荐给别人。

塞万提斯·萨维德拉生于16世纪的西班牙,他一生的经历,是典型的西班牙人的冒险生涯。当时海洋冒险促进了殖民主义的兴盛,西班牙有一千多艘船航行在世界各地,成为称霸欧洲的强大封建帝国。

不过,西班牙的强大时间很短,他们的国王发动了不少不靠谱的战争,结果都失败了,国家没钱了,渐渐的在大海上的霸主地位也失去了。

在西班牙国内,专制王权与天主教会勾结在一起,利用宗教裁判所镇压一切进步思想与人民的反抗,但人文主义思想仍然得到传播,涌现出一批优秀的作家。塞万提斯就生活在这样一个时代。

现代小说之父 **塞万提斯**

关于塞万提斯

> 我为国家打仗，国家给我的唯一的福利就是坐牢！

- 他的一生可以说是历经坎坷，虽然过得辛苦，但他仍然是一位身残志坚的文化大师。
- 他是非常勇敢的人，他曾在战斗中负伤，也当了一回大英雄。
- 被关押了五年，四次逃跑，是个不屈服的人。
- 在当时的人眼里，他不过是个不入流的作家，只会写一些不怎么样的诗。

> 这也能叫诗歌？受不了，这是哪个蹩脚诗人写的？

> 那是你不懂！

- 他写了一部伟大的作品《堂吉诃德》，是文艺复兴时期西班牙在小说方面的最高成就，也是全世界翻译版本最多的文学作品之一。
- 现代小说的一些写作手法，如真实与想象、严肃与幽默、准确与夸张、故事中套故事，甚至作者走进小说对角色指指点点，在《堂吉诃德》中都出现了。

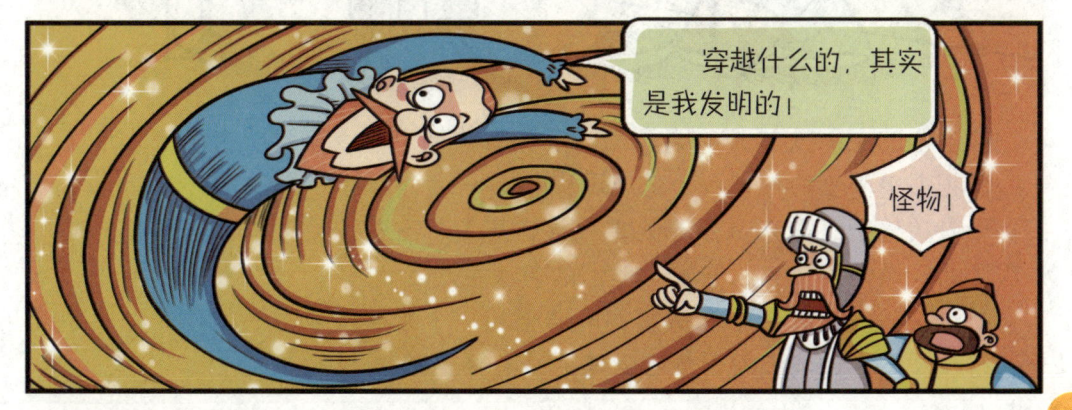

> 穿越什么的，其实是我发明的！

> 怪物！

影响世界的他们——大文学家

- 他是最有冒险精神的畅销小说家。
- 他的国家的语言也因为他的名字,被称作"塞万提斯的语言"。
- 以色列的第一位总理,曾经为了读原版的《堂吉诃德》,苦学西班牙语。

> 还是塞万提斯语的版本好看!

游侠骑士堂吉诃德

塞万提斯十分爱好文学,在生活穷困的时候,发表点小文章是他养活老婆孩子的唯一办法。他用文学语言给一个又一个商人、一种又一种商品做广告。他写过连他自己也记不清数目的抒情诗、讽刺诗,但大多没有引起多大反响。

塞万提斯50多岁时开始了《堂吉诃德》的写作。1605年《堂吉诃德》第一部出版,立即风行全国,一年之内竟再版了6次。这部小说虽然未能使塞万提斯摆脱贫困,却为他赢得了不朽的荣誉。

> 你知不知道堂吉诃德?

> 当然知道!全国人都知道!

> 不过和你个穷鬼没关系。

这本书的主人公堂吉诃德,是一个乡下的绅士,因为读骑士小说入迷了,一心想把书中骑士的种种行为变成现实。

于是,他把一副东拼西凑的铠甲穿在身上,又答应给他的邻居桑丘好处,说服了桑丘做他的仆人,开始了他们的游侠生活。

就这样,一个看起来疯疯癫癫的骑士和一个看起来傻乎乎的仆人,四处行走,行侠仗义。让我们看看堂吉诃德的骑士经历吧。

现代小说之父 **塞万提斯**

该死的巨人族！别想破坏人类世界的和平！

那只是风车！

哼！就算千军万马也别想阻挡我前进！

我的羊啊！

这样的行为一次接一次，仆人桑丘连继续劝说的力气都没有了，而堂吉诃德还不断地给桑丘打气。

骑士总是要历尽各种艰险，才能成就丰功伟绩的。

影响世界的他们——大文学家

这本书是文学史上的经典，在当时也超级畅销，不过出版后很长时间内它并不受重视，因为大家都认为它仅仅是逗笑读物，文学界并不拿正眼看它。

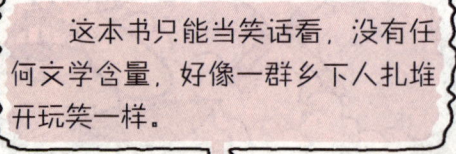

> 这本书只能当笑话看，没有任何文学含量，好像一群乡下人扎堆开玩笑一样。

然而，时间证明了一切，许多年之后……

> 塞万提斯的小说，就是一个令人愉快又使人深受教益的宝库！

德国剧作家、诗人歌德

> 《堂吉诃德》这部作品是如此地巧妙，可谓天衣无缝。

法国著名作家雨果

> 人生在世，如果有什么必读的作品，那就是《堂吉诃德》！

尼日利亚著名作家奥克斯

> 呜呜，虽然我死了，但我的作品这么受欢迎，我可以瞑目了。

塞万提斯的人生历险记

1. 爱写诗、爱文学是我的兴趣

我出生在西班牙马德里附近的阿尔卡拉·德埃纳雷斯镇。

我的家里很穷,爸爸为了我们7兄妹和妈妈的生活,不得不四处奔波。还因此惹上了官司,因为生活太艰难了,我和我的兄弟姊妹跟随爸爸东奔西跑,直到1566年才定居马德里。颠沛流离的生活,使我只读完了中学。

23岁时我到了意大利,成了红衣主教胡利奥的家臣。我的诗歌得到了大主教的赞赏,我跟着他去了很多地方,游览了许多的名胜古迹,我写下了很多赞美意大利的诗歌和文章。罗马大主教看了之后,认为我是个很有才华的人,经常夸奖我。

一年后,也许是早年的流浪生活影响了我,我参加了西班牙驻意大利的军队,对抗敌人。我的勇气让人钦佩,同时很多人也很羡慕我,因为参军了,就证明我以后可以做大官。

2. 勒班多的独臂人

1571年，战争爆发了，我们在海上反抗侵略者土耳其军队的进攻。

这次战争中，最残酷的就是勒班多大海战。可是，在这个关键时候，我却生病了，我高烧不退，全身没一点力气，可是我也不愿意退缩。

你去休息休息，病得这么重，会没命的！

我不需要休息，我要把命用来攻击敌人，我宁愿为上帝和国王而死。

这场仗，我们付出了16艘战船的损失，不过土耳其人的舰队受到了毁灭性的打击，我们胜利了。虽然我在激烈的战斗中负了三处伤，以致左手残疾，此后获得了"勒班多的独臂人"之称。不过我一点也不后悔，我为打败了土耳其侵略者而骄傲。

我的左手没知觉了！不过我是为国家负伤的英雄！

3. 阿尔及尔不屈服的囚徒

经过了四年出生入死的军旅生涯后，我带着基督教联军统帅胡安与西西里总督给西班牙国王的推荐信踏上了回国的归途。

1575年9月26日，我和兄弟罗德里格乘坐帆船"太阳号"从那不勒斯回西班牙，途中经过法国的马赛海岸时，我们的船遭到了袭击。

袭击我们的是三艘海盗船，我们打不过他们，只能逃跑，但最终还是被他们捉住了。他们在我身上搜到了那两封推荐信。

可是，他们的如意算盘打错了，我真的不是什么重要的人物，我的家里也支付不起这笔赎金，就这样，他们囚禁了我五年。在这五年里，我从没放弃逃跑的想法。前四次的逃跑都失败了，不过为了防止海盗对和我囚禁在一起的人进行报复，每次被抓回来，我都选择了一个人承担责任。

影响世界的他们
——大文学家

第一次逃跑：
我对这次的逃跑计划是很满意的，一切进行得也很顺利，可是本来要带我们走的那个人没有来。之后海盗们对我们的监视更加严密了。

> 那帮胆小鬼！说好了却不来，懂不懂什么叫团队合作啊！

第二次逃跑：
在监狱里又待了一段时间之后，母亲传来了消息，她说她筹到了一大笔金币，希望赎回我和罗德里格。

1577年，我们和海盗达成协议，妈妈筹到的钱只够赎回一个人，我让罗德里格先回去了，同时他带走了我的解救计划书。

逃离行动计划
我们大概有十五人左右，我们躲在××海边的一个隐秘山洞里，请带艘西班牙的船来接我们！

机密！

事实上那艘船确实抵达了，并且两次尝试着靠近沙滩，但是由于我们中间出了一个内奸，他向海盗告密，于是我们又被抓了回去。由于我坚称一切都是我一个人的主意，所以我被绑上了锁链，在监狱里待了五个月。

现代小说之父 塞万提斯

第三次逃跑：

这一次，我计划从陆地逃到奥兰。我拜托了一个穆斯林亲信给那里的将军捎去了几封信，向他解释整个计划并寻求帮助。没有料到的是，这个信使反被监禁，信也被发现了。这些信表明了这一切正是我的主意，事实也是如此。我因此被判两千下棒打，不过由于很多人替我说情最终并未行刑，否则我想我肯定活不成了，毕竟两千棒打，估计谁也承受不住。

会把塞万提斯打死的，他是个好人啊！

感动！看来我人品还不错！

第四次逃跑：

这也是最后一次逃跑，我首先要感谢一位好心的商人，他从西班牙的瓦伦西亚来，给了我一笔钱，我用这些钱买到了一艘能容纳70个俘虏的快速帆船。当一切问题就要解决时，其中一个俘虏泄露了整个计划。这个背叛者得到了一个金币和一个奶黄色花瓶作为奖赏。

我被转到了一个位于宫殿的更加安全的监狱。后来，此地的国王又决定把我送到一个几乎无法逃跑的地方——君士坦丁堡。这一次，我又承担了全部责任。这一次又一次的逃跑失败，让我变得更坚强，我的勇气和胆量也得到了狱友们的信任，甚至连看管我的土耳其人都对我尊敬有加。

这监狱真宽敞！

1580年5月，幸运之神终于降临了。一位修道士筹集了500金币，他们赎回了我，我终于重新获得了自由，回到了西班牙，回到了马德里，和我的家人团聚了。而这个时候，我已经33岁了。

这些逃亡和被囚禁的生活，让我非常渴望自由。后来，我在《堂吉诃德》里面写道："自由是上天给予人类最美丽的赠品……"

难道你们不这么认为吗？

4. 丰富的人生写出的作品

回国以后，我并没有得到国王的重视，曾经在战争中的辉煌，大家好像都忘记了，我很快就不得不为了养家糊口而找工作，整天为艰难的生活发愁。

我在政府里当过小职员，也在部队里打过杂，在税务局当过小小的工人，我还接触了不少农村的生活，我又不止一次地进了监狱，就好像监狱和我有缘分似的。在监狱里，我接触到了各种各样的人，从他们身上我似乎看见了我的过去，那些事情就像戏剧一样出现在眼前。

我开始想把这些感觉记录下来，我猜想也许会是个不错的故事。你们所看到的《堂吉诃德》，就是我在监狱里想出来，写出来的。

就是这样，我享受我写作的过程，无论什么样的环境。

5. 我被盗了

我被盗了？呵呵，你一定会纳闷，谁会偷我这种穷人呢？

1605年，我因《堂吉诃德》的出版而一举成名。由于《堂吉诃德》畅销了，几个星期之内，就出现了三个盗印的版本；以后，在葡萄牙、比利时、法国都出现了类似的情况。这些盗印者当然不会付给我报酬；不过，我习惯了清贫的生活，只要作品能有更多的人看，我也不想太过追究。

如果说盗印了《堂吉诃德》我可以睁一只眼闭只一眼，那么盗用了我的名字来招摇撞骗，我就不能忍受了。

后来，我才发现，那是一批塔拉哥纳的贵族搞的鬼。他们想以此来报复我，因为我的作品满是对贵族的讽刺，他们觉得我的作品在嘲笑他们。

我带着愤怒的情绪，很快就完成了第二部作品。这不仅是为了我的读者，也是对那些贵族的抗议。我的书出版了，可是第二年，我就生了重病，再也没有起来。纵观我的一生，那些艰难的生活带给我苦难，也给了我成就。

反骑士小说的骑士小说

在当时的西班牙文坛，骑士小说泛滥成灾。这种小说结构千篇一律，情节荒诞离奇，都是虚构一个英勇无比的骑士，经历数不清的惊险遭遇，遇上说不清的爱情纠葛，为国王、贵族去拼命，最后总能大获全胜。宫廷和教会利用这种文学，鼓吹骑士的荣誉与骄傲，鼓励人们发扬骑士精神，维护封建统治，去

现代小说之父 **塞万提斯**

建立世界霸权。

一直在社会底层挣扎的塞万提斯亲身体会了中世纪的封建制度给西班牙人民带来的痛苦与灾难,他憎恨骑士制度和美化这一制度的骑士文学。他要唤醒人们不再吸食这种精神鸦片,让他们从脱离现实的迷梦中解脱出来。

影响世界的他们——大文学家

最伟大的戏剧天才 莎士比亚

莎士比亚是英国文艺复兴时期伟大的剧作家、诗人，欧洲文艺复兴时期人文主义文学的集大成者。他的戏剧流传下来的有37部，而且表演次数远远超过其他任何戏剧家的作品。

每个人对我的作品都有自己的解读。

我是哈姆雷特。
你是谁？

我也是哈姆雷特。
你又是谁？

寡人也是哈姆雷特。
难道你也是？

我们都是哈姆雷特！
怎么回事？

一千个人眼中就有一千个哈姆雷特啊！

最伟大的戏剧天才 莎士比亚

哈姆雷特正是莎士比亚的名作中的人物之一。正因为写出了很多优秀的作品，莎士比亚拥有了超级华丽的粉丝团！

> 我们都是莎士比亚大师的忠实粉丝！

歌德　　雨果　　萧伯纳　　狄更斯

> 莎士比亚是戏剧的国王！

> 嘘，小声点！会让隔壁的英国国王听见的！

莎士比亚受到了全世界的崇拜和热爱，被称为戏剧国王和最伟大的戏剧天才。下面让我们了解一下这位最伟大的戏剧天才吧！

关于这位最伟大的戏剧天才

- 出生在富裕家庭，却因为父亲破产，走上了自力更生的道路。
- 接受过基础教育，但是没有上过大学。
- 1582年，莎士比亚结婚了，但是夫妻俩感情不是很好，婚后不久就一个人去了伦敦，一待就是二十几年，直到1612年回到家乡。
- 三十几岁出名后，成为英国戏剧界有名的剧作家。
- 会做生意，有生意头脑，他炒房赚了钱，投资剧院，成为剧院的股东。
- 被英国王室授予最尊贵的称号，所以他是一位有身份的绅士。

真正的艺术家都是穷困潦倒的！

代表人物：文森特·梵高

哦？你确定吗？

代表人物：威廉·莎士比亚

- 莎士比亚的作品对各国的戏剧发展都产生了巨大、深远的影响。
- 据统计，莎士比亚的用词高达两万个以上。他广泛采用民间语言，如民谣、俚语、古谚语和滑稽幽默的散文等，注意吸收外来词汇，还大量运用比喻、隐喻、双关语，可谓集当时英语之大成。莎剧中的许多语句已成为现代英语中的成语、典故和格言。

最伟大的戏剧天才 **莎士比亚**

- 连他种的桑树都被切成块贩卖，因为很多人都认为，莎士比亚的小桑树块可以激发创作灵感，当然，也是因为很崇拜他。
- 被人尊称为"莎翁"。

戏剧天才的戏剧王国

这是一位复仇的王子,他有一句名言:生存还是死亡,这是一个值得思考的问题。

我要为我的父亲报仇!

这是一对来自两个相互仇恨的家族的恋人。

哦,我的夜莺!

他们是莎士比亚的两部戏剧作品中的主角,一部是《哈姆雷特》,一部是《罗密欧与朱丽叶》。莎士比亚为我们留下了37部戏剧,155首十四行诗和2首长叙事诗。也许莎士比亚还有更多的作品,但是我们能够确定的只有这些。

在莎士比亚的作品中,每一个人物都让你印象深刻,这些人仿佛都是生活

最伟大的戏剧天才 **莎士比亚**

在你身边的人一样，那么与众不同，那么真实。

什么？你说莎士比亚戏剧里的人和事都不是真实存在过的？你没开玩笑吧？

你可以看到身份显赫的王公贵族，你也可以看到流浪的乞丐，你还可以看到辛苦的贫民百姓。这些人都有不同的表情、不同的故事、不一样的喜怒哀乐。莎士比亚的戏剧上演时，是不需要很华丽的服装和道具的，演员们只要真实地表演，就像平常的生活一样，观众就看得很认真入迷。

虽然莎士比亚只用英文写作，但世界各地的读者都很喜欢他。他的大部分作品都被译成多种文字，他的剧作也在许多国家上演，他的同行本·琼森称他为"时代的灵魂"。

哦哦！呜啦啦！

国王被我杀死啦！

麦克白

莎士比亚的作品无须华丽的服装和道具。

73

戏剧天才的戏剧人生

我觉得，人生就是一出戏，我们每个人都要把握好自己的人生，扮演好属于自己的角色。有不少人问我，源源不绝的灵感是从哪里来的，包括那些买了我的小桑树块的人，如果非要我说一点感受的话，那就是灵感只和自己有关系，努力、勤奋，认真地对待自己人生的每一个角色。

1. 我的爱好与兴趣——戏剧

1564年4月23日我生于英国中部瓦维克郡埃文河畔的斯特拉特福的一个富裕的市民家庭。我的爸爸约翰·莎士比亚是经营羊毛、皮革制造及谷物生意的杂货商，任镇民政官，3年后被选为镇长。

最伟大的戏剧天才 **莎士比亚**

看演出让我非常快乐，而演出的舞台，就是我向往的世界。那些戏服、道具、演员，都让我感到不可思议，我很想亲自体验一下。我想，长大了我要是能做和戏剧有关的工作就好了。

读书的时候我学过拉丁语和希腊语，但是，因为爸爸破产了，我没有毕业，就只好开始独立维持生活。

> 亲爱的，我有一个坏消息和一个好消息要告诉你：坏消息是我破产了，我们一家可能要住贫民窟了。

> 好消息是贫民窟里还有很多空地方可以让我们挤进去。

1577年我被爸爸从学校接回，不得已帮爸爸做了一段时间的生意。我还在肉店当过学徒，也曾在乡村学校教过书，还干过其他各种职业，这使我增长了许多社会阅历。

当我有了一定的人生经历后，我对戏剧就产生了更大的兴趣。后来，我听说伦敦每天都有剧团演出，我就跟爸爸说我要去伦敦，爸爸没有阻拦我，但是并没有给我路费，就这样，等小剧团再次到我们镇上演出的时候，我就跟着他们一起，步行到了伦敦。

到了这里我才知道，最好的剧院、最好的演员都在伦敦，我简直到了戏剧的天堂。

2. 只做和戏剧有关的工作

到了伦敦，为了不挨饿，我只好出去找工作。可是我只想做和戏剧有关的工作，所以我买了一份人才招聘的报纸，希望在最短的时间内找到工作，这样既能做我喜欢的事情，又能填饱肚子。

就这样，我做了马夫，专门在剧院门口帮来看戏剧的客人看马。虽然这工

职位真多啊，找来找去，都没找到和戏剧有关的。

咦？剧院要马夫！是剧院的马夫！哈哈，有了，我可以做马夫！

作无聊，但是剧院里有戏剧演出，总算和我热爱的戏剧有关系。

3. 小配角的舞台

下面说说我做演员的经历吧！

影响世界的他们
——大文学家

于是,我得到了一个配角的角色,第一次演出,连一句台词也没有,可是我已经非常高兴了!

请多指教!我们来讨论一下这次的剧本吧,我有很多建议啊!你知道的,因为我也是一个演员。

谁能告诉我这家伙到底在说什么?

我说,你能安静点儿吗?你是主演吗?

又做美梦了。

虽然主角连瞧都不瞧我一眼,但是能够站在舞台上,我就觉得,一切都是值得的,梦想离我越来越近。

最伟大的戏剧天才 **莎士比亚**

我梦想中的大剧院！

79

4. 我的剧作新体验

所以，认真努力真的很重要哦。我做配角不太久，就成了剧院的正式演员。

> 就冲你对配角这个热情劲儿，我们聘你做正式演员了！

当上了正式演员后，我更努力了。同时，我也觉得，剧本对戏剧来说非常重要，如果剧本写得不好，演出观众不喜欢，就要立刻停止演出了。

于是，我开始尝试改编剧本和写剧本，也许人生的经历很多，再加上我细心地感受和观察，我发现，我对剧本越来越有感觉了，写出一个完整的剧本对我来说并不难。

> 哈哈，原来我还有这方面的才能！

我写了一部历史剧《亨利六世》，这个剧本获得了超出我想象的成功。

这个剧本的成功，让我越来越投入我的新角色——剧作家，这是我更喜欢的，更适合我的工作，我对自己的要求也更高了。

5. 在攻击中成长

我的努力得到了回报，我渐渐出名了，在伦敦的戏剧界也有了立足之地，可是，我遇到了新的困难，同行的剧作家瞧不起我，甚至公开地攻击我……

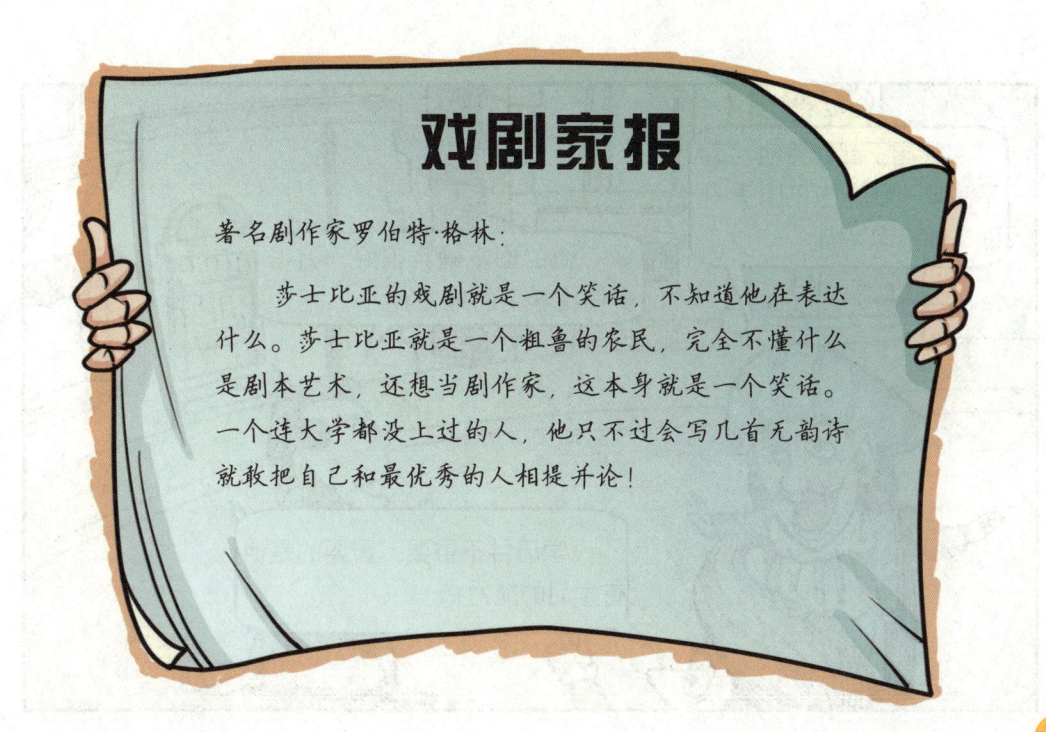

戏剧家报

著名剧作家罗伯特·格林：

莎士比亚的戏剧就是一个笑话，不知道他在表达什么。莎士比亚就是一个粗鲁的农民，完全不懂什么是剧本艺术，还想当剧作家，这本身就是一个笑话。一个连大学都没上过的人，他只不过会写几首无韵诗就敢把自己和最优秀的人相提并论！

影响世界的他们——大文学家

这种一轮接一轮的攻击，让我很沮丧。但是，我却赢得了包括大学生团体在内的广大观众的拥护和爱戴。有了观众给我的热情鼓励，我一点也不害怕有些人对我的不满了，这只能让我更坚定地进行创作。

我保持着自己的创作热情，每天都努力地创作。而观众喜欢我，更是给了我勇气和动力，我的剧本得到了越来越多人的认可。后来，我获得了"绅士"称号，在1603年，我的剧团也被詹姆士一世国王改名为"国王供奉剧团"。只有当我们足够强大的时候，别人才会尊重我们，瞧，他们现在对我客气多了吧！

6. 我成了最成功的剧作家

我的作品取得了伟大的成功，这使我成为迄今为止最伟大的剧作家。我的作品在世界各地演出，经久不衰。直到400年后，我的剧作还被改编成电影上映。仅至1990年，就有3部《奥赛罗》、2部《哈姆雷特》、3部《麦克白》、2部《尤里乌斯·恺撒》和2部《李尔王》被劳伦斯·奥立佛、奥逊·威尔斯、黑泽明及格里高利·柯静采夫等电影大师搬上了世界各地的银幕。

甚至在遥远的远东国度，那些我都没有见过的人，也对我的作品钟爱不已。黑泽明改编的我的剧作电影被公认为是最成功的改编。他被称为电影界的我。

我之所以会取得这么大的成功，是因为即使在最困难的时候，我依然没有选择放弃，我一直在坚定我的写作。成功就是永不放弃，向着理想的目标努力，努力，再努力。我相信你也可以做到。

罗密欧与朱丽叶

哈姆雷特

威尼斯商人

莎士比亚名剧大剧场

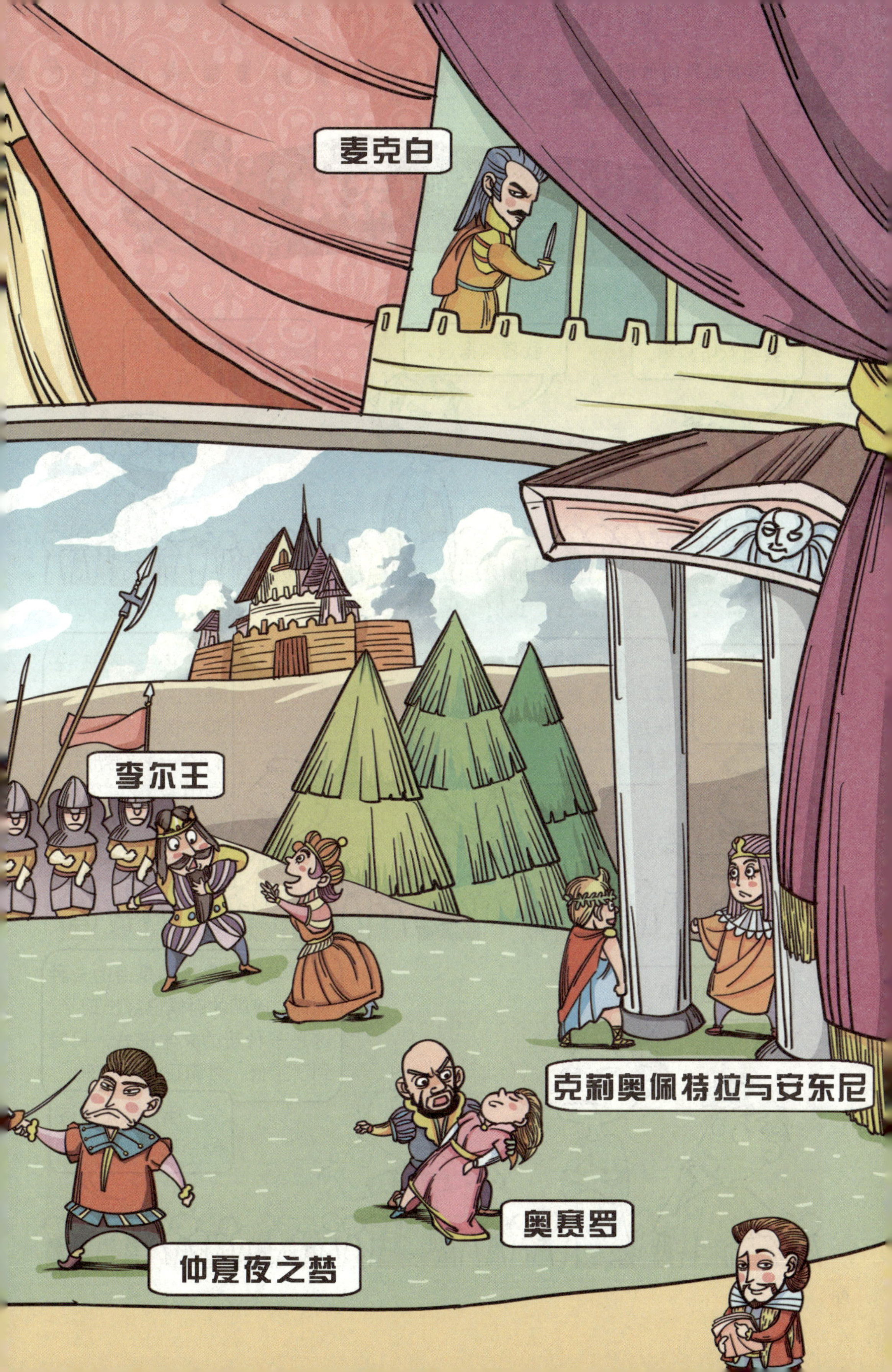
麦克白
李尔王
克莉奥佩特拉与安东尼
奥赛罗
仲夏夜之梦

影响世界的他们
——大文学家

豪放豁达的文学家 苏轼

开始今天的故事之前，我先问，你喜欢什么呀？

> 我喜欢听故事。

> 我喜欢摇滚。

> 我喜欢读书，现在读书很流行呢！

不错，读书一直很流行，我们现代人都很喜欢。那么宋代人喜欢什么呢？

> 宋代人啊？喜欢骑马？

> 他们应该也喜欢音乐吧？音乐是人类的共同宝藏！

> 还是我来说吧！宋代人喜欢写词，词是宋朝最流行的一种文学形式，有很多了不起的大词人啊！

> 词？组词吗？

> 当然不是，词是诗的一种别体，唐朝的时候已经出现了，这是一种新的文学形式，只是到了宋代，才真正流行起来。

> 哦，就是唐诗和宋词的词吧！

豪放豁达的文学家 苏轼

宋词是我国古代伟大的文学遗产，光辉灿烂就像天上的星河一样。我们现在说的，就是一位宋代的大词人，他是谁呢？我们先来看几句他的词吧！

> 大江东去，浪淘尽、千古风流人物。
> 欲寄相思千点泪，流不到，楚江东。

他也写过用词简单、寓意深远的清新诗句。

> 竹外桃花三两枝，春江水暖鸭先知。

这位作者生活坎坷颇多，不过他胸怀旷达、潇洒惬意，在内容广泛、风格多样的诗词创作中，有很多大气磅礴、思想深刻的诗词，他就是豪放豁达派的代表文学家——苏轼。

苏轼出生于1037年1月8日，1101年8月24日去世。眉州眉山（今四川眉山，北宋时为眉山城）人，祖籍栾城。字子瞻，又字和仲，号"东坡居士"，也叫"苏东坡"，唐宋八大家之一。仲，就是排行第二的意思。他原本还有个大哥，不过大哥很早就去世了。他的作品有《东坡七集》《东坡乐府》等。

看看哪一个是我？

影响世界的他们——大文学家

看起来是不是这些头衔没什么关系？别大惊小怪了，都是我！

心情好、风景好的时候，我就能写出《饮湖上初晴后雨》这样的诗。这首诗在描写西湖的古诗中被评价为无人能超越的作品。

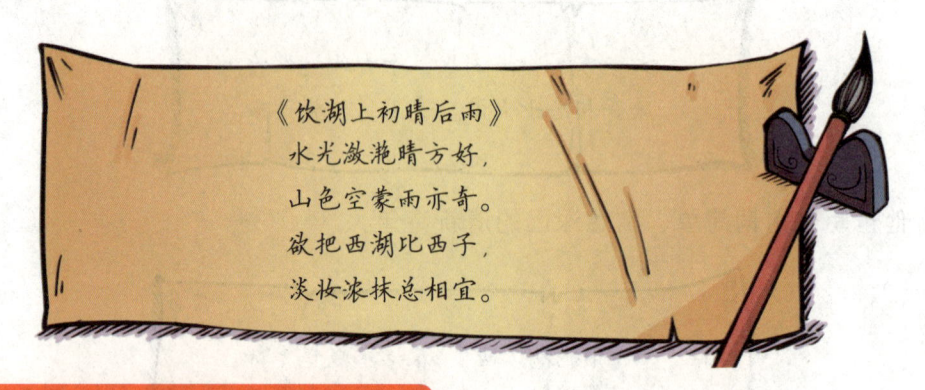

《饮湖上初晴后雨》
水光潋滟晴方好，
山色空蒙雨亦奇。
欲把西湖比西子，
淡妆浓抹总相宜。

关于这位豪放派的文学家

- 不是很帅，但是文学才华就让很多人爱他了。
- 天才型的大文学家，二十几岁就名扬天下了，连皇帝也对他赞不绝口。
- 出生在书香门第，他的爸爸和弟弟也都是很有名的文学家。大家称他们为"三苏"。
- 有很多朋友和很好的老师。

> 我是欧阳修，是他的老师，这个学生很不错！

> 我是佛印，听名字就知道吧，我是个和尚，和尚也是他的好朋友。

> 我就是个小商小贩，卖水果的，也和他关系不错哦！

> 我可是朝廷大臣，和他经常来往，聊聊诗词还挺开心的。

豪放豁达的文学家 苏轼

- 是个美食达人，做出了大名鼎鼎的东坡肉和东坡鱼，一定要尝尝哦！
- 为人幽默，爱开玩笑，喜欢谈佛论道。

你觉得我给你的印象怎么样？

佛一样的存在啊！你觉得我呢？

你啊……不怎么样！

倒

- 做官不是很顺利，有次差点被砍头了。幸亏宋太祖赵匡胤颁布过一条"不杀大臣"的法律，苏轼才保住了自己的脑袋。
- 是个好官，无论是做三品大官，还是小小的芝麻官的时候，都能够清正廉明地处理事情。

天才型的文学家

苏轼在文学方面，不但是天才型的，也是全才型的。

他从诗词、散文，到书法、绘画，样样精通，并且都取得了很伟大的成就。他的老师欧阳修，也是著名的文学家，唐宋八大家之一。他非常欣赏苏轼和他的弟弟，而他的词风也对苏轼的文风有不小影响。

能有这么令人骄傲的学生，真是让人感动啊！

89

苏轼的文章潇洒自在，明白畅达。他的诗清新豪健，善用夸张比喻，在艺术表现方面独具风格，与当时的另一位诗人黄庭坚并称"苏黄"。

在风格上，他开创了豪放一派，对后代有深远的影响，与另一位豪放派词人辛弃疾并称"苏辛"。在苏轼之前，很多词都依附于音乐，用词偏于艳俗，即使内容有内涵的地方，也总让词的格调高不起来。而苏轼开始写远大的理想和抱负，歌颂一草一木，词的内容更加丰富了，风格也可婉约可雄浑，词的文学价值得到了大大提高。

> 我的热情！好像一把火！

他除了写诗词，还喜欢画枯木怪石，因为画工非常出色，而且意境深远，上到皇帝，下到黎民百姓都想收藏其画作。

> 苏轼先生的名画，有哪位想竞拍的请举牌子！

除此之外，苏轼还是个书法家，他不仅擅长行书、楷书，能自创新意，用笔丰腴跌宕，有天真烂漫之趣，与黄庭坚、米芾、蔡襄并称"宋四家"。

有个叫作姚麟的武将，非常喜欢苏轼的字画。不过毕竟苏轼的字画有限，于是，他就想到一个办法。

豪放豁达的文学家 苏轼

苏轼听到黄庭坚告诉他"画换羊"的事情后,哈哈大笑,没放在心上。不过韩宗儒这个贪吃鬼太想吃肉了,他给苏轼写了一堆书信,想用回信去换羊肉。结果这天苏轼实在太忙了,韩宗儒还让人来催他回信,他干脆让人传话说:

一句玩笑既让自己不耽误公事,同时还适时地揭开了秘密,不至于让韩宗儒过分尴尬。

伟大的文学家成长记

我们必须承认,苏轼是个全优的学生,不是一门功课好,而是门门都那么优秀,这非常了不起,下面我们来看看他自己的经验课堂吧。

1. 耳濡目染,和爸爸的教育是分不开的

你们听说过"二十七,始发奋"的事情吗?那是讲我爸爸的。爸爸二十七岁的时候,才开始发奋读书。他虽然读书很晚,但是很勤奋,后来成了很有名的文学家,这给我树立了很好的榜样。

爸爸对我非常严厉,在学习上他的要求一直很高。

在爸爸的严加管教下,我读了很多的书,看过的几乎都背熟了,并且得到很多学习的经验,很多有学问的长辈、老师都夸奖我。

影响世界的他们——大文学家

我有点骄傲了，还在自己的房门前贴了一副对联："识遍天下字，读尽人间书。"后来，一位白发老婆婆带了一本深奥古书拜访我，我不认识书中的字，老婆婆借此委婉地批评了我，于是我把对联改为"发奋识遍天下字，立志读尽人间书"，用来鼓励自己。

这件事后，爸爸对我说，要知道人外有人，天外有天，学习是永远没有尽头的。我虚心接受了爸爸的教训，时刻警告自己，让自己变得更努力。

2. 积极乐观的生活

无论多么困难的事情，在考虑到所有情况后，都保持乐观积极的心态，才能更好地生活。那个时候，我被贬到黄州，虽然我还是个小官，但是我有过错误的记录，也没什么钱，这让我们一家人生活得很艰难。没有房子住，朋友就帮忙在江边找了一个废弃的小房子，虽然房间很差，但是毕竟有住的地方了，加上朋友的关心，这一切都让我很开心。

我没钱也没粮食，于是，我开始

豪放豁达的文学家 苏轼

开荒种地,这块荒地在东门外的一个土坡上,我把它叫作东坡,这也是"东坡居士"的来历。那个时候,有一首著名的《猪肉颂》打油诗:"黄州好猪肉,价钱等粪土。富者不肯吃,贫者不解煮。慢著火,少著水,火候足时它自美。每日起来打一碗,饱得自家君莫管。"这就是著名的东坡肉烹调法了。我后来任杭州太守,深受百姓爱戴。而这"东坡肉"也跟着沾了光,在杭州出了名,成了当地的一道名菜。

3. 智慧也是可以教训人的

我二十岁的时候,到京师去科考。有六个自负的举人看不起我,又想戏弄我一下,就备好下酒菜请我赴宴。

我知道他们想欺负我,不过我又好奇他们到底想干什么,便接受了他们的邀请。刚开始大家都没动筷子,一个举人提议行酒令,行酒令就是酒桌上大家按照一种规则,轮流说诗词的游戏。这个人说酒令内容必须引用历史人物和事件,说得好的就能独吃一盘菜。其余五人纷纷响应。

我先来,姜子牙渭水钓鱼!

秦叔宝长安卖马!

苏子卿贝湖牧羊!

张翼德涿县卖肉!

关云长荆州刮骨!

诸葛亮隆中种菜!

……

影响世界的他们——大文学家

他们说一句就拿一盘菜，正当第六个端起了最后的一样青菜时，我吟道：

秦始皇并吞六国。

说完，这六盘菜我全部都端到自己面前，他们六个家伙呆若木鸡，对着面前的空桌子一句话都说不出来。

有智慧，就是这么自信，别说我吹牛啊，我先去开吃了。

4. 出人头地也宽容

我在京城会考时，主审官是大名鼎鼎的文学家欧阳修，他在审批卷子的时候，觉得我写得很好。他本来想让我的文章排第一的，不过因为主审官看不到考生的名字，他又隐约觉得，这个文章的风格像他的一个学生曾巩，这位曾巩也是唐宋八大家之一，他怕别人说他偏心，就把这篇他最喜欢的文章排了第二。

结果，发榜的时候，欧阳修才知道那篇文章的作者是我，他很后悔，跑来给我说对不起。我没有一点责怪他的意思，欧阳修老师也是真的很喜欢我，他坚持说我一定能出人头地，使劲夸奖我，并且帮了我很多。我也很崇拜我的老师，跟着他学到了很多知识和道理。

我觉得，出人头地也要宽容，这样才能更好地学习、生活。

5. 尊敬老人，是我们的传统美德

我在常州居住的时候，买了一所房子，把最后一点钱都花掉了。不过没想到的是，这房子一买，却让一位老人无家可归了。这位老人没钱买回房子，我觉得他的遭遇太惨了，于是把房子还给了他。有人说我傻，不过我不觉得。

6. 帮助别人，是一件很快乐的事情

我在杭州当官的时候，遇到了一个案子，说是一位卖布的老人不给朝廷缴税。

影响世界的他们——大文学家

原来，这位老人也是个读书人，科举考了好多次，都没考中。这一次，他又准备去考试了，可是身上的钱不够，就从家里带了布匹出来，打算边走边卖，而卖布是要缴税的，老人只好撒了个谎，说这布是苏轼托他捎给弟弟苏辙的。

这个办法还真不错，一路上都没有人为难他，一直到了杭州，税务官一眼就看出请求信是假的，上面没有苏辙的地址，还有我的官职也写错了，我早就不是翰林学士了。之后老人被抓来见我。

我的帮助能有这样的结果，我真的很开心。

7. 不记仇，还是好朋友

我爱交朋友，这是大家都知道的。我有一位朋友，他就是王安石。王安石一开始害我丢了官，被下放到了偏远的地方。可是，有时候事情的变化就是这样充满了戏剧性。等皇帝心情变好，想起了我的时候，我又返回到京城做官了。那个时候王安石却丢了官，回家种田了。说实在的，我挺想念他的，想去看看他，这让我身边的许多人不理解。

我没听其他人的劝告，走了很远的路，来到了王安石的家乡。

我们见面的场面还是很感人的，毕竟，我们不是真正的敌人，只是对政治的意见不一样而已。

抛开政治，我们俩只讨论文学，越聊越投机，越说越高兴，我一下子在王安石那里住了一个月。那一个月里我发现，没有什么仇恨是不可以忘掉的，多一个朋友总是好的。

讲到这里，我的故事告一段落了。也许大家觉得我是个天才，样样学习都好，但是别忘了，只有天才没有努力我也是无法成功的哦！

唐宋八大家

苏辙

柳宗元

苏轼

王安石

苏洵
欧阳修
韩愈
曾巩

影响世界的他们——大文学家

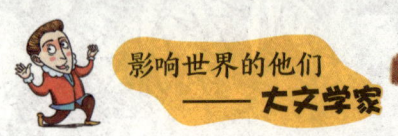

最杰出的神话故事小说家 吴承恩

你们知道哪部小说的主角又有动物又有人吗？

猴子　　胖猪　　和尚

我就是上面三位的师傅！

要不是他们三个厉害的家伙，我早就被妖精抓去吃掉了！

　　一心向佛、不畏艰险的师傅要去西天求真经。他的徒弟有容易惹是生非的猴子，爱偷懒、嘴巴馋的胖猪和老实憨厚的沙师弟，这师徒四个，个性迥异，而漫漫长路上发生的故事更是数也数不清。

最杰出的神话故事小说家 吴承恩

听到这里是不是已经猜出来这是个什么故事了？这就是《西游记》！这个长长的故事就像一个美丽的神话，而这个神话的创造者，就是最杰出的小说家吴承恩。

我就是吴承恩！不要小看这个动物与人的故事！

这可是我们中国几千年历史中的四大名著之一！

四大名著是中国乃至全人类共同拥有的宝贵文化遗产，在整个华人世界中都有着深远的影响。

研读中国四大名著，就像在中国古典文学的智能之海中畅游，也像走进了中国传统人文、社会、伦理、历史、地理、民俗、心理、处事策略的知识之库。

那么我国古代的四大名著到底都有哪些呢？

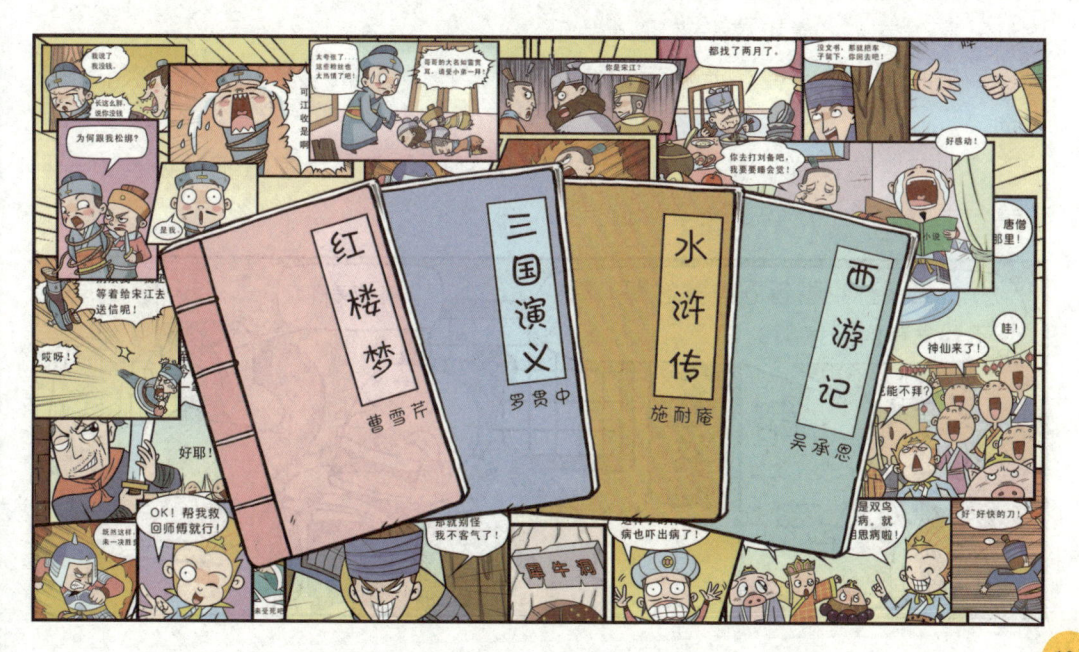

影响世界的他们——大文学家

《西游记》是吴承恩在民间传说的基础上写作而成的，那么我们来看看这位神话故事大王的档案吧。

吴承恩（1500—1582年），字汝忠，号射阳山人。汉族，淮安府山阳县（今江苏省淮安市淮安区）人。

关于吴承恩

- 小时候就展现了不一样的天赋，是个天才型儿童。
- 是考试的倒霉蛋儿，一考试就想睡觉，学得很好，考得很差。
- 上不了考场，但是上得了战场，有英雄梦想，杀过倭寇海盗。
- 喜欢听故事，特别是妖魔鬼怪的故事。
- 爸爸一直希望他当官，可是到了60岁的时候，他还只是个低于县长县丞，整天只能跟在县长屁股后面处理事情的小职员。
- 是个穷人，靠卖稿子来维持生活。
- 历时7年才写完《西游记》，那个时候他已经80多了，之后不久，他就去世了。
- 和曹雪芹一样，都生活在小说不被重视的年代，大家只把小说当作一种消遣，很少人关心小说的文学价值。

大家都只看得到嬉笑怒骂，看不到文章的深意啊。

真好看！

哈哈！

最杰出的神话故事小说家 **吴承恩**

神话故事大王和他的《西游记》

　　吴承恩是一个很有才华的人，写诗作词就是小菜一碟，对书法和绘画也很有研究。但是，他最有名的，还是《西游记》这部小说，《西游记》是神话小说界至高无上的瑰宝。下面来看看《西游记》里最具创意的喜剧组合：

> 我是武功高强、机智勇敢的大师兄孙悟空！

> 我是猪八戒，贪吃好睡爱偷懒！

> 我是听话顺从的师弟沙悟净！

> 我就是会念紧箍咒的唐僧！哈哈。

　　经常给这四位添麻烦的就是各种各样的妖怪团队，再加上各路神仙打打杀杀，好不热闹啊。

103

影响世界的他们——大文学家

就这样,《西游记》的故事围绕着唐僧师徒组合展开,讲述了他们一路艰难困苦,经历九九八十一难,到达西天,求取真经的过程。

> 吴承恩,请问你是怎么写成《西游记》的呢?

> 我收集了很多有趣的民间故事,加上我的想象,然后和现实结合起来就行了。

> 吴承恩,干吗要让我们历经九九八十一难啊!是不是太多了啊?

> 就是,我们三个好多次差点不能活着回来!

事实上,在我国历史上,真有一个唐朝和尚,名叫玄奘,从唐朝的皇城长安出发,一路很辛苦地到达印度,苦行19年,带回了657部佛经。后来民间就开始流传他的故事。

不过,《西游记》不仅仅是一个有意思的神话故事,和当时的现实社会也有很大的关联!

书中的玉皇大帝是天上的皇帝,却是懦弱无能的一个家伙;而当时的明朝皇帝也是一个只知道吃喝玩乐的皇帝。关于地府的描写也参照了当时的社会现状,官官相护,草菅人命,天下乌鸦一般黑。

最杰出的神话故事小说家 **吴承恩**

《西游记》里的各路大小魔头都仗着有法术，专门欺压普通百姓，干尽坏事；而当时的官吏豪绅仗着自己有权有势，也和这些魔头一样，所以……

《西游记》反映了当时的不公平的社会，黑暗的封建统治。

这才是我最想表达的想法！

关于这本伟大的小说《西游记》

《西游记》被翻译成了德、法、意、英、俄、日等外国文字，在世界上都很流行畅销。

美国大百科全书中记载，《西游记》是一部具有丰富、光辉思想的神话小说。

法国大百科全书说，《西游记》全书的描写充满幽默风趣，让读者产生浓厚的兴趣。

书中的人物真实可爱，生动有趣，他们每个人都拥有很多粉丝。

105

最杰出的小说家吴承恩之天上人间

1. 故事迷的大幻想

我出生在一个由小官转为小商人的家庭，爸爸是个乐观老实的生意人，我们一家就靠爸爸做些小生意生活。

爸爸坚持生活常乐的哲学，给我取名"承恩"，意思是希望我能做官，上能承皇恩，下能帮助百姓，做一个能在历史上留名的好官。

我小时候的学习非常好，不夸张地说，一目十行，过目不忘。

一看这孩子将来就能有出息，是块当官的料。

我的爸爸很注意对我的培养，他还会带着我开阔眼界，生意不忙的时候，他会带我到处走走玩玩。每到一个地方，爸爸就会给我讲故事，特别是当地的神话小说，我也开始对神话故事着迷了。

后来，我长大了一点，爸爸送我去上学了。不过我实在不喜欢死记硬背的学习，虽然成绩不错，可是却经常受到老师的批评。

上我的课，居然敢画画，太过分了！

被发现了！

告诉你不要自我发挥了！罚抄一百遍！

讨厌！

2. 走有兴趣的路，让别人去说吧

我一直按自己的兴趣学习，我的格言就是：走有兴趣的路，让别人去说吧。我喜欢看各种各样的课外书，丰富了我的知识储备，所以我的成绩一直名列前茅。当科举考试举办的时候，我和我的好朋友朱日藩、沈坤一起去南京考试。

大家都很看好我，认为我的成绩是最好的，我也有自信，一定可以考上。最后，朱日藩和沈坤都榜上有名，而我却落榜了！

> 呜呜呜！我居然落榜了！

> 我有实力，有想象力，为啥考不好呢，神啊！

我进行了自我检讨，还是想考试，让爸爸开心。三年之后，我又去参加了科举考试，可是还是没有考上，我一怒之下烧了所有的书！

> 别灰心，以后我不逼你考试了！

> 这些书还不如几根木头烧得久！

父亲已经不再催着我考试了，可是我自己却过不了这一关。我不能一直等到胡子都白了还没通过考试，那样的话，我会很怀疑自己的能力的。

影响世界的他们——大文学家

虽然我没灰心，不过我也没有因此就放下自己的兴趣爱好，这段时间我觉得非常开心，生活同样多姿多彩。

我的生活不是在图书馆，就是在去图书馆的路上！

有空就去找别人讲神话故事！

老爷爷，求求你了，再讲个故事吧！我帮你捶背！

舒服吗？可以讲了吗？

我是说书老先生的忠实粉丝。

说书是戏

吴承恩，你把钱全买了书，明天的早餐怎么办？

即使到了这个地步，我还是坚持自己的兴趣。

108

3. 官场的失败经历

> 我现在是个县长秘书哦！

谁都想不到 62 岁的我终于当上了官，县长不管的事情我都要管，县长不做的事情都由我来做。不过我是个清官，所以老百姓都喜欢我。

经常熬夜看文件

穿得比老百姓还破旧

虽然官职微不足道，可是我仍然认真工作，为老百姓办实事。但是，世道险恶，清官难当。我的领导听信了小人的谗言，竟然反过来责备我

吴承恩年度总评

1. 不尊重领导，不懂礼貌，竟敢公开反对我的意见。
2. 不懂人情味，从来没有看望过我，更别说送礼物了。
3. 不能管住自己的嘴巴，私下议论领导的私生活。
4. 滥用职权，该他管的事情他管，不该管的事情他也管。

影响世界的他们——大文学家

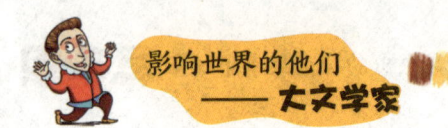

于是，我就收到了这样的文件。我被辞退了，不过这次我一点也不失望。

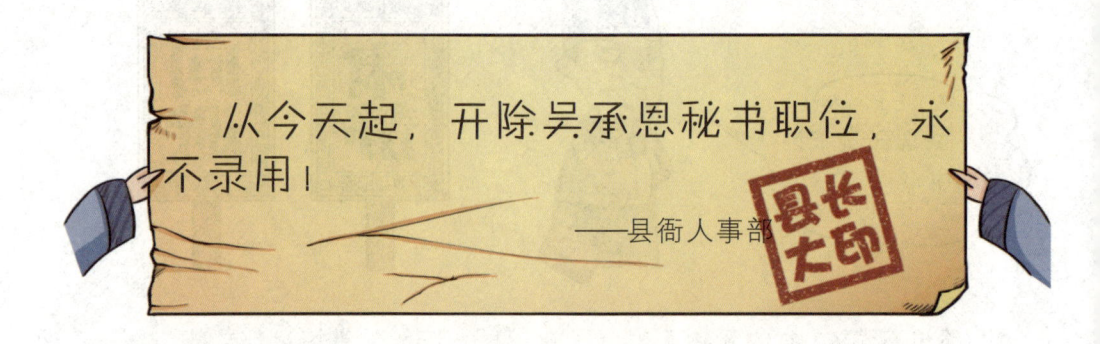

> 从今天起，开除吴承恩秘书职位，永不录用！
> ——县衙人事部

4. 书中自有大英雄

我回到了乡里，过起了老百姓的生活。直到有一天，皇帝要来我们村旅游，政府也贴出了告示……

> **告示**
> 每家收十两银子作为欢迎皇帝的活动经费，不得有误！
> ——县衙财政部

无耻！

混蛋！

十两可以过半年生活了。

这下子，百姓们的日子更不好过了。正好这个时候，有人请我在一幅画上写诗，那幅画是二郎神带领天兵天将捉拿下面的妖怪的故事，于是，我就想到了当官的欺负老百姓，要是有个二郎神那样的人该多好啊。

最杰出的神话故事小说家 **吴承恩**

我想，我是做不了这样的英雄了，但是我可以创造这样的英雄呀！就这样，我制订了一个计划，一个吴承恩的写作计划。

- 搜集资料，列提纲，参考唐朝玄奘法师西行取经的事迹。
- 我的特长和想象要充分发挥，我决定写一个神话故事。
- 我要把社会上不合理的现象都找个机会批判一下，看看那些丑恶的官员和皇帝的嘴脸，他们就会欺负老百姓。
- 当然，最少不了的是，书中要有一个大英雄。

我用了7年多的时间，完成了这个写作计划，就是你们看到的《西游记》。《西游记》完成了，我的人生也走到了尽头。

但是我的人生，我不后悔，虽然没有达到爸爸的期望，光宗耀祖，没当上状元，没当过大官，不富有，但是我写了《西游记》，我这辈子也满足了，我写出了社会的现状，而你们也都很喜欢，不是吗？

有什么事情能比让别人开心更令我自豪呢？

加油，可爱的孩子们，快快乐乐，好好学习！

影响世界的他们
——大文学家

师傅,别太靠前了!危险!

八戒,小心啊!

妖精!让俺老猪来收拾你!别以为只有猴哥有本事!我老猪也不差!

吴承恩的神话故事《西游记》

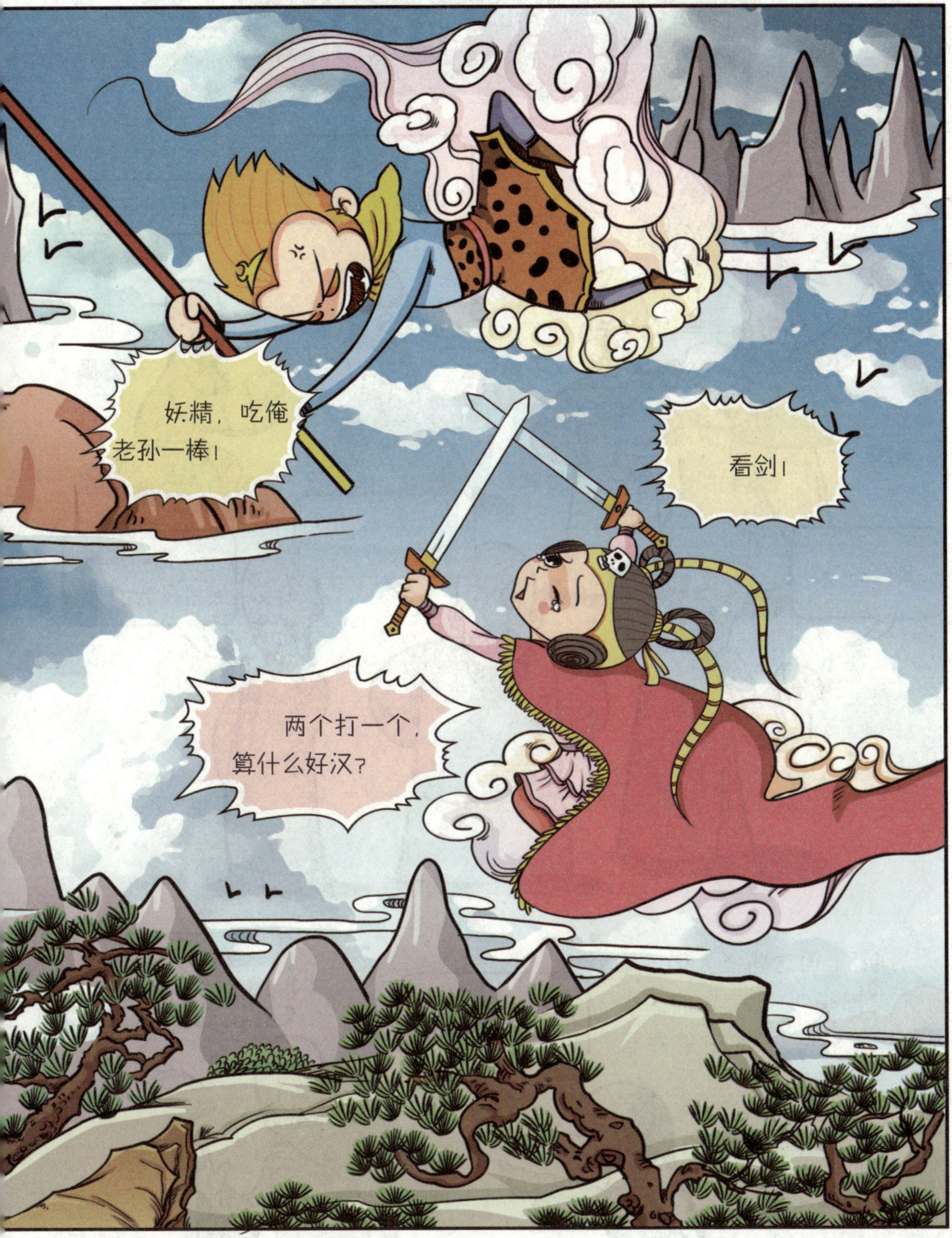
妖精，吃俺老孙一棒！
看剑！
两个打一个，算什么好汉？

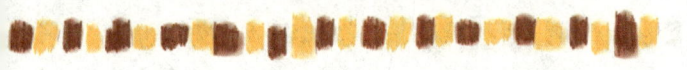

影响世界的他们——大文学家

性格怪怪的大文学家 郑板桥

今天的主角来自这么一个团体:

我们是扬州八怪!

高翔

金农

罗聘

我眼瞎了,但我能用心感受自然!

汪士慎

我在这边!

李方膺

要签名吗?

李鱓

我是了不起的大哥!

黄慎

我叫郑燮,板桥是我的号。

郑燮

大家敬仰的书画家!

哪里,这么说真让我不好意思!

别看上面这些怪大佬,他们其实都是很有气节的人!今天要说的就是其中的郑板桥先生!他是位厉害的书画家,诗书画均旷世独立,人称三绝。有《板桥全集》。

性格怪怪的大文学家 郑板桥

关于这位怪怪的大文学家

- 是个怪怪的人，郑板桥的怪，很有点活佛济公的味道。"怪"中有真诚也有幽默。每当他看到贪官奸民被游街示众时，便画一幅梅兰竹石，挂在犯人身上作为围屏，以此吸引观众，借以警世醒民。
- 当过官，深受老百姓爱戴，不过因为擅自拿政府的钱救济百姓，不久就被免职了。

> 郑板桥那白痴！让他多收点钱他还不愿意！害得我也没钱拿了！

- 是个多才多艺的人。
- 康熙五十二年考中秀才，雍正十年中了举人，乾隆元年中了进士，经历了三朝，一步一个台阶，是个很努力的人。

难得糊涂，吃亏是福

莱州城在潍县东北，面临大海，这里有座云峰山。这座山上，多年来留下了许许多多的碑刻。有一年秋天，我专程去山上参观石碑，我看得太入迷了，等我觉得口渴的时候，已经远离了山泉。不过幸好，我发现了一间小屋。

> 山里的小屋，说不定有道行高深的神人在里面！

影响世界的他们
——大文学家

茅屋的主人是一位神态儒雅的老人，自己说自己是糊涂老人，不过他讲起话来其实很有水平。我发现老人屋中陈列了一尊方桌般大的砚台，石质细腻，镂刻精良，真让我大开眼界，不禁暗暗称奇。

性格怪怪的大文学家 郑板桥

老人知道我是潍县县长郑板桥之后,一下子对我充满了敬意,他说知道我是诗书画三绝,所以请我在那块特殊的砚台上题字。

我感觉这位老人肯定有点来头儿，不过我不方便直接问，便题写了"难得糊涂"四个字，又盖上了"康熙秀才雍正举人乾隆进士"的方印。

嘿嘿，见识到了吧，不管怎样我还是个秀才啊！

因为砚台很大，还有空白的地方。我也请老人写上一段，老人想了一下，写了一段话："美丽的石头不易有，美好的宝石更难得，美丽的石头转变为美丽的宝石则是难上加难，形状美丽而又质地坚硬的，只被山野散人收藏在草屋里，不会进入高贵富裕的门第。"之后，老人也盖上了自己的印章："院试第一，乡试第二，殿试第三。"

哇！果然隐居山林的都是神人！

老人的态度和气度也让我更觉得，"难得糊涂"最难得。同样是我在当潍县县长的时候，我的堂弟因为祖传的房屋的一段墙壁，就和邻居打起了官司。堂弟来信要我帮忙，我看完信后，立即回信说："千里捎书为一墙，让他几尺又何妨？万里长城今犹在，不见当年秦始皇。"随后，我又写下"难得糊涂"，"吃亏是福"两幅字。

为了一段无关紧要的墙壁，却用尽诡计损人利己，殊不知在争夺小利时的精明，已经造成了个人形象以及邻里关系的大损失。这种不糊涂才是真糊涂。

郑板桥的人生课堂

1. 艰辛但是很有爱的童年

我的家很贫穷，虽然一家都是读书人，但是没有几个考得好的，只能在家乡教书。

我是爸爸妈妈的独生子，我3岁的时候开始学习认字，但是妈妈也在我3岁的时候去世了。我的乳母费氏，原本是照顾奶奶的丫头，奶奶对她好，她不顾她自己家人的反对，来到我家照顾我，宁愿自己饿着，也会让我吃好的。

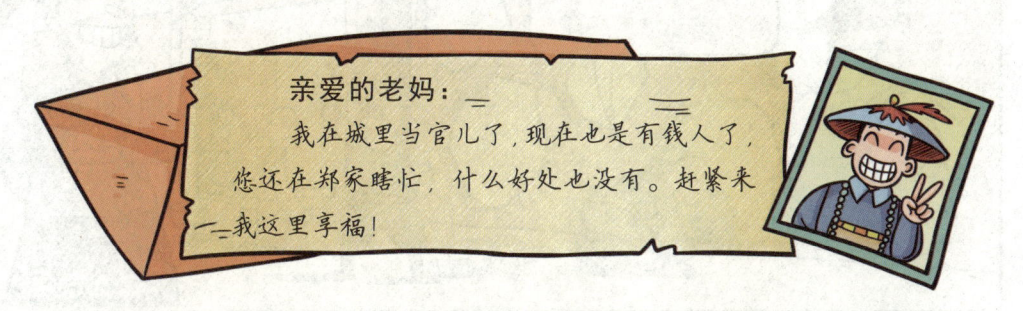

亲爱的老妈：
我在城里当官儿了，现在也是有钱人了，您还在郑家瞎忙，什么好处也没有。赶紧来我这里享福！

乳母的儿子让她去他那儿，乳母也拒绝了，自己过得再苦也要照顾我。

萝卜白菜，5个铜钱一斤……

当小孩真幸福啊！

奶妈我饿！

多亏有咱乳母，我的童年虽然艰辛，但让我觉得很幸福。

2. 有点怪怪的县长

我通过不断的考试，后来，当了潍县的县长。

影响世界的他们
——大文学家

我刚去潍县当县长时，县里洋溢着一片喜气。我早听说，潍县的贪污腐败现象很严重，现在百姓们对我如此热情，都是对新上任的官员的期望。当然，我是真心地为老百姓办实事来的。于是，我就吩咐手下的人，在衙门的墙上挖十个大大的窟窿。这下，百姓们更热闹了。

> 大人为什么要挖个大窟窿啊！好好的墙都被挖坏了。

> 墙坏了不要紧，只要里面的人是好的。我就是放放之前的不好风气，一切都重新开始了。

听了我的话，老百姓高兴极了，他们有冤的申冤，有仇的报仇。我也尽力为老百姓减轻生活的负担，做真正有帮助的事，而老百姓们的夸奖让我觉得骄傲极了。后来，老百姓都觉得我和别的官不一样，还给我总结出几件"怪事"。

> 挖成这样都不垮，我家的墙刚做完就垮了。

- 每次出巡都不打"回避"和"肃静"的牌子。
- 不会进行交通管制，鸣锣开道。
- 穿得很普通，鞋儿破，帽儿破，一身的官服破。

> "鞋儿破，帽儿破，身上的袈裟破"是说我济公的！

> 哎呀呀，别生气，我们都是帮老百姓的人嘛。

性格怪怪的大文学家 郑板桥

虽然在当时那个官员们只顾着压榨老百姓的环境中，我的确显得很怪，但是，能为老百姓着想，才是最重要的。所以，遇到收成不好的灾年时：
- 我亲自带头捐款。
- 我督促富人有钱出钱，有力出力，有粮出粮。
- 开官仓放粮。

就这样，我保证了老百姓在遇到坏收成的时候，能够平安度过……

可惜我保佑了百姓，得罪了上司，我被罢官了。

> 恐怕再也碰不到郑大县长这么关心百姓的好官了！

> 拜拜！

3. 关于梅花——留口饭的小故事

很多人都说我做人怪，其实我觉得不怪。给你们讲讲这个小故事，让你们自己判断吧。有一段时间我在苏州开画馆，我的画馆在桃花巷东头。在我来开画馆之前，有个叫吕子敬的画家，在桃花巷西头开画馆。

> 桃花巷？听这名字，这里的画馆都是专门画桃花的？

> 不是，西头那家画馆的店主就是个画梅花的。不过嘛……

> 不过什么！我画的梅花举世无双！

影响世界的他们——大文学家

因为我当时名气比较大,有不少人都来求我画画,不过我画竹子兰花,山水花鸟,就是不画梅花,这让许多人都觉得很奇怪。

> 大家来看看我画的梅花吧!郑板桥不画梅花我画啊!

板桥画室

有一天,已退休的尚书大人重金请我给他画一幅梅花。我想了想,还是婉拒了他的请求,并且推荐了吕子敬。自从尚书大人去找他画过梅花之后,不仅周围的人,吕子敬自己也开始夸耀,自己画的梅花是苏州第一了。

> 郑板桥都主动让尚书大人来找吕子敬了,看来他才是苏州画梅第一人。

有朋友把这事儿告诉我,见我不生气,他还埋怨我胆小怕事。

就这样,三年过去了。我要离开苏州前,和朋友们一起吃个饭。那一天,吕子敬也来了。大家都说要我画画给每人留个纪念,最后,我画给吕子敬的是一幅梅花图。

郑兄既然有这么高超的画梅技法,为什么不早亮出来让小弟见识见识?

那是板桥兄怕抢了你的生意,没钱吃饭养家啊!

后来,吕子敬感服我的画品,与我成了非常好的朋友。

4. 竹影墙

很多朋友都觉得我的画和真的一样,所以非常希望我给他们多画一些。其实画就是画,怎么可能是真的呢。不过他们有这种想法是对我画技的称赞,我也很感激他们的欣赏。

我有一个朋友,一直请求我给他画幅画,可是我太忙了,没有时间。有一次,这位朋友请我还有一些朋友到家里喝酒。酒席喝到一半,主人当着大家的面,非请我在家里新建的墙壁上画一幅不可。我见推不掉,就要他们去磨墨,而且说至少要磨小半盆才够。

这么多墨水还不把整座墙涂黑才用得完!

真是资源浪费啊!

影响世界的他们——大文学家

主人心疑之际,仍赶紧让人端来小半盆的墨。这时我已经是醉得摇摇晃晃了,我用手往盆子里一沾,就往墙上抹起来,抹了几把,又把整个盆子端起来,将里头的墨汁整个儿都泼到墙壁上,这就画完了。

谁知主人看不出来我画的什么,他只看得到黑压压的一片,碍于我们是朋友,又不好涂掉,只好把这片墨墙留下,后来生了我好几天的气。

过了几天,下了一场大雨,天上不住地打雷。谁知雨过天晴,这面墙壁前面竟然死了上百只麻雀。

过了几天,来了一个老先生,路过这面墙的时候,停下脚步仔细地看起来。

性格怪怪的大文学家 郑板桥

这位主人看见了，一时好奇，就跑去跟老先生打招呼。

这一定是哪位大师画的画吧!

什么大师!一个醉鬼朋友在墙上乱涂乱画的而已!

老人问他这幅画画完后有没有奇怪的事情发生。这一说让主人家想起了那些突然出现的死麻雀。

那就对了!平时看不出画的是竹林，打雷下雨的时候，闪电强光一照，才看出是竹林!

麻雀将它当成真的竹林，飞来避雨，所以就撞在墙上死了。

这也太神了!

这听起来不可思议的事可也是我的绝技!

125

5. 写字画画怪事多

关于我的书法,我喜欢把几种字体混在一起写,号称"板桥体"。而画画方面,我喜欢兰花四时不谢,绿竹百节长青,而石头万古不败。

> 我要像它们一样坚韧和顽强!

我后来不做官了,靠卖画过日子,所以我就给自己的画定了价目表:

> 板桥画室开张!想求画吗?

书画大家郑先生倾情奉献,物美价廉赶快行动!

价目表:
大幅六两、中幅四两、书条对联一两、扇子斗方五钱。

注意事项:
本店不赊账,不还价,不能用任何东西换字画!
先交钱,再拿画。真金白银,一手交钱,一手交画。

性格怪怪的大文学家 郑板桥

我的这种行为让很多人议论纷纷：

> 还不能用东西换啊！

> 这叫什么事儿啊，书画明明是高雅艺术，怎么用来做生意啊！

> 郑板桥糊涂了吧，张口闭口都是钱，还定价，真是第一爱钱人啊！

我们这帮画画的人其实有很多人穷困潦倒，画画也要吃饭啊，你可以说我爱钱，我俗气，可是有了钱，我才能买到笔墨纸砚，画出更多好画，写出更多好字，才可以帮助很多有才华的年轻人。无论别人说什么，我都会按照我的想法来过我多姿多彩的人生。当然，这一切的基础都是从小好好学习。

> 人生就是如此！

群星闪耀 更多大文学家

1. 科幻小说之父——凡尔纳

儒勒·凡尔纳是19世纪法国著名小说家、剧作家及诗人。

- 中学毕业之后，为了满足爸爸的愿望，他一直在法国学习法律。
- 凡尔纳和大仲马成为好朋友的起因是凡尔纳能做得一手好菜。
- 1848年的时候经常在几个文学沙龙里进进出出，也因此开始感到比起法律，自己更加喜欢文学。
- 1850年6月12日，他的第一部剧本《折断的麦秆》出版并进行首演。

儒勒·凡尔纳
（1828.2.8—1905.3.24）

差点被烧掉的稿子

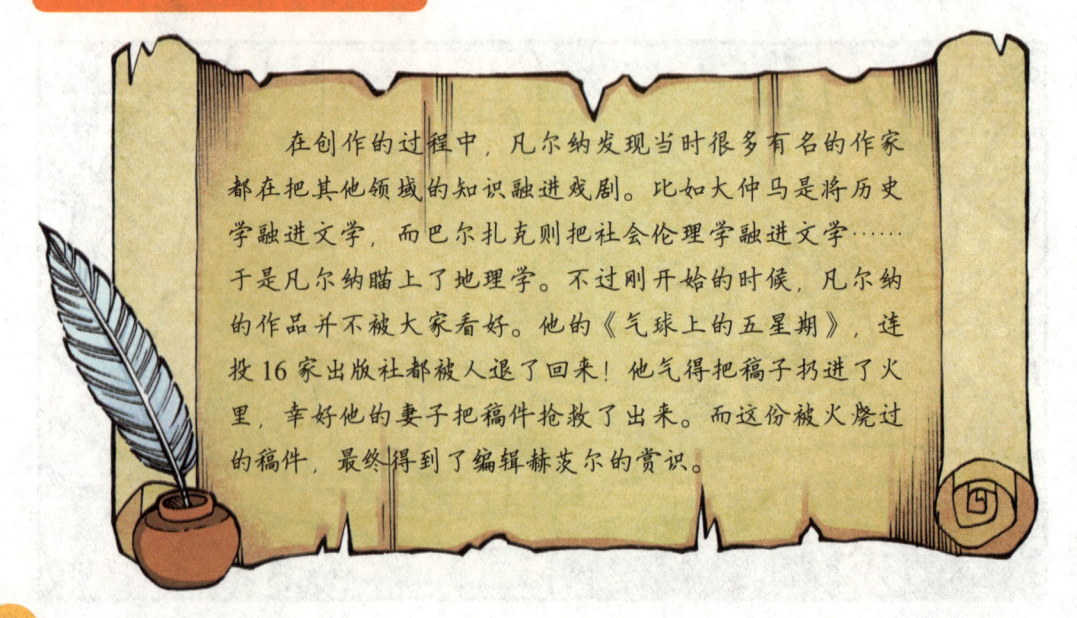

在创作的过程中，凡尔纳发现当时很多有名的作家都在把其他领域的知识融进戏剧。比如大仲马是将历史学融进文学，而巴尔扎克则把社会伦理学融进文学……于是凡尔纳瞄上了地理学。不过刚开始的时候，凡尔纳的作品并不被大家看好。他的《气球上的五星期》，连投16家出版社都被人退了回来！他气得把稿子扔进了火里，幸好他的妻子把稿件抢救了出来。而这份被火烧过的稿件，最终得到了编辑赫茨尔的赏识。

美丽壮丽的幻想 ——《海底两万里》

　　凡尔纳三部曲:《格兰特船长的女儿》《海底两万里》《神秘岛》与《80天环游地球》在他的作品中被称为四大科幻小说名著。

　　在凡尔纳创造的人物中,尼摩船长让很多人为之倾倒。现在我们来看看让尼摩船长广为人知的《海底两万里》吧!这本书的男一号是博古通今的生物学家——阿龙纳斯教授,他和他的仆人被请去抓捕一条"独角鲸",当然,为了抓到大鱼,他们还找了一位"鱼叉手"同行。不过可惜的是,他们的对象并不是什么大鱼,而是全身布满了铁皮、全长70米的超大型全功能潜水艇!这艘潜水艇的船长就是坚定、自信果敢而直率的尼摩船长,他给自己这艘独一无二的潜水艇取名"鹦鹉螺号"。那么,我们充满魅力的尼摩船长当然不会像海盗那样逼着教授跳到海里,但是他为了不让阿龙纳斯教授回去泄露自己的秘密,把教授和他的同伴们关了起来。不过船长也有可爱的一面,他在和知识渊博的教授聊天之后,忍不住向他炫耀自己的海底王国,于是在他的带领下,阿龙纳斯教授和他的同伴们遇上了土著、鲨鱼、章鱼等危险又新奇有趣的事情,还见识到了世界各大海中罕见的动植物和奇异景象。

　　凡尔纳的作品中有着极其浪漫和壮丽的想象,这些想象给了很多科学家以启发,例如"鹦鹉螺号"潜水艇,事实上,直到小说出版的10年后,第一艘真正的潜水艇才出现。在他的小说中,还有电视、霓虹灯、导弹、坦克和太空飞船等机器的概念,而这些后来都被科学家们变成了现实。从来没有哪位科幻作家作品中有如此多的想象变成了现实,因此凡尔纳也被称为"机器时代的梦想制造者"和"科幻小说之父"。

2. 批判现实的俄国文学巨匠——托尔斯泰

托尔斯泰是19世纪中期俄国批判现实主义作家、文学家、思想家，哲学家。

- 1851年托尔斯泰和他的哥哥在高加索当兵，1852年他参加了一场战斗，在战斗中他坚持写作，还发表了小说《童年》。
- 托尔斯泰为了帮助农民，在自己的庄园中进行了各种实验。
- 提出了属于自己的"托尔斯泰主义"。即：道德的自我完善，不以暴力抗恶，博爱。
- 他希望作家都能明确自己在写什么，谁要是写了解释不了的词，就该打100棍。

列夫·尼古拉耶维奇·托尔斯泰
（1828.9.9—1910.11.20）

鼎鼎大名的搬运工

这天，托尔斯泰去火车站接一位朋友，一位贵妇人误认为他是搬运工，便指挥着托尔斯泰到车上把她的行礼搬下来。搬完之后，贵妇人还给了他五个戈比作为酬劳。这时，托尔斯泰的朋友下车看见了他，朝他打招呼。贵妇人才知道这个人竟是大名鼎鼎的托尔斯泰。她尴尬得不停地向托尔斯泰道歉，并希望能收回那五个戈比。不过托尔斯泰倒并不觉得被当作搬运工是对他的贬低，至于那五个戈比，正是他应得的报酬啊。

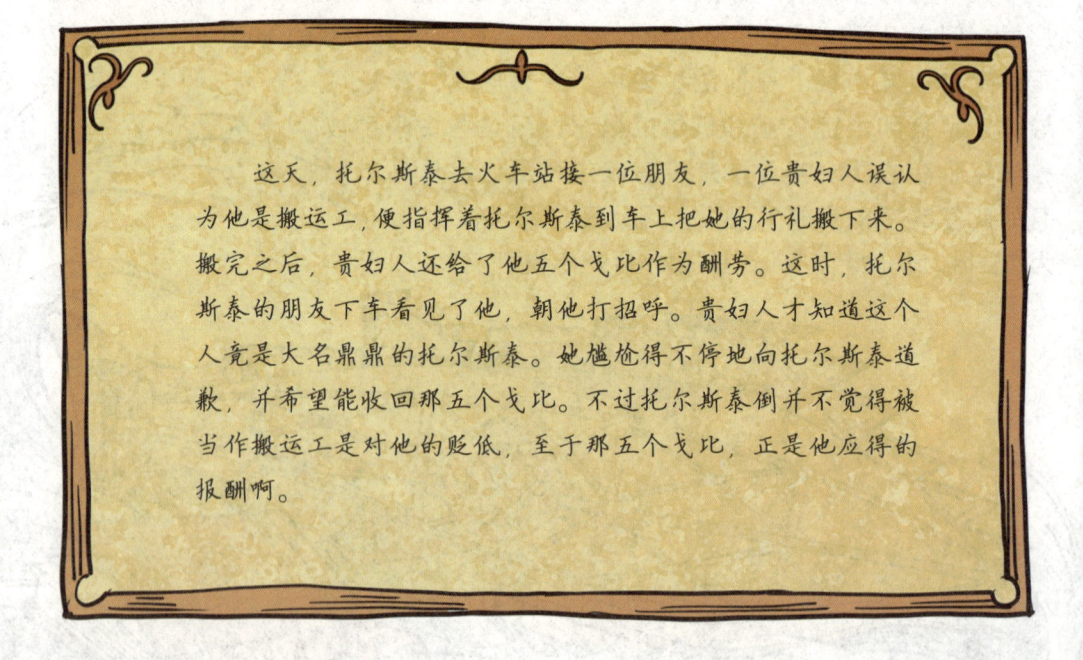

群星闪耀 **更多大文学家**

俄国人民的抗争——《战争与和平》

托尔斯泰本人就上过战场，他对战争能造成的伤害可以说是非常了解。从1863年起，他用6年的时间写成了文学史上的不朽名著《战争与和平》。

这部小说以1812年拿破仑入侵俄国为中心，描写了俄国人民奋起抗击侵略者的英勇场景，同时也探索了贵族阶级的历史命运问题。小说主要围绕着四个大贵族家庭的生活展开，这其中有典型的宫廷贵族的库拉金家族，他们贪婪、愚蠢并且无耻；与之相对的，罗斯托夫家族热情、好客，对自己的国家充满了爱。别祖霍夫家族的皮埃尔在贵族的糜烂生活与强烈的爱国心之间挣扎选择。至于保尔康斯基家族里，有着军人的荣誉与责任感的孤傲贵族安德烈，一直到死都关心着祖国的命运。

《战争与和平》不仅描写了战争，反映出了人民保卫自己祖国土地不受敌人凌辱的英勇精神，同时大量描绘了战争中的俄国的社会风尚，展示出了一副上至贵族，下至贫民的生活画卷。在不断爆发的战争与短暂的和平中，托尔斯泰表达了对战争的强烈不满。而在这颠簸的时代，不同人的性格、行为与他们的命运，也表现出作者强烈的对人道主义的赞扬以及博爱的主张。

影响世界的他们——大文学家

3. 词国皇后——李清照

李清照的父亲是苏轼的学生,母亲是状元的孙女,可以说她出生于一个文学艺术修养非常高的家庭。

- 李清照号易安居士,是宋朝的女词人,有"千古第一才女"的美称。
- 16岁就写出了轰动文学界的《如梦令》。
- 李清照几乎可以记住所有看过的书籍,随便挑一件事,她都能说出出处是哪一本书,甚至连页码都能记得一清二楚。
- 在《词论》中提出词"别是一家",强调了诗与词的区别。

李清照
(1084.3.13—1155.5.12)

卖衣换书

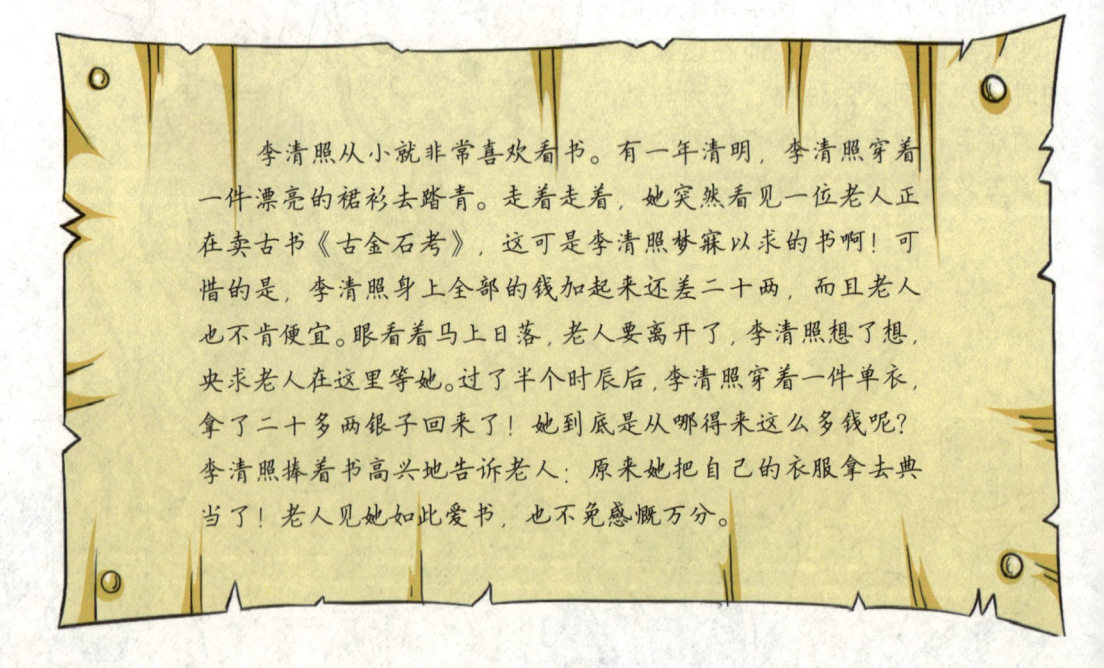

李清照从小就非常喜欢看书。有一年清明,李清照穿着一件漂亮的裙衫去踏青。走着走着,她突然看见一位老人正在卖古书《古金石考》,这可是李清照梦寐以求的书啊!可惜的是,李清照身上全部的钱加起来还差二十两,而且老人也不肯便宜。眼看着马上日落,老人要离开了,李清照想了想,央求老人在这里等她。过了半个时辰后,李清照穿着一件单衣,拿了二十多两银子回来了!她到底是从哪得来这么多钱呢?李清照捧着书高兴地告诉老人:原来她把自己的衣服拿去典当了!老人见她如此爱书,也不免感慨万分。

清新婉丽与气魄凛然的结合

李清照少年时生活在繁华的汴京，优雅的生活，文学和艺术的熏陶让她的文学天赋很快显露了出来。16岁时，一首《如梦令》让整个京师的文人都大为称赞，自叹不如。

如梦令

昨夜雨疏风骤，浓睡不消残酒。试问卷帘人，却道海棠依旧。知否，知否？应是绿肥红瘦。

这首词讲述了一场狂风暴雨后，词人反驳"卷帘人"，一夜之后，花儿们不会"依旧"，而是肯定被打坏，只有叶子会更加青翠欲滴。短短几句话描绘出一个随口敷衍的卷帘人，和另一个怜花惜花、热爱大自然的作者的形象。整首词以景衬情，委曲精工，轻灵新巧，而"绿肥红瘦"一句，更是为历代文人所激赏。

在李清照婚后，宋朝也逐渐走向战乱，在面对南宋当权者不思进取、苟且偷生的无耻行径时，她写出了气势非凡的千古名篇《夏日绝句》：生当作人杰，死亦为鬼雄。至今思项羽，不肯过江东。

她的人格像她的作品一样令人崇敬。她既能关注身边的花草水石，写出清新婉约的作品；也能怀抱崇高的爱国情怀发表豪迈无畏的诗词，这些都让她的文学作品充满独特的魅力。

4. 不能看不能听的作家——海伦·凯勒

海伦·凯勒是19世纪著名的美国女作家、教育家、慈善家、社会活动家。

· 1岁半时，因为一场大病再也不能听见、不能看见了。

· 她的老师让她用摸自己的喉咙，感受震动区别的方法学习发声。

· 她花了9个小时考试，以全部通过的成绩进入了哈佛大学，并且以优异的成绩毕业。

· 海伦·凯勒尽力争取在世界各地兴建盲人学校，还为贫民及黑人争取权益，以及提倡世界和平。

海伦·凯勒
（1880.6.27—1968.6.1）

不向命运屈服

海伦·凯勒在很小的时候就失去了听觉，她的世界可以说是一片黑暗和寂静。在这种情况下，学写文字还能靠盲文，可是矫正发音却非常困难。不过海伦·凯勒没有向命运屈服。她在安妮·莎莉文老师的帮助下，通过触摸她喉咙的震动，明白了不同发音的区别。然后她为了能更好地练习，她还请人做了一只带滑轮和木框的练习笔，从此以后，她便用写一个字，念一声的方法，让自己想办法手口一心，就靠着无穷的毅力，她不仅掌握了英文，还学会了法、德、拉丁、希腊语，出版了14部著作。

世界文学史上无与伦比的杰作

海伦·凯勒的经历对于很多人来说是不可想象的,而她的成功,不仅让很多残疾人燃起了希望,也给予健全人以极大的精神鼓舞。

海伦·凯勒把她的生活写成了《假如给我三天光明》,这本书可以说是一部海伦·凯勒的自传体散文。这本书的文笔非常流畅,包含着作者对世界和人生的热情。整本书分为两部分,前面一半人们可以看到,小时候的海伦在认识到自己是个盲聋哑人后,她对生活的失望,对光明的渴望而不得让她的情绪暴躁,常常发脾气,扔东西。

不过在她父母的帮助下,一位老师进入了海伦的生活,这就是莎莉文老师。这位温柔善良的老师成为海伦新生活的引导者。她的包容和耐心让海伦对生活重新充满了希望,在老师和亲人的陪伴下,海伦开始用心去感受身边的事物,这让她对生活有了更多憧憬。这部分的故事让很多残疾人产生了强烈的共鸣。

而后半部分则介绍了海伦的求学生涯。海伦的特殊情况让她的求学生涯困难重重,不过在克服了巨大的障碍后,她不仅学会了说话,进入了哈佛大学,掌握了英语、法语、德语、拉丁语和希腊语五种语言,还能够流畅地进行写作。

与此同时,她还结识了不少朋友,爱迪生、马克·吐温都在名单之列,而因为自己的经历,她还积极参与了很多慈善事业。在这本书的最后,她详细地描写了"假如自己有三天光明"那么她会做些什么,在这短短的几章中,她使用对比的手法,让一个健全人能做到的事情和自己想做的进行对比,从中我们可以感受到生命中习以为常的事物中所蕴藏的无与伦比的震撼,也让人们感受到现实生活的珍贵与美好。

图书在版编目(CIP)数据

影响世界的他们:手绘名人故事:函套共8册 / 亚亚文;夏阳绘. — 北京:北京理工大学出版社,2019.9(2022.7重印)

ISBN 978-7-5682-7559-0

Ⅰ.①影… Ⅱ.①亚… ②夏… Ⅲ.①名人-生平事迹-世界-青少年读物 Ⅳ.①K811-49

中国版本图书馆CIP数据核字(2019)第190778号

出版发行	/ 北京理工大学出版社有限责任公司
社　　址	/ 北京市海淀区中关村南大街5号
邮　　编	/ 100081
电　　话	/ (010)68913389(编辑部)
网　　址	/ http://www.bitpress.com.cn
经　　销	/ 全国各地新华书店
印　　刷	/ 湖北意康包装印务有限公司
开　　本	/ 710毫米×1000毫米　1/16
印　　张	/ 68
字　　数	/ 1360千字
版　　次	/ 2019年9月第1版　2022年7月第6次印刷
定　　价	/ 200.00元(全8册)

| 责任编辑 / 张　萌 |
| 文案编辑 / 张　萌 |
| 责任校对 / 周瑞红 |
| 责任印制 / 边心超 |
| 责任制作 / 格林图书 |

图书出现印装质量问题,请拨打售后服务热线,本社负责调换